あらすじで読む霊界物語

飯塚弘明・窪田高明
久米晶文・黒川柚月

文芸社文庫

まえがき

飯塚弘明

霊界物語が理解しにくい理由

「霊界」と聞くと、たいていの人は死後の世界、目に見えない世界のことだと思うだろう。しかし出口王仁三郎《でぐちおにさぶろう》が書いた『霊界物語』（私の原稿では霊界物語と記す）の「霊界」とは、そういう意味ではない。神界、幽界（地獄界）、現界の三界の総称であり、目に見える世界も見えない世界もすべて含んだ「霊妙な世界」の略だという。

よく考えてみると、「目に見える」世界というのは宇宙の中で可視光線が及ぶ範囲に過ぎない。光の波長が長くなれば電波となり、短くなればエックス線となる。五感を超えればそこにはまったく異なる宇宙の姿が見えてくるはずだ。

霊界物語が描き出す世界は、そういう霊妙（不可思議）な世界である。

私が初めて霊界物語を読んだのは、平成が始まって三年目、まだ二十三歳のときだった。全部で八十一巻あるが、第六巻の真ん中あたりまで読んで読むのをやめた。

何一つ頭に入らなかった。何が書いてあるのかさっぱり記憶に残らなかった。

読んでも理解不能な理由はいくつかある。まず専門用語が多いことだ。「霊主体従《れいしゅたいじゅう》」だ合もある。

人物や地名の固有名詞も多すぎる。セリフのないエキストラにまで名前が付いている場の「瑞《みづ》の御魂《みたま》」だの、国語辞典に載っていない専門用語が多くて意味がわからない。

そもそも話の構造が非論理的だ。現代の論理的な文章に慣れた頭で読むと、もう付いていけない。他人が書いた夢日記を読むような感じで、頭が痛くなってくる。私があのとき何も記憶に残らなかったのは、おそらくこれが最大の理由だったと思う。

本稿（本書のうち私が書いた論考や「霊界物語の概要」「あらすじ」）は、霊界物語のあらすじがざっくりわかるように書いた。詳細なものではないが、なるべく論理的になるように書いたので、何も記憶に残らないということはさすがにないと思う。

限られたスペースに収めるため、かなりのエピソードをばっさり切り落とした。人物や地名も最小限に減らした。それでも、巻が変わるごとに登場人物や場所がどんどん入れ替わるので、頭が混乱するだろうが、そこは我慢していただきたい。

あらすじを読むのに必要な専門用語や概念は、なるべく説明を加え、理解できるようにした。

実際に霊界物語を読む場合には、もっと多くの用語や、大本《おおもと》（出口直と出口王仁三郎の二人を教祖とする神道系の新宗教）の歴史なども知る必要がある。本稿が霊界物語の広大な世界へ入る入り口になれば幸いだ。

デジタル化で研究が加速

霊界物語は、出口王仁三郎が明治三一年（一八九八年）に霊界を探険して見聞《けんぶん》した出来事を、大正一〇年（一九二一年）以降、本に著して発表したものである。霊界物語が世に顕《あらわ》れてから百年ほど経つが、出口王仁三郎の知名度の高さに比べると、霊界物語はあまり読まれていないし、研究もされていない。

その理由は前述したことの他に、八十一巻という膨大な量であることも影響しているだろう。文字数で比較すると旧新約聖書の五倍近くもある。

私が本稿のようなあらすじを書けたのは、霊界物語を電子化したからである。平成一五年（二〇〇三年）から数年をかけて、パソコンで読んだり、検索することができるように電子化し、それをインターネットで公開した（注）。その作業をすることによって私は初めて霊界物語を全巻読み終えた。

作業しながら「霊界物語には大変なことが書いてある。これはぜひとも広めなければ」と強く思い、以後、主にインターネットを使って霊界物語の普及活動を続けている。デジタル化によってアナログ時代とは比べものにならないくらい迅速かつ正確に、霊界物語の研究が進むようになった。

デジタル化の利点はいくつもある。まず検索が可能なことだ。紙の本だと頁をめくり目当ての文章を探すのに時間がかかる。八十一巻の霊界物語以外にも関連する文献・資料が数十冊ある。霊界物語に関して何かを書こうと思ったら百数十冊の本を机の上に積み重ね、そこから目的の本を探し出して頁をめくって…という作業を延々と繰り返さなくてはならないのだ。それだけで膨大な労力と時間がかかるし、思考の流れも止まってしまう。デジタル化によって一瞬にして目当ての文章を見つけることができるようになった。複数の箇所を比較対照させて検討するような作業も簡単になった。

この百年ほどの間に、人数は多くはないが、霊界物語を研究して資料を作ってこられた先輩たちがいる。アナログの時代によく作れたものだと感服する。しかし逆に言うと、アナログの時代には一部の偉才にしか取り組めなかったのだ。デジタル化により私のような凡才でも霊界物語に取り組むことができるようになった。

そういう意味で、霊界物語はIT時代の教典であると私は考えている。「霊界物語の一頁を三人の学者が研究するようになる」と王仁三郎は予言しているが、ようやくその時代の曙光《しょこう》が見えてきた。

今後霊界物語の愛読者や研究者が増えることを願ってやまない。

本書は編集者の高橋聖貴氏が企画されたもので、私の他に窪田高明、久米晶文、黒川柚月の三氏がそれぞれの立場・話題で原稿を書いておられる。

霊界物語を世に広める機会をいただいたこと、また、共に一つの本を作らせていただいたことに深く感謝する。

令和元年六月吉日

（注）霊界物語を電子化したサイトに、閲覧を目的とする「霊界物語ネット」https://reikaimonogatar.net/　と、検索を目的とする「王仁ＤＢ」https://onidb.info/　がある。

本書の構成

本書は読破が難しいといわれる大部の『霊界物語』という作品の内容を、あらすじを追うことでつかむことを目指す。まず、『霊界物語』を読むための基本知識を得るために、窪田高明氏による「大本教の始まり——二人の宗教世界と艮《うしとら》の金神《こんじん》」「王仁三郎となおと大本教」と、飯塚弘明氏による「霊界物語はどのような状況で書かれたか」を掲載している。

その後、いよいよ飯塚氏による『霊界物語』のあらすじの紹介である。最初に全体の概要を示した後、

第一〜三六巻の概要
第一〜三六巻の巻ごとのあらすじ
第三七〜七二巻の概要
第三七〜七二巻の巻ごとのあらすじ
第七三〜八一巻の概要
第七三〜八一巻の巻ごとのあらすじ

という形で『霊界物語』の世界が解説される。複数の視点から理解するため、数巻に及ぶ概要と巻ごとのあらすじを示しているので、構成をよく理解して読んでほしい。

あらすじの後は、飯塚氏による「霊界物語で甦った建国の精神――言向《ことむ》け和《やわ》す」と、久米晶文氏による、「☉神の発現――出口王仁三郎が「天祥地瑞」に託したもの」を収載している。いずれも、『霊界物語』の世界をより深く学び、『霊界物語』を21世紀のいま読むことの意味を探るための論考である。最後に『霊界物語』の主な登場人物一覧を載せている。

また、ところどころで、『霊界物語』の周辺情報を知るための黒川柚月氏によるコラムが挟まれている。こちらも楽しんでいただきたい。

最初から順番に読んでもいいし、すべての論考を先に読んでからあらすじに挑戦してもいいだろう。『霊界物語』の広大で深遠な世界を堪能してもらえたら幸いである。

（編集部）

目次

◎コラム（黒川柚月）

大本教の始まり――二人の宗教世界と艮《うしとら》の金神《こんじん》

窪田高明

出口王仁三郎と出口なおの対立が信仰を形成した

大本教では、出口王仁三郎は、「聖師」と呼ばれていた。聖師と呼ばれたのは彼一人である。彼を抜きにしては大本教を語ることはできない。しかし、彼は大本教を作り出した人物ではない。大本教を生み出したのは、出口なおという人物である。出口なおは、教団においては、普通、「開祖」と呼ばれる（注・なおと王仁三郎が創った教団はたびたび名称を変えた。この文章では、それを便宜上、大本教という言葉で表すことにする）。

新しい宗教集団が出現する場合、以下のような過程を経ることはよくある。まず、その信仰を創唱《そうしょう》する人物が出現し、その信仰の中核的な部分を成立させる。その後にその信仰を受け継ぐ人物が出現して、教団組織を形成し、社会的な地位を獲得する。

大本教の場合にも、なおと王仁三郎の間にこのような関係を認めることができる。しかし二人の関係はたんに聖師・王仁三郎が開祖なおの教えをそのまま受け継ぎ、教団を大きくしたというものではない。それは、引力と反発によるダイナミックな関係であり、反発の激しさは教団を分解させかねないものであった。

ただし、それは、人間関係や組織における地位の争いなどといった低次元のものではない。神とは何であるか、信仰とはいかなるものであるかなど、宗教として根幹に関わる問題をめぐるものであった。この激しい対立が大本教という信仰を形成したのである。

したがって、大本教を理解するためには、なおと王仁三郎の人間と思想を知っておくことが欠かせない。

出口なおとの出会いとパフォーマンス

出口王仁三郎は、元々は上田喜三郎《きさぶろう》という名前であった。一八七一年八月二十七日（旧七月十二日）、現在の京都府亀岡市穴太《あなお》で農民の子として生まれた。生活は貧しく、小学校しか、卒業していない。ただし、これは当時の社会では特別なことではない。正統な教育を受ける機会にはあまり恵まれなかったが、知的な能力は幼い頃から優れていたと思われる。

若いうちから世に出ようという意欲は強く、さまざまな仕事に挑み、王仁三郎なりに社会的な成功を目指して努力した。ただし、堅実に成果を積み上げていくというタイプではなく、野望を抱いて、かなり冒険的な仕事に次々と手を出している。

宗教への関心も強く、さまざまな知識を吸収したようだが、特筆すべきは一八九八年に、高熊山《たかくまやま》（京都府亀岡市）の山中で修行を行ったことである。この修行によって、王仁三郎は身をもって神秘を体験し、霊界についての知見を得たという。

この修行の期間は一週間であったが、その後、駿河《するが》（現・静岡県）の稲荷講社《いなりこうしゃ》の長澤雄楯《かつたて》の指導を受け、「鎮魂帰神法《ちんこんきしんほう》」などを身につけ、民間神道系の宗教活動を行った。

鎮魂帰神法とは、手を組み、精神を集中させて、神を出現させる行法《ぎょうほう》である。この年、王仁三郎は偶然、出口なおの三女ひさに出会った。このとき、王仁三郎は、歯にはお歯黒《はぐろ》を付け、陣羽織《じんばおり》を着て、コウモリ傘とバスケットを持っていたという。思い切り目立つ格好である。

その出で立ちには、伝統の継承を誇示しつつ、同時に近代的な文明開化《かいか》を志向するという矛盾が体現されている。また、同時に、彼の持ち前のパフォーマンス志向が現れている。ただ、一方で見過ごしてはいけないのは、その格好が、いささか安っぽく、ハッタリいっぱいのものだともいえることである。

そうした異様な格好で自分を表現せざるをえないところに、この頃の王仁三郎の知的・感性的教養の限界もうかがうことができる。王仁三郎は、出口ひさから、なおに会うよう求められたことが契機となり、その年の秋に、はじめてなおを訪れる。

そのときは両者の理解はあまり進まなかったようだが、その後も関係は途絶えず、翌年になって、王仁三郎はなおの信仰集団に参加していく。では、王仁三郎が出会ったなおの信仰とはどのようなものであったのか。

出口なおの筆先は呪物となった

出口なおは、一八三六年、京都府の福知山《ふくちやま》で生まれた。父親は大工であった。父の姓は桐村《きりむら》であったが、母の妹の養子となり、出口姓となった。

当時は学校制度が存在しなかったから、当然、学校教育を受けることもなかったし、家庭も貧しかったので、なおは文字の読み書きができないまま成長した。カナや数字は理解できたようだが、文章の読み書きはできなかった。結婚した相手は、四方豊助《しかたとよすけ》といったが、結婚後は出口政五郎《まさごろう》を名乗るようになった。

夫も父と同じく、大工であった。なおの用語に建築関係の言葉が多いのは、こういう環境が影響していると思われる。夫は仕事はできたが、生活者としての能力に欠けていたといわれる。生活は好転せず、後には夫が身体を壊したこともあり、困窮は甚だしかった。なおは男子三人、女子八人の子を産んだが、そのうち、女子三人は早世している。男子三人、女子五人の子供を育てたことになる。しかし、まだ幼い子も多く、子供の力は頼りにならず、最下層の生活に転落していった。屑《くず》拾いをして、集めたものを売って生計を立てるような状況であった。

問題は貧困だけではなく、不幸な出来事が続いた。やがて結婚していた三女の福島ひさが神懸《が》かりになった。神懸かりといってもその神が尊信《そんしん》されているわけではない。なおは警察に拘束された際、自分のことを、「三千世界の大気違い」（明治三五年旧七月一一日の神諭）と表現しているが、ひさの状態は周囲もそれが「気違い」として受け止めるような種類のものであった。

その状態を、何かが憑《つ》いているものとみなしたとしても、それが神であるとは限らない。当時はキツネや天狗なども憑くと思われていた。この憑き物を除去したり抑えたりするためには、民間のさまざまな宗教者の手を借りることになる。このとき、なおは金光教《こんこうきょう》という宗教の存在を知った。

金光教は、幕末期に岡山県で金光大神《こんこうだいじん》こと赤沢文治《ぶんじ》が作り出した宗教である。赤沢文治は、迷信に縛られることを否定し、内面に信仰を確立し、自ら主体として生きることを説いた。人間本意で合理的な性格を持つ信仰を説いた。

ただし、その信者の多くが求めたのは、そうした近代的な側面ではなく、病気治しなど、さまざまな現世利益であった。金光教の教線は出口なおの生活空間にまで伸びていた（金光教と出口なおの信仰との関係については、後述する）。金光教の教師も、治病や憑き物落としを行う力があると受け止められていた。

ひさに続いて、なおの長女よねも神懸かりになった。よねの神懸かりは状態が激しく、周囲も対応に窮した。ところが、よねについで、なお自身も神懸かりになったのである。

何かに憑かれるということ自体は、もちろん普通のことではないが、かといって当時の社会において特に異常なことでもない。しかし、親子が続いて神懸かりになり、しかもかなり激しい状態であったため、周囲の人々も異常なものを感じたようである。

出口なおは、やがて自分に命じたり話しかけたりする相手との対話を深め、それが艮《うしとら》の金神という神（詳しくは後述）であると認識するにいたった。はじめは、その神が真正なものであるのか、邪悪ないし低劣なものではないかと疑いもしたが、やがてその神の真正であることを受け入れたのである。

出口なおは、その神の言葉に従って行動した。だが周囲から見れば、その言動は完全に常軌を逸していた。神は彼女の口を借りて言葉を述べる形をとることもあったが、一方ではなおと対話をすることもあった。

日常的な生活においては、なおの通常の人格は維持されていた。その後、放火の嫌疑をかけられて、警察に拘束されたり、警察から出た後も座敷牢《ろう》に入れられたりしたため、なおは神の声を人々に告げることができなくなった。そこで、なおは神の言葉を文章にして書き記すようになった。

先にも触れたように、出口なおは無筆の人であった。それが文章を書くようになったのである。現代の日本では、読み書きを伴わない言語使用というものは想像しにくい。しかし、言語はもともとは話し、聞くものであり、文字を伴わないものであった。そして、読み書きを知らない人が、読み書きを習得することは、ただ音声を記録することで実現するものではなく、文章を書くという別の次元の能力を必要とする。

出口なおの場合、通常の読み書き能力の習得という過程を踏むことなく、内部の強い衝迫《しょうはく》によって、文章表現が可能になったのである。これはそれだけでも十分、特異なことである。

ただし、その文章は周囲の人々にとって、読んで理解できるものではなかった。表記においても、カナ文字を多く使い、数字をもカナのように表音文字として使っている。京都の綾部《あやべ》付近の話し言葉を、耳に聞こえるまま音写しているので、表記からそれを普通の文字表現に置き換えることが難しい。おまけに、内容も、宗教についての一般的な言説とは異なるものであった。二重、三重に読解は困難であった。これが「筆先《ふでさき》」といわれる文章であり、王仁三郎が後に表記を改め、文章を整えて発表したものが「大本神諭《しんゆ》」である。

出口なおの神懸かりは、周囲の一部の人の関心を呼ぶようになり、彼女のことを綾部の金神《こんじん》と呼ぶ人々が生じてきた。なおの異常な状態が、呪術《じゅじゅつ》的な威力を発揮するものと期待され、それによって「おかげ」（利益《りやく》）を得ようとしたのである。

周囲の人々は、出口なおの筆先を受けると、理解できないままに、それ自体を呪物《じゅぶつ》として護持したのであろう。これは異常なことではない。『歎異抄《たんにしょう》』を読むと、親鸞《しんらん》のあの論理的な文章が一般の信者には理解されていなかったことがわかる。そして、多くの信者たちはそれでかまわなかったのである。多くの信者は親鸞が書いた書簡などの文章を理解するものではなく、聖なる物として護持すべきものと思っていたからである。

文章は、護符と同類の霊力ある物であった。自分の神懸かりの力によって自他に影響を与える民間宗教者は、昔も今も発生している。一般の人々のそうした宗教者への期待は、病気治し、失せ物《う》発見などの現世利益《げんせりやく》を可能にする力、要するに呪力である。

こうした現世利益を中心にする宗教活動にとどまるのであれば、地域の拝み屋さんといわれる人々と同類ということになる。それは、一定の地域、時代の中に成立している共同体の精神的な風土によって支えられているが、それ以上に発展する可能性に乏しい。

だが、出口なおの信仰は、そうした限界を超えていく可能性を持っていた。筆先は、自らの中に出現した神を、独自の宗教的な言説によって表現しようとしていた。言説を奪われていたなおは、その限界を突破して、オリジナリティのある表現と思想を創出したのである。ただ、それは、しばらくは読み解くことのできない奇怪な呪物としてしか存在できなかったのだが。

大本教の根幹神、艮《うしとら》の金神《こんじん》

では、出口なおが、表に出そうとした神とはどのようなものであったのか。その神を明らかにするという仕事こそ出口王仁三郎が担わなければならなかったものである。

だが、ここでは説明の都合上、まず、大本教の中心をなす神がどのような神であったかを先に説明しておくことにしよう。大本教の根幹をなす神、それは艮の金神である。

出口なおの筆先を王仁三郎が文章化した大本神諭の中に、「初発《しょはつ》の神諭」と呼ばれる文章がある。なおの最初の筆先であったとされている。もっとも、それはあくまでも神話的な主張であって、現実にはこの文章は後に再構成・整理されたものではないかと思われる。

また、この神諭の内容が最初の筆先に記されたものでもないようである。しかし、この文章が出口なおの思想を集約的に表現したものとみなすことはできよう。

その冒頭の言葉は、以下のようなものである。「三千《さんぜん》世界、一度に開く梅の花、艮の金神の代になりたぞよ」。大本教の多くの言説の中で、もっとも広く知られているものであろう。

大本教には多くの神がいる。あるいはこの世界は神々で溢《あふ》れている。すべての人間が神であるといってもよい。しかし、その根源をなす神がこの艮《うしとら》の金神《こんじん》である。では、艮の金神とはどのような神だろうか。

十二支と方位

艮は易から来ている

この神の名前は、ある意味では奇妙なものである。

まず、艮《うしとら》とは、北東の方位を指す言葉である。

十二支を方位に割り当てると、子《ね》が北になる。東は卯《う》になる。その間に丑《うし》、寅《とら》が位置することになる。

艮は、丑と寅の中間、つまり、北東の方角を指している。ただし、この艮という見慣れない漢字は、もともとは干支《えと》を表すものではない。これは易に由

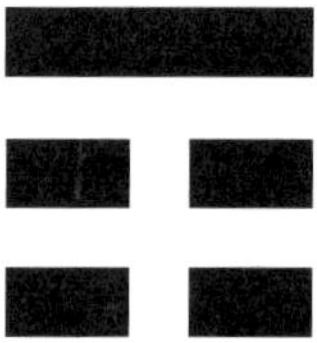

八卦の中の「艮」

来している。

易では、陰陽《いんよう》のいずれかを三つ組み合わせて、八種類の卦《け》、八卦を作る。この八卦のうち、上から陽陰陰と並ぶ組み合わせの卦を艮《ごん》と呼ぶ。

この八卦を方位に割り当てると、坎《かん》が北、艮が北東となる。八卦なので、八つの方位に割り当てることができる。艮が丑と寅の間にあることから、「うしとら」と読むようになったのである。

この言葉は、たんに方位を表すだけではなく、そこに吉凶の意味を加味して用いられてきた。それは暦を開けば知ることができる。ここでいう暦とは、たんに月日を数えるためのものではなく、さまざまな物事の吉凶をも教えるものでもある。現代においても、この種の暦は、年の後半になると、書店の本棚に並ぶ。結婚式、葬式、引っ越しなどを行う場合、暦を開く人はいまでもそれなりに多い。

葬儀を執り行う場合にも、友引《ともびき》は普通、避けられる。友引はもともと陰陽《いんよう》五行《ごぎょう》説とは関係がないが、暦を開いて知ることのできる情報である。

この方角の中で、艮は特別な意味を持っていた。北東の方位は鬼門《きもん》と呼ばれ、そちらから、災いが来ると考えられていたのである。この考え方は中国で成立したものらしい。

建物を造る場合、鬼門から災いが侵入してこないように警戒する必要があった。玄関を鬼門に作ることは避けられた。都市を造る場合にも、寺社などの宗教的な力を配置することで、邪悪な力の侵入を防ごうとした。こういう習俗にはかなり根強いものがある。

金神《こんじん》の方位を侵すと、七つの命が失われる

次に金神について説明しよう。金神とはそもそもどのような神であろうか。こちらも暦に関連がある。

暦を開くと、方角の神として、太歳神《たいさいしん》以下八将神《はっしょうじん》があり、その年によってどの方位に位置しているかを知ることができる。

それぞれの特徴に応じて、避けるべき事柄が決まっている。ところが、金神はこれらの神々とはいささか違うのである。金神は、一年を通じて位置を変える、しかも、その動きが単純な順序ではなく、暦を見なければ知ることができない。不可知な部分が多いので、ますます神秘的に思われ、祟《たた》りが強く恐れられる神なのである。

金神の方位を侵すと、「**金神七殺《ななさつ》**」といい、七つの命が失われるという。金神は、とくに恐れるべき神なのである。

先に奇妙といったのは、金神の基本的な性格は方位を移動する神であるのに、艮の金神といえば、それは特定の方角に限定されていることである。

じつは、この金神とは別の起源の金神信仰が存在する。それが牛頭天王《ごずてんのう》という名称の神なのである。

牛頭天王という名称はもともとは仏教に起因するが、日本では祟り神として信仰され、

牛頭天王と素戔嗚尊の習合神である祇園大明神（『仏像図彙（ずい）』1783年より）

牛頭天皇を祭神とする有名な神社に京都の祇園社《ぎおんしゃ》がある。さらには牛頭天王は素戔嗚尊《すさのおのみこと》と同一視される。

この神は鬼門から災厄を与える神であり、固定された方位の祟り神として認識されていた。この神やその眷属《けんぞく》の神が金神と結びつけられた。これらの信仰が融合して、艮の金神の信仰が成立したと思われる。

それに対し、出口なおは、艮の金神における祟りと方位という二つの特性を全面的に捉え直し、新しい神として打ち出した。

出口なおのいう艮の金神は、北東に位置する祟り神でもなければ、月日の経過に応じて方位を変えていく神でもない。特定の方位にも限定されていないし、特定の行為において、注意を払えば済むわけでもない。宇宙の根源をなす神であり、この世界のすべての人のあらゆる場面に影響を及ぼす神なのである。

金光教の信仰から影響を受けた出口なお

こうした新しい神がなぜ、出口なおにおいて成立したのか。その発想の背景にはどのような思想的な資源が考えられるのか。

一つは、なおの人生に求めることができる。なおの父親は大工であり、なおの夫も大工であった。艮の鬼門に配慮することは建物を造る際の常識であった。だから、なおは艮の金神がきわめて強く祟る力を持っていることを、一般の人以上に強く意識していたと思われる。

なおは学校教育によって知識を得る機会に恵まれてはいなかった。したがって彼女の知の源泉は、その生活の中にあった。彼女は知的な能力には優れていたから、生活の中で得た情報から、きわめて多様な知識を吸収していた。これは、出口なおという人物を考える上で、重要な特質の一つである。

もう一つは、当時、広まっていた新宗教・金光教から得た知識である。先にも触れたが、出口なおの娘ひさが神懸かりになったとき、なおは金光教の信仰を知った。後になおは自分の信者集団を、金光教の教会の傘下で形成していくことになる。

この過程で、なおは金光教の信仰からさまざまな影響を受けたと思われる。なおの教団形成は、金光教からの脱出の過程ともいえるが、それだけに多くの影響を受けていたということでもある。

では、金光教では、自らの神をどう捉えていたのか。金光教の神は、天地金乃神《てんちかねのかみ》、つまり天地の金神なのである。

金光教が成立した備前（岡山県）では、修験者《しゅげんじゃ》の活動が盛んで、そこから金神の信仰が広く影響を与えていた。金光教においても、方位・方角の信仰の理解を変更することが信仰の重要な要素をなしている。

金光教の教祖、金光大神《だいじん》こと赤沢文治《ぶんじ》は、若い頃から信心深いことで知られており、建築などに当たっては避けるべき方位・方角、ふさわしい日取りなどをしっかり守っていた。しかし、それにもかかわらずさまざまな災厄が続いた結果、一般的な信心のあり方は不十分なものであると考えるようになり、従来の方位・方角の理解を反省するようになった。

その結果、赤沢文治は、固定した吉凶の判断は、神の本来の働きを誤解したために生じたものだと考え、神の新しい理解に到達した。文治が見いだした神とは、人々を守り、正しい生き方を支援する存在であった。

赤沢文治は、重要なのは神を信じる人の心、内面の信である、と考えた。それに対し、方位・方角による吉凶は、固定的な知識によって外的に人々の行動を制約するものであると考えた。赤沢文治は外的な判断による行動の規制を人間の主体的な信仰行為の問題へと転換させた。それにより、天地金乃神《てんちかねのかみ》は、特定の領域に関与する役割に限定された神ではなく、人生のすべての問題に関わる根源的な神へと変貌したのである。

もちろん、金光教においても、こうした教えの内容が、信者の多くに正確に理解されたわけではない。多くの人々の信仰における関心の中心は、まずは病気治しや厄除《やくよ》け、さらには金儲けや出世などの招福《しょうふく》、「おかげ」を受けることであった。

だが、それでも、正しい態度で生きることが神の意向に叶《かな》うとする理解は、人々の心に訴えるものがあった。宗教を論じる知識人の中には、現世利益を求める信仰と内面的な信仰を対立するものとして捉える人もいるが、その二つは実際に信仰する当人の中では、必ずしも対立するものではなかった。

金神はなぜ艮に押し込められたか

一般に、金神は特定の方位にいて、祟りをなす神だと理解されている。金神の働きは、たんに外側から人々を規制するものにすぎないと受け止めているのである。

金光教では、人々が神の趣旨を誤解し、禁忌《きんき》を守りさえすれば十分であると思い込むことが、神への本来の思いをないがしろにすることに他ならないと考え、それがかえってさまざまの不幸を引き起こすと説明した。その原因は、自分自身の心のあり方にあると説いた。

この考え方は、人間の主体性を承認するものだったが、これだけが強調されると、すべての原因を自分に求めることになりかねないともいえる。だが、出口なおは不幸の原因が自分の行為や信心の過ちにあるとは考えなかった。

この世界から正しさが失われたのはなぜか。それは、金神が艮の隅に押し込められたからである。では、金神はなぜ、艮の隅に押し込められることになったのか。原因は金神の悪い行いや過ちにあったのではない。金神は過度に厳格な神だったために、他の神々から疎《うと》まれるようになり、神々の世界から追放されたのである。

その結果、この世界は徐々に正しさを失い、利己主義・自己中心主義が蔓延《はびこ》るようになってしまった。この利己主義・自己中心主義を、大本教では「われよし」（自分にとってよいことだけを考えること）と表現する。

出口王仁三郎は、正しい信仰態度を「霊主体従《れいしゅたいじゅう》」、誤った態度を「体主霊従《たいしゅれいじゅう》」と、しばしば表現している。この体主霊従とは自己の欲望を中心として行動し、霊の役割を軽視することであるから、具体的には利己主義、すなわち「われよし」となるのである。

こうした世界の堕落の神話が、出口なおの現実の極貧《ごくひん》、不幸を神話的に説明し、それに積極的な意味を与えた。

なおは、自分の不幸の原因を自分に求めようとはしなかった。また、身近な人々、所属している共同体、世間にも求めなかった。なおは、その原因をこの世界のあり方全体に求めたのである。

すべての人々が誤った考えを改めなければならない。そのためにはこの世界を全面的に改革しなければならない。ここに、従来の金神の概念からの根本的な飛躍が実現したのである。

出口なおはなぜ王仁三郎を必要としたか

こうした出口なおの思想の本質的な部分は、容易に周囲の理解を得ることはできなかった。現世利益の水準を超え、信仰の本質的な部分を理解させるためには、自らの神がいかなるものかを明らかにしていかなければいけない。そのために必要となるのが、神話や教理と呼ばれるものである。

出口なおの信仰にこうした要素がまったくなかったわけではない。まずは、艮の金神の神話があり、さらには冠島《おしま》・沓島《めしま》開き、出雲大社参拝、弥仙山《みせんざん》の岩戸籠《ごも》りなど、その信仰世界を拡大・充実させようとする努力を行っている。

これらの神事は、出口なおの宗教世界を拡大するためのパフォーマンスであり、行為を通して示されたより広く豊かな宗教世界のあり方を示すものであったが、周囲はこれらの神事の意義を十分に理解していたわけではない。また、出口なお自身もそれを説明できたわけではない。

当時、地域の人々はなおのことを「綾部の金神さん」と呼んでいたという。地域の人にとって、なおはあくまでも土着の拝み屋さんの一人にすぎず、そういう受け止め方を打破することは容易ではなかった。

出口なおの乏しい宗教知識・限定された世界認識・宇宙認識だけでは、その信仰が狭い殻を破ることはできなかった。なおにとっては自らの生活の根拠が聖地であり、自らの生活圏内が神話の中心であった。たしかに、なおの信仰はそうした狭さを克服する可能性を秘めてはいた。だが、それには、なおの持っていない能力を備えた存在が必要であった。彼女はそれを実現する人物の出現を待ちわびていたのである。

王仁三郎となおと大本教

窪田高明

なおと王仁三郎の接近と対立が信仰の活力に

出口王仁三郎は、巨人とか怪物とか呼ばれることがよくある。唯物論者だった哲学者の戸坂潤《とさかじゅん》は、王仁三郎を「化物《ばけもの》」と表現したことがある。この呼び方には、王仁三郎の思想・行動への評価はとにかくとして、そのスケールの大きさだけは認めざるをえないという気持ちが滲《にじ》み出ている。

王仁三郎に好意的な人々の中には、その並外れた存在という一面に注目して、彼を人間を超越した存在と見なす人々もいる。しかし、王仁三郎を超越的な存在、人間以上の存在としてのみ捉えることには疑問がある。

いかに優れた人間であったとしても、人間である以上、人間としてのさまざまな制約を免れることはできない。王仁三郎を偉大な存在として一面的に受け止めると、かえって彼の優れた一面を見失ってしまう可能性がある。この小論では、王仁三郎の能力を認めつつ、その限界についても触れていくことにする。

王仁三郎が出口なおに初めて面会したとき、王仁三郎自身がなおの信仰、およびその可能性について十分に理解していたとは思えない。二人が出会った時点では、なおは、各地に存在したいわゆる拝み屋さん一般とそれほど違うものとは見えなかったろう。しかし、王仁三郎はなおの筆先を見ているうちに、そこにただの拝み屋さんとはまったく異なる内容を見出していったと思われる。

最も重要なものは、艮《うしとら》の金神《こんじん》を中心とする立替《たてか》え、立直《たてなお》しの思想であった。それは、この世界を根源的に誤った事態から生じたものと見なし、現実の問題を解決するためには、いったんそれを全面的に解体、一掃した上で、正しいあり方に基づく世界を再建しようという思想である。その中で、なおの個人的な不幸は、たんなる個人的な問題ではなく、神話的な出来事の一つとして位置づけられている。

したがって、なおの個人的な不幸を解決するためには、世界全体の構造を変革することが必要であった。だが、その思想には重大な弱点があった。

自らの不遇を個人の問題ではなく、世界の構造と結びつけたからといって、それだけでは社会全体を変化させ、世界の構造を変化させる道筋はどこにも見えなかったからである。なおができるのは、人々が心のありようを改めることを求めることであった。

しかし、そうした個人レベルでの改心を求めることだけでは、社会全体を変革することへの筋道は見えてはこない。神は現状に対して怒りを抱いている、変化を求めているといっても、世界をいかにして変化させていくのかについては、まったく視界は開けない。なおは、世界全体の構造を変革するという要求を明確に自覚してはいなかっただろう。

だが、なおは現状に対してもどかしく感じ、不満を抱いていた。なお自身、病気治しの綾《あや》部《べ》（京都府の地名）の金神というレベルを抜け出し、宗教としてより普遍的な段階に進むことを求めていたと考えられる。

信仰のあり方、教団のあり方をより高次な段階へ導くためには、なおの限界を打ち破る要素が必要であった。つまり、艮の金神の信仰を明確化し、それに基づいた信仰のあり方を提示し、さらに変革の展望を切り開くことのできる人物が求められていたのである。出口なおと王仁三郎の最初の出会いの翌年、王仁三郎はなおの教団に参加する。しかし、二人の信仰にも、人としての性格にも、大きな違いがあった。

例えば、なおは禁欲的で、厳しい修行を自らに課していた。ところが、王仁三郎は感覚的な喜びを求めていたし、苦行的な修行にあまり意味を見出してはいなかった。開放的で、自由闊達《かったつ》な性格だったといってよいだろう。

さらにいえば、なおは、自己が出会った神との対話を中心に、純粋で狭い信仰を実践したが、王仁三郎は他の宗教にも関心を持ち、より広い世界を指向していた。また、王仁三郎はそれまで学んでいた鎮魂《ちんこん》帰《き》神法《しんぽう》、つまり神を出現させたり、神を判定する方法（詳しくは後述）を持ち込んだ。また、神道の古典に関する知識や教養によって、教団の教えを整備しようとした。

しかし、それは、なおの信仰と単純には融和しなかった。そのために、二人の信仰はときには激しく対立した。

その対立は、個人の性格、信仰の捉え方にとどまらず、さらには教団のあり方にまで波及する。常識的に考えれば、一つの教団であることを不可能にするほどのものであった。『道之大本　資料編』の中で、王仁三郎は、「神道《しんとう》でいながら、達磨《だるま》とか、弥勒菩薩《みろくぼさつ》とか、変性男子《へんじょうなんし》とか、須弥山《しゅみせん》とか、めぐりとか、因果《いんが》とか、因縁《いんねん》とか唱《とな》うる教《おしえ》あり。これらは淫祠《いんし》の最《もっと》もはなはだしきものにして、狂妄《きょうぼう》の沙汰《さた》と言《い》うべし」（みいづ舎、平成一五年八月、一八八頁）と述べている。

「変性男子」は、もともとは『法華経』による言葉で、一般に仏になれないとされている女性が、いったん男子となることで成仏が可能になるとする教説による（大本教では、出口なおが、「霊魂は男、肉体は女の存在」であると解釈する）。須弥山は「世界の中心にそびえ立つとされる巨大な山」である。いずれも仏教に起源を持つ言葉である。

それにもかかわらず、こうした言葉は、当時、なおの筆先に登場し、その信仰を表現するために使われていた。王仁三郎は、平田篤胤《あつたね》の国学神道の学説を吸収していた。それからすれば、仏教に属する言葉は排除するべきものであって、自らの信仰の中に取り込むべきものではなかった。

この頃、王仁三郎は、なおの信仰のあり方や筆先をかなり口汚い表現で批判する言葉を書き残している。これらは、一時的な感情の高ぶりに煽《あお》られた部分もあったであろうが、その背景にはこの時点での王仁三郎の神道理解に基づく反発があるのである。一方、なおの筆先にも、王仁三郎を強く批判する文言が出現している。

信者たちはこの事態に戸惑ったが、なおと王仁三郎も自分たちがどのような形で信仰を展開するか、明確にはわからない段階だった。その結果が、教団内における王仁三郎をめぐる人間関係の対立としても現れる。なおの教団に参加した翌年、王仁三郎は、なおの五女であるすみと結婚していたが、それでも王仁三郎の教団における指導的な地位を確立するには至らなかった。

王仁三郎は、それまでの教団の行為のあり方のかなりの部分を否定し、新しい振る舞いを持ち込んだ。禁欲を理想とするなかで、開放的な王仁三郎の行動は感情的反発を引き起こした。

逆にいえば、王仁三郎は意味のない生活上の制約に不満を懐《いだ》いていた。王仁三郎のもたらす対立と混乱は、宗教固有の問題だけではない。日々の振る舞いのレベルから教団における主導権争いに至るまで、多様な形で出現した。こうした二人を中心とする対立は、教団を空中分解させかねない状態に至る。

ただし、二人は対立していただけではない。二人は、一方ではたがいに相手を不可欠の存在として認識していた。じつのところ、**この対立と接近が大本教の基本的な性格**なのである。

その教団は、二人を中心として反発しあいつつ、引き寄せられていた。それが、大本という信仰の圏内に激しい回転運動を引き起こし、それが信仰の活力となっていったのである。

この時点での王仁三郎は、宗教家としての経験・知識などがまだ十分ではなかったと思われる。だから、なおの宗教的な資源を吸収しつつ、自らの宗教の教義と実践を一つの体系として提示することができなかったのである。

というのも、王仁三郎が厳しく否定していた要素は、やがて大本教の宗教的な資源として、より大きな視野で、その位置と意味を与えられるようになるからである。

出口なおが逝去し、王仁三郎が教団の中心に

教団の混乱は収まらず、当然その勢いも失われてきた。その結果、王仁三郎はいったん京都府綾部を去らざるをえなくなる。

一九〇六年、王仁三郎は綾部を去って、京都の皇典《こうてん》講究所に入学した。ここは、神官の養成機関で、そこで神官としての正式な資格を得たのである。

一九〇八年十二月、王仁三郎は綾部に戻る。彼は、この間、神官としての資格を得るとともに、宗教者として成長していった。

霊学や神道教学に関する知識だけではなく、宗教家として広く活動するための素養を蓄えたのであろう。これらを背景に、再び教団内で活動を展開し、大本教を宗教団体として本格的に成長させることになる。

王仁三郎は、なおの教団に参加した後、金明《きんめい》霊学会という名称を使うようになっていたが、綾部に戻ると、それを大日本修斎会《しゅうさいかい》に改め、機関誌『直霊軍《ちょくれいぐん》』を発行した。神殿を

建設し、着々と教団を発展させていった。

さらには教団の法律的な整備などにも努めた。大本教では、なおの筆先とともに、王仁三郎の指導する鎮魂帰神法が重要な役割を果たすようになる。鎮魂帰神法は、手に印を結び、精神を集中して神を発現させる修法である。

これは、瞑想のような静的な修行ではなく、自己の内部に神を出現させ、身体を激しく動かしたりする動的な方法である。多くの信者が同時にこれを実習すると、感染するように発動していき、騒然とした状態になった。

教学と修行方法の確立によって、大本教は大きく飛躍していく。一九一六年には教団の名称を皇道《こうどう》大本に改めた。

一九一七年には雑誌『神霊界』を創刊したが、これは大本教の信仰を広める上で大きな役割を果たした。ここには、なおの筆先に王仁三郎が手を入れた文章が神諭として掲載された。

この雑誌には、王仁三郎の書いた文章も次々と掲載された。多忙な生活の中で、驚異的な量の文章が書かれている。

さらに大正日日《にちにち》新聞を買収するなど、広報活動・宣伝活動をきわめて重視して、教線の拡大を図り、着々とそれを実現していった。こうした流れの中で、なおは依然として教団の核心的存在であったが、その影響力は相対的に小さくなっていく。

一九一八年、開祖・出口なおが逝去《せいきょ》した。教団の急速な発展を喜びながらも、おそらくはそれに多少の違和感を覚えていたであろう。なおの逝去により、大本教は全面的に、王仁三郎の教団になった。

翌年にはなおの筆先を王仁三郎が文章として整備した神諭を集めた『大本神諭 第一輯《しゅう》』が発行された。一九二〇年には、京都府亀岡（王仁三郎の出生地）に支部を開設した。これは、明智光秀によって築城された亀山城《かめやまじょう》を購入し、それを整備したものである。後にこれが、綾部と並ぶ第二の聖地となった。聖地という点でも、なおと王仁三郎が二つの中心であることが具体化したのである。そして、教団としては王仁三郎が中心となる形に整備された。

なおの死後、王仁三郎が教団を掌握《しょうあく》するまでは、一定の混乱は存在した。この頃、なおの不在を埋めるように王仁三郎以下何人かの人が筆先を書こうとした。

王仁三郎が書いた神諭は『伊都能売《いずのめ》神諭』という名称でまとめられている。しかし、王仁三郎の筆先は文章としては整備されているが、説明的な部分も多く、なおの筆先の持つ神秘的な力には欠けているように思われる。

なおの筆先の文章は、理性や知性による抑圧を突破して、人格的な個人を超えた力が噴出し、その力のままに表現という形をとったものという印象を与える。しかし、王仁三郎の文章には、そうした力の噴出を感じにくい。

教団は、王仁三郎が実質的な中心となり、妻のすみが二代教主に就くことにより、新しい体制を整え、めざましい飛躍を遂げることになる。

鎮魂帰神法という宗教技法

この時期の大本教は皇道大本を名乗っていた。その名前のとおり、自らの教義と皇道を融合させようとしたのである。

皇道という言葉は、国体と同じように、規定することが難しい。しかし、おおざっぱにいえば天皇を中心とする国家のあり方や精神を示す言葉である。

皇道を尊奉《そんぽう》することとは、近代の天皇制下において天皇を中心とする国家観とその精神に積極的に従うことであるから、独自の神を最上位の存在として信仰する宗教を主張することは原理的に困難である。国家神道以外の神を信仰することは、個人の心の内面の問題に限り承認された。それが天皇崇拝と矛盾する場面を生じさせることは許されなかった。

しかし、王仁三郎は自らの信仰が、天皇を否定するものではなく、それを重視する、ないしそれと両立するものであると説明した。

なおは自らに出現した神の言葉をそのまま忠実に伝えること以外に関心はなかった。まして、なおは国家神道的な神話世界について、あまり正確な知識を持っていなかったから、そういうことに配慮することもなかった。だが、その内容をそのまま強調していけば、大本教は国家神道の教義とはたちまち正面から対立することになる。

王仁三郎は神道の教義や古典についての知識を学んでいた。王仁三郎は、素盞嗚尊《すさのおのみこと》を重視していたし、宗教世界が現実世界や政治的体制を超越した意義を持っていると捉えていた。だから、王仁三郎自身は基本的には天皇を中心とする社会や宗教の体制を立直《たてなお》すことを目指していたに違いない。なおと王仁三郎は、この点では共通する志向を持っていた。だが、王仁三郎は大本教を皇道と両立するものとして押しだそうとした。こうした態度は大本教に限られたものではなく、ほとんどの宗教・教団において、自らの信仰を天皇制とあからさまに対立しないものとして説明することは重要な問題であった。自らの信仰の独自性を剥《む》き出しにすれば、それは強権的に弾圧されざるをえなかった。

ただし、王仁三郎は天皇制や国家神道につながる思想を大本教を守るための偽装ないし妥協としてのみ利用していたわけではない。王仁三郎は、国常立神《くにとこたちのかみ》や素戔嗚尊《すさのおのみこと》を自らの教義の中に位置づけている。『古事記』に代表される日本の神話全体を否定しているわけではない。ただし、素盞嗚尊は皇祖神である天照大神と対立する存在である。そこには国家神道とは異なる日本神話のもう一つの神道の理解が開ける。

考えてみれば、「自らの信仰と国家神道の神話との関係をどう捉えるか」という問題は、個人と国家・社会の関係をいかに捉えるかという問題の一形態であり、それは近代の日本における思想に共通する深刻な課題の一つだったのである。

王仁三郎が、自らの教学の展開に用いた方法の一つに言霊《げんれい》学の活用がある。

言霊学というのは、国学神道系で活用されることのある方法であるが、王仁三郎が活用している水準でいえば、特定の音を宗教的な意味を含むものと解釈したり、神話などに含まれる言葉の母音あるいは子音を変化させ、別の言葉を出現させて、新しい意味、解釈を作り出すことなのである。それによって表面化していない本来の意味を浮かび上がらせることができると主張している。

常識的に読めば、それは牽強付会《けんきょうふかい》な読み替えであり、一般的な論理からみれば恣意《しい》的な解釈といえよう。たしかに、言霊学を非科学的・非論理的と批判することはたやすい。だが、そうするだけでは、王仁三郎の意図は見失われる。王仁三郎はなぜ、このような方法によって神話などのテキストを読み替えようとしたのか。

それは、おそらく、常識的な読解の枠組みから自由な神話の理解を可能にするためである。現在の社会を支配している固定的な論理に従えば、この社会の現実やそれを支配している権力構造に絡め取られるしかない。それをいったん崩壊させ、他の言葉に転ずることにより、まったく新しい、自らの求める神話的世界を構築しようとすることなのである。言霊学による読み替えによって、固定した理解の作り出す神話世界は、新しい神話世界へと変貌する。恣意的ということは、言い換えれば、自由自在ということでもある。

ただし、王仁三郎の言霊学は既成の神話を発展させ、まったく新しい世界を繰り広げているわけではない。それは、言霊学が今まで引きずってきた方法・解釈・意味づけなどに制約されている。それでも言霊学は、神話の固定した理解を揺さぶり、独自な読みを可能にする。

言霊学的読み替えは、二つの方向の危険性を内包している。一つは、論理的な根拠を無視して、恣意的でつじつまの合わない幻想の雑多な蓄積に終わることである。もう一つは、その逆の方向における危険性である。それは、何らかの既成の思想の枠組みを前提として古典の文章を変更することによって、既成の思想の根拠付けに利用してしまうことである。具体的にいえば、神道の古典が、大本教の思想の根拠になるはずであるが、あらかじめ想定された大本教側の主張に適合した内容に文章を改編していくことになる。こうなれば、根拠となるはずの古典が、証明される思想に合わせて変更されてしまうのである。主張とその根拠が論理的に堂々巡りを起こすことになる。

この時期の大本教において重視されたもう一つの方法は鎮魂帰神法である。鎮魂帰神法は、大本教における信仰のあり方に大きな変化をもたらした。

それまでは神に憑《つ》かれることは、あくまでも、なおの神懸かりを標準とするものであった。一般の信者はなおを通して神の言葉を知るだけであった。しかし、鎮魂帰神法を実習することにより、多くの信者が自らの内部に神を出現させ、神秘的な能力を発揮できる可能性を手にするようになった。人がみな神であるという大本の教えは、本来の状態における人間を説明するだけではなく、そのことを自ら実感できるものとなったのである。

鎮魂帰神法は、多くの人に神秘体験を獲得させ、信者本人に信心の根拠を与えるものではあるが、一方では王仁三郎の宗教のあり方の特質の一つを示している。それは、王仁三郎の神秘体験が宗教技法によって実現したものが中心となっているということである。

なおは、自然発生的に自らの中に神を出現させていたのだが、そういう事態は王仁三郎には存在しなかった。また、技法として成立していたということは、その方法を活用することが特定の人物だけの特権ではないということである。

　思い返せば、王仁三郎が自らの信仰の基礎として位置づけている山中の修行にしても、自然発生的な神の出現ではなく、山岳宗教的な山籠《ごも》りによって引き起こされた神秘体験である。

　つまり、王仁三郎は自らの特権として、無条件に神を出現させたり、神と対話していたわけではなく、一定の宗教的技法を活用していたのである。ここに、王仁三郎となおの宗教体験の根本的な相違がある。なおは王仁三郎には備わってはいない神との通路を持っていたといえる。

　鎮魂帰神法による神秘経験は、信者の自己認識を変化させる。神の出現は、自分が一般の人とは違う神的な存在になったことを確信させるのである。

　したがって、そういう人々が作る集団は、一般的な集団とは質的に異なるものと受け止められる。それゆえ、一般社会の価値規範から逸脱することへの躊躇《ためら》いが減少する。

　大本教団は、なおが始めた信仰の段階とは、あきらかに質の異なる状況の中にいた。

知識人メンバーたちの活躍と第一次大本事件

　こうした信仰の変化と並んで、教団を構成する人々の性質にも大きな変化が起きてきた。出口なおの時代のように、地縁や血縁で結びついた人々だけではなく、外部の多様な人々が教団に参加するようになった。そういう人々は、たんなる現世利益だけではなく、大本の教義や宗教活動に関心を懐《いだ》き、教団に加わったのである。その中には、従来ではまったく考えられなかった、社会の上層に所属する人々が含まれていた。学校教育を受け、抽象的な思考に習熟し、宗教にも深い知識を持つ人々である。

彼らの中には、綾部に移住して全面的に教団の活動に携わる人も出てきた。こうした人々を代表する人物に浅野和三郎《わさぶろう》がいる。浅野和三郎は、東京大学の英文学科を卒業し、海軍機関学校の教授であった。

浅野は、もともと宗教や霊についての関心の強い人物であったが、出口王仁三郎の教えに触れて、京都府綾部に移住し、大本教の出版物の編集などで重要な役割を担うようになった。ちなみに、彼が辞職した海軍機関学校の教職はその後、芥川龍之介が受け継いだ。

大本教では、王仁三郎は先生と呼ばれていたが、浅野和三郎はまさに本格的な「先生」であった。知識人の信者は、文章を書いたり、論理的な説明をすることにおいては、高い能力を持っていた。

知識人の信者たちは、出版や宣伝の分野において、華々しく活躍するようになった。王仁三郎も今までになかった事態に多少戸惑ったのかもしれない。彼らは、なおの神諭を深く読み込んで、世界の立替え立直しを教理として説明しようとした。

浅野らは、世界の危機的な変革の時期が近づいていると強調し、一種の終末論を主張した。記紀神話などの知識、大本教の教義、神諭の言葉と、日本の近代の歩み、当時の国際状況などを乱暴に結びつけ、この世界の根本的な変動を説き、それを大正維新と呼んだりした。

近代化が進行し、資本主義が成長する裏面で、近代化の恩恵を受けられない人々、社会の急激な西欧化に違和感を覚えている人々も増えていた。終末論は、人々の不幸はそれぞれの人に原因があるのではなく、社会や国家のあり方、またそこに生きる人々の精神や信仰に原因があると説明する。そして、そういう社会には、全面的な変革が迫っていると説いたのである。

知識人の信者は社会全体を見渡すことに慣れていたから、王仁三郎の思想を社会のさまざまな問題と結びつけて説明した。そのために出版物などによる情報戦を展開し、社会的な運動としての形を与えようとした。その結果、大本教は、たんなる内面的な信仰の集団だけでなく、世間に向かって社会の転換を実現しようとする運動の主体に変化していった。

もちろん、その運動が政治闘争や破壊活動を主たる目的とするものに変化したわけではない。ただ、人々の内面を変化させるだけではなく、社会全体を変化させることに視野を拡大した。大本教が出現したこと、艮の金神が表に出てきたこと自体が、立替え立直しの始まりを証明する出来事として説明された。こうして、大正維新への期待が、教団や周辺の人々の間に高まり、世界の大変革が目前に迫っているように考える人々も増えていった。

当然のことだが、大本教団の存在と活動が拡大するにつれて、その危険性を指摘する声も大きくなった。警察は、以前から大本教の動向に関心を向けていたが、一九二一年、ついに大本教団への全面的な捜査に乗り出した。これがいわゆる**第一次大本事件**である。

大本教は不敬罪によって起訴された。裁判ではその宗教的な問題だけでなく金銭問題や男女関係のスキャンダルなど、あらゆる観点から大本教への攻撃が行われた。

王仁三郎以下、多くの教団の人々や信者が逮捕され、起訴された。ただし、一二六日間の獄中生活の後で責付《せきふ》出獄となった（責付出獄は現在の保釈に似た制度）。教団の活動も制約の下で徐々に再開された。裁判の方は、一審有罪であったが、控訴して、教団の活動も再開された。

教団にとっては大きな挫折であったが、それはこの後に来る第二次大本事件と比較すれば、短期間で回復可能なものであった。それは、この時期の社会がこうした活動に対し、まだ多少の寛容さを残していたためとも考えられる。この裁判は、一九二七年、大正天皇の逝去によって行われた大赦《たいしゃ》により免訴となって終結した。

この事件は教団の活動に打撃を与えただけでなく、信仰にも重要な変化をもたらした。事件の結果、神の言葉として、筆先や神諭を前面に出して布教することはできなくなった。したがって神諭の言葉を根拠として、立替え立直しを強調し、大正維新のように具体的な終末の到来を煽ることもできなくなった。

浅野和三郎は教団を去った。彼が教団を去った背景には、事件後に大本の信仰が変化したことがあるだろう。

従来のように、直接的な神との交わりを背景として、艮の金神による立替え立直しを強調できなくなった。浅野の関心が霊の実在、霊との交流であったので、事件後の大本の方向とは志向が異なったといえる。

浅野和三郎はその後みずから心霊科学研究会、心霊科学協会などを創始し、心霊との交わりを追究していく。時期は違うが、大本教から出て、独自の宗教を打ち立てた人物は多い。神道天行居《しんどうてんこうきょ》の友清歓真《ともきよよしさね》、世界救世教の岡田茂吉《もきち》などはその一例である。

『霊界物語』を読む信者が少ないことを王仁三郎は嘆いた

出口なおの思想をそのまま前面に打ち出して布教することが困難になった以上、大本教は新しい信仰の根拠を模索しなければならなくなった。『霊界物語』の論述はその一つであった。

『霊界物語』は、一九二〇年一〇月から口述が開始され、年末には第一巻が発売されている。その後も驚異的な速度で口述が続いた。口述の際には複数の筆記者を用意し、その膨大な語りを文字化し続ける作業を続けた。全部で八三冊に及ぶ超大作である。

現在、出版されている愛善《あいぜん》世界社版の文庫本は、全部で八三冊になる予定であるが（二〇一九日七月現在、七二巻まで刊行）、その一冊は約三百頁の厚さである。到底、常人の語り尽くせる分量ではない。出口王仁三郎という人物のいわゆる怪物性が遺憾《いかん》なく発揮された作品である。

『霊界物語』は、その題名が示すように、波乱万丈のストーリーを中心とする作品である。膨大な数の人物（というか神々なのだが）が登場し、その人々がさまざまな出来事を引き起こしていく。その冒頭には、一つの重要な前提が置かれている。それは、王仁三郎が一八九八年、高熊山《たかくまやま》にこもって修行したときに神示で知ることのできた内容を描くという形をとっていることである。

この時期には、王仁三郎はまだなおの存在を知らない。だから、この内容はいわば王仁三郎のオリジナルであることを示している。と、同時に、王仁三郎が自分独自の宗教体験を述べようとすると、七日間の修行で経験したと自称するものを根拠にするしかないとも受け取ることができる。

それは、神の言葉をそのまま記述したものではなく、王仁三郎という人間の言葉による表現である。その内容は神が王仁三郎に示したものと主張するにせよ、その表現は王仁三郎という人間によって生み出されたものである。

出口なおの筆先は、晩年にはそのエネルギーが弱まったとはいえ、神の言葉をそのまま語り続けるものだった。なおは自分を「因縁の身魂《みたま》」と呼んだが、なおは神と自分との関係が他の人々の場合とは根本的に異なるものだと主張していた。なおは、自分がつねに神と交流できる存在であると実感していた。

しかし、王仁三郎はそのような神との濃密な交流を誇示することはなかった。鎮魂帰神法について触れたときにも言ったことだが、王仁三郎は、なおのような形では神と関係することがなかったのである。

『霊界物語』の具体的な内容については、本文の紹介を参照してもらえばよいので、ここでは『霊界物語』の全体的な問題について述べておくことにする。『霊界物語』は量が膨大であるだけでなく、度々、中心人物が変更になり、登場人物の数が膨大である。『霊界物語』を読むことは、読者にとってきわめて大きな負担のかかる行為である。そのため、『霊界物語』は信者からも、一般的にいってあまり歓迎されなかった。

王仁三郎自身、この作品をきちんと読む信者がいないことを嘆いたことがある。王仁三郎はこの作品を拝読することも推奨した。

この場合、拝読とは、仏典で行われるように、意味を理解することなく音読することである。また、一部を映像や演劇にすることも試みた。しかし、これは逆にいうと、きちんと通読しようとする信者が少なかったこと示しているともいえよう。『霊界物語』は、そのような状況を自ら生み出すような作品だった。

『霊界物語』をどう読めばいいのか

『霊界物語』は、読む人に負担をかけると書いたが、負担がかかること自体は書物として必ずしも欠点とはいえない。難解な本は、読者に負担をかけるが、難解だからといって読むに値しないということにはならない。

だが、『霊界物語』は、いわゆる難解な本ではない。抽象的な議論が複雑に展開するわけではないし、一般に使わない学問的用語がたくさん用いられているわけでもない。にもかかわらず、この作品は読者に大きな負担をかける。

なのである。

◎『霊界物語』の読みにくさ

『霊界物語』は、読み終わることが難しいだけでなく、読み続けること自体が読者に大きな負担を与える書物である。しかも、その負担の大きさは、他にほとんど例を見ないものなのである。

『霊界物語』が読みにくい理由はいくつかある。まずだれでもが気づくことは、『霊界物語』があまりにも長大だということにある。かの『大菩薩峠』でも比較にならない冊数である。

しかも、それはただ、長いだけではなく、さまざまな種類の内容が含まれている。物語的な部分以外に、教義の説明、和歌、祝詞《のりと》や唱える言葉、大本教の賛美歌、別巻ではあるが王仁三郎の蒙古行きを書いた「入蒙記」などが混在している。

こうしたさまざまの文章は、全体で特定の意図を実現するために、計算された構想の下に配置されているようにも思えない。むしろ、そういう意図があるのなら、それを明確に示してしまえばよいはずである。大本教を理解するためという漠然とした目的しか明らかではないのだ。しかし、大本教を理解するという目的自体は『霊界物語』に限らず、大本教の出版物すべてに共通するものである。

多様な要素は、大本教の思想についてよく知り、ひいては『霊界物語』を理解する上で有用なものではある。だが、『霊界物語』を作品として読む場合、この多様性をどう扱えばいいか、対応に窮することになる。

物語的な部分だけを読むにしても、また困難がある。物語を読み進めることが楽しい行為であれば、長さは読みにくさの決定的な理由にはならない。長大な物語でも、ストーリーの展開を追って読むことができるのであれば、ましてその展開が読者の関心を引きつけて放さないものであれば、読者に与える負担はかなり低減される。

しかし、『霊界物語』を一つのストーリーに従って読み進めることはできない。題名のとおり、霊界の物語という共通点はあるが、それは連続した物語ではなく、それぞれ異なる時代と場所からなる物語の集積である。

登場する神々も物語により一変する。人名だけでも、二十八巻を例にとれば、カールス王とかヤーチン姫、ユリコ姫、ホーロケース、サアルボース、真道彦命《まみちひこのみこと》、日楯《ひたて》、月鉾《つきほこ》といった不統一な名前の人物が登場する。全体どころか、それぞれの巻の物語をはっきりと認識することも困難なのである。さらに、それぞれの巻で設定されている舞台は、世界中のあちこちに移動し、時代も実感を伴って受け止めにくい時代がそれぞれに設定されている。その結果、もろもろの物語を貫く大枠のストーリーは容易に読み取れない。あるいは、そういうストーリーはもともと存在しないのかもしれない。

登場人物は名前からイメージを浮かべにくく、しかもきわめて簡略な人物紹介しかなされない。さらに登場人物の数が多い。似ている人名も多いし、途中で人名が変化する場合も多い。そうした面倒な要素をこらえながら物語的な部分を読んでいくと、さらに別の種類のわかりにくさに出会うことになる。

『霊界物語』で、何回か登場するのが散らばってばらばらになってしまった玉を探し求める話である。中国や日本の古典でよく知られたパターンである。これは読者の関心を保つのに一定の効果がある。

登場人物はそれぞれの立場から玉を追い求め、それによって宗教的な力や地位を得ようとする。それぞれの物語の終盤あるいは一定の段階で、正しい信仰を持つ神々が玉を揃えるのに成功する場面が登場したりする。

錯綜《さくそう》するストーリーを追ってこの場面に到達した読者は、やっと大団円を迎えたと安堵することができるはずである。ところが、正しい神は、ここに至って玉を追い求めることは、玉への執着であり、その執着を放棄しなければいけないと諭《さと》すのである。これは、玉の横取りを目指す悪神側だけでなく、善神の側にもいえることなのである。つまり、玉を揃えて世界を正しい状態に戻そうと努力してきた活動そのものの根拠が最後に来て失われる。読者も、それまで苦労して読んできた行為そのものの意味がわからなくなるのである。

しかも、善神側の努力によって、やっと回復した宗教的に正しい状態は、その後、簡単に失われていく。それは、他の悪神が登場して、それを破壊するからではない。神々がその状態に慣れ、正しい状態を維持するために必要な緊張を失ったためだと説明される。

王仁三郎はすべての人には正しい神（正守護神）が宿っているが、かといって人が完全な存在ではないという。人には良からぬ心（副守護神）も存在しており、そのために理想的な状態は徐々に崩壊していくのである。

思い出せば、根源の神である艮の金神でさえ、世の片隅に押し込められるのである。それは周囲の神々に原因があるとはいえ、艮の金神自身のあまりに厳格なあり方に原因があり、さらにいえば艮の金神は自らの正しさを他の神々に共有させることはできなかったのである。

とすれば、永遠に続く理想状態などというものは根本的に想定できないのである。物語の中で追い求められていた状態は、最終的なものではなく、過渡的なもの、相対的なものでしかないということになる。

こうして、疲れ果てた読者は、物語の中で自分の位置を見失って、呆然と立ちすくむしかない。

◎読み方を変える

『霊界物語』を読むということは、どうも、たんに努力すれば済むという問題ではないようである。あるいは、普通の小説や思想書を読むようなつもりで取りかかっても、途中で挫折する。あるいは無理やり読み終わっても、何もわからず、疲労感のみが残ることになりかねない。では、『霊界物語』はどのように読めばよいのだろうか。

ここで、われわれが普通に想定する読みを反省してみよう。われわれは物語を読むとき、一つのストーリーを辿ろうとする。ストーリーには何らかの課題があり、最後にはその課題が何らかの解決を迎えるはずである。その解決に作者が読者に伝えたかったメッセージが含まれている。

わかりやすい例をあげれば、国語の試験でたびたび出くわす、著者の言いたいことは何かという問いかけは、このような読解を想定している。評論的な文章であれば、著者の主張は何か、著者の意見と同じものを選択せよ、こういう問題も、同じような読解を想定している。

われわれは、『霊界物語』を読もうとするときも、どこかでこういう読解の方法を想定してしまうのではないか。「要するに何が言いたいのか」。じつは、この問いかけくらい『霊界物語』の読みとして不適合なものはないのである。

わたしは以前、台湾で大甲《たいこう》の媽祖《まそ》の巡行というものを知った。大甲というのは台湾中西部の町で、そこには有名な媽祖の廟《びょう》（日本でいえば神社に当たる）がある。媽祖は、中国大陸の南部沿岸部や台湾で広く信仰される女神である。海洋民に信仰されたが、現在はそれに限定されることなく多くの人の信仰を集めている。仏教の観音と似通った性格の神である。媽祖は、年に一度、あちこちを九日間にわたって巡行する。台湾ではこの様子がテレビのニュースで連日放送されるほどの重要な神事である。媽祖を祀った廟から媽祖の像を出し、神輿《みこし》のようなものに乗せ、あちこちめぐり歩くのである。媽祖に従う神々や、小さな廟の神々も巡行に参加する。

媽祖の巡行は大甲に限ったことではなく、他の媽祖でも行われる。わたしは大甲ではなく、もっと規模の小さい媽祖巡行に参加したことがある。

一日の巡行が終わると媽祖は廟に安置され、儀式が行われる。集団で唱え言を唱えたりする。最後の方で、信者は媽祖の下をくぐったりもする。それは招福の儀式の一つらしい。わたしも地元の人に勧められて、媽祖の下をくぐった。

大甲の媽祖巡行に参加する人は、歩いたり、自転車に乗ったり、バイクに乗ったりする。全行程をついて歩く人もいるが、自分の予定の許す範囲で参加すればよいのである。一日あるいは数時間、参加してもよい。

じつはこうした参加の形態は、日本の祭りでも似たところがある。祭りは全行程に参加しなければならないというものではない。別にこれは媽祖に限った話ではない。四国のお遍路にしても、すべてを巡ることが重視されるが、すべての寺に参拝すれば特定の効果があると決まっているわけではないし、一部に参拝してもそれなりの効果があると信じることはできる。

また、遍路は一巡り終わったとしても、再三、試みる人は多い。遍路はその途中で命絶えることも多い。およそ、祭りというものはそういう性格のものであろう。

研修のような行事は、参加して、一定の成果をあげてこそ意味があったとされるのに対し、祭りは、参加すること自体に意味がある。

◎「宣り直し」の意義

王仁三郎は、『霊界物語』をすべて通読する必要はないと言っていた。集団で音読することも認めていた。また、演劇的な上演も行っていた。

こういう方法で、『霊界物語』に接すれば、当然、全体の構想など考えることもなく、自ら接した部分のみを知ることになる。こういう多様な接し方は、『霊界物語』に触れる機会を増やし、親しみやすくするという目的で推奨される方法なのだろうか。

一方、長編小説や大きな思想書の作者は、その著作は一部だけ読めば、それで本質的な事柄は伝わるなどとは言わないだろう。ということは、先に述べたように、『霊界物語』は、一般の小説や思想書のように読むことを、前提として構想されているわけではないということになる。

混乱と錯綜を繰り返す『霊界物語』は、特定の主張を示すために全体が構想されているわけではないということである。物語のあちこちで繰り返される、さまざまな人々（神々）が展開する争いと冒険とは、霊主体従と体主霊従の行為、思考が繰り広げるものにほかならない。その過程自体が重要なのである。それがさまざま場面で展開される。

物事を固定的な価値の観点から捉え、それを我が物としようとすることから、解放されることが重要なのである。神々の大会議のような重要な場面で取り上げられることも、宣伝使たちがあちこちで繰り広げる卑近で瑣末《さまつ》な揉め事でも、質的には同じことなのである（宣伝使は、大本教で布教を行う人をさす用語である）。いかにすれば、欲望の支配から解放されるか、それが重要なのである。

そのためには、われわれが当然と思っている価値観や世界認識が、体主霊従、すなわち欲望に従う態度が作り出した固定化した世界観であることを知らなければならない。

『霊界物語』の本文中でも三五教《あなないきょう》（注・『霊界物語』の舞台ははるか昔の世界であり、大本教はまだ開教されていない。しかし、その時代において大本教と共通する教えを説く宗教を三五教という）の宣伝使が口にし、第一巻の冒頭に掲げられている大本教の宣伝歌に以下のような言葉がある。

「ただ何事《なにごと》も人《ひと》の世《よ》は／直日《なほひ》に見直《みなほ》せ聞直《ききなほ》せ／身《み》の過《あやまち》は宣《の》り直《なほ》せ」

ここで語られていることは重要である。**あらゆる過ち、よからぬ事態は、それを言葉によって新しい表現を与えることで、正しい事態に「直る」**というのである。それこそが宣伝使にとっての修行である身《み》魂《たま》みがきの重要な方法なのである。

現実に起きている事態は、固定的なものではない。それは正しくあることを目指して新しい表現を与えることで、改変することができるという。現実は言葉によって変革できるというのである。それは悪いことを善い言葉によって置き換えるということではない。それなら、表現だけの変化である。「宣り直す」ことは、正しい言葉によって誤っている事態を変革することである。

言葉を変化させることで真実を出現させること、それは、思い返せば、あの言霊学の方法と共通する方法である。あの不合理きわまりないもののように思える言霊学は、「宣り直す」ことと同じように、言霊の力を発揮させる試みだと理解できる。

『霊界物語』を読むことは、言霊学が既存のテキストや解釈を改変していくことを可能にするのと同じように、現実が揺るぎないもので、否定できないもののように思えるとき、それを言葉の力、つまりは霊の力、普通の表現でいえば想像力によって、克服していけるものだと主張する。確固としたものと思われる現実は、このようにして相対化される。人間は、つねに宣り直しして、果てしなく身魂みがきを継続し続ける存在なのである。こう考えれば、理想的な状態が完成した形態として実現することがないことも理解できる。正しいあり方とは静的状態ではなく、ひとびと自らの過ちやこの世の不幸の中で、正しい生き方を求めて身魂みがきを続けることなのである。

大正維新のように、特定の変革によって理想状態が実体として実現するという考え方は、宣り直しの思想とは相容《あい》れないものだということになる。

となれば、『霊界物語』を通読しなくてもよいという王仁三郎の発言の趣旨もわかるような気がする。『霊界物語』は、どの部分も言葉の力による宣り直しの表現なのである。したがって、文章の真意を理解する必要などないのである。

文章を読むことは、祭りに参加するのと同じである。一般の読書は理解という目的に導かれている。しかし、『霊界物語』においては、登場人物の行為を読むことで思い浮かべ、再現すればよいのである。読むことは、理解ではなく、登場人物の繰り広げる騒ぎと同質の騒ぎを起こすことであってもよいのである。意味だけを絞り出そうとする読みよりは、意味を理解しない音読の方が、祭りの精神に親和性を持っている。

重要なのは、参加して、祭りを出現させることである。宣り直しという行為を再現するように、それを読みさえすればよい。それは文章の言葉を何らかの形でこの世界に浮かび上がらせればよいのである。この意味でいえば、全体を読むことも、部分を読むことも、同質の行為だということができる。

もちろん、理解しようとして読んでもよいのであろう。しかし、理解することが正しいのではなく、「理解しようとしてもよい」のであることを忘れてはいけない。音読するだけで意味がわからなくてもよいであろう。大事なことは、体主霊従、「われよし」の精神が現実化したものである現実世界を、宣り直すことで、解体しうるものに変化させることである。現実はつねに相対化され続ける。それは霊主体従の状態であっても、固定した理想としては実現しない。可能なことは、霊主体従の身魂みがきを永遠に続けることなのである。

『霊界物語』がなぜあれほど多様で、長大な作品になったかもこれで理解できる。王仁三郎は、次々と言葉を連ねることで、あらゆることを宣り直そうとしている。なぜ、この世がこのような誤った状態にあるのか、それを正すためには宣り直し続けることが求められるのである。

そして、あらためて気づくのは、出口なおの筆先もまた、自らの現実を宣り直す行為にほかならなかったということである。

皇道の団体の活動と国際主義的な志向

大本教は弾圧を受けたが、裁判中から早くも活動を再開し、教勢の回復をはかった。王仁三郎の活躍によって教団は再び信者を拡大し、やがて神殿などの建築物は以前を上回る規模で整備された。

また、さまざまな書籍、定期刊行物の発行により、その主張や教義の啓蒙を活発に行った。こうした活動を通して、大本は社会的に影響力を回復し、再び社会への訴えかけを強化していった。

大本教が教団として重視したことの一つに、皇道の団体としての活動があった。王仁三郎は、国粋主義的な勢力と連携しつつ、一九三四年に昭和神聖会《しんせい》を結成した。その一環として、美濃部達吉《みのべたつきち》の天皇機関説を攻撃する運動を、他の国粋主義的な思想家と共闘して展開した。

天皇機関説とは、天皇主権説と対立する主張で、統治権は国家にあり、天皇は法人である国家の一機関であると説明する。天皇制下において立憲主義を基礎付ける考えであった。この時期になると、天皇を中心とする日本の国体に反するという理由で攻撃が行われるようになった。翌年には、美濃部達吉は不敬罪によって告発された。

こうした運動の過程で、大本教は皇道を重視する右翼的国粋主義的な傾向を強くしていった。そうした思想や運動を展開している人々とも協力し、さまざまな集会や行事を行い、その運動をアピールした。国粋主義的な団体は、天皇を国家の中心とみなし、当然、日本神話や神道を大なり小なり自らの内部に取り込んでいた。したがって、大本教は、その皇道解釈においては特異性を持つものの、国粋主義的な団体の一つという性格を強くしていた。

資本主義が発展すると、都市は発展したが、地方には依然として貧困に苦しむ農民がいた。資本主義は、社会や生活の近代化を伴っていたから、伝統的な社会や生活の破壊に対する不安も解消されなかった。

そうした不満は、財閥・政治家・知識人などに向かい、天皇を中心とする政治体制を再構築しようとする志向に結びついた。もともと、大本の思想では利己主義や拝金主義は批判の対象であったが、とくに農業を社会の中心におく農本主義的な主張が強調されるようになった。大本教も大正から昭和への時代の変化に即してその性格を変化させていったといえる。

こうした大本教の変化は、一面においては、大本がその宗教活動を展開するためにやむを得ず選択した方向と捉えることもできるだろう。というのも、大本の教義、つまり艮の金神を中心とする世界の立替え・立直しをストレートに主張すれば、艮の金神が世界の最高の存在となり、天皇を絶対的な存在者と認めることはできなくなるのは論理的必然である。だから、大本教の根本的な思想と国家神道は、原理的に両立しえないはずである。

王仁三郎の思想にしても、自らを素盞嗚尊の神業を実現するものと主張したが、これは天照大神を絶対視する国家神道とは対立する。また、理想世界としてのミロクの世の到来を説くが、こうしたミロク信仰は、もともとの仏教的な意味合いを離れて、民間におけるミロク信仰を継承するものであった。いずれにしても天皇制とはまったく異なる理想であった。

　こうした大本教の主張は、現実に社会を支配している、天皇を中心とする国家体制——それに表裏一体をなすいわゆる国家神道の思想——とは到底、両立しないものだったからである。しかし、このことを明確に打ち出せば、当時の日本の社会の中で大本教が存続していくことは不可能であった。だから、大本教は、みずからの思想の神道的な内容を媒介として、天皇制との共存を図ったといえる。

　そのため、大本の皇道思想は、内部に矛盾を含まざるをえなかった。ただし、大本教は自らの本来の思想を放棄して、現実の国家権力に完全に寄り添おうともしなかった。したがって、その表現形態・運動方針が、昭和の国家主義に近づいたとしても、大本教の思想と国家主義、国家神道との根本的な対立は解消できなかった。そもそも、なおの唱えた艮の金神の信仰は、神道の古典、神道の教説とは異質なものだったから、天皇の存在を擁護《ようご》し、神道の教説と矛盾しないという説明は、不安定なものにならざるをえなかった。

　一方、留意しておかなければならないことは、王仁三郎にとって、皇道主義の強調が外部の圧力への不本意な偽装であった、と断定することもできない点である。というのも、王仁三郎の表現の中には、天皇制や国家主義との共存と読み取れるものが多い。天皇を頂点におく日本の現実の国家を賛美し、その純化に貢献することこそ、大本教の運動の目的であると説いている部分もある。

　王仁三郎が右翼的な思想と同化していたとはいえないにしても、王仁三郎がそういう運動の高まりに乗って、教勢を強めようとしたと思わざるをえない。王仁三郎の思想そのものが論理的に整理され、体系化されたものではなかったが、王仁三郎はそれをそのままにして前進しようとした。

王仁三郎の思想が矛盾を内包しているのに、さらにそれを国家神道や近代日本の社会体制の考え方と融和させようとすれば、その主張はさらに矛盾を抱え込まざるをえなかった。おまけに、その国家神道や天皇制社会の主張そのものが論理的に一貫したものではなかった。

歴史的にはほとんどの時代において、天皇は政治的な実権を持っていなかった。神道の思想が体系化されたのは中世のことで、仏教を排除した神道が成立したのは江戸時代後期になってからである。近代日本の天皇制や国家神道は、思想的に不整合な要素を併存させていた。

天皇が政治的な実権を持っていた時期は限定されたものであった。軍服を着て髭《ひげ》をはやした明治以降の天皇は、それ以前の天皇のあり方とはまるでかけはなれたものであった。伊勢神宮は民衆の参詣《さんけい》の対象であって、国家の精神的な中心などではなかった。それらはいずれも、明治になってから急激に体裁を整えたものに過ぎない。

要するに、近代天皇制も国家神道も、悠久の伝統を受け継いでいるのではなく、作為されたものであり、混乱したものであった。となれば、それぞれの側において混乱と不整合が溢れていたことになる。

大本教は、さらに別の一面を持っていた。それは一種の国際主義的な志向である。こちらを代表する組織である人類愛善会は、早くも一九二五年にすでに結成されている。こちらでは大本は世界の宗教の宥和《ゆうわ》を説き、理想主義的・平和主義的な傾向の運動を展開した。また、国際共通語であるエスペラント語の学習や活用を組織的に推進した。王仁三郎自らエスペラント語を学習し、学習書を編纂したりしている。

エスペラント語はポーランドの眼科医ザメンホフが作った人工語で、世界の人が容易にコミュニケーションを取れる中立的な言語を目指した。その理想は、世界平和の実現であった。

宗教の領域においても、世界の宗教との連携を求め、万教《ばんきょう》の共存を主張した。実際、海外の宗教団体と友好関係を築こうとしていた。

大本教において、皇道主義と国際主義という二つの傾向は、基本的に相対立するものであった。実際、エスペラント語普及の運動に関わった人の多くは、国家権力によって反国家的な思想の持ち主として弾圧された。

だが、そこに共通するものを探せば、一種の理想主義、それも現実の状況をしっかりと認識することなく、自らの理想を追求する楽天主義を見出すことができる。エスペラント語の理念であれ、神国日本の反映であれ、それは現実的な根拠を軽視して、自らの理想の追求を説いたということである。

具体的な実現のプロセスを無視して、無限に遠いところに視点を定めて眺めるのならば、すべての理想は膨大な過程の中に包摂《ほうせつ》することが可能である。

王仁三郎にはこうした広範な関心を統一的な理論として総括し、表現することはできなかった。例えば、一九三五年に発刊された『惟神の道《かんながら》』には、王仁三郎が著した短い文章が収録されているが、そこには多様な立場の主張が錯綜《さくそう》しつつ共存している。

しかし、それを王仁三郎の思想家としての欠陥だと指摘するだけで終わることはできない。多くの思想家が日本の国家や社会について論じたが、彼ら彼女らもまた、王仁三郎ほど奔放《ほんぽう》に論理的整合性を軽視しなかったにしろ、大なり小なり同じような問題点を抱え込まざるをえなかったからである。

一方、王仁三郎の思想的に優れた点は、それが論理的な整合性を重視しないという特徴から生まれてくる。論理的な整合性は、不合理な圧力を解体する役割をはたすが、同時に自分の求める夢・理想・可能性を、不合理であるがゆえに抑圧してしまう機能を持つ。

というのも、社会の解放を説く思想は、往々にしてその目的への禁欲的な努力、自己犠牲、成員の統制を求める。したがって、そこには自由のための不自由という逆説が生まれることになる。

それに対し、王仁三郎は、論理が破綻《はたん》するのもかまわずにさまざまな好都合な夢を次々と取り出してくる。それは、肥大していささかグロテスクであったり、時代錯誤であったりする。時代の流れに押し流されて、国家主義との矛盾を軽視したりする。

しかし、いずれにせよ、自分の夢や民衆の夢に表現を与えることには成功する。王仁三郎の著述からは、パワフルな夢が溢れ出しているのである。

普通の思想家なら、その思想を一定の枠内にまとめようとするため、多様な夢は相互に矛盾する部分を生じることになり、さらに一定の整理、つまり抑圧を被ることになる。しかし、王仁三郎はそのような矛盾を無限の理想の中で抑圧することなく描き出す。

たしかに、それは、ときには国家主義的な幻想を含んでしまうこともある。ときには、体系的な整合性を失い、論理性を無視したものになってしまう。

しかし、それは現実の中では不可能なことを夢見る力ではあった。論理的な破綻を解決するのではなく、破綻はそのままに夢を継続することこそ、過去に縛られた現実を解放する方法であった。

王仁三郎と政治権力は、根本的には目的と方法が一致していない。二つはそれぞれの道を進もうとする。権力は、大本教を許容しておくことができなくなった。

第二次大本教事件と大本教団の変化

一九三五年一二月八日、警察は大本教の検挙を行った。これを**第二次大本事件**という。警察は徹底的に大本教を破壊しようとした。出口王仁三郎以下の幹部は片端から逮捕された。一般の信者も大量に検挙された。

巨大な宗教施設も完全に破壊された。あるいは、そういう強大な施設を用意していることも弾圧の原因であったともいえる。破壊は徹底したもので、過酷なものであった。あまりの厳しさに、その理由をいぶかる人がいるほどである。

一般的にいえば、戦時体制に向かう中、権力は自己の強力さを知らしめるため激しく弾圧したと考えられる。あるいは、大本教の表現と活動が、国家神道の抱えている奇妙さを戯画的に拡大して表現しているものとして意識的あるいは無意識的に受け止めた可能性がある。

国家神道は自らを宗教ではく、宗教の上位にあるものとして規定していたが、その内実は空虚なものであった。歴史上、国家神道のような宗教が実際に信仰されたことはなかった。大本教は、皇道と神話の古典を尊重しつつ、強烈な信仰を備えたため、国家神道及びそれを中心に据える国家の弱点を突くものであった。

この弾圧は、施設だけでなく、運動に壊滅的な影響を与えた。多くの幹部や信者が拷問により大きな苦痛・恐怖にさらされた。落命した人もいる。

その中で、三代教主となる直日《なおひ》の夫、出口日出麿《ひでまる》は精神に障害を負った。これは、その後の大本の教団としての活動に大きな損失になったと思われる。

大本側はこの弾圧に対して、裁判闘争を行った。日出麿への拷問は捜査の非適切性の一つとして、裁判で取り上げられた。

一審は有罪であったが、控訴し、一九四二年の第二審では治安維持法違反のみは無罪になった。それにより、王仁三郎は保釈された。不敬罪は有罪となり、大本教と検察の両者が上告した。

こうした裁判の過程からも、弾圧が不当なものであったことを読み取れるかもしれない。

第二次大戦後、起訴の法的根拠が消滅し、裁判は終了した。戦争中は、宗教活動を控えざるをえなかったが、戦後は、徐々に再開された。だが、一九四八年、王仁三郎は逝去した。

教団は、その後、王仁三郎の妻で二代教主であるすみを中心として活動した。一九五二年、第二代教主すみが死亡すると、その娘・直日が三代教主となった。

教団として大本が従来の思想というか、体質・傾向を維持したのは、この頃までであったと考えることもできる。直日の教主としての志向は、王仁三郎の時代とはかなり相違があると思われるからである。

その後、三代教主は、四代教主になると予定されていた出口直美《なおみ》の夫・出口栄二《えいじ》を追放した。教主の地位は、出口直日・日出麿の三女・聖子《きよこ》に継承された。

ここで、直美を教主とすべきだと考える人々は、教団から分裂し別の団体を打ち立てた。さらに、王仁三郎を重視する人々は別のグループを形成した。

教団のあり方、思想としての大本などの問題は、これらの団体のそれぞれの人々、その外にありながら大本教、王仁三郎に関心を懐く人々に委ねられることになったのである。

（本稿には、拙稿「『霊界物語』における台湾」〔神田外語大学日本研究所紀要七号〕の内容と重複する部分がある）

霊界物語はどのような状況で書かれたか

飯塚弘明

ここでは出口王仁三郎が、全八一巻もの霊界物語を書くことになった動機や、著述の状況などについて書いておきたい。

大正一〇年（一九二一年）一〇月八日、王仁三郎に対し「明治三十一年如月《きさらぎ》（注・旧二月）に、神より開示しおきたる霊界の消息を発表せよ」（第二巻序）という神示が下りた。「霊界の消息」とは、高熊山《たかくまやま》での修業の際に、霊界で見聞した出来事のことだ。

霊界の消息を書けと神から命じられたものの、王仁三郎はその年の春から目を病み、頭痛もあって、執筆することができなかった。

一〇月一六日には出口直《なお》開祖の神霊が現れて、厳しく督促《とくそく》する。

一〇月一八日の朝になって、「神は汝の口を借りて口述するので、信者を呼んで筆録させよ」という意味の神示があった。こうして王仁三郎が口述し、それを筆録者《ひつろくしゃ》が書き留めるという形で、この日から霊界物語の著述が開始されたのである。

「書け」と神に命じられたことが、霊界物語を著すことになった直接のきっかけだが、当時の大本を取り巻く社会の状況が、間接的な要因になっている。この年（一九二一年）の二月に起きた第一次大本事件によって、教団を改革する必要に迫られ、大本神諭《おおもとしんゆ》（出口直に下りた神示）に代わる第二の教典として霊界物語を作ったという側面があるのだ。

政府による大本への宗教弾圧を大本事件と呼んでおり、大正一〇年（一九二一年）二月一二日と昭和一〇年（一九三五年）一二月八日の二回起きている。第一次大本事件では王仁三郎ら大本幹部三人が不敬罪及び新聞紙法違反の容疑で検挙され、後に起訴された。五月に王仁三郎は「大本教改良の意見」と題する文書を裁判所に提出する。そこにはそれまでの大本のあり方を否定するようなことが書いてあった。筆先《ふでさき》（大本神諭の原文）を焼却し、大本の祭神《さいじん》を変更するというのだ。棄教《ききょう》とか、宗旨替えともいうべき内容だ。

後に王仁三郎は、これは本心ではなく、裁判を早く終わらせるために心にもないことを言ったのだと弁明している。そんな嘘をつかなくてはいけないほど、当局からの圧力が強く、教団を改革する必要に迫られていたのだ。

宗教学者の村上重良《むらかみしげよし》は「大本教の新展開は、『霊界物語』の出現によって、はじめて方向がさだまったといっても過言ではない」（村上重良『出口王仁三郎』新人物往来社、一九七三年、一五〇頁）と評している。霊界物語は大本神諭に代わる大本の新しい指導原理となった。

大正一〇年一〇月一八日から開始された霊界物語の著述はものすごい速さで進められ、大正一二年（一九二三年）七月には第六五巻を書き終えた。その後はスピードが落ち、大正一五年（一九二六年）七月に第七二巻を書き上げると、一時中断となった。

残りの第七三巻から八一巻までの九冊（天祥地瑞《てんしょうちずい》と呼ばれる）は昭和八年（一九三三年）一〇月から九年八月の間に書かれている。

第七二巻までは足かけ四年一〇ヶ月、残りは一一ヶ月、合わせて五年九ヶ月ほどで八一冊もの本を書いたことになるが、実際に費やした日数はもっと短い。

霊界物語の各章の末尾には、それを口述した年月日や、口述地、筆録者名などが記されている。その日数を合計してみると、四百日弱しかない。平均すると五日で一冊という速さだ。もっとも順調な時期には三日で一冊、一番速いときには二日で一冊を書き上げている。

尋常では考えられないスピードだが、それが可能だった理由の一つに、王仁三郎が自分の手で書いたのではなく、自分は口述するだけで、側近に筆録させたということがある。

筆録者は全部で四十人近くおり、その中には谷口雅春《たにぐちまさはる》もいた。後に「生長の家《せいちょうのいえ》」という宗教団体を創始するが、このときは大本信者だった。第一巻と第二巻の一部を筆録している。

書き上がった原稿は、王仁三郎が目を通すこともなく次々と出版されていった。大本が経営する天声社《てんせいしゃ》という印刷・出版部門でその作業が行われたが、口述するスピードには到底間に合わず、月に一～二巻のペースで刊行されていった。

王仁三郎は昭和九～一〇年（一九三五年）に刊本に目を通して校正を行った。その作業の大部分は誤字の修正や、文意を正しく伝えるための修正であるが、文意の変更を伴う修正もほんのわずかだがある。昭和一〇年一二月の第二次大本事件で弾圧されたため、校正された霊界物語が刊行されたのは第二次大戦後のことである。

『大本七十年史』によると、口述は次のように行われた。

　王仁三郎はほとんど布団の上に横たわったままで口述を行い、筆録者はその横で百字詰め原稿用紙に筆録していく。王仁三郎は口述を始める前に三十分くらい、かすかなイビキをかいて眠る場合が多かった。

　やがて眠りから覚めるとただちに口述が開始される。時間は朝から始まり、夜に及ぶこともしばしばあった。疲労のため、ときには口述しながら、イビキをかくこともあった。

　口述している場面が寒帯地方だと、王仁三郎は夏でも布団をかぶり、ときにはコタツに入って口述を続けた。熱帯地方の場面になると、冬でもウチワで煽《あお》ぎながら口述した。

　登場人物に何か苦痛を覚える場面になると、王仁三郎も同じように苦しみながら口述を続けた。霊感状態で口述したと思われる場合もあれば、通常の意識のままで口述するときもあった。

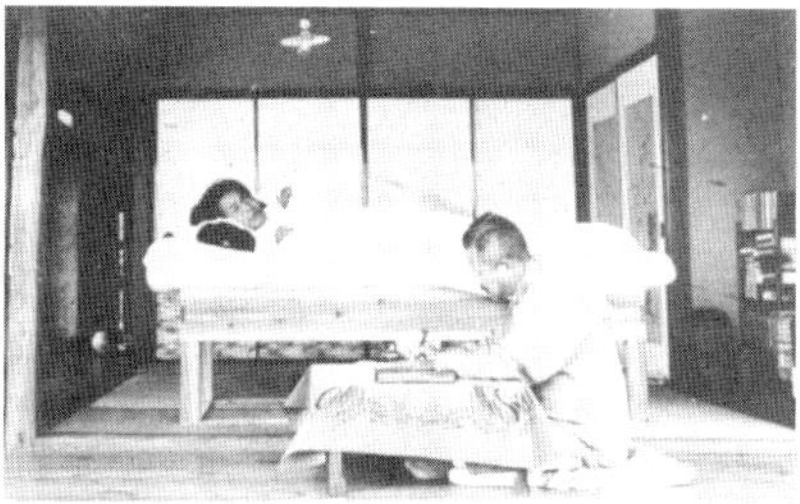

霊界物語を口述する出口王仁三郎（大正14年、丹後・由良の秋田別荘にて）［『民衆の宗教・大本』より］

最初は京都府綾部《あやべ》の松雲閣《しょううんかく》という大本の施設で口述が行われていたが、後には場所を変えた。口述地の数は十一ヶ所に上る。

伊豆の湯ケ島温泉や、鳥取県の皆生《かいけ》温泉など、大本の施設以外に逗留《とうりゅう》して口述する場合もあった。

参考文献

大本七十年史編纂会・編『大本七十年史　上巻』（宗教法人大本、一九六四年、六四四～六五〇頁）

霊界物語全体の概要

凡例

本稿には霊界物語の原文引用はほとんどない。原文は冗長な場合が多く、限られたスペースであらすじを書くため、省略したり意訳した形で載せている。カギ括弧で括ってあっても、それはその箇所を強調したり、平文と会話文を区別する意図であり、原文の引用という意味ではない。

霊界物語の原文は旧仮名遣いだが、原則として新仮名遣いに改めた。

各巻の説明として、あたかもサブタイトルであるかのような文言が付けてあるが、それはすべて私が付けたもので原文にはない。

一冊の本をわずか三〜四頁であらすじを書くのであるから、どこを取捨選択するかによって、百人百様のあらすじができる。本稿のあらすじはあくまでも私の視点でのあらすじに過ぎないということを、あらかじめお断りしておく。（飯塚弘明）

霊界物語は全八十一巻もある大変長い物語だ。ただし巻数は第八一巻までしかないが、第六四巻が上下の二冊に分かれ、番外編として入蒙記《にゅうもうき》が一冊あるので、冊数としては八十三冊ある。
この八十一巻八十三冊は十二巻で一輯《しゅう》とされ、次のような輯の題名が付けられている。

第一～一二巻……霊主体従《れいしゅたいじゅう》
第一三～二四巻……如意宝珠《にょいほっしゅ》
第二五～三六巻……海洋万里《かいようばんり》
第三七～四八巻……舎身活躍《しゃしんかつやく》
第四九～六〇巻……真善美愛《しんぜんびあい》
第六一～七二巻……山河草木《さんかそうもく》（入蒙記を含む。計十四冊）
第七三～八一巻……天祥地瑞《てんしょうちずい》（九巻）

それぞれの十二巻は「子《ね》の巻」から始まり「亥《い》の巻」まで十二支の巻名が付けられている。たとえば第一巻であれば「霊主体従　子の巻」、第一四巻なら「如意宝珠　丑の巻」と呼ばれるわけだ。ただし本稿では煩雑さを避けるためすべて数字の巻名で呼ぶことにする。

霊界物語とはどんな物語なのか、一言で短く言うと「**スサノオがヤマタオロチを言向《ことむ》け和《やわ》す物語**」である。

第一巻の冒頭に記された「序」は「この霊界物語は（略）神素盞鳴命《かむすさのおのみこと》が地球上に跋扈《ばっこ》跳梁《ちょうりょう》せる八岐大蛇《やまたおろち》を寸断し」云々という説明から始まるのだが、ここからわかるように**霊界物語の主人公はスサノオ**という神様だ。しかし一般的な小説や映画のように、主人公が最初から最後まで登場してストーリーを進めていくわけではない。

ミロクの大神とも呼ばれるスサノオの大きな慈悲を背景にした一種の「群像劇」だと考えるといいと思う。場所・人物など設定は同じなのだが、毎回主人公が変わり、ストーリーが進展していく形式になっている。

霊界物語も、エピソードごとに、主役クラスの人物が変わっていく。その人数は数十人もおり、端役《はやく》も含めると霊界物語に登場する「人名」は約五千百、「地名」は約二千六百もある（窪田英治編『神名備忘』『地名備忘』掲載データをもとに計算した）。

それを一度に紹介することはもちろん無理なので、本稿で紹介できるのはほんの一部だけなのだが、それでも聞き慣れない人名や地名が多数出てくるので少々頭が混乱するかと思う。

そこで最初に、物語の天地人《てんちじん》（時代、場所、人物）や背景となる思想について少々説明しておこうと思う。それを読んで霊界物語の世界観に馴染《なじ》んでもらってから、詳細な概要を読んでいただきたい。

霊界と現界は相似の関係

霊界物語は出口王仁三郎が霊界で目撃した物語なのだが、「霊界」と聞くと多くの人は「死後の世界」を思い浮かべることだろう。たしかに霊界物語にはいかにも死後の世界といった感じの話も時々出るが、大半は現実界で起きたような話である。だから死後の世界の話だと思って読むとかなり違和感がある。

霊界物語の最初の数巻は神々が繰り広げる神話というイメージだ。それがやがて江戸・明治期の時代劇・現代劇のような話に変わっていく。しかし基本的には太古の神代《かみよ》の昔という時代設定だ。それは三十五万年前とも三千年前とも書いてあるが、昔々という抽象的な意味であり、実際の年数というわけではない。

霊界と現界は相似の関係にあり、霊界で起きたことは現界でも起き、現界で起きたことは霊界でも起きる（これを「相応《そうおう》」と呼ぶ）。したがって霊界物語とはいっても、現界物語のような感じになるのである。

ただし霊界は時間・空間の概念が現界とはまったく異なり、霊界で起きた順序・場所で、現界でも起きるとは限らない。霊界物語は「予言の書」として見ることもできるのだが、「あそこであれが起きたから、次はあそこであれが起きる」などと早とちりしないようにしてほしい。

王仁三郎が唱える霊界の構造について簡単に説明しておく。

霊界は大きく次の三つのエリアから成り立っている。
○天界　別名・神界
○中有界《ちゅううかい》　別名・精霊界、八衢《やちまた》
○地獄界　別名・根底《ねそこ》の国
中有界は死者が最初に訪れる世界で、そこを経由して天界や地獄界へ進んでいく。

このような三分類は王仁三郎以外の霊界観にも見られるが、王仁三郎の霊界観の特徴は、天界を「天国《てんごく》」「霊国《れいごく》」の二つのエリアに分け、地獄界を「根の国」「底の国」の二つのエリアに分けていることである。

なお、「幽界《ゆうかい》」という言葉も使われているが、これは地獄界の別名として使われたり、霊界自体を呼ぶ名称としても使われているので注意が必要だ。

霊界・霊魂の構造や役割については、霊界物語の複数の巻の巻末に収録されている「霊《たま》の礎《いしずえ》」という文書に詳しく記されている。また第四七巻・第四八巻には天界の状況が細かく描かれている。

世界を統治していた国祖・国常立尊《くにとこたちのみこと》

霊界物語の最初の四巻は国祖隠退《こくそいんたい》に関する物語である。太古の神代の昔は、国常立尊という神が地上霊界の主宰神《しゅさいしん》として世界を統治していた。

国常立尊はもともと地球を造成した神霊である。第一巻第二〇章「日地月《にっちげつ》の発生」には国常立尊が黄金の円柱の姿で現れ、後に黄金の竜体の姿に変わって地球を修理固成《しゅうりこせい》する様子が描かれている。

また、太陽や月は地球から生じ、天の星々は月を母体として誕生した。つまり地球の神霊である国常立尊は、天体の先祖であり、地球上のすべての生き物の一番大本の先祖であり、もちろん人間の御先祖様でもある。そのため国常立尊は、「地の先祖」とか「国祖」とも呼ばれている。

この国祖・国常立尊は厳格で実直な性格で、まだ世界が未完成の時代の主宰神としては厳しすぎた。国祖に反抗する邪神《じゃしん》が世界の神々の信頼を集め、大衆の力を背景に国祖に圧力を掛けていく。そしてとうとう国祖は主宰神の地位を追われ、隠退《いんたい》せざるを得なくなった。この事件を「国祖隠退」と呼ぶ。それ以降、世界は邪神が支配する世の中になってしまった。

こうして国祖は世界の艮《うしとら》の方角へ、妻神の豊雲野尊《とよくもぬのみこと》は坤《ひつじさる》の方角へ隠退することになった。それは日本列島と、地中海のサルジニア島である。

世界・日本・大本の「三段の型」というものがある。世界の段では日本列島とサルジニア島だが、日本の段では北海道の芦別山《あしわけやま》（艮）と鹿児島県の喜界島《きかいじま》（坤）が対応し、大本の段では若狭湾の沓島《めしま》（艮）と瀬戸内海の神島《かみじま》（坤）が対応する（このような対応関係を「相応」と呼ぶ）。

それ以来、国祖は悪神・祟り神として忌み嫌われるようになり、「艮《うしとら》の金神《こんじん》」と呼ばれるようになった。艮の金神はまた「鬼」でもある。鬼は二本の角《つの》（牛の角）を生やし虎皮を腰に纏《まと》っているが、牛虎（艮）の金神をモチーフにしたのが鬼の姿なのだ。

この鬼こと艮の金神（その正体は国祖・国常立尊）が明治二五年（一八九二年）に再び表に現れて出口直《なお》に神懸《かみがか》り、邪神が支配する悪い世の中を立替え立直して五六七《みろく》の世（地上天国）を建設することを宣言したのである。

太古の地理は仮に現代の地名を当てて呼ぶ

国祖隠退の経緯が描かれている第一〜四巻は「地《ち》の高天原《たかあまはら》」と「竜宮城《りゅうぐうじょう》」を主な舞台にしてドラマが展開する。地の高天原は世界の中心地であり、国祖の神殿がある。竜宮城では政治が司られている。さしずめ地の高天原は世界の首都、竜宮城は世界政府と言えよう。

地の高天原は別名「聖地エルサレム」とも呼ばれる。エルサレムといえば現代のイスラエルとパレスチナが首都だと主張している都市であり、ユダヤ教・キリスト教・イスラム教の聖地であるあのエルサレムが頭に思い浮かぶ。しかし、太古の聖地エルサレムは、現代のトルコのエルズルムの辺りにあったと霊界物語に記されている（第三七巻第一章）。エルズルムはトルコ東部にあり、ローマ帝国の時代からシルクロードの交易地として栄えた町だ。

太古の世界の地形は現在とはまるで異なっており、大洪水（第六巻）を経て現在のような地形に変化した。その太古の地理を、覚えやすいように仮に現代の地名を当てて呼んでいるのである。

であるから、現代に実在する地名や国名が出てきても、それが現代のその場所そのものを指しているとは考えない方がいい。「現代に喩《たと》えるとその辺りにあった」とか「その国のような役割をしていた」というように捉えるとよい。

霊界物語における世界の主な大陸や国は次のようになる。古事記に登場する地名が使われているケースが多い。

筑紫島《つくしじま》……現代のアフリカ大陸
常世島《とこよのしま》……現代の北米大陸
高砂島《たかさごじま》……現代の南米大陸
竜宮島《りゅうぐうじま》……現代のオーストラリア大陸
葦原《あしはら》の瑞穂国《みずほのくに》……現代のユーラシア大陸
黄泉島《よもつじま》……ムー大陸
自転倒島《おのころじま》……現代の日本
フサの国……現代のイラン（霊界物語が書かれた当時はペルシャと呼ばれていた）
月の国……現代のインド

各巻ごとの主な舞台

1	
2	聖地エルサレム
3	（現代のトルコのエルズルム）
4	
5	メソポタミヤ、その他各地
6	常世の国、メソポタミヤ、イタリア
7	筑紫島（現代のアフリカ大陸）
8	高砂島（現代の南米大陸）
9	
10	常世の国（現代の米国）、黄泉島（ムー大陸）
11	現代の中央アジア
12	現代のエジプト、地中海
13	
14	フサの国（現代のイラン）
15	
16	
17	自転倒島（現代の日本）
18	丹波の国・丹後の国
19	
20	
21	
22	津の国（現代の兵庫県南部）
23	
24	竜宮島
25	（現代のオーストラリア大陸）
26	自転倒島　丹波の国
27	琉球
28	台湾
29	
30	高砂島（現代の南米大陸）
31	
32	
33	自転倒島　丹波の国
34	筑紫島（現代のアフリカ大陸）
35	
36	シロの国（現代のセイロン島）

37	王仁三郎の自叙伝
38	（現代の亀岡や綾部）
39	
40	
41	
42	
43	
44	
45	
46	
47	フサの国～月の国
48	
49	
50	（現代のイラン～インド）
51	
52	
53	
54	
55	
56	
57	
58	
59	
60	
61	讃美歌
62	
63	月の国（現代のインド）
64	現代のエルサレム
65	
66	月の国（現代のインド）
67	
68	
69	高砂島　ウヅの国（現代のアルゼンチン）
70	
71	月の国（現代のインド）
72	

背景グレーは現代のトルコ～イラン～インドの辺りの地域

常世の国……現代のアメリカ

最も多く登場するのは月の国とフサの国だ。「紫微《しび》天界」という原初の宇宙が舞台となる天祥地瑞《てんしょうちずい》（第七三～八一巻）は別として、太古の神代が舞台となる七十二巻中、半分以上は現代のトルコ～イラン～インドの辺りが舞台となる（前頁図表参照）。

地上現界の主宰神・スサノオ

霊界物語の主人公スサノオは、素盞嗚尊《すさのおのみこと》とか神素盞嗚大神《かむすさのおおおかみ》とか須佐之男命《すさのおのみこと》など様々な表記がされる。本稿では読みやすさを考えてカタカナでスサノオと表記する場合もある。

スサノオは救世主という役割である。国常立尊《くにとこたちのみこと》は地上霊界の主宰神だが、こちらは地上現界の主宰神だ。

地上現界とは人間界のことで、人間界の完成が宇宙の完成とされるため、スサノオの使命は重大である。

スサノオは別名・ミロクの大神とも呼ばれ、ミロクの世（地上天国、理想世界のこと）を成就させる立役者だ。それで救世主なのである。宇宙完成の暁にはスサノオが主《ス》の神として仰《あお》がれることになる。

古事記でスサノオは、高天原を荒らした乱暴な神であり、八岐大蛇《やまたのおろち》を退治し村人を救った英雄神であり、また大国主に様々な試練を与えて立派な大人に成長させる親心を持った神でもある。霊界物語でもそのような、多彩な性格を持ったキャラクターとして描かれており、さらに、未来を見通しすべてに達観した大きな器を持った神様として表現されている。

しかし主人公であるのに、本人が登場する回数は驚くほど少ない。その代わり、スサノオの教えを宣《の》べ伝える「**宣伝使**《せんでんし》」と呼ばれる人が多数登場し、彼らがスサノオの手足となって活躍する。

スサノオは三五教《あなないきょう》という宗教の指導者だ。スサノオの導きのもと、三五教の宣伝使たちがミロクの世に向けて時代を進めていくのである。

ところで一般に宗教を広めることを「布教」や「宣教」「伝道」などと呼ぶが、出口王仁三郎は「宣伝」と呼んでいた。「宣伝」という言葉は現代では商業的なイメージが強いので、「宗教の宣伝」というのはちょっと変な感じがするかもしれないが、もともとは宗教や政治などの思想、主義主張を広めることを「宣伝」と呼んでいたのである。

英語で言うとプロパガンダだ。霊界物語の中だけではなく、大本教団においても布教者を宣伝使と呼んでいる。

霊界物語最凶の悪党、高姫

霊界物語には、盤古大神《ばんこだいじん》系と大自在天《だいじざいてん》系の二つの邪神系が登場する。太陽界から現在の中国北方に降臨した盤古大神・塩長彦《しおながひこ》と、天王星から常世《とこよ》の国（現代の米国）に降臨した大自在天・大国彦《おおくにひこ》が、それぞれの頭目《とうもく》である。

そこに正神《せいしん》である国祖・国常立尊《くにとこたちのみこと》の系統を加えた三系統の神々によって三ツ巴《どもえ》の戦いが繰り広げられていくのが霊界物語だ。

盤古大神とか大自在天とか国祖というのは称号であり、塩長彦とか大国彦、国常立尊というのが神名となる。

塩長彦と大国彦は邪神の頭目とはいっても、実はそれほど悪い神でない。彼らを御輿《みこし》に乗せて悪業を働く、悪の中枢《ちゅうすう》が別にいる。それが盤古大神系の番頭格の神である八王大神《やつおうだいじん》・常世彦《とこよひこ》と、その妻・常世姫だ。

この夫婦が両方の邪神系を陰から操り、世界を征服していく。この夫婦の帰幽《きゆう》（死ぬこと）後、息子と娘が親の名を襲名する（仮に常世彦二世・常世姫二世と呼ぶことにする）。この常世彦二世が国祖を隠退に追い込むのである。

常世彦二世と常世姫二世はその後、ウラル彦・ウラル姫と名を変え、ウラル教という邪教を興《おこ》す。

第一五巻からはウラナイ教の教祖・高姫《たかひめ》という、霊界物語最凶の悪党が登場する。彼女はウラル姫の娘である。高姫はスサノオをニセ救世主だと批判し、自分こそが真の救世主だと主張する。

その性格は、執着心が強い・屁理屈を捏《こ》ね回す・喜怒哀楽の感情の起伏が激しい・我が強く自己主張をする・そのクセ都合が悪くなると主張をコロリと一転させるという、強烈な個性の持ち主だ。

驚くことに、悪党の高姫の登場回数は主人公スサノオよりもはるかに多い。霊界物語全巻で何回名前が出てくるか数えてみたら、スサノオが一千回なのに対して、高姫はその五倍の五千回も出てくるのだ。

映画でも小説でも、魅力的な悪役が主役を引き立てるものだ。高姫は物語の中で、スサノオや宣伝使たちの引き立て役として機能している。

邪《よこしま》な気持ちや不安・恐怖などに三大邪霊が入り込む

出口王仁三郎は邪神の背後に「邪霊」がいると教えている。

邪神《あくがみ》というのは、もともとは正神であり、心が曲がってしまったので曲津《まがつ》とか邪神とか悪神と呼ばれているだけで、改心して心を真っ直ぐにすれば正神となる。しかし**邪霊**は最初から悪なる存在だ。

宇宙の修理固成の段階で、ランプの煤《すす》のような残りカスが生じた。それを「邪気」と呼ぶ。その邪気が凝り固まって邪霊になるのだ。

邪霊には三種類ある。八頭八尾《やつがしらやつを》の大蛇《おろち》（八岐大蛇《やまたのおろち》）、金毛九尾白面《きんもうきゅうびはくめん》の悪狐《あっこ》、六面八臂《ろくめんはっぴ》の邪鬼《じゃき》だ。

八岐大蛇は政治家など社会の指導者に憑依《ひょうい》し、社会を分裂させるような働きをする。悪狐は主に女性に憑依し、色欲を使って男性を操る。邪鬼は社会の既存の組織を打ち壊し、自分が盟主となるような働きをする。

邪《よこしま》な気持ちや不安、恐怖、嫉妬などの感情を持っていると、これらの邪霊が入り込み、心をさらに悪化させていくのである。

三五教《あなないきょう》の宣伝使たちは、これらの邪霊をも言向《ことむ》け和《やわ》し、改心させ、宇宙の役に立つような働きへと変えていく。たとえて言うなら、人の排泄物を畑に撒いて肥やしにするようなものである。一見無益なものも所を得れば有益なものへと変わる。

王仁三郎は「最初の大蛇退治（古事記神話）では大蛇を斬り殺してしまったので、その怨霊が現代に生まれ変わり再び悪さをしでかしているのだ」という意味のことを述べている。それを今度の大蛇退治では言向け和して改心させるというのである。いかなる悪も斬り捨てず、世の中に役立つものとして甦らせることが「言向《ことむ》け和《やわ》す」の精神だ。

霊界物語のテーマは「言向《ことむ》け和《やわ》す」

もし霊界物語のテーマは何かと問われたら、私は「言向け和す」だと答える。「言向け和す」はもともと古事記に出てくる言葉である。天孫《てんそん》降臨のとき、皇祖・天照大神が天孫・邇邇芸命《ににぎのみこと》に、地上の荒ぶる神々を言向け和して統治せよと命じた。そうして建国されたのが日本である。だから日本の建国の精神とも言うべきものだ。

本稿では詳しく解説する余裕はないが、「言向け和す」とは簡潔に言うと、様々な悪――争い、対立、不安、恐怖といったもの――を、暴力的な方法で解決するのではなく、言葉で和して解決していこう、というような精神だ。

　国家間の戦争はもちろん、身近なところでは体罰、暴言、パワハラ、セクハラといったものはすべて、暴力以外の解決方法を知らない人によって引き起こされる。子供を殴らなくてもいくらでも教育できるのだが、その方法を知らないので、暴力に頼ってしまうのだ。「言向け和す」を旨として建国された日本の歴史も、現実には暴力に頼って統治してきた部分が大きい。その暴力が最高潮に達した帝国主義全盛の時代に、出口王仁三郎は「言向け和す」をテーマとして霊界物語を著し、忘れ去られていた日本建国の精神を再び世に顕《あらわ》したのである。

　霊界物語では三五教《あなないきょう》の宣伝使たちが悪党を言向け和していく。ある意味では「言向け和す」の指南書であるとも言える。

　しかし必ずしもうまく言向け和せるわけではない。頭に血が上って暴力で成敗してしまったり、失敗して逃げられたりする。そうやって宣伝使たちが少しずつ成長していく「身魂《みたま》磨き」（体と魂を磨くこと）の旅の物語である。

霊界物語に登場する四大宗教

　霊界物語には大別して四つの宗教が登場する。**三五教《あなないきょう》、ウラル教、バラモン教、ウラナイ教**だ。宗教といっても、単一の宗教団体ではなく、キリスト教とか仏教のような広い意味での宗教勢力だ。

三五教は国祖の教えに基づく正神系の宗教である。神素盞鳴《かむすさのお》大神が宣伝使たちを指導する。

宇宙は霊系（日、火、天、男、縦など）と体系（月、水、地、女、横など）の二大原質によって成り立っている。霊体の比率が同じで霊系を主、体系を従とするバランスの良い状態を「霊主体従《れいしゅたいじゅう》」と呼ぶ。**三五教はこの霊主体従の宗教**だ。

ウラル教とバラモン教は邪神が興した邪教である。ウラル教はウラル彦が教祖で、盤古大神・塩長彦を主神《スしん》と仰ぐ。バラモン教はウラル教から派生した宗教だ。常世《とこよ》の国を支配していた大自在天《だいじざいてん》・大国彦《おおくにひこ》を主神と仰ぎ、その息子の大国別《おおくにわけ》がイホの国（現代のエジプト）で興した。

ウラル教は利己主義《われよし》、バラモン教は弱肉強食《つよいものがち》の邪教である。邪教とはいっても、価値観の偏りから生じるもので、**体に偏った体主霊従《たいしゅれいじゅう》がウラル教で、霊に偏った力主体霊《りょくしゅたいれい》がバラモン教**だ。

それに対してウラナイ教も邪教だが、こちらは最初から人を騙すために作られたインチキ宗教で、自称救世主の高姫が教祖だ。ウラル教の「ウラ」と三五教「ナイ」を合わせて「ウラナイ」教と称している。教えは支離滅裂だが、高姫が珍妙な理屈をこねて信者をマインドコントロールしている。

三五教の宣伝使たちは、これらの信者に三五教の教えを宣《の》べ伝えていく。だが、必ずしも三五教に改宗することは求めない。正しい神に祭り直すことで、それらの宗教を霊主体従の宗教へと立て直していくのである。

人間の霊魂は一霊四魂《いちれいしこん》から成り立っている

一霊とは直霊《ちょくれい》（直日《なおひ》とも呼ぶ）のことで、四魂とは荒魂《あらみたま》、和魂《にぎみたま》、幸魂《さちみたま》、奇魂《くしみたま》の四つである。次のようにそれぞれ異なる働き・役割を持っている。荒魂と和魂は経《たて》の御魂《みたま》であり「厳《いづ》の御魂」と呼ぶ。幸魂と奇魂は緯《よこ》の御魂であり「瑞《みづ》の御魂」と呼ぶ。厳瑞《げんずい》合一した御魂を「伊都能売《いづのめ》の御魂」と呼ぶ。

四魂	本体	用	戒律	義	正欲《せいよく》
荒魂	勇《ゆう》	進果奮勉克《しんかふんべんこく》	恥じる	断《だん》	位《い》
和魂	親《しん》	平修斎治交《へいしゅうさいちこう》	悔いる	制《せい》	富《ふり》
幸魂	愛	益造生化育《えきぞうせいかいく》	畏《おそ》れる	割《かつ》	寿《じゅ》
奇魂	智《ち》	巧感察覚悟《こうかんさつかくご》	覚《さと》る	裁《さい》	名《めい》

一霊四魂には「五情《ごじょう》の戒律」というものが内在している。直霊は「省《かえり》みる」、荒魂は「恥じる」、和魂は「悔いる」、幸魂は「畏れる」、奇魂は「覚る」だ。恥・悔・畏・覚を総合したものが「省みる」である。

第一巻冒頭に掲げられている「基本宣伝歌」に「直日（直霊）に見直せ聞き直せ　身《み》の過ちは宣《の》り直せ」というフレーズがあるが、まさにこれが基本であり、「改心」とか「身魂《たま》磨き」というのは一言で言うと、この直日に省みることである。

一霊四魂の部分的な概念は神道に昔からあった。出口王仁三郎はそれを一つの体系としてまとめ上げたのだ。第六巻第二六章「体五霊五《たいごれいご》」・第一〇巻第二九章「言霊解《げんれいかい》三」・第一三巻総説などで詳しく解説されている。しかしそのままではあまり実用的ではない。

王仁三郎の曾孫の出口光《ひかる》博士は一霊四魂を科学的に研究して、生活に役立つ実践的な心理学として世に広めている。詳細は出口光著『新版　天命の暗号』（あさ出版、二〇一八年）などをお読みいただきたい。

人には本・正・副の三柱の守護神がついている

人は誰でも本《ほん》守護神、正《せい》守護神、副守護神の三柱《みはしら》の守護神がついている。それぞれ本《ほん》霊《れい》、善霊《ぜんれい》、悪霊とも呼ぶ。

守護神と言っても、世間一般で言う守護神とは少々意味が異なる。

まず本守護神は、人間の精霊の本体である。精霊は肉体に入り（つまり現界に生まれて）修業して、帰幽《きゆう》後は天界に入り天人となるのが理想である。そういう意味で「肉体は天人の養成所」だと王仁三郎は説いている。その天人となるべき精霊が本守護神だ。しかしたいていの人間は身魂《みたま》が曇っており、本守護神の力が発揮できていない。そのため身魂磨きをして、本守護神が表に現れるように努める必要がある。霊界物語では身魂磨きの結果、この本守護神が美しい女神の姿で顕現するというシーンがたびたび登場する。

正守護神は、人間を善の方へ導く働きをする霊である。副守護神は逆に人間を悪の方へ導く霊だ。人間は常に、正守護神と副守護神に引っ張られ、善と悪の間で悩み苦しんでいる。

副守護神は悪霊なので、人間を「守護」しているわけではない。それにもかかわらず守護神と呼んだり、ときには「副守先生」と先生付けで呼んでいるのだが、これについて王仁三郎は「日本は言霊《ことたま》の幸《さち》わう国であり、善言美詞《ぜんげんびし》で悪霊を改心させよう…という理由で敬称を付けているのだ」と教えている。こんなところにも「言向《ことむ》け和《やわ》す」の精神がある。

宣伝使が悪人を言向け和す場合、その人の副守護神を言向け和すのである。それにはまず自分自身の副守護神を言向け和す必要がある。自分自身にも副守護神（悪霊）がいるのだということを忘れてしまうと、気がつかないうちに自分が副守護神に乗っ取られ、善に見せて悪をやらされる危険性がある。

本・正・副の守護神については、第四七巻第一二章「天界行《てんかいゆき》」・第四八巻第一章「聖《せい》言《げん》」・第五二巻第一章「真と偽」などで詳しく解説されているので直接霊界物語をお読みいただきたい。

神に祈る言葉は「惟神霊幸倍坐世《かんながらたまちはえませ》」

霊界物語で一番多く使われている宗教用語は「惟神《かんながら》」である。

惟神とは「何事も神様の御心《みこころ》のままに」という意味だ。神道で昔から使われている言葉であり、仏教・キリスト教など他の宗教でも、言葉は異なるがその概念・精神は共通するものを持っている。

我を張って苦しむのではなく、神の大いなる御手《みて》に委ねるということだが、口で言うのは簡単でも行うのは難しい。自分に不都合なことでも受け入れていくのが惟神だ。

出口王仁三郎は惟神に対する言葉として「惟人《ひとながら》」という造語を使っている。何事も人為で解決していこうというのが惟人だ（第四六巻第一七章「惟神の道」）。

神様に任せるといっても、任せっぱなしで何も努力しないのでは困る。それは「惟神中毒」と呼ぶ（第四〇巻第一三章「試《ためし》の果実《このみ》」）。神の意志に人の意志を合致させた「神人合一《しんじんごういつ》」というのが、真の惟神である。

祝詞を奏上した後で「惟神霊幸倍坐世《かんながらたまちはえませ》」と唱えるのだが、これは「神様の御心のままに霊《みたま》が善くなりますように」という祈りの言葉である。神に救いを求める言葉でもあり、緊急時には略して「かんたま」と唱えてもいいそうだ。

宇宙創造の順序を歌った「天《あま》の数歌《かずうた》」

天の数歌は、

「一《ひと》、二《ふた》、三《み》、四《よ》、五《いつ》、六《むゆ》、七《なな》、八《や》、九《ここの》、十《たり》、百《もも》、千《ち》、万《よろず》」

と唱える。まさに「数」の歌である。

主に病気平癒や鎮魂、魂《たま》呼びなどのときに唱えるのだが、霊界物語で宣伝使たちは祝詞と同じくらい頻繁に唱えている。

これは、無限絶対力を持った神様が天地を創造し、神徳を世界に充たし、愛善の徳と信《しん》真《しん》の光明を人間に授けてくださるという神文《しんもん》である（第五六巻第一〇章「十字」）。

数字ではなく、次の文字が使われている場合もある。

「一霊四魂、八力、三元、世、出、燃、地成、弥、凝、足、諸、血、夜出」

これは天地開闢《かいびゃく》のときからの宇宙創造の順序が示されており、第一三巻総説で解説されている。

日本は世界の雛型《ひながた》――地質まで似ている世界と日本

霊界と現界は「相応《そうおう》」していることはすでに書いたが、相応という言葉は地理に関しても使われる。

王仁三郎は次のように世界の五大陸と日本の各島が相応していると説いた。また日本は

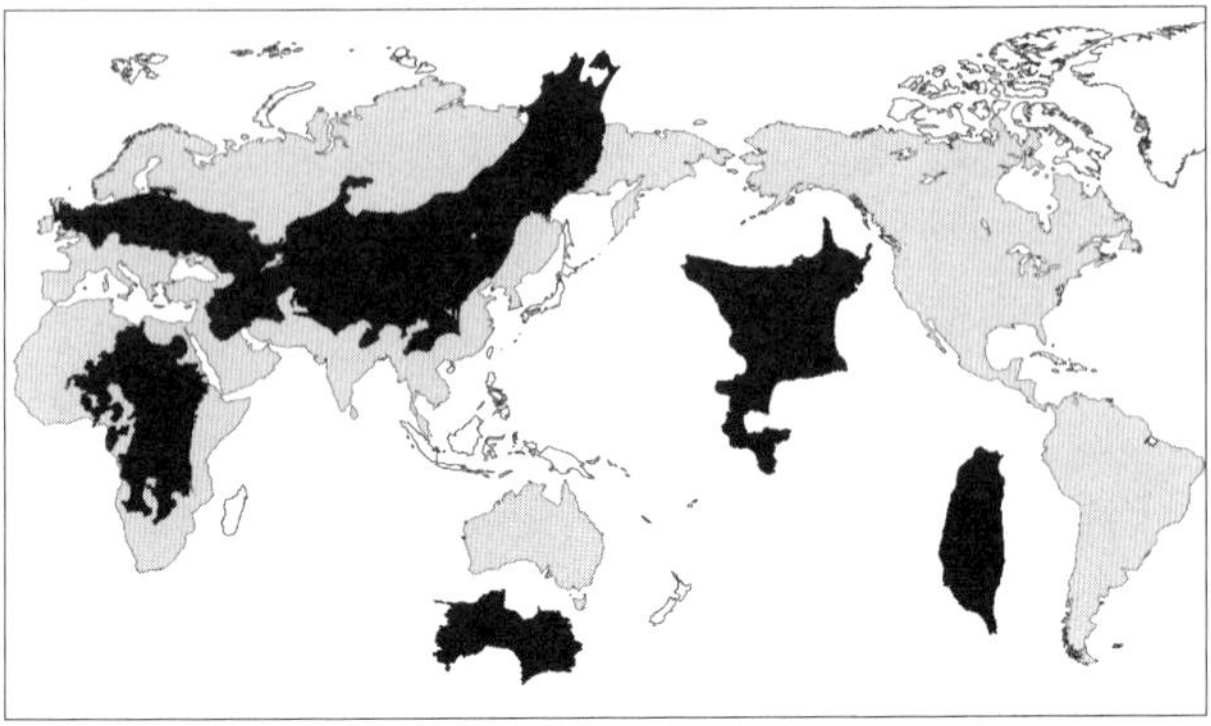

世界と日本の相応地図

世界の「雛型」であるとも言っている。大きさこそ違うが、形が何となく似ているのだ。今ではけっこう世間に知られてきたのでご存知の方も多いと思う（上の図表参照）。

〈世界〉
北アメリカ大陸
ユーラシア大陸
オーストラリア大陸
アフリカ大陸
南アメリカ大陸

〈日本〉
北海道
本州
四国
九州
台湾

日本が世界の雛型だといっても、その日本とは現在の日本国の領土のことではないし、当時の大日本帝国の領土のことでもない。樺太・千島から台湾までの一連の島々のことである。その大部分を当時の大日本帝国は領有していたので、日本は世界の雛型であると表現したのだと思う。文字通り日本（当時の大日本帝国）が世界の雛型だと解してしまうと、日本領だった朝鮮半島や、日本領ではない樺太の北半分はどういう扱いになるのか等、いろいろ問題が生じてしまう。決して日本領土が世界の雛型だという意味ではないので勘違いしないでいただきたい。

この樺太・千島から台湾までの列島が、国祖・国常立尊《くにとこたちのみこと》が竜体で地上の泥海《どろうみ》を造り固めたときの姿同様であり、国祖の神霊が鎮まる御神体だというのだ（第一巻第二一章「大地の修理固成」）。

五大陸だけではなく、細かい半島や川なども、相応する日本の地域がある。地理学上の相応と国魂学《くにたまがく》上の相応があるのでややこしいが、たとえばインドのインダス川は、地理学上は静岡県の天竜川に、国魂学上は関東の利根川に相応する（『出口王仁三郎全集　第二巻』収録の資料による）。

形だけではなく地質的にも似ているらしい。たとえば南アフリカは世界最大の金の産地だが、そこに相応する鹿児島県には日本最大の金鉱山・菱刈《ひしかり》鉱山がある。また、インドネシアのスマトラ島は伊豆大島に相応するのだが、どちらも地震の多発地帯だ。

このように見ると、日本は世界の雛型だというのもうなずける。

霊界物語では、たとえば竜宮島《りゅうぐうじま》は現代のオーストラリア大陸に相応するのだが、それは実は四国に相応するということでもある。雛型という観点で見ると、霊界物語は日本列島を舞台にした物語だという見方もできるのだ。

霊界物語のストーリー構成

第1～36巻 霊主体従 如意宝珠 海洋万里 玉をめぐる物語	第1巻前半		王仁三郎の高熊山修業・霊界探検
	第1巻後半～第4巻		国祖隠退の経緯
	第5巻～第6巻前半		大洪水、国生み
	第6巻後半～第12巻		神生み、黄泉比良坂、大気津姫、天の岩戸開き
	第13～15巻		フサの国（現代のイラン）が舞台
	第16～35巻	錦の宮の経綸（高姫、丹波の物語）	
		第24～25巻	竜宮島（現代の豪州）
		第27巻後半	琉球
		第28巻	台湾
		第29～33巻前半	高砂島（現代の南米）
		第34～35巻	筑紫島（現代のアフリカ）
	第36巻		シロの国（現代のセイロン島）が舞台
第37～72巻 舎身活躍 真善美愛 山河草木 国をめぐる物語	第37～38巻		王仁三郎の青年時代の自伝
	第39～72巻	イソの館の経綸（大黒主調伏の物語）	
		第60巻後半	三美歌、祝詞、三五神諭
		第61～62巻	大本讃美歌
		第64巻上・下	現代のエルサレムが舞台
		第69巻	ウヅの国（現代のアルゼンチン）
		フサの国～月の国（現代のイラン～インド）が舞台	
	入蒙記		大正13年の蒙古入りの記録
第73～81巻	天祥地瑞		紫微天界（原初の宇宙）が舞台

——霊界物語の世界観に何となく馴染めただろうか？

ここからストーリーの説明に移るが、最初に全八十一巻を次の三つのブロックに分けて概要を説明する。その後、巻ごとに詳しく説明していくことにする。

第一～三六巻
第三七～七二巻
第七三～八一巻

第七二巻までは、前半の三六巻と後半の三六巻で主要登場人物の行動原理が異なってくる。前半（第一～三六巻）の行動原理は己の欲望だ。不可思議な神力を持つ玉（宝珠《ほっしゅ》）がたくさん出てきて、執着心の強い人物がそれを手に入れるため騒動を巻き起こす。他の人物はその騒動に巻き込まれる形で動いていく。

後半（第三七〜七二巻）の行動原理は神から与えられた使命だ。玉ではなく国家権力をめぐる争いになる。人々を救済する使命を与えられた宣伝使たちが、使命感から動いていく。

第七三巻以降は天祥《てんしょう》地瑞《ちずい》と呼ばれ、それまでとは舞台がガラリと変わる。第七二巻までは太古の神代の物語だが、天祥地瑞は宇宙が誕生したばかりの原初の世界「紫微《しび》天界」が舞台となる。神々が「言霊《ことたま》」だった時代の物語だ（前頁図参照）。

第一〜三六巻の概要

このブロックでまず大きな話の区切りになるのは、第四巻の国祖隠退だ。第一〜四巻は国祖神政の時代であり、第五巻以降は盤古大神《ばんこだいじん》の神政となる。

次の大きな区切りは第六巻の大洪水である。第五〜六巻は大洪水前の終末感が色濃い世界観の中で話が進む。大洪水後は地上の国土が再生され、今の人類が誕生するが、社会が悪化して、三五教《あなないきょう》による救世の活動が展開される。

第一三巻からは主要な登場人物の顔ぶれが一新され、そのメンバーが第三六巻まで続く。この第一三〜三六巻は、舞台の違いから、フサの国（現代のイラン）を中心とする第一三〜一五巻、自転倒島《おのころじま》の三五教の本拠「錦《にしき》の宮」を中心とする第一六〜三五巻、シロの島が舞台の第三六巻の三つに分けられる。

したがって次の六つのブロックに分けて説明することにする。

第一〜四巻……………玉をめぐる争奪戦と国祖隠退劇
第五〜六巻前半…………大洪水で地上は泥海《どろうみ》となり再び国土が造られる
第六巻後半〜第一二巻……三五教の誕生、神生み、天の岩戸開き
第一三〜一五巻…………今後の主要人物たちが初登場

第一六～三五巻…………五六七《みろく》神政成就のための錦の宮の経綸
第三六巻………シロの国の国難を救う物語

第一～四巻　玉をめぐる争奪戦と国祖隠退劇

第一巻の前半だけは、出口王仁三郎を主人公とする明治三一年（一八九八年）の高熊山《たかくまやま》修業及び霊界探検の物語だ。後は地の高天原を主な舞台に国祖隠退の物語（前出）が描かれる。

ここにはいろいろな玉が登場する。「三個の宝珠《ほっしゅ》」や「五個の神玉《しんぎょく》」、それに「黄金水《おうごんすい》の十二個の玉」「太白星《たいはくせい》の十二個の玉」「天教山《てんきょうざん》の十二個の玉」だ。これらの玉をめぐって神人《しんじん》らが蠢《うごめ》いていく。

この時代の登場人物は神人《しんじん》と呼ばれている。「人の姿に造られた神」であり、神と人の中間的な存在である。現代のような人類が誕生するのは大洪水の後だ。

第五～六巻前半　大洪水で地上は泥海《どろうみ》となり再び国土が造られる

国祖隠退後はウラル彦によって放逸な政治が行われ、世界は大混乱となる。天変地異が多発し、次第に終末感が強くなっていく。そして五百六十七日間、大雨と大地震が続き、地上は泥海と化す。すると、とうとう地軸が傾いてしまった。これを「大洪水」とか「大《おお》峠《とうげ》」と呼ぶ。

この泥海の地上に、イザナギ・イザナミの二柱《ふたはしら》が降臨し、国生み（島生み）の神業が行われる。

古事記では天地剖判《ぼうはん》（天と地が分かれること）直後のまだ国土が「海月《くらげ》なす漂《ただよ》える」状態のときに、イザナギ・イザナミ二神による国生みが行われる。だが霊界物語では、大洪水で泥海となった地上で国生みが行われるのである。

第六巻後半〜第一二巻　三五教《あなないきょう》の誕生、神生み、天の岩戸開き

二度目の大地が造られた後、まず三五教が誕生する（第六巻第三三〜三六章）。その後、神生み（第六巻第三一章〜第九巻）、黄泉比良坂《よもつひらさか》の戦い（第一〇巻）、大気津姫《おおげつひめ》退治（第一一巻）、天の岩戸開きと誓約《うけい》（第一二巻）のエピソードが続く。第一三巻以降はスサノオの大蛇《おろち》退治だ。どこかで聞いたことがある言葉ばかりだが、これは古事記のエピソードが下敷きになっているからだ。

他にも霊界物語には古事記に登場する神名やモチーフがたくさん出てくるが、しかし古事記の神名やモチーフとまったく同じではない。王仁三郎流に読み替えられ、新たな物語に再編されているのである。

もちろん王仁三郎に言わせれば、霊界物語は決して自分が作ったフィクションではなく、**霊界で目撃したドラマをそのまま口述したノンフィクション**ということになる。「本当の古事記を発表したのが霊界物語である」とも語っており、記紀編纂以前の真実の歴史を著

したものとも言える。

だが古事記と異なり、日本列島だけが舞台となるローカルな神話ではない。第七巻から一二巻までの舞台は、現代の地名で表すと、［第七巻］日本→インド→豪州→アフリカ→［第八巻］南米→［第九巻］中米→［第一〇巻］北米→ムー大陸→［第一一巻］中央アジア→［第一二巻］エジプト、地中海というように、地球全体で繰り広げられるワールドワイドなドラマに変化しているのだ。最後は、太平洋のムー大陸が海に沈む場面で終わる（第一二巻第二七章）。古事記という古典とオカルト的存在のムー大陸という組み合わせはなかなかおもしろい。

第一三巻～第一五巻　今後の主要人物たちが初登場

この三つの巻はフサの国が主な舞台となる。この後第七二巻までの物語のプロローグとも言える部分である。この後で主要な役割を担うことになる人物が何人も初登場する。

「半ダース宣伝使」と呼ばれる六人（第一三巻）や、バラモン教の鬼雲彦《おにくもひこ》（第一五巻第一章）、八人乙女《やたりおとめ》とその侍女《じじょ》十六人（同第三章）、ウラナイ教の高姫・黒姫（同第八章）、「錦《にしき》の宮」の教主となる言依別命《ことよりわけのみこと》（同第一九章）などだ。

半ダース宣伝使とは岩彦、梅彦、音彦、亀彦、駒彦、鷹彦というウラル教の宣伝使六人のことで、その後三五教《あなないきょう》に改宗する。

バラモン教の鬼雲彦は後に大黒主《おおくろぬし》と名乗り、バラモン教の大教主として月の国（現代のインド）に君臨し、暴政を布《し》いて支配することになる。第三九巻以降はこの暴君・大黒主を言向《ことむ》け和《やわ》すために、三五教の言霊隊《ことたまたい》が月の国の首都ハルナの都（現代のインドの首都ムンバイの辺り）に向かって旅をする物語だ。

半ダース宣伝使のうち音彦、梅彦、亀彦の三人がそれぞれ玉国別《たまくにわけ》、照国別《てるくにわけ》、治国別《はるくにわけ》と名を変え、言霊隊に選抜される。フサの国のウブスナ山《やま》のイソ館《やかた》（ここがスサノオの宮殿だ）から旅立っていく。この三人は第三九〜七二巻で主役クラスとして活躍する重要な人物だ。

八人乙女とはスサノオの八人の娘（養女）である。彼女たちはこの後の第一六〜三六巻で主役クラスとして活躍する。

第一六〜三五巻　五六七《みろく》神政成就のための錦の宮の経綸

ここから舞台が自転倒島《おのころじま》（現代の日本）に変わる。丹波（現代の京都府中央部。大本の二大聖地・綾部《あやべ》と亀岡も丹波だ）と丹後（京都府北部の日本海沿岸）の国がメインで、津の国（兵庫県南部）や紀の国（和歌山県）も少し出てくる。

丹波の国の「綾《あや》の聖地」に「錦《にしき》の宮」という三五教《あなないきょう》の神殿が造られ、言依別命《ことよりわけのみこと》が教主となる（第二〇巻）。そして神素盞嗚《かむすさのお》大神の指導の下、五六七神政成就のための経綸《けいりん》（注）を行っていくのである。

（注）経綸…もともとは君主が国家を治める方法や計画を指す言葉だが、王仁三郎はそれを神に対して用いた。神の経

綸は宇宙の創造の時から始まるが、直近の経綸としては、悪神が支配する現在の世界を立替え立直して（破壊し再生して）、ミロクの世（地上天国のこと）を建設するための方法・計画を指す。「けいりん」ではなく「しぐみ」と読ませている場合もあり、「神の仕組《しぐみ》」とか「神界の経綸」というのも同じような意味である。

◎解説

ここで三五教の組織について説明しておく。三五教というのは単一の宗教団体ではなく、「仏教」や「キリスト教」のような広義の意味の宗教である。総本山は聖地エルサレムの黄金山《おうごんざん》にある。

黄金山で埴安彦神《はにやすひこのかみ》が開いた「五大教《ごだいきょう》」と、霊鷲山《りょうしゅうざん》で三葉《みつば》彦神《ひこのかみ》が開いた「三大《さんだい》教」が統一され、三五教が誕生した（第六巻第三六章）。だからこの二柱が教祖と言えるが、これは綾部で大本を開いた出口直と、亀岡で宗教活動を始めた出口王仁三郎が合流したのと同じ構造である。

一方、フサの国のイソ館《やかた》（第一五巻第一九章で造営）を拠点とするスサノオは、教祖でも教主でもなく、超然とした立場で宣伝使たちを導いている。これは王仁三郎が「教主」ではなく「聖師」という称号で、教団を超越した立場で、信者以外のシンパも多数巻き込んで活動していたことと同様である。

三五教は各地で独立した組織を作って活動しており、自転倒島では錦の宮を本部とし言依別命が教主となって活動している。台湾では日月潭《じつげつたん》（現代の台湾でも有名な湖だ）の湖畔にある玉藻山《たまもやま》の聖場で、真道《まみち》彦《ひこ》命が教主となって活動している（第二八巻）。

さて、この第一六～三五巻のブロックにはいくつか特徴がある。一つは丹波を主な舞台とする〝丹波物語〟であり、もう一つはウラナイ教の高姫が玉に執着して妄動を繰り広げる〝高姫物語〟であることだ。

ここで登場する玉は「三五の玉《さんご》」と呼ばれ、次の三個の玉と五個の玉の計八個の玉から成る。

三個の玉……金剛不壊《ふえ》の如意宝珠《にょいほっしゅ》、紫の玉（黄金水《おうごんすい》の十二個の玉の一つ）、黄金の玉（太白星《たいはくせい》［金星］の十二個の玉の一つ）

五個の玉……紫、赤、青、白、黄色の五個の麻邇《まに》宝珠

この玉がいったんは全部「錦の宮」（三五教の本拠）に集まってくるのだが、なぜか紛失してしまう（実はスサノオの経綸［仕組み］だった）。それを探すために高姫一派が世界中を駆け回るのだ。

だから丹波を中心とした物語とはいっても、実際には次のようにたびたび舞台が海外に移る。

第二四～二五巻……竜宮島（現代の豪州［オーストラリア］）
第二七巻後半……琉球
第二八巻……台湾
第二九～三三巻前半……高砂島《たかさごじま》（現代の南米）
第三四～三五巻……筑紫島（現代のアフリカ）

第一三巻から三六巻までの二つの輯《しゅう》には「如意宝珠《にょいほっしゅ》」と「海洋万里」という輯題が付けられている。その名の通り、玉（宝珠）を探し求めて海の果ての陸地（海洋万里）を旅する物語なのだ。

このブロックにはもう一つ特徴がある。スサノオの娘である八人乙女《やたりおとめ》とその侍女たち計十六人の活躍だ。彼女らのうち五組十人はメソポタミヤ（現代のイラクの辺り）でバラモン教徒に捕まり、それぞれ朽ちた小舟に乗せられて海に流されるという悲劇に見舞われる。それぞれ次のように海の彼方に漂着した。

八人乙女	その侍女	漂着先	主な登場巻
長女・愛子《あいこ》姫	浅子《あさこ》姫		
次女・幾代《いくよ》姫	岩子《いわこ》姫		
三女・五十子《いそこ》姫	今子《いまこ》姫	竜宮島	第二四～二五巻
四女・梅子《うめこ》姫	宇豆《うづ》姫	竜宮島	第二四～二五巻
五女・英子《ひでこ》姫	悦子《よしこ》姫	自転倒島	第一六～一九巻
六女・菊子《きくこ》姫	岸子《きしこ》姫		
七女・君子《きみこ》姫	清子《きよこ》姫	シロの国	第三六巻
八女・末子《すえこ》姫	捨子《すてこ》姫	高砂島	第三〇巻

彼女たちはさすがスサノオの娘である。見知らぬ土地に流れ着いても悲嘆に暮れたりしない。そこを神が与えた地と受け止め、その地で三五《あなない》の教えを宣《の》べ伝えるのである。

この純粋な心を持つ八人乙女と、執着心を募らせ玉を追いかける高姫一派の話が交錯し、身魂磨きの物語が展開していく。

数々の試練を経て成長した高姫は、旅の終わりにこれがすべてスサノオのお仕組《しぐみ》であったことを知る。その大慈大悲の大御心に打たれ、劇的な改心を遂げるのである。

第三六巻　シロの国の国難を救う物語

シロの国（現代のセイロン島＝スリランカ）が舞台となる。錦の宮（三五教の本拠）の経綸とは異なるが、八人乙女が絡んでくる。第七女の君子《きみこ》姫が登場し、シロの国の国難を救う物語だ。

三六はミロクと読めるが、ここは登場人物の行動原理が大きく変化する。

それまでは高姫に代表される欲望に取り憑《つ》かれた人物が、欲望の象徴とも言える宝の玉を手に入れるため妄動していた。それに釣られる形で他の人物も動いていた。

しかしここ以降は、神から与えられた使命によって動いていく。ミロクの世への転換点となるような巻である。

第一巻　幽界探険と玉の争奪戦の物語

○前半は明治三一年（一八九八年）の高熊山《たかくまやま》での霊的修業の様子と、幽界（地獄界）の探険記である。
○後半からは太古の神代《かみよ》の物語となる。まずは宇宙の中心で天地剖判《ぼうはん》の様子を目撃する。
○地《ち》の高天原《たかあまはら》において「三個の宝珠」と「黄金水《おうごんすい》の十二個の玉」をめぐり、正神と邪神の闘争が巻き起こる。

第一～一九章　王仁三郎が幽界・神界を探険し、苦しむ人々を救う

出口王仁三郎は木花咲耶姫《このはなさくやひめ》の使者・松岡仙人に導かれて高熊山に入り、岩窟《いわや》の中で正座したまま一週間、飲まず食わずの霊的修業を行った。その間、肉体は現界に置いたまま霊魂のみで霊界を探険した。

中有界《ちゅううかい》（死者が最初に訪れる世界）で幽庁の大王（俗に言う閻魔《えんま》大王）と会い、霊界でメシアとしての修業をするよう告げられる（後にこの大王の正体は国常立尊《くにとこたちのみこと》／稚姫君命《わかひめぎみ》だとわかる）。王仁三郎は幽界それから神界を探険し、苦しんでいる人々を救う実習を行った。このときの修業によって王仁三郎の霊力は飛躍的に進歩し、過去・現在・未来を通観して、神界の秘奥《ひおう》を覚《さと》ることとなった。

第二〇～三六章　天地剖判を目撃する

出口王仁三郎は宇宙の中心に連れていかれ、天地の剖判を目撃した（第二〇～二一章）。地球・太陽・月の発生や、大地の修理固成の様子を見た後、場面は「地の高天原」（世界の首都）へと移る。

そこでは邪神が「竜宮城」（世界政府）を占領し「潮満の珠《しおみつのたま》」と「潮干《しおひ》の珠」を手に入れようと闘争を起こしていた。この二つの珠は天候気象を自由に駆使することができる神器である。

しかし国祖の宮殿に納まる「真澄《ますみ》の珠」の方がはるかに神力があった。この「三個の宝珠」をめぐり、神軍と魔軍が激突し大戦争となる。

魔軍は潮満・潮干の珠の神力を使って海の水を増減させた。このとき大地震が起きて「天保山《てんぽうざん》」が海底に沈み現在の日本海となった。逆に「天教山《てんきょうざん》」（現代の富士山）は高く突出した。

三個の宝珠は神軍が取り返す。そして国祖・国常立尊《くにとこたちのみこと》の命令によって稚姫君命《わかひめぎみ》（この時代の宰相格の神）らは、潮満・潮干の珠を冠島《かんむりじま》に、真澄《ますみ》の珠を沓島《くつじま》に隠した。この三個の宝珠は世界の終末の際に、世界改造のために使われる神宝であり、これを使用する神《しん》業《ぎょう》を「**一輪の秘密**」と呼ぶ。

その後、国祖は他の神々にも極秘にして、玉の「体《たい》」と「霊」を分け、物体としての玉は両島に置いたまま、その精霊をシナイ山《ざん》の山頂に隠した。これを「一厘の仕組《しぐみ》」と呼ぶ。

第三七～五〇章　「黄金水の十二個の玉」を邪神・竹熊が奪い取る

シオン山《ざん》の山頂から「顕国の御玉《うつしくにのみたま》」が竜宮城に運ばれてきた。この玉は天地剖判のときに最初に生じた岩石（「星巌《せいがん》」と呼ぶ）が、長い歳月にわたって磨かれてできた玉である。竜宮城の「三重の金殿《みえのきんでん》」に奉納されると、城内の清泉が金色に変じ、水の精が十二個の色の異なる美しい玉となって空に舞い上がった。地上に落ちてきたその玉を、竜宮城の神《か》司《み》十二人がこぞって拾い、それぞれ保管することとなった。

この「黄金水の十二個の玉」は神変不可思議な神力を持っていた。邪神の竹熊《たけくま》は竜宮城を占領するために、まずこの十二個の玉を手に入れようとたくらむ。

玉を保管する神司の虚栄心や名誉欲を煽《あお》って騙し、十二個のうち十個までを手に入れた。残り二個を保管する神司は智慧を働かしてニセの玉を作り、それを竹熊に献上した。

邪神・竹熊は十二個すべての玉を得て有頂天となるが、魔軍の中で内紛が起きる。最後に竹熊は神軍に攻撃され、十二個の玉と共に「死海」に沈んだ。この死海の場所は現代のペルシャ湾の位置になる（第三七巻第一章）。

◎解説　霊界物語の予定の巻数はもっと多かった

巻末の「附記」には、霊界物語が全百二十巻になる予定だと書いてある。実際には八一巻で終わったが、その一・五倍もの量を書こうとしていたのだから驚きだ。

ところが第三七巻の「序」にはもっと驚くことが書いてある。神命では一千七百二十八巻（三十六巻一集×四十八集）も書かねばならないが、年に三十六巻ずつ書いても四十八年もかかるので神界にお願いして百二十巻に減らしてもらったのだという。そんなにあったら一生かかっても読み切れないだろう。

第二巻　常世姫の陰謀と天地の律法の物語

○邪神の常世姫《とこよひめ》が、正神の言霊別《ことたまわけ》を失脚させるため陰謀を仕掛ける。
○太白星《たいはくせい》（金星）の精霊・生代姫命《いくよひめ》が、黄金水の玉に替わる新しい十二個の玉を地球に与える。
○国祖が「天地の律法」を制定するが、宰相格の稚桜姫命《わかざくらひめ》が最初の律法違反者となり追放される。

第一〜一〇章　死んだ邪神・竹熊が甦り、悪事を引き起こす

前巻で死んだ邪神の竹熊が生まれ変わって棒振彦《ぼうふりひこ》と名乗り、再び悪事を引き起こしていく。棒振彦は竜宮城で信頼の厚い美山彦《みやまひこ》の名を騙ってニセの美山彦となった。本物の美山彦は困って、名を言霊別《ことたまわけ》に改めた。

霊界物語は登場人物が他人の名を詐称したり改名したりすることが度々あるので注意が

熊本県山鹿市にある「不動岩」。大本では「ミロク岩」と呼ばれている。

必要だ。また本巻からは国祖・国常立《くにとこたち》尊が「国治立命《くにはるたち》」、国祖の妻神・豊雲《とよくも》野《ぬ》尊が「豊国姫命《とよくにひめ》」、稚姫君命《わかひめぎみ》が「稚《わか》桜姫命《ざくらひめ》」という「仮名」で登場するのでややこしい。

第三章で、本物の美山彦（言霊別）が魔軍との戦いで常世の国のロッキー山《ざん》に出陣していたとき、自分に似せた岩をそこに立てたという描写がある。出口王仁三郎は熊本県山鹿《やまが》市にある「不動岩《ふどういわ》」と呼ばれる巨岩が、その美山彦の岩だと示した（その理由はわからない）。高さ八十メートル、根回り百メートルもある、天に向かって突出した奇岩だ。

第一一～三八章　常世姫が言霊別を失脚させるため陰謀を仕掛ける

邪神勢力の中枢として新たに常世彦と常世姫の夫婦が登場する。常世姫は稚桜姫命《わかざくらひめ》（竜宮城の宰相格の神）の第三女だ。

この夫婦の拠点は常世の国（現代の米国に相応する）にある。だが権力欲の強い常世姫は竜宮城での権勢を得るため、城内で信用の厚い言霊別を失脚させようと種々の奸策《かんさく》を仕組む。ハニートラップを仕掛けたり、セクハラ疑惑をでっち上げたりして、言霊別の信用を落としていく。現代にもあり得る政争だろう。

言霊別は常世の都に新築された大神殿（常世城《とこよじょう》）の祭典に招かれた。何かの陰謀があることはわかっているので、嫌々ながら行くが、案の定、暗殺されそうになり逃げ出す。アラスカに逃亡した後、竜宮城に帰還した。

第三九〜四四章　太白星《たいはくせい》から新たな十二個の玉が与えられる

太白星の精霊・生代姫命《いくよひめ》は、地球に新しい十二個の玉を与えた。この「太白星の十二個の玉」はシオン山に祭られたが、それを奪い取るために美山彦ら魔軍が攻撃する。大八洲彦命《おおやしまひこ》が率いる神軍がシオン山を防衛し、攻防戦が行われる。第三巻で十二個の玉は世界各地に祭られることになる。

第四五〜五〇章　天地の律法が制定されるが、稚桜姫命が最初の破戒者になる

国祖・国治立命《くにはるたち》は世界の混乱を鎮めるため、五戒律・三綱領から成る「天地の律法」を制定した。それは内面的な五つの戒律と、外面的な三つの綱領である。それを以下に記す。

五つの戒律……省《かえり》みよ。恥じよ。悔い改めよ。天地を畏《おそ》れよ。正しく覚れよ。

三つの綱領……一、夫婦の道を厳守し、一夫一婦たるべきこと。二、神を敬い、長上を尊

び、博く万物を愛すること。三、互いに妬《ねた》み、誹《そし》り、偽り、盗み、殺しなどの悪行を厳禁すること。

ところが稚桜姫命《わかざくらひめ》が浮気をして律法を破ってしまい、最初の破戒者となってしまった。彼女は国祖の命令で地の高天原から追放され、幽界へ下り、幽庁の主宰者となった。

稚桜姫命は国祖の気吹《いぶき》から生まれた神である（本巻の「総説」を参照）。つまり国祖の子神だ。**その生まれ変わりが大本開祖・出口直**とされている。

国祖も隠退後、幽界に下る（第四巻）。このようなわけで第一巻で出口王仁三郎が出会った幽庁の大王は、国祖＝稚桜姫命＝出口直の三者のイメージがダブって描かれている。

◎解説　幽霊に足がない理由

第二巻巻頭の「総説」には、神界の神々の服装と、人間の霊衣《れいい》について説明されている。生きている者の幽体（精霊）は円《まる》い霊衣を身体一面に被《かぶ》っている。一方、亡者の幽体は頭が山のように尖り、三角形の霊衣を身に纏っている。しかも腰から上のみ霊衣を着け、腰から下には霊衣はない。「幽霊には足がない」と俗に言うのはそういう理由だからだ――と記されている。

また、「凡例」には「神代語《かみよことば》」について説明されている。

第三巻　十二の国魂の争奪戦と大道別の召命《しょうめい》の物語

○国祖は「太白星《たいはくせい》の十二個の玉」を地上十二ヶ所に国魂《くにたま》として鎮祭し、世界を統治する。しかし邪神の常世彦がそれを奪い取ろうとたくらむ。

○「常世会議」（第四巻）の伏線として、大道別《おおみちわけ》の召命《しょうめい》（神から使命を果たすよう召されること）のドラマが描かれる。

○天使長（宰相）が次々と更迭され神政が崩壊していく。

第一～二八章　世界十二ヶ所に太白星《たいはくせい》の玉が祭られる

国祖・国治立命《くにはるたち》は「天地の律法」を天上・地上にあまねく宣伝するため、十六柱の神司《かみ》を「十六天使」に任命した。大八洲彦命《おおやしまひこ》がその天使長となる。

国祖は「太白星の十二個の玉」を各地の十二の山に国魂として祭り、それぞれに八王神《やつおうじん》と八頭神《やつがしらがみ》（現代の国王と宰相に相当）を任命して世界を統治することにした。

山	玉の色	舞台となる主な章	推測される現代の山
新高山《にいたかやま》	青色	第三～四章	台湾の玉山《ぎょくざん》

ロッキー山《ざん》	紺色	第五〜八章	ロッキー山脈
鬼城山《きじょうざん》	灰色	第九〜一二章	ワシントン？
長白山《ちょうはくざん》	白色	第一三〜一四章	白頭山
万寿山《まんじゅざん》	赤色	第一五〜一八章	北京・頤和園《いわえん》の万寿山
青雲山《せいうんざん》	金色	第一九〜二〇章	不明（チベットとインドの国境）
ヒマラヤ山《さん》	銀色	第二一章	ヒマラヤ山脈
天山《てんざん》	黄色	第二二章	天山山脈
崑崙山《こんろんざん》	紅色	第二三章	崑崙山脈
タコマ山《やま》	銅色	第二四〜二五章	レーニア山
モスコー	黒色	第二六章	モスクワ
ローマ	白色	第二七〜二八章	ローマ

（注）モスコーとローマは山ではない。場所は地図を参照。長白山とローマの国玉はどちらも白色で誤記ではない。

邪神の常世彦一派は、この玉（国魂）を奪い取るため陰謀を企て、各地で静かな戦いが

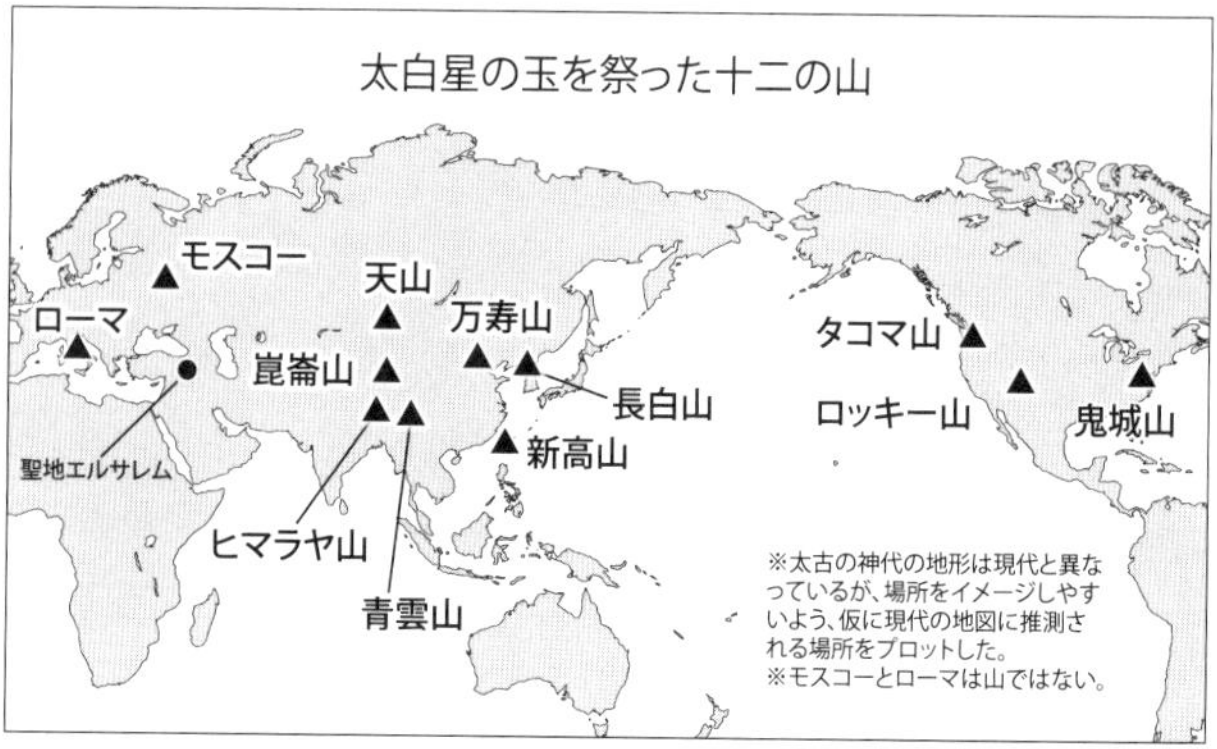

太白星の玉を祭った十二の山

繰り広げられていく。第三章から二八章までは、十二の各山でのエピソードが綴られている。

第二九〜三九章　大道別と八島姫の奇妙な恋路

　モスコーの侍従長・大道別《おおみちわけ》は、悪狐《あっこ》を斬ったときにその血が体内に入り、精神に異常を来す。モスコーを出て各地を漂浪《ひょうろう》し、南高山《なんこうざん》で谷間に転落する。出血するが、それにより精神状態はすっかり回復した。

　南高山の守神《しゅしん》の娘・八島姫《やしまひめ》が怪物の生《い》け贄《にえ》にされかけていたところを、大道別は身代わりとなって怪物を退治する。そのとき、天の国直姫命《くになおひめ》が現れて大道別に重大な神命を与えた。「道彦と改名し、聾《ろう》唖《あ》・痴呆のフリをして地上各地を回り、邪神の陰謀を探って国祖に報告せよ」というものだった。

　大道別はそれに従い、南高山を出て旅立つが、困ったことに、大道別に恋心を抱いた八島姫が後を追ってついてくる。しかし聾唖・痴呆を装う大道別は知らんぷりをして、どんどん山の中を進んでいった。

深い谷川を大道別は渡るが、八島姫は渡れずに途方に暮れ、後ろから呼び止める。大道別は彼女の心情を察知するが、与えられた使命を遂行するため、涙を呑んで素知らぬ顔をした。

八島姫は決心して短刀を取り出し喉《のど》に当てた。それを見て大道別は思わず「待て」と声をかけた。神の使命を取るか人の情を取るか、苦しい選択の場面である。

そこへ二柱の天使が現れ、二人にそれぞれ特殊な任務を与えた。次巻では二人は常世《とこよ》城《じょう》に潜入し、邪神の陰謀を打ち砕くために活躍する。

第四〇～五〇章　天使長が次々と変わる

太白星《たいはくせい》の玉を祭った十二ヶ所のうち十ヶ所までが邪神の常世彦の配下に入ってしまった。増長した常世彦は数百数千の天《あま》の磐船《いわふね》を率いて地の高天原を襲う。そして上空から無数の火弾を投下する。

天使長兼宰相の大八洲彦命《おおやしまひこのみこと》は神軍を指揮して防衛する。だが策が尽きてしまい、「破《は》軍《ぐん》の剣《つるぎ》」と呼ぶ大量破壊兵器を用いて魔軍を壊滅させてしまった。

しかし、これは国祖の命令に反する行為だった。国祖は「天地の律法を守り、暴力に対し暴力で対抗してはならない。武力に訴えて解決を急がず、敵を言向《ことむ》け和《やわ》して悔い改めさせよ」と厳命していたのだった。

国祖の命を破った天使長・大八洲彦命は罷免《ひめん》され、蟄居《ちっきょ》を命じられた。

二代目の天使長には女神が就任する。しかし彼女もまた、魔軍の攻撃に対して「破軍の剣」を使ってしまう。そのことで罷免された。

国祖は実直・厳格な性格である。たとえ腹心・側近でも、原理原則を破る者は処分する。極めて厳正な性格と言える。しかしこの厳格すぎる性格が災いして、自分自身が隠退せざるを得なくなってしまうのである（次巻）。

第三代天使長はなぜか職務を放棄して天に帰ってしまう。第四代天使長には広宗彦《ひろむねひこ》が就任した。

◎解説　九人いる神代《かみよ》の歴代宰相（天使長）
国祖の下で神政を司る宰相格の神として、次の九人が登場する。最初の二人は単に「竜宮城の主宰者」のように呼ばれ肩書きはないが、大八洲彦命から「天使長兼宰相」という肩書きとなる（注・便宜上、第○代と入れたが、霊界物語に明記されているわけではない）。

初代天使長　　稚桜姫命《わかざくらひめ》（第二巻第四六章で更迭）
第二代天使長　国直姫命《くになおひめ》（同第四八章で就任。第三巻第一七章で昇天（注））
　　　　　　　大八洲彦命《おおやしまひこ》（第三巻第四三章で更迭）
　　　　　　　高照姫命《たかてるひめ》（同第四五章で更迭）

第三代天使長　沢田彦命《さわだひこ》（同第四九章で昇天）
第四代天使長　広宗彦《ひろむねひこ》（第四巻第三二章で更迭）
第五代天使長　桃上彦《ももがみひこ》（同第三六章で更迭）
第六代天使長　常世彦《とこよひこ》（同第三九章で昇天）
第七代天使長　常世彦（幼名・高月彦《たかつきひこ》だが父の名を襲名。第五巻でウラル彦と改名する）

（注）昇天《しょうてん》…霊界物語には「昇天（天に昇ること）」や「上天《しょうてん》（天に上がること）」、「帰幽《きゆう》（幽世《かくりよ》＝霊界に帰ること）」等の言葉がたびたび出てくる。一般的な感覚だと、これらは死んだことを意味する言葉だろう。しかし王仁三郎は「霊魂は滅びることはなく永遠に生き通しである」と述べている。霊界物語で神が昇天したとか帰幽したとか書いてあっても、再び物語に登場する場合があるのはそのためだと思われる。

第四巻　常世会議と国祖隠退の物語

○邪神の常世彦が主催した世界平和会議「常世会議」。
○常世彦の陰謀で国祖・国治立命《くにはるたち》が追放される「国祖隠退」。
○神の目から見た宇宙の姿「神示の宇宙」。

第一～二八章　武装撤廃と民主化を唱える世界平和会議が開かれる

八王大神《やつおうだいじん》・常世彦が、世界各地の代表者を常世城《とこよじょう》に集めて「常世会議」を開いた。会議の名目は世界平和だが、実は常世彦の世界征服の野望が秘められた会議であった。世界の神人はそれを知らず、会議の開催を平和の福音として歓迎した。

主宰者側から二つの議案が提出された。一つは神人《かみがみ》が持つ武装を廃止すること。もう一つは八王神《やつおうじん》を廃止して、神人の上中下の区別を廃し、四海平等の政治を行うことである。この時代は世界の主要な地域が、国祖が定めた八王神と八頭神《やつがしらがみ》によって治められていた。八王神はその地の主権者であり、現代の国王のような存在である。八頭神はその下で実際の政治を行う者で、現代の総理大臣のような存在である。

常世彦は八王神を廃止することで、国祖による世界統治（現代的な感覚だと封建制だと言える）を実質的に絶とうとしたのだ。それはさしずめ民主化と言えよう。

常世彦の思惑としては、会議での決議、つまり民主的手段によって聖地エルサレムを常世彦の管理下に移し、国祖を退けて盤古大神《ばんこだいじん》・塩長彦を地上霊界の主宰神に就けようという計画だった。民意を力にして世界を支配しようと企んだのである。

だが思惑通りには進まなかった。二つの提案のうち武装廃止案は可決されたが、八王神廃止案は賛否両論があり激論が交わされた。会議は混乱・紛糾し、怪奇現象が頻発して、審議がなかなか進まない。

この会議には道彦（大道別）、八島姫をはじめ、国祖から秘密の指令を受けた者たちが潜入していた。彼らが常世彦の野望を打ち砕くため、会議の妨害工作をしていたのである。

主宰者の常世彦が突然、急病で倒れ、会議は一時休会となった。常世彦の部下として仕えていた道彦は、常世彦と容貌がそっくりだった。妻の常世姫は野望を達成するため、道彦を常世彦の影武者に仕立てて会議を再開する。

しかし常世彦夫妻の思惑とは異なる方向で会議が進んでいった。常世彦は病体を引きずり、会議場に現れて異議を叫ぶ。

しかし壇上の常世彦（道彦）は「そいつはニセ者だ。耳を貸すな」と本物の常世彦をニセ者扱いする。こうして会議は幕を閉じた。

第二九～三二章　常世会議混乱の責任を取り、大道別が自決する

大道別（道彦）は常世会議を混乱させ常世彦の野望を打ち砕くことに成功した。しかしそれは国祖の御心に適《かな》わぬことであった。

国祖が命じたのは、敵を言向《ことむ》け和《やわ》せということである。いくら陰謀を阻止するためとはいえ、敵を欺くことは許されぬことであった。

国祖に叱責された大道別は罪を感じ、海に身を投げ自決する。その霊魂は二つに分かれ、一つは海上を守護する琴平別神《ことひらわけのかみ》となり、もう一つは陸上を守護する日《ひ》の出神《でのかみ》となる。天使長・広宗彦《ひろむねひこ》は責任を負って辞職し、第五代天使長にはその弟の桃上彦《ももがみひこ》が就任した。

第三三〜四五章　常世彦の圧力で国祖が隠退する

聖地の大宮殿で桃上彦《ももがみひこ》の天使長就任の祝宴が開かれた。国祖は神人《しんじん》たちに、奥殿に安置された「真澄《ますみ》の大鏡《おおかがみ》」を見せる。そこには今まで死んでいった邪神たちが生を得て、国祖の身辺でまめまめしく楽しげに仕えている姿が写っていた。それを見て常世彦も神の真の慈愛を感じ、改心して真心に帰った。

しかしやがて神政が混乱し、桃上彦は責任を取り辞職する。次の天使長を決めるため聖地に世界中から神人たちが集まる。全会一致で第六代天使長に選ばれたのは、今はすっかり改心した常世彦だった。

権力欲を募らせているときには権力を得られず、欲をなくしたときに得られたのは何とも皮肉なことであった。しかし、これが惟神《かんながら》（何事も神の御心《みこころ》のままにという意）ということである。

やがてこの常世彦夫妻は帰幽《きゆう》してしまい、その息子が常世彦の名を襲名して、第七代天使長となる。また娘は常世姫の名を襲名した。この常世彦二世・常世姫二世の精神が邪霊によってどんどん悪化し、国祖を隠退へと追い込んでいく。

国祖と異なり、常世彦は融通を利かせ時流を読むことができる性格である。国祖の厳格・実直なやり方に反発した世界の神人《かみがみ》は、常世彦を盟主として仰ぐようになった。

これらの「民意」を背景に、常世彦は国祖に圧力をかけ、隠退するよう迫る。ついに世界の混乱を鎮めるため、「天《てん》の御《ご》三体《さんたい》の大神《おおかみ》」（略して天の大神）が地上に降りてきて、国祖に隠退するよう要請した。

天の大神は国祖の子孫だが、職階は国祖より上位である。天の大神の要請を受け、国祖は隠退する決心をした。

このとき、天の大神は「国祖が再び表に現れて地上神界の主宰神として復権するときには、自分も天から地に降りてミロク神政成就のお手伝いをする」と誓約をする（第四五章）。

時節が循環し、そのときがやってきた。それが明治二五年（一八九二年）の出口直の帰神《きしん》（このとき、国祖である艮《うしとら》の金神《こんじん》が懸かった）である。また明治三二年（一八九九年）に出口王仁三郎（天の大神としての神権を得た神素盞嗚《かむすさのお》大神の身魂《みたま》とされる）が出口直の前に現れたのは、この太古の神代の神約の実現である。このように本巻で描かれる国祖隠退の物語は、大本の出現と直結していることになる。

◎解説　**神から見た地球は平らだった**（第四六〜五〇章）

神の目から見た宇宙の姿が多数の図表入りで説明されている。「神示の宇宙」と呼ばれるこの独特な宇宙論の特徴は、地球は地「球」ではなく、平らな地「平」であるということだ。

また、空に無数の星があるように、地にもそれと同数の「地星《ちせい》」があるというのも興味深い。それに星も太陽も、球体ではなく球竿状《きゅうかん》（鉄アレイのような形状）になっているというのだから驚きだ。

さらに、星は自転も公転もせず、大地の傾斜運動によって動いているかのように見えるのだという。

まったく近代科学から外れたトンデモない宇宙論だが、これは人間から見た三次元宇宙ではなく、あくまでも神から見た高次元宇宙の姿である。誤解しないようにしていただきたい。

第五巻　天《あま》の浮橋《うきはし》と言触神《ことぶれのかみ》の物語

○国祖隠退後の世界は天変地妖《てんぺんちよう》が続発。
○空に巨大な金色の「天の浮橋」が出現する。
○終末の予言警告を伝える言触神が世界各地に派遣される。

第一～一六章　地上に天変地妖《てんぺんちよう》が続発する

国祖を追放した八王大神《やつおうだいじん》・常世彦《とこよひこ》は、盤古大神《ばんこだいじん》・塩長彦を奉じて地上神界の総統神と仰ぎ、政治の実権を手にした。

権力を得るには自分より神格が高い塩長彦（常世彦は塩長彦の水火《いき》から生まれた神）を奉戴する必要があったのだが、近くにいると何となく煙たい。そこで「エデンの園」に宮殿を造り、塩長彦にそこに移ってもらった。

常世彦の政治は律法を無視し、神を冒涜《ぼうとく》し、自由放漫なものであった。そのため、各地で悪逆無道な行為が増え、社会は混乱していった。

天変地妖も増えていく。天に色の異なる三個の太陽が一度に現れたり、星が間断なく東西南北に大音響を立てて飛び散ったりした。それを常世彦たちは天下泰平の祥瑞《しょうずい》として喜んだ。

気象も異常を来し、夏に大雪が降り冬は蒸し暑かった。紅き花は黒く咲き、白き花は青く咲く。それら宇宙の大変調は、国祖隠退により、大地から国祖の精霊が脱け出した結果だった。だが、常世彦たちはそうとは夢にも知らずに、この光景を祝賀し、神業《しんぎょう》を放棄して日夜踊り狂った。

聖地エルサレムにまで異常現象が頻発するようになった。すると、さすがに常世彦は聖地を捨て、アーメニヤに神都を遷《うつ》した。

第一七〜二八章　「天《あま》の浮橋《うきはし》」が出現し「言触神《ことぶれのかみ》」が各地に派遣される

「顕国《うつしくに》の御玉《みたま》」を納めてある竜宮城の「三重《みえ》の金殿《きんでん》」が天に向かって延びていった。雲にまで達し、その尖端《せんたん》が左右に分かれて長く延び、まるで空に黄金の橋を架け渡したかのように変化した。このT字型の黄金橋を「天の浮橋」と呼ぶ（次頁図表参照）。

橋は東南西北と回転し、その尖端から美しい金色の火花が花火のように地上に向かって放射された。橋の各所からは細い金色の霊線が糸柳のように地上に垂れ下がっていた。その先には金銀銅などの鉤《かぎ》が付いている。これを「救いの鉤」と呼ぶ。この鉤によって神人が橋の上に釣り上げられ、大洪水から神人を救済する装置として機能することになる。

一方、天教山《てんきょうざん》（現代の富士山）では木花姫命《このはなひめのみこと》によって正しい神人たちが集められた。彼らは天教山の中腹にある青木ケ原の聖場に会し、野立彦命《のだちひこのみこと》（国祖・国治立命《くにはるたちのみこと》の変名）の神《しん》勅《ちょく》（神の教えや意志という意味）を奉じて、天下の神人を覚醒させるため予言者となって世界各地に派遣された。彼らを「言触神《ことぶれのかみ》」と呼ぶ。後に宣伝使と呼ばれるようになる。

国祖は隠退したとはいえ、活動を停止したわけではない。表舞台から姿を消しただけで、名前を変え、陰から秘かに世界を守る役割に転じている。その神勅を奉じて各地に散っていった言触神たちの任務は「大《おお》峠《とうげ》」つまり世の終末が訪れることを告げ知らせることだ。それは単に終末予言を宣伝するだけではなく、改心を促すことでもある。

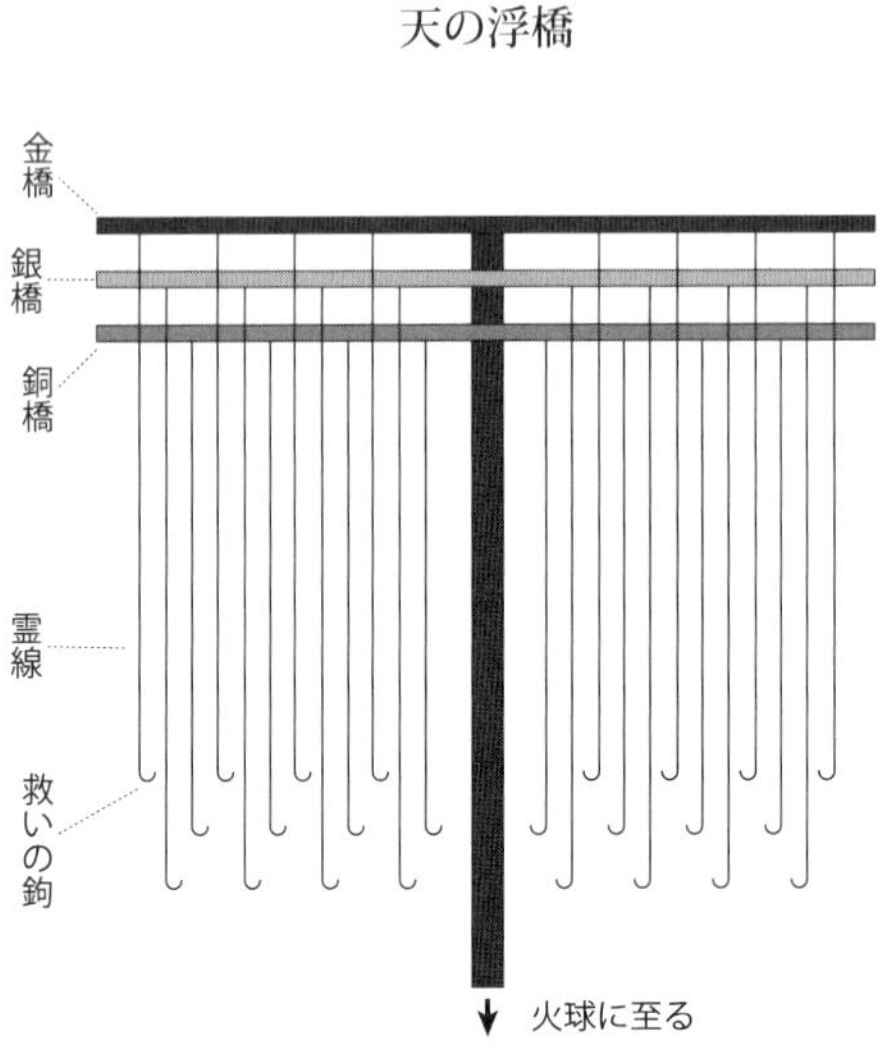

霊界物語第５巻に収録されている「天の浮橋」の図（新たに清書したもの）

　こうして言触神たちの予言警告によって目覚めて正道に立ち帰った神人には、その頭に「神」の字のしるしが付けられた。

天の浮橋の金橋の下には、銀色の橋と銅色の橋も出現した。頭に「神」のしるしが付いた神人たちは、この三つの橋から垂れる「救いの鉤」によって橋の上へと救い上げられた。金色の橋に救われたのは上《じょう》の身魂《みたま》であり、銀色の橋は中《ちゅう》の身魂、銅色の橋は下《げ》の身魂である。橋は回転し、天教山や地教山など高山の頂に神人たち送り届けた。

第二九～五〇章　大洪水に備えて方舟《はこぶね》が造られる

諸々の天災地妖が勃発する。天に突然十六個の星が一ヶ所に現れ、輝き出したり、空がたちまち暗黒になったりする。かと思うと、空は途端に真紅に変じたり、黄色に化したりした。

太陽が東西南北に出現して猛暑となったり、火山爆発・地震・津波など、異常現象が七十五日間続いたりした。これは実は野立彦命《のだちひこのみこと》が神人の身魂を試すための経綸《しぐみ》であった。

天地の異常に直面した神人たちは、神を畏《おそ》れて救いを求める者もあれば、家族や財産を失って神を呪う者もいた。中には自暴自棄となり、ウラル彦が作った「呑めよ騒げよ一寸《いっすん》先や暗《やみ》よ　暗の後には月が出る…」という宣伝歌を焼けクソになって歌い踊り狂う者も多数現れた。

言触神《ことぶれのかみ》たちは世界を救うため「三千世界一度に開く梅の花　開いて散りて実を結ぶ…」という宣伝歌を歌い、山野河海《さんやかかい》を駆け巡る。地中海やモスコー、青雲山、南高山《なんこうざん》、常世《とこよ》の国での言触神たちの活動が描かれている。

このとき言触神たちは方舟を造ることを各地の神人に教えている。ちょうど銀杏《いちょう》の実のような形で、上面は樟《くす》の堅固な板で円く覆われ、側部にわずかに空気穴が開いている。言触神の予言に耳を貸す神人たちは方舟を造り、食糧や家畜、草木の種を満載し、大峠に備えた。

第六巻　大洪水と国生みの物語

○大洪水により地上は泥海《どろうみ》と化し地軸が傾く。
○泥海の地上で新しい国造りが行われる。
○三五教《あなないきょう》が誕生し宣伝使たちの活動が始まる。

第一～一四章　大峠を告げる言触神《ことぶれのかみ》たちが世界を駆け巡る

前巻から引き続き、世界各地で大峠の到来を告げ知らせる言触神（宣伝使）たちの活動が描かれる。鬼城山《きじょうざん》や、常世《とこよ》の国の東岸、長白山《ちょうはくざん》が舞台となる。

◎解説

宣伝使たちは基本的に単独行動である。「宣伝使は一人旅」という教えがあり、たとえ夫婦であっても別々に行動しなくてはならない。

第七章で「宣伝に従事する者はあくまでも同行者あるべからず。他人を杖につくようなことにては、とうてい宣伝者の資格は無きものなり」と厳しく戒められている。「神を力に誠を杖に、寄せ来る悪魔を言向《ことむ》け和《やわ》せ」というのである。そうであってこそ、真の力強い信仰が生まれるのであろう。

第一五～一八章　地上は泥海《どろうみ》となり地軸が傾いた

本稿では都合上「章」しか書いていないが、各巻は数個の「篇《へん》」に分けられている。この四つの章は第三篇に含まれており「大峠《おおおうげ》」という篇題だ。特に第一五章と第一六章は「大洪水」という章題で、いよいよ世の終末の最終段階となる。

大洪水と大地震が五百六十七日間続き、大地は一面泥の海と化した。この大洪水から神人を救った救済手段は三つある。天《あま》の浮橋《うきはし》と方舟、もう一つは大きな亀である。大きな亀は琴平別《ことひらわけ》神（第四巻を参照）の化身で、その背に神人たちを乗せて高山の頂きに運んだ。しかし泥の海は山を呑み込み、高山もその山頂をわずかに残すだけである。

数百、数千艘《そう》の方舟は山に舟をつなぎ、大勢の神人たちは山頂へと駆け登る。水に溺れぬよう先を争い、阿鼻叫喚《あびきょうかん》の声が四方八方に響き渡る。

ここに野立彦《のだちひこ》命（国祖の変名）は地上の惨状を見るに忍びず、大国治立《おおくにはるたち》命（大宇宙の絶対神）に向かって「地上の生き物を救わせ給え、我は贖《あがな》いとして根底《ねそこ》の国に落ちて無限の苦しみを受けん」と祈願し天教山《てんきょうざん》の噴火口に身を投じた。

神霊なので実際に死んだわけではない。そういう神話的表現を取っているだけだが、この国祖の贖いによって大艱難《だいかんなん》は食い止められた。

しかしこの大洪水によって大地が傾いてしまった。つまり地球の地軸が傾いたというのだ。しかしこの傾きは、少なくとも五十世紀までには元に復することが第一五巻第二一章で予言されている。

第一九〜三〇章　三柱の神により国生みが行われる

天《あめ》の御柱《みはしら》の神・国の御柱の神・撞《つき》の御柱の神が天教山の青木ケ原に下った。この三柱はそれぞれ伊弉諾《いざなぎ》大神・伊弉冊《いざなみ》大神・天照《あまてらす》大神の別名だ。泥海《どろうみ》となった地上を再び造り固めるために、この三柱によって国生み（島生み）の神業《しんぎょう》が行われた（第二二〜二三章）。

第二三章には、言触神《ことぶれのかみ》として活躍した主要な神人が、後の世に生まれ変わって地上に現れ、キリスト教や仏教など諸宗教の教祖となったということが記されている。彼らはみな国治立命《くにはるたちのみこと》の分身であり、豊国姫《とよくにひめ》命の分霊なのだという。

第二八章には「言霊学釈歌《ことたまがくしゃくか》」と題して、七十五声《しちじゅうごせい》の言霊の活用及び結声《けっせい》の方法が記されている。

◎解説

記紀神話における国生みは伊弉諾《いざなぎ》・伊弉冊《いざなみ》の二柱によって行われるが、霊界物語では天照《あまてらす》を加えた三柱によって行われるのが記紀神話とは異なる点だ。

第二三章には「諸教同根《しょきょうどうこん》」という章題が付けられている。これは王仁三郎の思想の中で重要なものの一つだ。

十九世紀以降、このような「同根」思想を持つ新宗教が世界各地で誕生した。世界には様々な宗教があるが「実は神が時代や地域に応じて多様な宗教を誕生させたのであり、元を辿ればどの宗教も同じ一つの神に帰るのだ」と説く新宗教が各地で発生したのである。

出口王仁三郎はそれらの宗教と積極的に提携を結んだ（道院やバハイ教など）。第二次大戦後、王仁三郎は新しい教団の方針として「万教《ばんきょう》同根」を指示したため、霊界物語の版によってはこの章題が「万教同根」に改められているものもある。

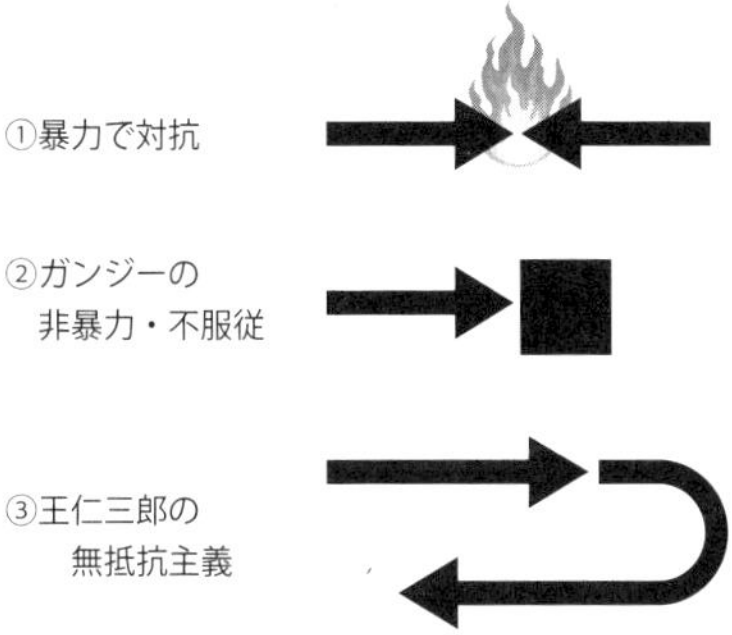

第三〇章には、現代の人類が誕生したことが記されている。しかし神人《しんじん》がいなくなったわけではなく、神も神人も人も同時並行して登場する。それらの登場人物が神なのか神人なのか人なのか厳密に区分することもできないので、はっきりしない場合は単に「人」とか「人々」と呼ぶことにする。

第三一～五〇章　三五教《あなないきょう》の宣伝活動が始まる

人間が地上に増え広がるにつれ、闘争が巻き起こり、土地や資源、食糧などを独占する者が現れ出した。衣食住は贅沢になり、貧富の格差が激しくなり、人々の心は荒《すさ》み、世は混乱状態となる。三大《さんだい》教《きょう》と五大教《ごだいきょう》が統一し三五教が誕生したことが、第三六章「三五教」に記されている。人々を救うため三五教の宣伝活動が開始されるのだ。

その直前の第三三〜三五章には、とても印象深いシーンが描かれている。三大教の宣伝使・北光天使《きたてるのかみ》が道端で神の教えを宣伝している際、聴衆の一人が「自分は悪人に酷い目に遭わされ恨みを晴らそうと考えているが、忍耐して敵を赦《ゆる》してやらねばならないというのは理解できない」と怒って北光神を暴行するのである。

それに対して北光天使がどういう対応を取ったかは直接霊界物語を読んでいただきたい。善と悪について、また三五教の「無抵抗主義」について、深く考えさせられるシーンの一つだ（前頁図参照）。

第七巻　筑紫島《つくしじま》の日《ひ》の出神《でのかみ》の物語

○日の出神は自転倒島《おのころじま》（現代の日本）を旅立ち、月氏国《げっしこく》（現代のインド）、竜宮島《りゅうぐうじま》（現代の豪州）を経て筑紫島《つくしじま》（現代のアフリカ）に渡る。

○日の出神は神の教えを宣伝しながら、神柱《かんばしら》となる各地の守護職を任命していく。

第一～八章　日《ひ》の出神《でのかみ》が黄泉比良坂《よもつひらさか》の戦いに向けて日本を出発する

日の出神は第四巻で海に身投げした大道別《おおみちわけ》の霊魂の片割れであり、琴平別神《ことひらわけのかみ》の兄弟神だ。

日の出神は、紀の国の大台ケ原の中央の大岩窟《だいがんくつ》に巣くっていたウラル彦の部下たちを一掃する。その後、天教山《てんきょうざん》で木花姫命《このはなひめのみこと》から重要な使命を与えられた。常世《とこよ》の国の邪神が自転倒島《おのころじま》を侵略する計画を立てているから戦いに行けというのだ。日の出神は船に乗り常世の国へ旅立った。

◎解説

木花姫命が日の出神に与えた使命は、第一〇巻の「黄泉比良坂《よもつひらさか》の戦い」への伏線になっている。黄泉比良坂の戦いはとても複雑な物語だが、簡単に言うと、太平洋上の黄泉島《よもつじま》（ムー大陸）で、日の出神が率いる神軍と常世の国（現代の米国）の魔軍《まぐん》が決戦となる話だ。詳しくは第一〇巻の解説をお読みいただきたい。

第九～二三章　竜宮島の「酒《クシ》の滝壷」で酒嫌いにさせる

船は月氏国《げっしこく》に停泊した。日の出神は白雪郷《はくせつきょう》という村で、大中教《だいちゅうきょう》に捕らわれていた酋長と三五教《あなないきょう》の宣伝使・祝姫《はふりひめ》を救出する。

日の出神は酋長に面那芸司《つらなぎのかみ》という名を与えた。祝姫も面那芸司も日の出神に同道することにし、一緒に船に乗り込んだ。

船中で、田依彦《たよりひこ》、時彦《ときひこ》、芳彦《よしひこ》と遭遇した。彼らも日の出神に同道することになる。竜宮島《りゅうぐうじま》に上陸すると、日の出神は時彦と芳彦を「酒の滝壷《クシ》」に連れていった。そこは酒が天然に湧き出ているという、酒豪には楽園のような場所だ。

日の出神は、酒好きでアル中気味の二人の口から焼け石を吐き出させて酒嫌いにさせた。日の出神は、田依彦に飯依彦《いいよりひこ》という名を与えて竜宮島の守護神に任じた。

◎解説
大中教《だいちゅうきょう》はウラル彦が創始した宗教で、第八巻からはウラル教と呼ばれるようになる。大中教は極端な個人主義の宗教で、祭神は盤古大神《ばんこだいじん》だ。

「大」という字は「一人」と書くが、もともとは盤古大神一人だけを神と崇め、中心とし、そのすべての命令に服従せよという、絶対専制的な宗教だった。しかしその教えが誤解され、自分一人を中心とする利己主義な宗教に変貌してしまった（第六巻第三一章）。

日の出神が船中で出会った田依彦《たよりひこ》たち三人は竜宮城の元従臣だ。第一巻で「黄金水《おうごんすい》の十二個の玉」を保管していたが、悪神の竹熊に奪われてしまった。本巻から第一〇巻くらいまでは、大洪水前に登場した人物が、名前や職を変えて再登場するケースが度々ある。

時彦《ときひこ》と芳彦《よしひこ》の口から焼け石を吐き出させたエピソードは、第二〇章に書いてある。「副守飛出《ふくしゅとびだし》」という章題が付いており、焼け石は副守護神の比喩であることがわかる。執着心を捨てさせるための一つのエピソードだ。

第二四～四六章　筑紫島《つくしじま》の四つの国の守護職を定める

日の出神一行は筑紫島に上陸した。筑紫島には四つの国がある。日の出神は四つの国を順に旅して、その国の守護職（国王のような存在）を任命していく。熊襲《くまそ》の国では小島別《こじまわけ》を、肥《ひ》の国では八島別《やしまわけ》を守護職に任命した。また、豊《とよ》の国では虎転別《とらてんわけ》を、筑紫の国では高照彦《たかてるひこ》を守護職に任じた。この四人はいずれも道中で出会った人物である。

筑紫島の旅を終え、祝姫《はふりひめ》と面那芸司《つらなぎのかみ》は日の出神から離れて一人旅をすることになった。祝姫は聖地エルサレムへ、面那芸司は天教山《てんきょうざん》へ、日の出神は常世《とこよ》の国へ、それぞれ船に乗って向かう。

◎解説

次に筑紫島が舞台となるのは第三四～三五巻である。

筑紫島の四つの国は、古事記に出てくる国名と同じだ。古事記では筑紫島は九州のことだが、霊界物語では「身《み》一つにして面《おも》四つあり」と記されており、四つの国名が登場する。現在の県名でいうと、熊襲《くまそ》の国は鹿児島県・宮崎県、肥《ひ》の国（火の国）は長崎県・佐賀県・熊本県、豊《とよ》の国は大分県、筑紫の国は福岡県の辺りだと思われる。

最後に三人の宣伝使は各自一人で行動することになったが、霊界物語における宣伝使は一人旅が原則だ。師匠に弟子が随行《ずいこう》するのは許されても、成長してある程度一人前になったらこのように単独行動になるのである。

第四七～五〇章　祝姫《はふりひめ》が蚊取別《かとりわけ》に求婚される

聖地エルサレムに向かう祝姫は、船上で蚊取別《かとりわけ》（注）に突然プロポーズされ戸惑った。蚊取別は大中教《だいちゅうきょう》の宣伝使だった。筑紫の都で酒に酔いながら大中教の宣伝歌を歌っていたところ、日の出神一行に遭遇する。日の出神は蚊取別の口から焼け石を吐き出させた。それによって蚊取別は心を改め、三五教に改宗したのだ（第四三～四五章）。

美女で才女の祝姫は、容姿が醜い蚊取別が大嫌いだった。

祝姫が逃げようとしたら、船の片隅から先輩宣伝使の北光神《きたてるのかみ》の宣伝歌が聞こえてきた。何と「蚊取別の想いを叶えてやれ。それが宣伝使の世を救う役目だ」と結婚を勧めているのである！

祝姫は、ああこんなことならなぜ早く結婚しなかったのだろうと後悔する。結婚の申し出は今までたくさんあったが、宣伝使として手柄を立てた上でならどんな立派な男とでも結婚できると断ってきたのだ。

祝姫は悩んだ挙げ句に、蚊取別の求婚を受け入れることにした。しかしこの求婚にはある秘密が仕組まれていた。その種明かしは第一二巻で行われる。

（注）蚊取別……大洪水前は大自在天・大国彦の部下として第三巻に登場している。

第八巻　日の出神の弟子たちが高砂島《たかさごじま》で活躍する

○高砂島《たかさごじま》（現代の南米）で日の出神の弟子たちが宣伝活動を行い、各地の守護職が決まっていく。

○第一〇巻の「黄泉比良坂《よもつひらさか》の戦い」に向けた伏線が張られていく。

第一～五章、第一一～一三章「海の竜宮」で伊邪那美《いざなみ》を救い出す

日の出神は筑紫島から高砂島《たかさごじま》に渡る船に乗った。船中で出会った清彦《きよひこ》を弟子にする。船客の雑談で、面那芸司《つらなぎのかみ》が乗った船が沈没したことを知った日の出神は、海に飛び込んで「海の竜宮」へ救出に向かった。

海の竜宮の門前で、正鹿山津見《まさかやまづみ》と淤縢山津見《おどやまづみ》に出会う。大洪水前の二人は、五代目の天使長だった桃上彦《ももがみひこ》と、大自在天《だいじざいてん》・大国彦《おおくにひこ》の宰相だった醜国別《しこくにわけ》だった。二人は今は落ちぶれて海の竜宮の門番をしていたのだった。

ここで日の出神は、自分の母神の伊邪那美が、多数の邪神によって取り囲まれ攻撃されている光景を目撃する。伊邪那美を救い出し、面那芸司と正鹿山津見、淤縢山《ざん》津見を伴って海の竜宮を脱出。大きな亀（琴平別神）に跨がり、常世《とこよ》の国のロッキー山に向かった。

（この話も「黄泉比良坂《よもつひらさか》の戦い」の伏線になっている）。

第六〜一〇章、第一四〜三八章　猿世彦《さるよひこ》の出まかせ宣伝が真実となる

ここからは舞台が高砂島《たかさごじま》に変わり、日の出神の弟子たちの旅となる。高砂島にはいくつかの国があり、現代の地理に当てはめるとそれぞれ次の国に位置する（地図参照）。

テルの国…チリ
ウヅの国…アルゼンチン
ヒルの国…ペルー
ハルの国…ブラジル
カルの国…コロンビア
間《はざま》の国…パナマ

船中で日の出神の弟子となった清彦は、テルの港から上陸し、ヒルの国へ三五教《あなないきょう》の宣伝を行った。その後、紅葉彦《もみじひこ》と改名して、ヒルの国の守護職となった。

淤縢山津見《おどやまづみ》は、ハルの国で宣伝

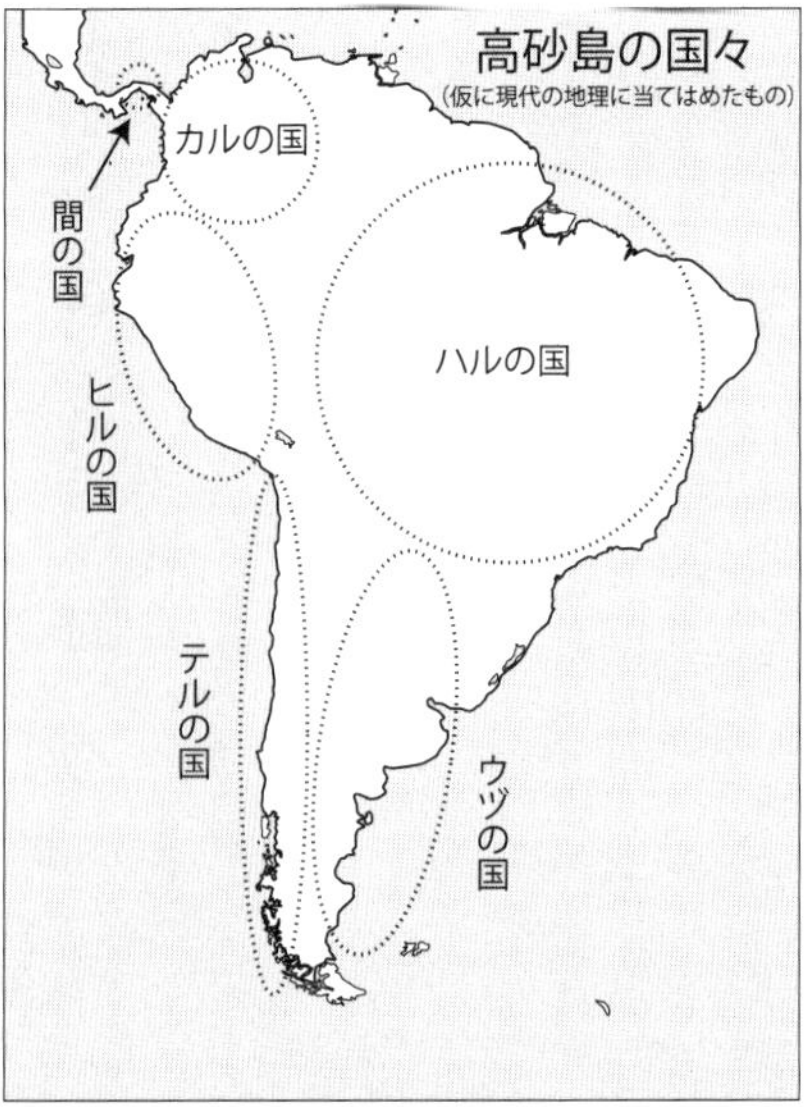

を行い、原山津見《はらやまづみ》を守護職に任じる。正鹿山津見《まさかやまづみ》はウヅの国の守護職となった。

第七～一〇章にはテルの国の蛸取村《たことりむら》で起きた少々おもしろいエピソードが記されている。猿世彦《さるよひこ》は清彦に感化され、俄《にわか》に宣伝使となって宣伝の旅に出た。蛸取村に入ると漁師たちがタコが不漁で悩んでいた。すると猿世彦は、「宣伝歌を歌えばタコが勝手に海から這い上がりザルの中に入る」と説く。

これは口から出た出まかせだ。ところが猿世彦が歌うと本当にタコが海から這い上がってザルの中に入ってしまったのだ。漁師たちは猿世彦を尊敬し、三五教を信ずることとなった。

俄宣伝使の猿世彦は三五教の教えに疎くて矛盾・脱線だらけだったが、ただ神を祈ることのみに関しては一生懸命だった。そのため「神は彼の熱心さに感じ入って神徳を授けた」と説明されている。

猿世彦は村の近くのアリナの滝に小屋を建て、この地方に三五教を宣伝し、狭依彦《さよりひこ》と改名した。（第二九巻では再びこの地方が舞台となり、インチキ宗教が開かれる）

◎解説

第七巻から出てくる守護神だの守護職だのというのは、現代の国王のようなものである。その土地の柱となる人物を定めていくという形で、「神生み」の神業《しんぎょう》が行われていくのだ。

また第六巻後半から第一二巻にかけては、登場人物に対して古事記に登場する神々の名前が与えられるという形で、「神生み」が行われるのも大きな特徴だ。たとえば面那芸《つらなぎ》は古事記の神生み神話で誕生した四十柱の神の一人だし、飯依彦《いいよりひこ》は国生み神話において讃岐国《さぬきのくに》（現・香川県）の神名である。正鹿山津見・淤縢山津見・原山津見というのは伊邪那岐《いざなぎ》が黄泉《よみ》の国で迦具土神《かぐつちのかみ》（火の神）を斬ったときに生まれた神の名だ。

これでもかというほど古事記の神名が登場するのだが、現代人には馴染《なじ》みがない名前ばかりだ。しかし霊界物語を書いた当時は学校の教科書で神話を教えていた時代なので、けっこう親しみやすかったのかもしれない。

第三九～四三章　古事記を現代の予言として読み解く

「古事記言霊解《げんれいかい》」とか「古事記略解」という論題の、古事記の王仁三郎的解釈が、次のように数巻に分散して収録されている。物語ではなく、講演録である。

第八巻……黄泉《よみ》の国
第一〇巻…身禊《みそぎ》
第一一巻…大気都比売《おおげつひめ》
第一二巻…三貴神《さんきしん》、誓約《うけい》、天の岩戸
第一五巻…八岐《やまた》の大蛇《おろち》退治

本巻には古事記の「黄泉《よみ》の国」の言霊解が収録されている。伊邪那岐命《いざなぎ》が十拳剣《とつかのつるぎ》で迦具土神《かぐつちのかみ》（火の神）の首を斬ったことを、今日の物質文明＝火の文明の悪潮流を戦争で一掃したのだと解釈するなど、現代の予言として解説している。

第九巻　松竹梅《まつたけうめ》と月雪花《つきゆきはな》の宣伝使の物語

○高砂島《たかさごじま》から常世《とこよ》の国へ向かう宣伝使たちの物語。
○松竹梅の三姉妹と月雪花の三姉妹が宣伝使として旅立つ。

第一〜一一章　父を探して松竹梅の三人が高砂島へ向かう

前巻の第三八章で、ウヅの国の守護職・正鹿山津見《まさかやまづみ》が五月姫《さつきひめ》と結婚式を挙げる準備中に、突然三人の若い女性が現れた。松代姫《まつよひめ》、竹野姫《たけのひめ》、梅ケ香姫《うめがかひめ》の三人だ。彼女たちは正鹿山津見の娘で、失踪した父親の行方を探して海の彼方の聖地エルサレムからウヅの都まではるばるやってきたのだ。

時間をさかのぼり、彼女たちが聖地エルサレムを発ち、ウヅの都にまで至る道中のエピソードが、本巻の第一〜九章で物語られている。

高砂島《たかさごじま》へ向かう船の中で乗客の男が「桃上彦はハルの国で殺されて砂漠に埋められてしまった」と話したので、三姉妹は悲しんだ。しかしその話は嘘だった。別の男が「桃上彦はウヅの国の守護職になっている」と真実を教えたので、三姉妹は笑顔になった。

その男は大蛇彦《おろちひこ》という恐ろしい名前だった。テルの港に上陸すると、大蛇彦がウヅの都まで道案内をしてくれる。大蛇彦は役目を果たし終えると姿が煙のようになり、消えてしまった。

◎解説

この大蛇彦の正体は天教山《てんきょうざん》に鎮まる木花姫命《このはなひめのみこと》である。木花姫命はミロクの大神の顕れの一つで、三十三相に身を変じて人々の前に現れる。

ときには悪党となり、ときには子供となり、様々な姿に身を変えて出没する。人々を救うために、ときには馬鹿にしたり、罵《ののし》ったり、無茶な要求をしたり、救うこととは真逆のような言動をする。いわゆるトリックスターである。

トリックスターとは神話やおとぎ話の中で、秩序や道徳を掻《か》き乱すようなことをするのだが、結果的にはよい方向へと進むような役割を演じるキャラクターである。日本神話ではスサノオがトリックスターだとされることが多いが、霊界物語ではスサノオよりも木花姫命の方がトリックスターとして活躍する。

極端な例だが――泥棒を改心させようと思うなら、自分も泥棒になり仲間となってから、「泥棒なんてつまらないことはやめて正業に就こうじゃないか」と言って改心させるのが木花姫命だというのだ（第二一巻第四章）。善悪を超えた高い次元から、人を真に正しい方向へ導く働きをしているのだろう。

第一二〜二六章　淤縢山津見《おどやまづみ》に伴い松竹梅の三人も宣伝の旅に出る

松代姫《まつよひめ》、竹野姫、梅ケ香姫《うめがかひめ》の三人は父親との再会を果たしたのも束の間、淤縢山津見《おどやまづみ》について常世《とこよ》の国へ向けて宣伝の旅に出ることにした。

この三人は名前の頭の文字を取り「松竹梅《まつたけうめ》の宣伝使」と呼ばれる。第一一巻までは主要な登場人物の一員となる。

第二七〜三七章　月雪花《つきゆきはな》の三人も宣伝に旅立つ

間《はざま》の国（現代のパナマ）の酋長・春山彦の館に滞在する松竹梅の三人を、ウラル教の捕り手《とて》（現代の警察官）が捕まえにやってきた。

常世《とこよ》の国は常世神王《とこよしんのう》・大国彦《おおくにひこ》（第五巻で大自在天《だいじざいてん》から常世神王に改称している）が支配しており、ウラル教を国教として奉じていた。間の国もその影響下にあり、大国彦の部下の鷹取《たかとり》別《わけ》が支配していたのである。そこへ三五教《あなないきょう》の宣伝使が現れたものだから、鷹取別の部下の捕り手が捕まえに来たのだ。

春山彦は秘かに三五教を信仰しており、松竹梅《まつたけうめ》の三人を匿《かくま》っていたのだが、それがバレてしまった。三人は連行されていくが…連れていかれたのはニセ者で、本物は春山彦の館にいた。白狐《びゃっこ》が変身して三人の身代わりになったのだ。

この後、また鷹取別の部下が来て「春山彦の三人娘を大国彦の側近として出仕させせよ」

と連れていったが、それもまた白狐が変身したニセ者だった。
その三人娘――秋月姫《あきづきひめ》、深雪姫《みゆきひめ》、橘姫《たちばなひめ》は、松竹梅の宣伝使に感化されて、一緒に宣伝の旅に出る。この三人は名前の一字を取って「月雪花《つきゆきはな》の宣伝使」と呼ばれ、第一二巻では天の岩戸開きの御神業《ごしんぎょう》に従事することになる。ちなみに松竹梅も月雪花もどちらも二十歳・十八歳・十六歳という若い三姉妹だ。

◎解説
松竹梅の三人の身代わりになった白狐は、鬼武彦《おにたけひこ》の部下である。鬼武彦は大江山《たいこうざん》の神で、姿を変えたり、幻覚を見せたりして敵をあざむき、三五教の宣伝使を陰から守っている。

第四巻の常世会議のときも常世城《とこよじょう》に潜入し、数々の怪奇現象を見せて会議を混乱させている。

第一〇巻　黄泉比良坂《よもつひらさか》の戦い

○太平洋の黄泉島《よもつじま》（ムー大陸）で正神と邪神の決戦「黄泉比良坂の戦い」が行われる。
○最後に邪神たちは改心し、各自に新しい役割が与えられる。

◎解説　黄泉比良坂《よもつひらさか》の戦いとは？
黄泉比良坂《よもつひらさか》とは黄泉島《よもつじま》の一番高い所へ登る坂である。そこで正神と邪神の決戦が行われるのだが、実際の戦闘の場面は第二一章だけしかない。邪神の陰謀及びそれを阻止するための正神の活動が、第二一章まで延々と描かれている。だが、どういう経緯で黄泉比良坂の戦いが行われることになったのか、筋書きだけを追っても背景が見えてこない。

実は第八巻第二四章の末尾に、種明かし的なことが短く書いてある。そこを参考にして、黄泉比良坂の戦いの背景を説明しておこう。

常世の国の邪神（常世神王《とこよしんのう》・大国彦《おおくにひこ》の勢力）は自転倒島《おのころじま》へ攻め寄せる陰謀を企てていた。それを阻止せよと天教山《てんきょうざん》の伊邪那岐命《いざなぎのみこと》は日の出神に命じた（第七巻）。

日の出神は海の竜宮から伊邪那美命《いざなみのみこと》を救出して、常世の国のロッキー山《ざん》へ向かった（第八巻）。それを知った大国彦と妻・大国姫は、ニセの日の出神とニセの伊邪那美に成りすました。部下の広国別《ひろくにわけ》は、ニセの大国彦に成りすました。位の高い順に並べると次のようになる。

ニセ伊邪那美（大国姫）―ニセ日の出神（大国彦）―ニセ大国彦（広国別）

なぜこのような複雑な偽装工作を行ったのか。理由は詳しくは書いていないが、自転倒島征伐の大義名分を作りたかったのではないかと私（飯塚）は推測している。

伊邪那美や日の出神は世界の神々から崇められている高級神だ。その二神を大国彦が奉戴《ほうたい》（つつしんでいただくこと）するという構図を作り出すことで、自転倒島征伐を正当化しようとしたのではないか。たとえば悪徳商法を行う会社が著名人を広告塔にすることで、その会社の社会的信用を高めるようなものだ。大国彦は自転倒島侵略の野心を隠して聖戦に見せかけようとしたのではないかと思われる。

しかし邪神よりも正神の方が一枚上手だった。日の出神と伊邪那美は、ロッキー山に向かったと見せかけて、秘かに自転倒島の天教山に帰ったのだ。これは大国彦らの偽装工作をわざと誘発させたかのように思える。

第二一章では、天教山から伊邪那岐・日の出神が率いる神軍が出陣し、ニセ伊邪那美（大国姫）が率いる魔軍と黄泉島で戦う。

一方、日の出神が養成しておいた宣伝使たち（淤《お》縢《ど》山《やま》津《づ》見《み》など）は、常世の国へ行き、広国別がいる常世城や、大国彦がいるロッキー城に入り、邪神の陰謀を内部から阻止しようと活動する。

第五巻から第一五巻までは、古事記を下敷きにしたような物語が多数出てくるが、この黄泉比良坂の戦いも古事記の「黄泉《よみ》の国」の神話が下敷きになっている。古事記では、黄泉《よみ》の国から逃げ出そうとする伊邪那岐を、伊邪那美（黄《よ》泉《も》津《つ》大《おお》神《かみ》と呼ばれる）が遣わした部下たち（黄《よ》泉《も》醜《つしこ》女《め》や黄《よ》泉《も》軍《つい》《くさ》と呼ばれる）が追いかけた。伊邪那岐はいろいろな物を投げて戦った。黄《よ》泉《も》比《つ》良《ひ》坂《ら》《さか》の登り口に生えていた「桃子《もものみ》」三個を投げつけると、ようやく彼らは逃げ帰った。

最後に伊邪那美本人が追いかけてきたので、伊邪那岐は「千引《ちびき》の岩」（千人がかりで引くほどの巨大な岩石のこと）を黄泉比良坂に置いて通れなくして、ようやく伊邪那美の追跡を断ち切ることができた。つまり古事記では伊邪那岐と伊邪那美の夫婦が戦うという形になっている。それに対して霊界物語では伊邪那岐（正神）とニセの伊邪那美（邪神）との戦いという形になっているのが大きな違いだ。

第一～二六章　桃の実が活躍し黄《よ》泉《も》比《つ》良《ひ》坂《らさか》で正神が勝利する

大国彦《おおくにひこ》の陰謀を打ち破るため、淤《お》縢《ど》山《やま》津《づ》見《み》をはじめとする三五教《あなないきょう》の宣伝使たちが常世《とこよ》城《じょう》やロッキー山に乗り込む。

松竹梅（松代姫《まつよひめ》、竹野姫、梅ケ香姫《うめがかひめ》）の三人が黄泉比良坂の戦いにおいて「桃の実」という重要な働きをするとされる。大国姫はこの三人が勝敗の決め手になるので、部下に命じて間《はざま》の国で捕まえさせた（前巻）。しかし捕まえた松竹梅は白狐《びゃっこ》が化けたニセ者で、竹山彦（鬼武彦の偽名）と共に敵の陣中に潜り込む。そうやって陰謀を内部から破壊していく。

大国姫（ニセ伊邪那美《いざなみ》）率いる魔軍が黄泉島《よもつじま》に出陣し、大国彦だけがロッキー城に残った。そこに現れた淤縢山津見らによって大国彦は言向《ことむ》け和《やわ》され改心する。

黄泉比良坂で決戦となり、最終的に松竹梅《まったけうめ》の「桃の実」の活躍で神軍の勝利が決まった。その後、伊邪那岐《いざなぎ》によって正神はもとより、大国彦・大国姫ら改心した元・邪神たちにも、新しい名前や役割が与えられた。

◎解説

第一〇巻が書かれたのは大正一一年（一九二二年）である。その四年後にアメリカでジェームズ・チャーチワードという作家が『The Lost Continent of Mu（失われたムー大陸）』という本を発刊した。一万二千年前、太平洋にムーと呼ばれる巨大な大陸があったが、海底に沈んでしまったのだという。その話が日本にも伝わり王仁三郎の耳に入ると、「ムー大陸は黄泉島のことだ」と王仁三郎は説明した。

また、太平洋戦争が始まると「今の戦いは黄泉比良坂の戦いである」と教えている。そのため黄泉比良坂の戦いは太平洋戦争を予言したものとも解されている。だが「正神＝日本」「邪神＝米国」という単純な構造で見てしまうと不可解な点もあるので、予言として解釈する場合には注意を要する。

第二七〜三一章　古事記の「身禊《みそぎ》」の言霊解《げんれいかい》

古事記で「黄泉《よみ》の国」の神話の後に、「身禊」の神話が描かれているが、それの言霊学的解釈である。

古事記に書いてある文言を、現代の出来事であるかのように解釈し、社会の禊《みそぎ》、つまり社会改革の必要性があるという主張につなげている。

出口王仁三郎は別の本（注）の中で、古事記は予言書であり、言霊学で読まなくてはその意を悟ることができないと述べている。王仁三郎にとって古事記は神話・歴史書というだけではなく、未来を示した予言書でもあったようだ。

（注）出口王仁三郎著『玉鏡』（天声社）収録「金銀為本の政策」

第三二〜三七章　アルタイ山麓の悪神を退治する

舞台はガラリと変わり、ここから先、第一一巻にかけては現代の中央アジアが舞台となる。まずはアルタイ山《ざん》（現代のアルタイ山脈）の麓に広がる「クス野ケ原」という原野を西に進む宣伝使の物語だ（次頁地図参照）。

山麓の鉄谷村《かなたにむら》で、人身御供《ひとみごくう》を要求する悪神を、石凝姥神《いしこりどめのかみ》と梅ケ香姫《うめがかひめ》が退治する。

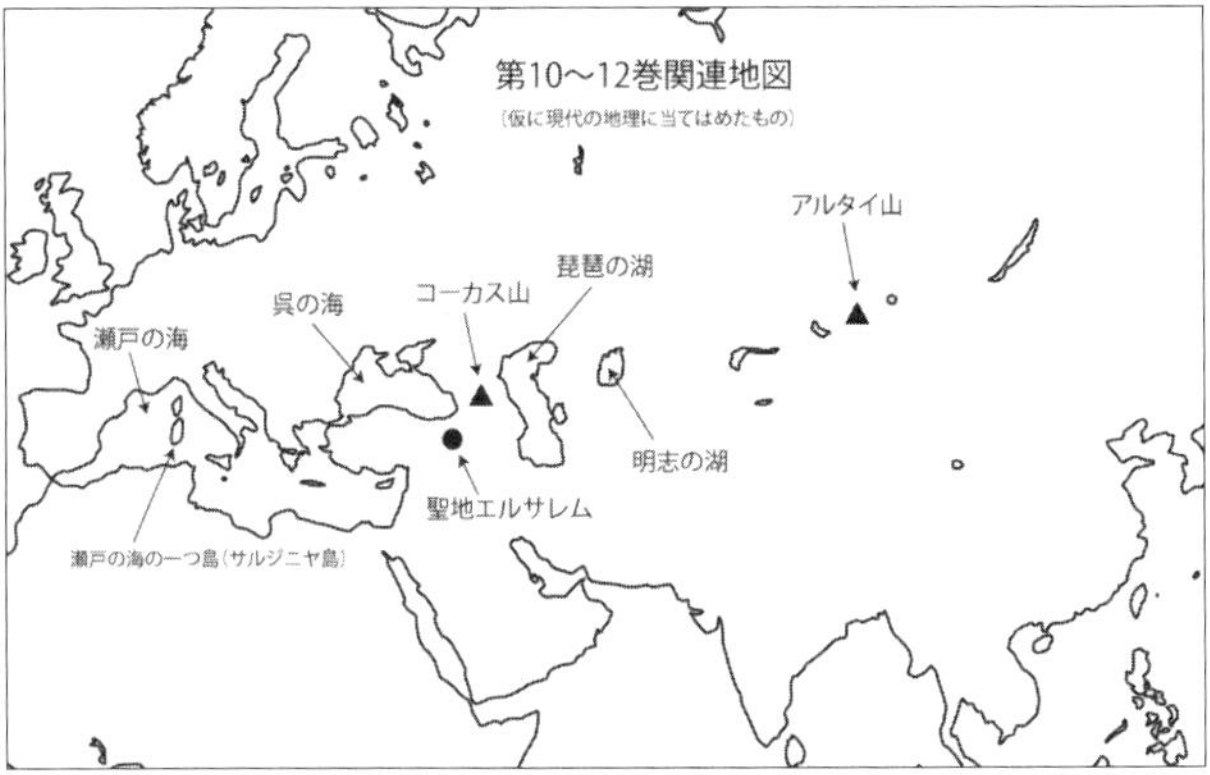

第一一巻　大気津姫《おおげつひめ》退治の物語

○コーカス山の邪神・大気津姫を三五教《あなないきょう》の宣伝使集団が退治する。

○「大気津姫」とは贅沢飽食の権化であり、超富裕層の象徴である。

○中央アジアが舞台となる。

第一～一四章　竹野姫を救うため宣伝使たちがコーカス山へ向かう

前巻の最後から引き続きクス野ケ原が舞台となる。三五教《あなないきょう》の宣伝使たちは明志《あかし》の湖《うみ》（現代のアラル海）、琵琶《びわ》の湖《うみ》（現代のカスピ海）を通ってコーカス山《ざん》（現代のコーカサス山脈）に向かっていく。

宣伝使・東彦《あずまひこ》はクス野ケ原で梅ケ香姫《うめがかひめ》たちと出会い、大蛇《おろち》を言向《ことむ》け和《やわ》しに行く。だが、すでに月雪花《つきゆきはな》の宣伝使によって言向け和された後だった。

梅ケ香姫は、黒野ケ原に人間を食う化け物がいるという話を聞いてそちらに向かう。するとそれは姉の松代姫《まつよひめ》だった。松竹梅《まつたけうめ》の三人は単独行動をしており、松代姫はここに館を構えて道行く人に宣伝していたのだった。

残る一人、竹野姫はコーカス山に向かった。だが大気津姫《おおげつひめ》一派に捕まったらしいという噂話を聞き、松代姫と梅ケ香姫は救出に向かう。

大気津姫の正体は、ウラル姫である。黄泉比良坂《よもつひらさか》の戦いで常世《とこよ》の国の大国彦《おおくにひこ》・大国姫一派の邪神はことごとく言向け和され悔い改めた。

だが、ウラル彦・ウラル姫の一派はウラル山、コーカス山、アーメニヤの三ヶ所に本城を構え、体主霊従、我利一遍の悪行動を盛んに行っていた。特にコーカス山には荘厳《そうごん》美麗な金殿玉楼《きんでんぎょくろう》を多数建てて、酒池肉林《しゅちにくりん》の快楽に耽っていた。

金殿玉楼は贅沢の限りを尽くして、天下を我が物顔に振る舞う我利我利亡者《がりがりもうじゃ》の隠れ家となっていた。このような衣食住に贅沢を尽くす体主霊従《たいしゅれいじゅう》人間を称して、大気津姫と呼ぶ。ウラル姫はその頂点にいる。

現代に置き換えて考えるなら、世界の富の大半を持つわずか一握りの超富裕層だ。そこへ三五教の宣伝使たちが踏み込んでいく。

第一五〜一七章　大気都比売《おおげつひめ》退治とは食制改良のこと

ここは古事記の「大気津比売の段」の言霊解《げんれいかい》である。スサノオが大気都比売に食べ物を乞うと、大気都比売は鼻口尻から食べ物を取り出した。汚いものを出されたと思い、スサノオは大気都比売を殺してしまう。するとその体から植物の種が生じた。

出口王仁三郎の解釈では、これは食制の改良のため、スサノオはやむを得ず大気都比売を殺したのだという。「第一に肉食を廃し身魂《みたま》を清めて神に接するの道を開くを以て、社会改良の第一義とせねばならぬ」と述べている（第一六章）。

第一八～二九章　「顕国《うつしくに》の宮」から大気津姫《おおげつひめ》が逃げ出しスサノオの管掌《かんしょう》となる

松代姫《まつよひめ》と梅ケ香姫《うめがかひめ》は、大気津姫の部下に捕まった竹野姫をコーカス山の岩窟《いわや》から救い出した。体主霊従の権化である大気津姫は、コーカス山の山中に荘厳な宮殿「顕国の宮」を建てて祭典を開いた。

そこへ松竹梅をはじめとする三五教《あなないきょう》の宣伝使集団が現れ宣伝歌を唱えると、ウラル姫以下の神々は言霊に打たれコーカス山を捨てて逃げ去った。神素盞鳴《かむすさのお》大神は地教山《ちきょうざん》を出て顕国の宮に入り、コーカス山は三五教の管掌となった。

◎解説

宣伝使は一人旅が原則だが、その宣伝使たちが結集して、力を合わせて大きな御神業《ごしんぎょう》を成し遂げる場合がある。第一〇巻の黄泉比良坂《よもつひらさか》の戦いもそうだし、第一一巻の大気津姫退治も然りだ。第三二巻では一八人の宣伝使がアマゾンに集結する。

第二巻　天《あま》の岩戸《いわと》開きの物語

○第一篇から第三篇まですべて「天岩戸開《あまのいわとびらき》」という篇題がついており、「天の岩戸開き」が様々な形で行われる。
○エジプトや地中海が舞台となる。

第一～七章　エジプトの暴動を三五教《あなないきょう》の宣伝使が鎮める

イホ（現代のエジプトに相応）の都は飢饉で苦しんでいた。侠客《きょうかく》の初公《はつこう》が民衆を煽り「金持ちの倉を開けて食べ物を渡せ」と暴動を起こすが、蚊取別《かとりわけ》や「三光《さんこう》の宣伝使」によって鎮定《ちんてい》された。

三光の宣伝使とは高光彦《たかてるひこ》、玉光彦《たまてるひこ》、国光彦《くにてるひこ》の三兄弟のことで、白瀬川《しらせがわ》（現代のナイル河）の大蛇《おろち》退治に向かう途中である。初公は心を改め、宣伝使たちと共に白瀬川に向かうことにした。

第八～一五章　蚊取別《かとりわけ》の正体が明かされる

蚊取別というのは第七巻の最後で祝姫《はふりひめ》と結婚した、あの醜い顔の蚊取別だ。蚊取別・三光《さんこう》の一行はイホの酋長・夏山彦の館に行く。そこに祝姫がいた。「宣伝使は一人旅」なので夫婦別々に宣伝の旅をしていたのだが、祝姫は白瀬川の大蛇退治に失敗し、夏山彦に助けられたのだ。

久々の夫婦の再会であるにもかかわらず、蚊取別は喜ぶどころか祝姫に離婚を言い渡した。祝姫は、もしや夏山彦と不倫をしていると誤解されたのではないかと思い、涙を流して弁解する。しかし蚊取別は許さず、「夏山彦と結婚せよ」と突き放した。

ここで蚊取別は自分の正体を明かした。蚊取別は大洪水前は大自在天《だいじざいてん》・大国彦《おおくにひこ》の部下だったのだが、今ここにいる蚊取別はニセ者である。

ある尊い神の命を受け、宣伝使の養成に従事しており、仮に蚊取別に身を変じていた。祝姫が真に結婚すべき相手（夏山彦）と出会うまで、他の男と結婚して使命を誤ることを防ぐため、仮に結婚して祝姫の身辺を保護していたのだという。

だから二人は肉体関係を持っていなかった。安心して夏山彦と結婚せよ…と蚊取別は告げた。

この蚊取別の真の正体は、天教山《てんきょうざん》の木花姫命《このはなひめのみこと》の化身であった。

第一六～二六章　アマテラスとスサノオの誓約が行われる

月雪花《つきゆきはな》の宣伝使が鎮まる三つの島で、それぞれ天の岩戸開きの神業《しんぎょう》が行われる。この三姉妹は肉体上は間《はざま》の国の春山彦の娘だが、霊的にはスサノオの娘であり、三女神の前身（前世）であると記されている。

第二一章	呉《くれ》の海（現代の黒海）の橘島	橘姫《たちばなひめ》	多岐都比売《たきつひめ》の前身
第二二～二四章	瀬戸の海（現代の地中海）の一つ島	深雪姫《みゆきひめ》	多紀理毘売《たぎりびめ》の前身
第二五～二六章	琵琶の湖《うみ》（現代のカスピ海）の竹の島	秋月姫《あきづきひめ》	市寸島比売《いちきしまひめ》の前身

橘姫による天の岩戸開きは、豊葦原《とよあしはら》の瑞穂の国（地球全体のこと）に穀類、果物など植物が広がり良く実るようになって「万民安堵する神世の端緒」が開かれるという形で行われる。

深雪姫と秋月姫による天の岩戸開きは、天照大神とスサノオの「誓約《うけい》」という形で行われる。

深雪姫は瀬戸の海の一つ島に堅牢《けんろう》な城塞を造り、大量の武器と兵士を集めて日夜武術の訓練をさせていた。高天原《たかあまはら》の天照大神はそのことを知り、スサノオが高天原を奪いにくるのではないかという猜疑《さいぎ》心を抱いた。天菩比命《あめのほひのみこと》（五男神《ごなんしん》の中の二男）に攻撃を命じる。天菩比命は大軍を率いて一つ島に上陸した。

深雪姫は部下になぜか「武器で戦うな」と命じた。「こういうときのために訓練をしてきたのに、なぜ戦ってはいけないのですか」と部下は抗議する。深雪姫は「武器は敵と戦うためではなく、己の心の中の悪魔と闘うためにあるのだ」と諭《さと》した。

城の門前に菩比《ほひ》軍が襲来した。深雪姫側の兵士の一人・手力男《たぢからお》が何を思ったか、門を開けて「ご自由にお入りください」と菩比軍を城内に招き入れる。それから酒や食事を出して菩比軍を歓待した。

こういう態度を見て、天菩比命は、深雪姫たちに戦う意志がないことを覚《さと》った。琵琶の湖《うみ》の竹の島の秋月姫に対しては、天津彦根命《あまつひこねのみこと》（五男神の三男）が軍を率いて襲撃した。やはり深雪姫と同じような態度を取ったので、戦う意志がないことが判明した。

これによりスサノオが悪しき心を持っていないことが証明され、天照大神がスサノオに対して抱いていた疑念が晴れ渡った。

◎解説

武器があるのに戦わないという場面は、かなり衝撃的だ。「無抵抗主義」とか「言向け和す《ことむけやわす》」ということについて、深く考えさせられる。

第二七章　黄泉島《よもつじま》が沈没する

黄泉島《よもつじま》（ムー大陸）が地震で海に沈む様子が描かれている。一日二〇～三〇間（約四〇～五〇メートル）ずつ沈んでいった。

黄泉島が沈んだ神的な理由として「曲津神《まがつかみ》の棲む黄泉島はどうしても海中に沈めてしまわねばならぬのだ」と書かれてある。

第二八～三〇章　三貴神《さんきしん》、誓約《うけい》、天の岩戸の「古事記略解」

三貴神（天照大御神、月読命、須佐之男命）が生まれてから天の岩戸開きまでの神話が、現代の出来事と照らし合わせて解説されている。

第一三巻　フサの国の日《ひ》の出別《でわけ》と半ダース宣伝使の物語

○フサの国（現代のイラン）を舞台に、日の出別命の弟子である半ダース宣伝使が身魂《みたま》磨きの旅をする。
○地下の岩窟《いわや》の中で数々の試練に遭いながら進んでいき、最後に本《ほん》守護神が現れる。
○半ダース宣伝使が初登場する。彼らのうち梅彦、音彦、亀彦の三人は第七二巻までの重要人物である。

第一～九章　フサの国の地下岩窟《いわや》を半ダース宣伝使が探険する

太平洋の黄泉島《よもつじま》の沈没によって海面が上昇したフサの海（現代のペルシャ湾）から本巻のドラマは始まる。

フサの国の港に向かってフサの海を進む船に、ウラル教の六人の宣伝使が乗っていた。彼らは岩彦、梅彦、音彦、亀彦、駒彦、鷹彦の六人で、通称を半ダース宣伝使という。彼らはウラル教の本拠地アーメニヤ（現代のアルメニア）から竜宮島（現代の豪州）に派遣されていたが、三年経っても宣伝の成果を上げることができず、敗退してアーメニヤに帰国する途中だった。

その船に三五教《あなないきょう》の宣伝使・日《ひ》の出別《でわけ》命も乗っていた。第七巻に登場した日の出神の分《わけ》霊《みたま》（霊魂の一部分）だ。宣伝のためアーメニヤに行こうとしていた。

船が暴風に遭い、日の出別が宣伝歌を歌うと暴風は静まった。その神力に驚いた半ダース宣伝使たちは、ウラル教を脱退して日の出別の弟子になろうと考える。

港に上陸後、日の出別はフサの都へ向かった。半ダース宣伝使たちはその後をついていく。

「フル野ケ原」という大原野に「醜《しこ》の岩窟《いわや》」と呼ぶ地下の大岩窟がある。琵琶の湖《うみ》（現代のカスピ海）の底を通ってコーカス山《ざん》（現代のコーカサス山脈）に貫通しているという大岩窟だ。

ここにはいろいろな化け物が棲んでいる。日の出神は六人に、この中を探険して化け物を言向《ことむ》け和《やわ》し、岩窟を清めよと命じる。

◎解説

フサの国の地下に迷路のように入り組んだ大岩窟があるというのだが、現代の地理を調べてみて驚いた。現代のイランの地下にも無数の洞窟が張り巡らされているのだ。

荒野を灌漑するための農業用水として地下に洞窟を掘ったもので、「カナート」と呼ぶ。人が立って歩けるような大きな洞窟だ。

起源についてははっきりわかっていないが、少なくとも紀元前八世紀にはカナートによる灌漑が始まったことが考古学的に確認されている。イランを中心に東アジアや北アフリカに見られるのだが、イラン国内にはカナートが三～四万本あると言われ、世界遺産に指定されているものもある。長いものだと数十キロの長さに及ぶという。ひょっとしたら、カスピ海の底を通るような大岩窟もあるのかもしれない。

霊界物語は太古の神代の物語なので、本巻に出る大岩窟はカナートのことを指しているわけではないだろうが、それに相応するようなものが実在するということはとても興味深い。

第一〇～二一章　半ダース宣伝使の本守護神が現れる

醜《しこ》の岩窟《いわや》を舞台に冒険活劇が繰り広げられる。半ダース宣伝使の六人が、様々な化け物に遭遇し、試練に遭いながら岩窟を進んでいく。

最後に岩彦以外の五人からは本守護神が美しい女神の姿となって現れた。これは改心ができたという証である。しかし岩のように心が堅い岩彦からは副守護神が鬼となって現れた。それを見て岩彦もさすがに慢心していた心を改めると、鬼は消え女神が現れた。

現実の世界でもこのように心の美醜がビジュアルで示されるなら、私たちの精神性はもっと向上するに違いない。

これにてこの六人の身魂磨きの旅はひとまず終わりとなり、次は新たな人物が登場する。

第二三〜二四章　お竹の家の小便茶の騒動

コーカス山のお宮参りに向かう弥次彦・与太彦の二人は田子《たご》という町で、かつて弥次彦の家の使用人だったお竹の家に宿泊する。お竹の親が小便入りのお茶を出したことで喧嘩となり、騒動となった。

そこへ半ダース宣伝使が現れて騒ぎを収めた。この「小便茶」は霊界物語で何度か引き合いに出される笑い話だ。

弥次彦・与太彦は半ダース宣伝使とコーカス山へ向かうが、途中で音彦以外の五人がなぜか姿を消してしまう。三人は三五教を敵視するウラル教の捕り手《とりて》（現代の警察官）に追いかけられていた。小鹿峠《こしかとうげ》から決死の覚悟で谷間に飛び込んだ。この話は次の巻に続く。

◎総説　「十曜《とよう》の神旗」と「霊力体《れいりょくたい》」について解説

「総説」の前半では「十曜の神旗」、後半では「霊力体」について詳しく説明されている。

大本では十曜紋を神紋として使用しているが、それを旗にしたものが十曜の神旗だ。霊界物語の三五教も十曜の神旗をひらめかせている。

大円の周りに小円が八つある九曜《くよう》紋なら家紋としてよく使われており、綾部藩主の九鬼《くき》家も九曜紋だ。十曜紋はそれより小円が一つ多い。○に十の裏紋というものもある（次頁図表参照）。

十個の円（球）にはそれぞれ色、数、神名が割り当てられている。

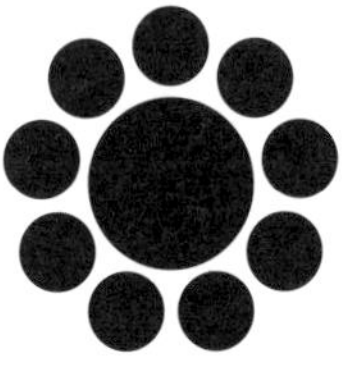

十曜の神紋

裏紋

霊力体は宇宙を構成する三大原理で、霊は一霊四魂《いちれいしこん》、力は八力《はちりき》、体は三元《さんげん》から成る。その構造をさらに細かく分けると次のようになる。

○霊（一霊四魂）…直霊《なおひ》、荒魂《あらみたま》、和魂《にぎ》、奇魂《くし》、幸魂《さち》

○力（八力）…動力《とうりょく》、静力《せい》、解力《かい》、凝力《ぎょう》、引力《いん》、弛力《ち》、合力《ごう》、分力《ぶん》

○体（三元）…剛体《こうたい》、柔体《じゅう》、流体《りゅう》

第一四巻　フサの国の小鹿《こしか》峠の物語

○フサの国（現代のイラン）を舞台に、弥次彦《やじひこ》・与太彦《よたひこ》・勝彦《かつひこ》らが身魂磨きの旅をする。
○小鹿峠の四十八ある峠を進みながら、強風に吹き飛ばされて谷底で気絶し中有界《ちゅううかい》を旅するというシーンが三回繰り返される。
○死者の霊魂が必ず渡る「三途川《しょうずがわ》」と「一途川《いちずがわ》」が登場し、死者の霊魂の行方について説明される。

第一～九章　中有界を旅して三途川の脱衣婆《だついばば》と出会う

前巻からの続きである。音彦・弥次彦・与太彦の三人は、ウラル教の捕り手に追われて崖から谷間に飛び込み、谷川に流され気絶してしまった。

三人の霊魂は肉体から脱け出て、中有界をさまよい歩いた。すると三途川《しょうずがわ》の川守《かわもり》の婆《ばば》と出会う。

三途川というのは死者が必ず渡る川で、悪人が渡るときは川守が鬼婆と変じ、着衣を剥《は》いで裸にして地獄（根の国底の国とも呼ぶ）に落とす。しかし善人が渡るときは川守は美女となり、服を脱がして美しい錦の衣服に着替えさせ天国に上らせる。そのためこの川守は「脱衣婆《だついばば》」と呼ばれている。

弥次彦と脱衣婆が屁理屈を捏《こ》ねながら珍妙な問答を繰り広げていると、ウラル教の大目《おおめ》付《つけ》・源五郎がやってきた。先ほど三人を追いかけてきた捕り手たちのリーダーで、馬から転落して死んでしまったのだ。

この四人で中有界の旅を続けていると、土中から巨大な「銅木像《どうもくぞう》」が現れた。人間型の機械であり、腹の中に入って装置を使って操ることができるという、まるで現代のガンダムのようなロボットだ。

ウラル教の大目付・源五郎が銅木像の中に入って操縦し、どこかに行ってしまった。残された三人は気がつくと小鹿峠の麓《ふもと》の川べりにいた。日《ひ》の出別《でわけ》一行の鎮魂によって息を吹き返したのだ。

鎮魂の姿勢を取る王仁三郎（30歳頃）

◎解説

鎮魂は帰神《きしん》（神懸《かみがか》り）と合わせて「鎮魂帰神」と呼び、神人《しんじん》感合の法である。明治～大正前期の大本教団では出口王仁三郎の指導の下、鎮魂帰神法が盛んに行われた。

霊能が活性化し、未来が見えたり、手を使わずに物体を動かすような超能力を発揮できる場合もあり、一種の霊能開発法とも言える。

その副産物として病気治しもある。

大本の支部長をしていた岡田茂吉は鎮魂術を応用して手かざし療法を開発し、世界救世教を創始した。

霊界物語では鎮魂によって死者を甦らせるシーンがたびたび見られる。また鎮魂の応用で「霊縛《れいばく》」というものがある。三五教の宣伝使が敵に襲撃されたとき、相手を傷つけずに自分の身を守るため、敵に霊縛をかけて金縛りのように動けなくしてしまうのだ。相手を攻撃しない究極の自衛法と言える。

この後、第一三章では、山の上で鎮魂帰神法が行われる。三五教《あなないきょう》の宣伝使・勝彦が、弥次彦・与太彦・六公にせがまれて仕方なく鎮魂帰神法を行う。だが、三人の体に悪霊が憑き、空中浮遊してクルクル回って曲芸を演じた。

最後には悪臭が漂い、闇が広がって地獄への結界が開いたかのような状態になってしまう。鎮魂帰神法はこのような弊害もあり、王仁三郎は大正九年（一九二〇年）頃から信者に対し、鎮魂帰神法の実践を禁止した。

第一〇～一六章　六公《ろくこう》とお竹が復縁する

勝彦・弥次彦・与太彦・六公の四人は小鹿峠を進む途中、山田村のお茶屋に立ち寄った。すると、お茶屋で働くお竹（前巻で登場した田子の町のお竹とは別人）は、六公の妻だったことが発覚する。実は六公は酒飲み・博奕《ばくち》打ち・女遊びに呆けたダメ亭主で、お竹は六公から逃げて、このお茶屋に身を潜めていたのだ。

三五教には「結婚は二度まで」という教えがある。三度目の結婚は許されない。お竹は以前にも離婚歴があるため、これで二度目だ。教えに従うなら他の男とは結婚できないことになる。

六公は今は改心をして復縁を願っていた。そこで勝彦の仲人により六公とお竹の二人は復縁の祝儀を上げることになる。

跋文《ばつぶん》　一途川《いちずがわ》と三途川《しょうずがわ》について解説

第一～二章と第八章では「三途川」が、第一四章では「一途川」が舞台となる。跋文では二つの川に違いについて説明されている。

三途川についてはすでに説明したが、一途川は極善・極悪の人が渡る川である。死者は現界での記憶や知識、経験など（「外分《がいぶん》」と呼ぶ）を消去して、純粋に霊魂の霊性だけ（「内《ない》分《ぶん》」と呼ぶ）になってから、その善悪に従い天界へ地獄界へと進んでいく。

しかし極善や極悪の人はそういうプロセスを経ずに一挙に天界・地獄界へ進む。そういう人が渡るのが一途川である。善または悪に一筋（一途）に生きた者が渡るので一途川と呼ばれる。

第一五巻　スサノオの世界経綸《けいりん》が始まる

○バラモン教に支配されていたメソポタミヤの「顕恩郷《けんおんきょう》」が、三五教《あなないきょう》の宣伝使たちによって解放される。

○スサノオの娘である八人乙女《やたりおとめ》や、ウラナイ教の高姫《たかひめ》と黒姫《くろひめ》、バラモン教の鬼雲彦《おにくもひこ》（大黒《おおくろ》主《ぬし》）という第七二巻までの重要な役割を演じる人物が初登場する巻である。

○スサノオが世界救済へと旅立つ。その経綸（仕組《しぐみ》）の本拠地として「斎苑《いそ》の館《やかた》」が建設される。

第一～四章　八人乙女たちがメソポタミヤの顕恩郷《けんおんきょう》をバラモン教から解放する

イホの国（現代のエジプト）で創始されたバラモン教は、メソポタミヤの顕恩郷を占領し本拠地としていた。彼らを帰順させるため、三五教の宣伝使・太玉命《ふとたまのみこと》と半ダース宣伝使が顕恩郷に入る。

すると八人乙女《やたりおとめ》とそれぞれの侍女、計十六人の美女が現れた。八人乙女はスサノオの娘（養女）だ。父に命じられ、バラモン教の大棟梁《とうりょう》・鬼雲彦《おにくもひこ》の部下として仕えて時機をうかがっていた。

太玉命一行が現れると、彼女たちは自分たちの正体を明かし、懐剣を手に持ち鬼雲彦夫婦に改心を迫った。しかし夫婦は大蛇《おろち》の姿となって空の彼方に逃げ去った。

三五教の宣伝使も最初のうちは未熟者だ。刃物を突きつけるという脅迫的手段では、改心させることは難しい。そういうときはこうして逃げられてしまうことが多い。

霊界物語は宣伝使が悪党を言向《ことむ》け和《やわ》していく物語だが、それは彼ら自身の身魂《みたま》磨きの旅でもある。宣伝使たちは数々の試練を体験しながら、「言向け和す」ということを学んでいくのである。

この後、八人乙女と半ダース宣伝使たちは、三五教を広めるため四方に散って旅に出た。

第五〜九章　ウラナイ教本部で、高姫・黒姫が三五教の宣伝使を追いかけ回す

太玉命が顕恩郷《けんおんきょう》に入る前に、安彦、国彦、道彦の三人（第一四巻に登場した弥次彦、与太彦、勝彦が改名したもの）がお伴《とも》についていた。しかしエデン河で船が沈んで三人は川に流されてしまった（第二章）。

三人はふと気がつくと北野山《きたのやま》の山中にいた（第五章）。ここでウラナイ教の本部の中に迷い込み、教主の高姫と副教主の黒姫に見つかる。三人は「ここへ来る奴はみなこの高姫と黒姫が耳の鼓膜を破り、目の玉を抜いて世間のことが何もわからぬよう、神一筋《かみひとすじ》になるようにしてあるのだ」と恐ろしいことを言われる。それから出刃包丁を持った高姫・黒姫に追いかけ回される。

第一一章　古事記の「大蛇《おろち》退治の段」の言霊解《げんれいかい》

八岐大蛇《やまたのおろち》とは悪思想に汚染された日本や世界のことで、大蛇を斬った体内（つまり社会の中）から草薙《くさなぎ》の剣（別名・叢雲《むらくも》の剣）が現れる、この剣とは救世主のことである…という独特な解釈がなされている。

第一〇章、第一二～一八章　スサノオの世界救済の経綸が開始される

天の岩戸の罪を負わされて高天原《たかあまはら》を追放されたスサノオが、地教山《ちきょうざん》（ヒマラヤ）に登り、母神・イザナミから自分の使命を言い渡される。「汝の心の清いことはよくわかっている。しかし人類の罪穢れを救うのが汝の天賦《てんぷ》の職責。世界を遍歴してあらゆる艱難辛苦《かんなんしんく》に耐え、天地にわだかまる悪人たちの心を清めよ。八岐大蛇を斬り倒し、叢雲の剣を得て天教山の大神に献上するまでは、妾《わらわ》は汝の母にあらず。汝は妾の子にあらず。一刻も早く当山を去れ」。

こうしてスサノオが千座《ちくら》の置戸《おきど》を負って（人類の罪を負うという意味）世界救済の旅を始める。

最初に向かった国は西蔵《チベット》だ。そこで一夫多妻・多夫一妻の風俗を改めさせ、「イドムの神」という縁結びの神として人々から讃《たた》えられた…というエピソードが記されている。

第一九～二三章　言依別命《ことよりわけのみこと》が天国旅行をする

スサノオは、フサの国（現代のイラン）のウブスナ山脈の頂上に「斎苑《いそ》の館《やかた》」（イソ館《やかた》）を造り世界経綸の本拠地とした。

言依別命一行がイソ館のスサノオに会いに行くため急坂を登っていくと、突風に煽られて転落した。一行の精霊は肉体を脱け出して天国を探訪する。

この後、言依別命一行はイソ館に入る。スサノオは不在だったが、八島主《やしまぬし》（イソ館の教主）らが出迎えた。歓迎の宴が開かれるが、そこへ鬼雲彦《おにくもひこ》が率いるバラモン軍が襲来する。八島主は霊縛をかけて彼らを動けなくしてしまった。下半身だけ霊縛を解くと、バラモン軍はコソコソとこの場を逃げ去った。

言依別命は第二〇巻で自転倒島《おのころじま》の三五教の本拠地「錦《にしき》の宮」の教主となる。

◎解説

第一九～二一章には天国の様子ばかりでなく、未来の予言めいたことも記されている。大洪水で傾いた地球の地軸の傾きが五十世紀までには元に戻るのだという。

また「空中郵便」というサービスが二十一世紀初頭に開始されることも書いてある。指先で空中に文字を書くと郵便配達員がそれを直ちに配達してくれるというのだ。二十一世紀に住む私たちはスマートフォンでメールを送ることが空中郵便ではないかと想像できるが、百年前の大正時代にそれを示唆していたのだから驚きだ。

第一六巻　丹後の英子姫《ひでこひめ》一行の物語

○第一六～二〇巻は丹後・丹波地方が舞台となる。本巻では英子姫《ひでこひめ》、悦子姫《よしこひめ》、亀彦の三人の宣伝使が、丹後地方を舞台に活躍する。

○バラモン教の鬼雲彦《おにくもひこ》のアジトになっていた大江山《おおえやま》からバラモン教が一掃される。
○ウラナイ教の高姫が冠島《かむりじま》の「如意宝珠《にょいほっしゅ》の玉」を盗み出し呑み込んでしまう。
○丹波村の平助《へいすけ》一家の物語（前編）。バラモン教に捕まった娘・お節《せつ》が無事に帰ってくる。

第一～一〇章　「大江山《たいこうざん》」の鬼武彦《おにたけひこ》が「大江山《おおえやま》」の鬼雲彦《おにくもひこ》を追い払う

八人乙女《やたりおとめ》の五女・英子姫《ひでこひめ》と、その侍女・悦子姫《よしこひめ》は、メソポタミヤの顕恩郷《けんおんきょう》を発《た》った後、バラモン教に捕まり、小舟に乗せられ海に流されてしまった。一種の流刑である。延々と漂流した挙げ句、自転倒島《おのころじま》の天《あま》の橋立《はしだて》に漂着した（地図参照。なお、地図中の洲本だが、霊界物語における洲本は、現在の淡路市岩屋［淡路島の北端］の辺りにあったと第二五巻第一七章に記されている）。

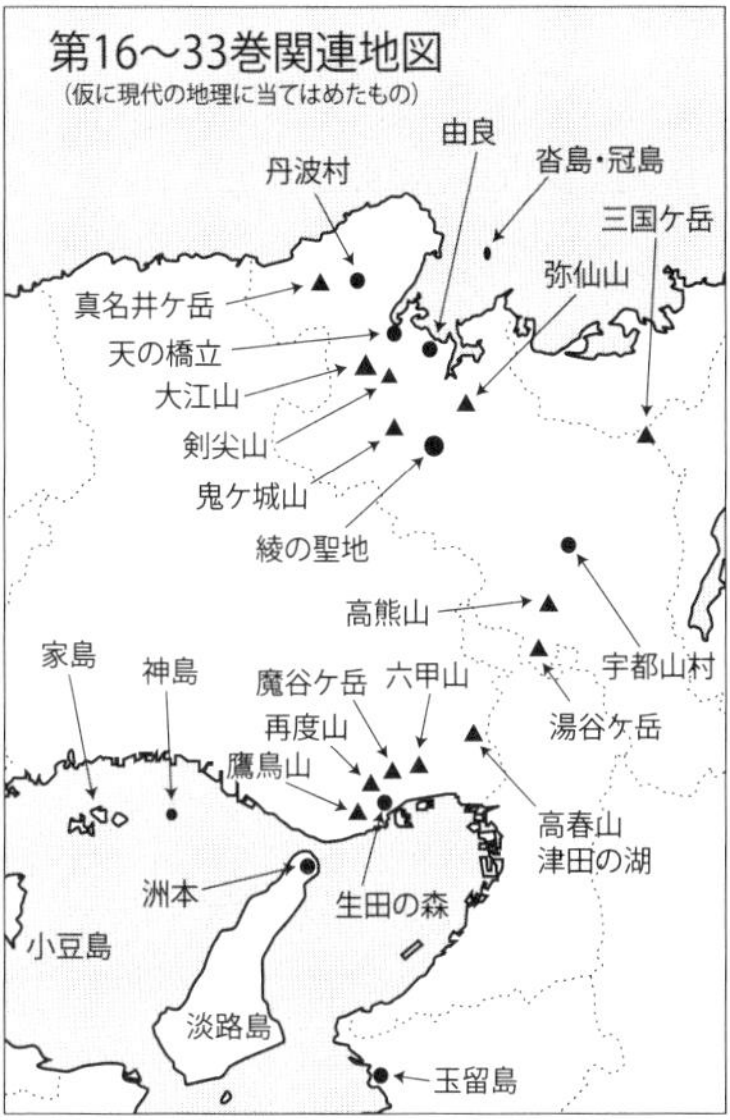

そこで半ダース宣伝使の一人だった亀彦と遭遇する。三人で由良《ゆら》の国司・秋山彦の館へ行くと、

そこに父神スサノオがおり、久しぶりに親子の再会を遂げた。ここはスサノオ本人が登場する数少ない場面の一つだ。

顕恩郷《けんおんきょう》を支配していたバラモン教の大棟梁・鬼雲彦《おにくもひこ》は、海を渡り、自転倒島の大江山《おおえやま》にアジトを築いていた。しかし大江山《たいこうざん》の鬼武彦《おにたけひこ》の活躍で、鬼雲彦一派は大江山から逃げ去った。

鬼武彦はこれまでにも何度か登場している。部下の白狐《びゃっこ》を使い、幻覚を見せたり変身したりして三五教を守る神様だ。その鬼武彦が鎮まる山は大江山《たいこうざん》と呼び、邪神の鬼雲彦が鎮まる山は大江山《おおえやま》と呼ぶのだからややこしい。これは物事が持つ善悪の二面性というものを表現していると思われる。

第一一～一四章　高姫が「如意宝珠《にょいほっしゅ》の玉」を呑み込んでしまう

ウラナイ教主の高姫と部下の青彦が、由良の秋山彦の館に現れた。高姫は冠島《かむりじま》・沓島《くつじま》の宝庫の鍵を盗むと、舟を漕いで冠島に渡る。冠島に隠してあった「如意宝珠の玉」を手に入れる。五六七《みろく》神政成就に必要とされる大切な玉の一つだ。

亀彦・鬼武彦らが後を追いかけ高姫を捕まえるが、高姫は玉を口から呑み込んでしまう。玉は煙となって空の彼方に消えてしまった。

高姫は第二一巻の冒頭でも別の玉（紫の玉）を呑み込むが、最後に二個とも吐き出している。

元伊勢皇大神社（2014年撮影）

第一五～一七章　青彦が剣尖山《けんさきやま》でインチキ宗教を開く

後に残された青彦は、剣尖山の谷間でインチキ宗教を開いて、参拝者を集め出した。それを知った英子《ひでこ》姫《ひめ》・悦子《よしこ》姫《ひめ》・亀彦の三人の宣伝使は青彦を止めさせるため剣尖山に向かう。

悦子姫がニセの神懸《かみがか》りをして青彦を驚かすのだが、本物の天照大神《あまてらすおおかみ》が降臨してしまう。そして三人に「ここに神殿を造り、我が御霊《みたま》を祭れ」と命じた。

この場所は現代の地理でいうと、京都府福知山市大江町の元《もと》伊《い》勢《せ》皇大《こうたい》神社である。元伊勢（天照大神を祭る伊勢神宮が伊勢に鎮座する以前に祭られていた場所）の伝承地は関西各地に数十ヶ所あり、宮津市の籠《この》神社が有名だ。霊界物語では大江町の皇大神社が伊勢神宮の発祥地ということになる。

明治三四年（一九〇一年）、神示によって「元伊勢お水の御用」と呼ばれる大本の御神業が行われた。

第一八～二一章　丹波村の平助一家の物語が始まる

改心した青彦が先頭に立ち、百日間かかって神殿が造営された。鎮祭《ちんさい》式で英子姫に天照

比沼麻奈為神社（2008年撮影）

大神が懸かり、悦子姫に「豊国姫神《とよくにひめのかみ》が天降《あまくだ》った真名井《まない》ケ岳《だけ》へ向かえ」と命じる。また英子姫・亀彦には「綾《あや》の聖地へ向かえ」と命じた。

現代の地理だと、豊国姫が降《くだ》った真名井ケ岳とは京丹後市の比沼麻奈為《ひぬまない》神社のことだ。綾の聖地とは大本の発祥地である京都府綾部のこと。

比沼麻奈為神社は豊受大神《とようけおおかみ》を祭る伊勢外宮《げぐう》の元の鎮座地で、「元外宮」とも呼ばれる。出口王仁三郎の実弟が宮司を務めていたことがある。

悦子姫《よしこひめ》は弟子数人を引き連れて、雪が降り積もる真名井ケ岳に向かった。その途中、丹波村の平助の家に宿を請う。

平助・お楢《なら》夫婦の孫娘であるお節《せつ》は、バラモン教の鬼彦・鬼虎《おにとら》に誘拐され行方不明となっていた。しかし悦子姫が一人でどこかへ行ってお節を連れて帰ってきたので一件落着する。

平助は喜んで一行を家に泊まらせるが、その中に何と誘拐した張本人の鬼彦・鬼虎がいた。二人は今は改心して悦子姫の弟子となっていたのだ。しかし平助は激怒して二人を追い出す。

二人は泊まらずに雪の中を先に歩いていくことになった。悦子姫も泊まらずに一人で先に行ってしまう。この話は次の巻に続き、意外な形で展開する。

第一七巻　丹波の悦子《よしこ》姫《ひめ》一行の物語

○丹波村の平助一家の物語（後編）。平助夫婦が改心する。
○悦子姫一行は鬼《おに》ケ城山《じょうざん》のバラモン教と言霊戦《ことたません》を行い勝利を収める。

第一～六章　悪人が天女になったのを見て平助夫婦が改心する

前巻からの続きである。丹波村の平助の家に泊まった岩公《いわこう》たち三人（悦子姫の弟子）は翌日、目的地の真名井《まない》ケ岳《だけ》に向かって旅立った。平助・お楢もお節《せつ》が無事に帰ってきたお礼参りに、真名井ケ岳に行くことにした。

一方、前夜泊まらずに雪路を歩いていった鬼彦・鬼虎の二人は、路傍の糞壺《くそつぼ》に落ちて散々な目に遭っていた。後からやってきた岩公たち三人と合流するが、キツネに騙されて五人は素っ裸にされてしまう。

そこへ平助一家三人が追いついてきた。八人で真名井ケ岳に向かうが、ここで事件が起きる。雪崩《なだれ》が起きてお節が雪の中に埋まってしまったのだ。

一年前にお節を誘拐した鬼彦・鬼虎は、その罪滅ぼしのいい機会だと、雪を懸命に掻き分けてお節を救い出した。ところが、お節は嫌らしい笑い声を上げると化け物となった。

そして猿のように雪の中を飛び跳ねながら走っていってしまった。七人はわけがわからずその後を追っていく。すると大きな岩石の前に出た。

鬼彦・鬼虎はこの岩窟《いわや》を思い出した。一年前、鬼雲彦《おにくもひこ》の命令でお節を誘拐して監禁した岩窟だった。一年分の食糧を置いておいたので死んではいないはずだ。

岩石の扉で塞《ふさ》いであるが、二人はその開け方を知っていた。急いで扉を開けて、中にいたお節を救い出した。こうして平助・お楢は本物のお節と再会することができた。

前巻で悦子姫が連れ帰ったお節は二セ者だったわけだが、これは岩石の扉の開け方を知っている鬼彦・鬼虎を、岩石の前まで連れてくるための神の仕組《しぐみ》だったのだ。

再び八人で真名井ケ岳に進む。しかし平助・お楢の鬼彦・鬼虎に対する恨みは晴れない。嫌みや恨み言を言い続けた。

ところが、岩公たち三人、それに鬼彦・鬼虎が美しい天女になった。そして真名井ケ岳に向かって空を飛んでいってしまった。

悪業を働いた者たちが天女になったのを見て、平助・お楢は鬼彦・鬼虎を口汚く罵っていた自分の心の中に、醜いものがあったことに気づく。一見、善人に見えても心の中は悪の場合もあり、逆に悪人に見えても心の中は善である場合もある…ということを二人は覚《さと》った。

天女となった五人は、実は肉体では徹底的な改心ができないので凍死させ、その霊魂（本守護神《ほんしゅごしん》）を救い出したのだという不思議な仕組《しぐみ》が種明かしされている（第四章）。なかなか理解しがたいが、そういうこともあるのだろう。

　真名井ケ岳の豊国姫神の出現地に到着した悦子姫に神示が下り、バラモン教が潜む鬼ケ城山へ向かえという新たな使命が与えられた。

第七〜一一章　お節が青彦を好きになり、恋の病で苦しむ

　お節（平助・お楢夫婦の孫娘）は真名井ケ岳に進む途中で青彦（高姫の元部下）と出会った（第五章）。それ以来、青彦のことが忘れられず、恋の病に苦しんでいた。夢の中に鬼彦たち五人の副守護神が現れ、雪山で酷い目に遭わされた恨みを晴らしてやるとお節に襲いかかる。そこへ青彦の霊が現れ、助けてくれた（夢の中の話）。

　後に恋が成就して二人は結婚することになる。青彦は名前を若彦、さらに国玉別《くにたまわけ》と変え、お節は玉能姫《たまのひめ》と改名し、宣伝使として活躍する。

第一二〜一七章　鬼ケ城山からバラモン教が逃げ去る

　悦子姫《よしこひめ》一行は鬼ケ城山へ進む途中、三嶽山《みたけやま》でバラモン教に捕まっていた紫姫《むらさきひめ》を救い出す。

　鬼ケ城山には、バラモン教の鬼雲彦《おにくもひこ》の片腕・鬼熊別《おにくまわけ》の一派がアジトを構えていた。

　悦子姫一行は言霊戦《ことたません》を挑む。するとバラモン軍は帰順して、鬼熊別・蜈蚣姫《むかでひめ》夫婦は天《あま》の岩船《いわふね》に乗って逃げ去った。

蜈蚣姫は第三九巻以降は黄金姫《おうごんひめ》と改名する。そして娘の小糸姫《こいとひめ》と共に大黒主《おおくろぬし》を言向《ことむ》け和《やわ》しに向かう言霊隊のメンバーとして活躍する。

第一八巻　弥仙山《みせんざん》で玉照姫《たまてるひめ》が誕生する

○「錦の宮《にしき》」の神柱《かんばしら》（注）となる玉照姫の誕生にまつわる物語。
○弥仙山の麓でお玉が産んだ赤ちゃんに、悦子姫《よしこひめ》が「玉照姫」と命名する。
○ウラナイ教の黒姫が玉照姫を奪い取ろうとたくらむが、失敗する。

（注）神柱……神業《しんぎょう》の柱となるような重要人物を指す。

第一～六章　弥仙山の麓で玉照姫が生まれる

三五教《あなないきょう》の宣伝使・悦子姫《よしこひめ》の一行は、弥仙山《みせんざん》に登る途中、山麓の於与岐《およぎ》の里に住む豊彦《とよひこ》と出会う。豊彦の息子夫婦は誘拐されて行方不明となり、娘のお玉は腹が膨れる謎の病で十八ケ月も苦しんでいた。

悦子姫が見ると、お玉は病ではなく妊娠していた。未婚で、処女懐胎《かいたい》である。十八ケ月前、夢の中で白髪の老人から与えられた五個の玉を飲んだ。それから腹が大きくなったのだ。

弥仙山（2014年撮影）

綾部の四尾山（霊界物語では世継王山）

悦子姫はお玉の出産に立ち会い、女の子を取り上げた。その子は悦子姫によって「玉照姫」と命名された。

次の第一九巻で玉照彦が生まれ、第二〇巻で「錦の宮」が設立される。玉照彦と玉照姫は錦の宮の神柱となる重要な人物だ。

錦の宮の教主には言依別《ことよりわけの》命《みこと》（第二巻に登場した言霊別《ことたまわけ》命の生まれ変わり）が就任する。だが、玉照彦と玉照姫の二人は教主よりも上位にあり、神示を取り次ぐような役割をしている。そういう意味で、二人は錦の宮の「神柱《かんばしら》」だとか「神司《かむつかさ》」と呼ばれている。

悦子姫は世継王山《よつおうざん》の麓に家を建て、活動の拠点にした（第四章）。

さて、前巻で悦子姫一行に救われた紫姫《むらさきひめ》は三五教の宣伝使になっていた。紫姫と若彦（青彦から改名した）の二人は、三五教からウラナイ教に改宗したように見せかけて、ウラナイ教に潜入し、副教主・黒姫の信任を得る（第六章）。

◎解説

現代の地理に当てはめると、最初に出てきた弥仙山は、京都府綾部市北部にある同名の山である。明治時代に出口直によって「弥仙山岩戸籠もり」と呼ばれる御神業が行われた山だ。

世継王山は綾部市中心部にある四尾山《よつおやま》のことで、尾根が四つあり、綾部市街のランドマーク的な存在だ。錦の宮はこの世継王山の麓に建設される（第二〇巻）。

第七〜一七章　玉照姫がウラナイ教に奪われそうになるが取り戻す

黒姫は大江山の近くの魔窟《まくつ》ケ原《はら》の地下にアジトを構えていた。部下たちは信者を増やすため、一計を案じ、通行人を騙して連れてくることにした。

アジトに連れてこられたのは綾彦・お民《たみ》という夫婦だった。綾彦は魔窟ケ原で黒姫の身辺の世話をすることになり、妻のお民は高城山《たかしろやま》のウラナイ教の支所へ行き、松姫の侍女となった。

黒姫は玉照姫をウラナイ教に連れてくるよう、部下たちに命じる。部下たちは豊彦の家に行って説得したり、お玉（玉照姫の母）を誘拐しようとたくらむが、いずれも失敗した。

実は綾彦は於与岐《およぎ》の里の豊彦の息子でお玉の兄だった。黒姫はそのことを知ると、玉照姫を奪い取るため、綾彦夫婦を人質にして玉照姫と交換しようと悪事をたくらむ。

フサの国（現代のイラン）のウラナイ教本部から、高姫が天《あま》の磐船《いわふね》に乗って飛んできた。黒姫から作戦を聞くと、玉照姫が手に入ったら、三五教に奪い返される前にフサの国に連れていくつもりだと話す。

玉照姫奪取の任務を命じられた紫姫と若彦は、綾彦夫婦を於与岐の豊彦の家に帰した。その代わりに玉照姫を黒姫のいる魔窟ケ原…ではなく、世継王山《よつおうざん》の悦子姫の館に連れていった。紫姫と若彦の二人は黒姫をまんまと騙したのだ。

こうして玉照姫が三五教のもとにやって来たことを、悦子姫をはじめ一同は祝い喜んだ。

第一九巻　高熊山《たかくまやま》で玉照彦《たまてるひこ》が誕生する

○高姫、黒姫、松姫らが三五教に改宗し、ウラナイ教が衰退する。
○高熊山で玉照彦が生まれ、世継王山に運ばれる。

第一章　高熊山《たかくまやま》の霊的修業に入る直前に起きた神秘体験

出口王仁三郎の高熊山入山前夜の出来事が記されている。ヤクザ者に殴られて病床に伏している喜三郎（王仁三郎の旧名）の部屋に、五色に光り輝く玉がいくつも現れ、喜三郎の体に滲《にじ》み込んだ。それより喜三郎は心機一転して神を崇拝するようになる。

その直後、木花姫命《このはなひめのみこと》の使者である松岡神使《しんし》が現れ、喜三郎を高熊山に連れていった。

第二～八章　紫姫・若彦は更迭され、高姫・黒姫が改心する

第一六巻で悦子姫《よしこひめ》と別れた英子姫《ひでこひめ》・亀彦は、琵琶湖の竹生島《ちくぶしま》で神業に従事していた。世《よ》継王山《つおうざん》の悦子姫の館に亀彦が現れ、英子姫が取り次いだスサノオの神示を紫姫と若彦に伝える。

それは「権謀術数を用いて玉照姫を手に入れたことは神意に適《かな》わない。玉照姫をウライ教に渡して、汝らは宣伝使の職を辞せよ」という厳しいものだった。

それを聞いたウラナイ教の教主・高姫たちは大喜びで、玉照姫を迎えに世継王山の館に行く。だがスサノオの公平無私な大御心《おおみこころ》を知った高姫は、感動して涙を流した。そして「よく思案してから返事をする」と言って帰っていった。

今までスサノオと敵対していた高姫と黒姫は、この件で心を改め、ウラナイ教を捨てて三五教の宣伝使になる。

この件で高姫はスサノオに対する誤解が解け、スサノオは悪い神ではなく良い神だと思うようになった。しかし攻撃対象がスサノオから言依別命《ことよりわけ》（錦の宮の教主）に変わっただけだった。相変わらず自分が真の救世主だと主張して、妄動を繰り広げ続けることになる。

改心というのは一回すればいいというものではない。何度も何度も心を改めながら宣伝使たちは成長していく。高姫も大きな改心を数回行っていた。これが最初の大きな改心なのだが、またすぐに悪化してしまい、全然成長しないのだ。困ったものである（他に第二

二巻、第二九巻、第三三巻でも改心している）

教祖の高姫たちが脱退してしまったウラナイ教は、しかし不思議なことに消滅しなかった。高姫の部下だった蠑螈別《いもりわけ》が新たな教主となり、北山村から小北山《こぎたやま》に本部を移して活動を続けることになる（第四四巻以降）。

第九～一二章　お節によって、高城山《たかしろやま》のウラナイ教の松姫が改心する

高城山（注）でウラナイ教の支所を開いていた松姫のもとに、三五教の宣伝使となったお節《せつ》（平助・お楢夫婦の孫娘）が訪れた。宗教談義を行うが、松姫は「たとえ高姫が三五教に改宗したとしても、自分は最後の一人になるまでウラナイ教を守り通す」と固い決意を語る。

しかし実は、部下たちがそう簡単に三五教に変わるのは難しいと思い、松姫はウラナイ教を守っていたのだった。

だが、お節によって部下の竜若たちが改心したことで、松姫もきっぱりとウラナイ教をやめることにした。お節に後を託して高城山を去っていく。

スサノオの使者の女神が現れ、この功績により、お節に「玉能姫《たまのひめ》」という神名を与えた。

松姫《こぎたやま》は三五教の宣伝使となる。第四五～四六巻では松姫が言依別命《ことよりわけのみこと》から特命を受け、小北山《こぎたやま》のウラナイ教本部に入って自ら教主となる。その後、ウラナイ教の宗教改革を行うことになる。

（注）高城山……高城山は現代の地理でいうと、京都府南丹市八木町にある城山《しろやま》という山で、高熊山《たかくまやま》（亀岡市）の六キロほど北にある。

第一三〜一七章　高熊山《たかくまやま》で玉照彦が生まれ世継王山に運ばれる

高熊山の言照姫《ことてるひめ》が玉照彦を産んだ。松姫の手によって玉照彦は運ばれ、世継王山《よつおうざん》の悦子姫《よしこひめ》の館に迎え入れられた。

第一八巻では弥仙山《みせんざん》で玉照姫が、本巻では高熊山で玉照彦が生まれた。錦の宮（三五教の拠点）の神柱《かんばしら》となるこの二人は、出口直と王仁三郎の出現を表している。

第二〇巻　錦《にしき》の宮《みや》の経綸《けいりん》が始まる

○自転倒島《おのころじま》の三五教《あななひきょう》の拠点として「錦の宮」が発足し、新しい宣伝使が育っていく。
○天《あめ》の真浦《まうら》が「不言実行」を学び、その弟の宗彦《むねひこ》は蜈蚣姫《むかでひめ》から「黄金《おうごん》の玉」を取り返す。

第一〜四章　宇都山《うづやま》村で天の真浦が松鷹彦《まつたかひこ》から「不言実行」を学ぶ

綾の聖地に「錦の宮」が造営された。言依別命《ことよりわけのみこと》が教主となって、自転倒島《おのころじま》における三五教の本拠地として動き出した。

大台《おおだい》ケ原《はら》で木樵《きこり》をしていた天《あめ》の真浦《まうら》は、錦の宮（三五教の拠点）に行き宣伝使となった。宇都山村へ初宣伝に向かうため雪道を歩いていく。すると途中で出会った秋彦・駒彦によって崖の下に突き落とされる。二人は言依別命に命じられ、天の真浦が宣伝使として及第しているかどうか試したのだ。

崖の下でニコニコと上を見上げる天の真浦に合格点が与えられた。どんな苦難に遭遇しても決して腹を立てない忍耐力が備わっているかが試されたのだ。

崖から上がってきた天の真浦は、宇都山村の「武志《たけし》の宮」の宮司・松鷹彦《まつたかひこ》の家に滞在することになった。松鷹彦夫婦から「不言実行」という三五教《あなないきょう》の教えを体に叩き込まれる。

◎解説

一般に不言実行とは「つべこべ言わずに黙って実行すること」だが、三五教における不言実行はその程度のことではない。思ったことを即実行することであり、「言心行《げんしんこう》の一致」という教えの実践ともなる。

その感性が磨かれていくと、因果関係が分からなくても直感したことによって動くことができるようになる。たとえば「虫の知らせ」というのがいい例だ。「嫌な予感がしてガスコンロの火を消したら大きな地震がきた」というような話を時々聞くが、直感によって動くと物事に先回りして対処することができるようになる。

第四九巻以降（第五輯「真善美愛」）で活躍する初稚姫《はつわかひめ》は、三五教の宣伝使たちが危難に陥ったときにどこからともなく現れて助けてくれる。それは事前に危難を察知して（神様から聞いて）待ち構えているのであり、不言実行を極めた結果だと言えるだろう。

第五～七章　松鷹彦が生き別れた三人の子供と再会する

松鷹彦《まつたかひこ》が川で釣りをしていると、バラモン教修験者の宗彦《むねひこ》・お勝《かつ》が通りがかる。二人は松鷹彦に感化されて三五教に改宗し、宇都山村の「武志《たけし》の宮」という社に仕えることになった。

松鷹彦には息子二人と娘一人がいたが、悪党に幼い子供を誘拐され生き別れになってしまった。身の上話をしていると、天の真浦・宗彦・お勝の三人が、松鷹彦の生き別れた子供だったことが判明する。そこで村を挙げて喜び祝った。

天の真浦はこの後は登場しないが、弟の宗彦は後に「国依別《くによりわけ》」と改名して重要な役回りをする。第二七巻以降では言依別命《ことよりわけのみこと》と共に琉球～台湾～高砂島（現代の南米）へと旅をする。そして末子姫《すえこひめ》（八人乙女《やたりおとめ》の第八女）と結婚し、ウヅの国（現代のアルゼンチン）の国司となる。

第八～一二章　三国《みくに》ケ岳《だけ》の蜈蚣姫《むかでひめ》から「黄金の玉」を取り返す

三五教《あなないきょう》の宣伝使となった宗彦は、言依別命《ことよりわけのみこと》に命じられ、バラモン教の蜈蚣姫《むかでひめ》を言向《ことむ》け和《やわ》すため丹波の山奥の三国ケ岳《みくにだけ》に向かった。留公《とめこう》、田吾作《たごさく》（お勝の夫）、原彦の三人がお供をする。

綾部の本宮山（別名・桶伏山）

山麓で五～六歳の三人の童子が現れる。一人は怒り、一人は泣き、一人は笑っている。宗彦は三人の童子が神様の化身だと気づき、蜈蚣姫を言向け和しに行くための守護を頼んだ。

だが笑い童子は依頼心が強いなと笑い飛ばし、泣き童子は情けない宣伝使だと泣き、怒り童子はまず自分の腹の中の鬼を改心させよと叱って説教した。

山中の大きな岩窟《いわや》に蜈蚣姫のアジトがある。その前に小さな集落があり、人が住んでいた。だが、蜈蚣姫に毒茶を飲まされて声が出せないようにされていた。誘拐されていたお玉（玉照姫の母）の姿もあった。

留公はどこかに行ってしまったが、残りの三人は岩窟に入っていく。そこに鬼婆《おにばば》と化した蜈蚣姫がいた。三人は出された毒茶を知らずに飲んでしまう。その結果、声が出せず、体が動けなくなってしまった。

そこへ留公とお玉が宣伝歌を歌いながら現れた。三人は体が動けるようになるが、逆に蜈蚣姫は動けなくなってしまう。

この岩窟に「黄金の玉」（太白星《たいはくせい》の十二個の玉の一つ）が隠されていたのをお玉が発見して

いた。この玉はもともと青雲山《せいうんざん》の国魂だったが、大洪水直後に綾の聖地に運ばれ、桶伏山《おけふせやま》に祭られていた（第六巻第四一章）。それを蜈蚣姫の部下が盗み出し三国ケ岳に隠していたのである。

宗彦一行は「黄金の玉」を取り返し、錦の宮（三五教の拠点）に凱旋した。

桶伏山は現代の地理だと、京都府綾部の本宮山《ほんぐうやま》に当たる。大本の聖地「梅松苑《ばいしょうえん》」の御神体山だ。

第二一巻　高春山《たかはるやま》のアルプス教の物語

○第二一～二二巻は津の国（摂津）が主な舞台となる。

○本巻では高春山《たかはるやま》のアルプス教を舞台に、教主の鷹依姫《たかよりひめ》や、玉を奪った高姫が言向《ことむ》け和《やわ》される。まだ六歳のお初（初稚姫《はつわかひめ》）が活躍する。

○高姫は呑み込んだ「如意宝珠《にょいほっしゅ》の玉」「紫の玉」を吐き出し、二個の玉が錦の宮（三五教の拠点）に納められる。

第一～九章　高春山のアルプス教で高姫が「紫の玉」を呑み込む

ウラナイ教から三五教に改宗した高姫と黒姫の二人は、三五教に帰順した証拠として、アルプス教（バラモン教の一派）の教主・鷹依姫《たかよりひめ》を言向《ことむ》け和《やわ》しに高春山に乗り込んだ。

高姫はアルプス教の神宝「紫の玉」（黄金水の十二個の玉の一つ）を見つけると、玉がほしくなり、口から呑み込んでしまった。二人はアルプス教に捕まって岩窟《いわや》に幽閉されてしまう。

錦の宮（三五教の拠点）の教主・言依別命《ことよりわけのみこと》は、竜国別《たつくにわけ》・玉治別《たまはるわけ》・国依別《くによりわけ》（竜若《たつわか》・田吾作・宗彦が改名した）の三人の宣伝使に、消息を絶った高姫・黒姫の捜索を命じた。

三人は高春山に向かう途中、六人の泥棒に出会う。泥棒は改心して宣伝使のお供をすることになった。

玉治別は湯谷《ゆや》ケ峠で、アルプス教の男から仲間と間違われて風呂敷包みを受け取る。そこにはお金と手帳が入っていた。

一行は峠の谷底で杢助《もくすけ》という男の家に立ち寄る。お金は杢助宅から盗まれたもので、手帳はアルプス教の秘密の書類だった。一行はお金を杢助に返し、手帳を持って高春山に向かって出発する。

六人の泥棒はお金を見てまた泥棒に逆戻りしてしまった。仲間割れをしたと見せかけて六人のうち三人は元来た道を引き返していった。

お金を盗むため杢助宅に入るが、杢助に取り押さえられる。娘のお初（六歳）が出てきて「お金はあげるから泥棒はやめてこのお金で商売でもしなさい」と諭《さと》す。三人は頭を下げてお金を受け取り逃げ去った。

泥棒の残り三人は玉治別にお供して「津田《つだ》の湖《うみ》」で舟に乗った。竜国別と国依別は別ルートで高春山に向かった。

玉治別たちが乗った舟が湖の半ばにさしかかると、三人は突然態度を変え、玉治別が持っているアルプス教の秘密書類を盗もうと襲いかかる。そこへ杢助とお初が乗った舟が駆け付けて、湖に落ちた玉治別を救出した。

杢助宅に押し入った三人も現れ、六人の泥棒は改心する。本守護神が女神となって現れた。

このお初は初稚姫《はつわかひめ》という名で、このときはまだ六歳だが、十七歳になった初稚姫が第四九巻以降に登場して活躍する。普通の人間ではなく、天国の天人が地上の人間を救済する使命を帯びて生まれてきたのである。だから小さいときから悟りを開いているような子で、本巻の最後には自分の祖母のような年の高姫を改心させてしまう。

第一〇～一八章　高姫は改心して二個の玉を吐き出す

竜国別《たつくにわけ》・玉治別《たまはるわけ》・国依別《くによりわけ》の三人は各自別々に高春山に向かった。宣伝使としての卒業試験として、いろいろな試練を体験する。

竜国別は道を北に取り、大谷山《おおたにやま》から高春山に向かう。何人か女が現れて竜国別を誘惑した。竜国別が女の手を握ろうとすると「神命を受けて曲津《まがつ》の征服に向かう途中で決心を翻《ひるがえ》すとは何事ぞ。そんな柔弱な魂でどうして悪魔の征服ができるか」と怒られた。

玉治別は杢助《もくすけ》・お初親子と共に津田の湖《うみ》を渡って高春山の正面から攻め上った。すると途中で玉治別の妻・お勝と出会う。

お勝は父親が急病であることを玉治別に知らせに来たのだ。早く帰って父に会えるよう、自分も同道して加勢したいと申し出る。

しかし玉治別は、高春山の言霊戦《ことたません》が済むまで女を連れていくことはできない、早く立ち去れ、と厳命した。

国依別は六甲山《ろっこうさん》から高春山へ進んだ。道端で休んでいると地蔵がしゃべり出して、国依別の過去の女性関係を責め立てる。ふと目を醒ますとそれは夢だった。

三五教《あなないきょう》の宣伝使を捕まえに来たアルプス教の男六人を言向《ことむ》け和《やわ》して信者にしてしまい、高春山へ向かった。

高春山の中腹で、三人の宣伝使は杢助・お初と合流する。するとお初は神懸りとなり作戦計画を宣示した。

一行はアルプス教の本山になっている岩窟《いわや》に入り込む。お初は鷹依姫《たかよりひめ》と高姫を教え諭して言向け和した。高姫は呑み込んでいた「如意宝珠の玉」と「紫の玉」を吐き出した。

最後に、竜国別は鷹依姫の生き別れた息子だったことが判明する。「親子を対面させるために、神が仕組んで高春山に差し向けたのだ」とお初によって明かされた。

第二二巻　鷹鳥山《たかとりやま》の鷹鳥姫《たかとりひめ》の物語

○高姫・黒姫が保管していた三つの玉がなくなってしまい、玉探しの旅が始まる。
○高姫は鷹鳥山に鷹鳥姫と名乗って住み込み、玉の行方を追う。
○三つの玉は言依別《ことよりわけ》命・玉能姫《たまのひめ》・初稚姫《はつわかひめ》によって、高熊山《たかくまやま》と神島《かみじま》に秘かに埋蔵された。

第一～四章　「黄金の玉」がなくなり黒姫・鷹依姫《たかよりひめ》らが玉探しに旅立つ

第二〇巻で「黄金の玉」が、第二一巻で「如意宝珠の玉」と「紫の玉」が錦の宮（三五教の拠点）へ運ばれ、三つの玉が集まった。

黒姫は言依別命《ことよりわけのみこと》（錦の宮の教主）から「黄金の玉」を預かり大切に保管していたが、何者かに盗まれてしまった。それを知った高姫は怒って黒姫に対し、玉を盗まれた責任を追及する。また、盗んだのは鷹依姫《たかよりひめ》ではないかと疑いの目を向けた。

こうして黒姫・鷹依姫らは消えた「黄金の玉」の行方を追って、世界各地に旅立っていった。第二四巻では竜宮島《りゅうぐうじま》（現代の豪州）に探しに行った黒姫一行の物語が描かれ、第二九巻では高砂島《たかさごじま》（現代の南米）に探しに行った鷹依姫一行の物語が描かれる。

第五～八章　「如意宝珠」と「紫の玉」もなくなり高姫が病となる

高姫は「如意宝珠の玉」と「紫の玉」を保管していたが、これも盗まれてしまった。高姫は精神錯乱状態となり、病床で苦悶しながら囈語《うわごと》で「スサノオの心の立派さに感心して三五教へ来てみたが、言依別命《ことよりわけのみこと》に愛想が尽きた。自分が三つの玉を呑み込んで再びウラナイ教を立ててみようと思っていたのに、黒姫は玉を取られ、自分の玉も取られてしまい、悔しい。何としてでも三つの玉を取り返さねば」と自分の心の底を白状してしまった。

夢の中で執着心の鬼に責められ苦しむが、言依別命らの祈願によって病が癒された。

第九～一六章　高姫は鷹鳥山で玉を探すが、女神に諭され玉への執着を捨てる

バラモン教の蜈蚣姫《むかでひめ》は丹波の三国《みくに》ケ岳に拠点を構えていた。だが、三五教の宣伝使たちに踏み込まれ（第二〇巻）、その後は津の国の魔谷《まや》ケ岳（現代の摩耶山《まやさん》）に拠点を移していた。高姫は玉がなくなったのは蜈蚣姫の仕業だと思い込んだ。玉を奪還するため魔谷ケ岳の近くの鷹鳥山《たかとりやま》に拠点を構え、「鷹鳥姫《たかとりひめ》」と名乗り時機を待った。

鷹鳥山の山頂に高さ十メートルほどの巨大な黄金像が出現し、高姫は投げ飛ばされてしまう。

空中から女神の声が響き、「地上に天国を建設しようとするなら、まず自分の心に天国を建てよ」と教示する。高姫は慢心し取り違えをしていたことに気付き、玉への執着を捨

て改心した。

初稚姫《はつわかひめ》が現れて神懸《かみがか》りとなり、この世が暗黒無明の世と見えるのは自分の心が暗いからだと教示した。

第一七～二〇章　三つの玉が高熊山《たかくまやま》と神島に隠される

初稚姫《はつわかひめ》と玉能姫《たまのひめ》は神示によって再度山《ふたたびやま》に登った。山頂には三つの玉を持った言依別命《ことよりわけのみこと》がいた。三つの玉は神界の経綸により、秘かに言依別命が持ち出したのだった。

初稚姫と玉能姫の二人は言依別命から、「如意宝珠の玉」と「紫の玉」を瀬戸内海の神島に埋蔵するよう命じられる。「黄金の玉」は言依別命によって高熊山に埋蔵され、三十五万年後のミロク出現の時を待つこととなった。

高姫は杢助《もくすけ》（初稚姫の父）から「三つの玉は言依別命の手に戻り、初稚姫らの手でどこかの霊地に埋蔵された」という話を聞き、「玉の行方を探して神政成就の御用をしようと千騎一騎の活動をしているこの高姫を置いて、他の者にそんな御用をさせるとは！」と不満に思う。

玉への執着心が再び首をもたげ、次巻で高姫は玉探しの旅に出ることになる。

◎解説

ミロク出現とはミロクの世を成就させるためにミロクの大神（注）が地上に現れることである。狭義では出口王仁三郎の出現を意味する。

王仁三郎は明治三一年（一八九八年）に高熊山修業を行い、大正五年（一九一六年）に「神島開き」という御神業を行った。それによって太古の神代《かみよ》に埋めた玉が再び表に出たのだと言える。

（注）ミロクの大神……霊界物語においてミロクの大神は人格を持ったキャラクターとしては登場しない。観念的な存在であり、ミロクの世を成就させるための主神《スしん》の働きである。神素盞嗚大神や木花姫命はミロクの大神の一部であり、また別名である。

第二三巻　瀬戸内海で玉探しをする高姫の物語

○近畿地方一帯（熊野～丹波～摂津～瀬戸内海）が舞台となる。
○木山の里で生き別れた親子八人が再会する。
○高姫が瀬戸内海に出て、紛失した三つの玉を探し回る。

第一～四章　高姫が錦の宮（三五教の拠点）を乗っ取ろうとして失敗する

国依別《くによりわけ》と玉治別《たまはるわけ》は、熊野にいる若彦に会うため大台ケ原を旅していた。すると魔我彦《まがひこ》と竹彦が現れて二人を谷底に突き落とした。魔我彦・竹彦は高姫の部下である。

高姫の一番の邪魔者は言依別命《ことよりわけのみこと》である。そこで言依別命の信任の厚い二人を葬り去ろだった。しかし国依別と玉治別の二人は谷底で水行をしていた杢助《もくすけ》に救助され無事だった。

杢助は二人と共に若彦の館へ行くと、魔我彦と竹彦が先に来ていた。杢助は改心した魔我彦・竹彦を連れて綾の聖地に向かう。

綾の聖地では、高姫が錦の宮を乗っ取るため、三五教の役員・信者を集めて教主の言依別命を非難する演説を行っていた。しかし聴衆の一人が、沓島《くつじま》の宝庫の鍵を盗んで如意宝珠の玉を呑み込んだ件（第一六巻）を指摘する。そして高姫に異議のある者は起立するようにと呼びかけると、全員が起立して異議ありと叫んだ。

高姫は怒って、日の出神の生宮《いきみや》（救世主という意味）である自分こそが教主にふさわしいと主張するが、それだったら天眼通で玉のありかを言い当ててみろと聴衆から追及される。

そこへ杢助と共に部下の魔我彦・竹彦が現れた。二人に今日までの悪事をすべて暴露され、高姫は激怒して帰ってしまう。

第五〜八章　木山《きやま》の里で二組の夫婦と生き別れた四人の子供が再会する

話は変わり、紀の国の「木山の里」が舞台となる。

三五教《あなないきょう》の宣伝使の秋彦と駒彦は日高山の山奥に滝行に行った。「竜神の祠《ほこら》」の柿は食べてはいけないことになっているが、二人はそれを知らずに食べてしまった。竜神の怒りを鎮めるため、二人は人身御供《ひとみごくう》にされるが、白狐《びゃっこ》（鬼武彦の部下）が現れて身代わりになってくれた。

その騒動の中で、秋彦と駒彦の二人は生き別れた親と再会する。駒彦は木山の里の住民・常楠《つねくす》の子で、秋彦は酋長・木山彦の子だと判明したのだ。

二人が木山の里を訪れる数日前に、常楠《つねくす》・お久《ひさ》夫婦の娘がバラモン教の盗賊に殺されていた。その二人の盗賊、蚯公《あぶこう》・蜂公《はちこう》もまた、常楠や木山彦の子だったことが判明する。

熊野の滝に集まった一同の前に女神（木花姫命《このはなひめのみこと》）が現れ、常楠・お久夫婦と木山彦・木山姫夫婦、それに四人の子供たちの計八人が複雑な関係だったことが説き明かされた。
○秋彦は木山彦とお久の子であった。木山彦が木山姫と結婚する前に、お久が産んだ子で、別れた後は木山彦が引き取った。だが、秋彦は継母（木山姫）にいじめられ、六歳のときに家出して失踪した。
○駒彦は常楠とお久の子で、三歳のときに天狗に攫《さら》われ行方不明となっていた。
○蚯公は常楠が妻・お久に隠れて下女のお竜《たつ》（木山姫の旧名）と関係を持ち、生まれた子だった。一歳のときに森に捨てられた。
○蜂公も木山彦とお久の子であり、一歳のときに森に捨てられた。
あまりにも複雑で頭が痛くなりそうだが、現代社会でも不倫や離婚・再婚の繰り返しによって血縁は複雑化している。さらに精子バンクによって生物学上の親がわからない人が増加しており、意外な人と兄弟姉妹であることが判明する場合もあるだろう（第三者の精子を使った人工授精の場合、生まれた子供に精子提供者、つまり生物学上の父親が誰なのかを教えることはない。ただし法的には子供が「出自を知る権利」は認められつつある）。

生き別れとなった肉親との再会という劇的な場面は霊界物語に何度も何度も出てくる。第二〇巻（松鷹彦親子）や第二一巻（鷹依姫・竜国別親子）にも出てきた。高姫と黒姫にも実は生き別れた子供がおり、第三三巻で再会を果たしている。

第九〜一八章　小豆島《しょうどしま》で高姫と蜈蚣姫《むかでひめ》が出会い、竜宮島へ玉探しに出発する

第四章の続きである。

高姫は消えた三つの玉を探すために舟を盗んで瀬戸内海の家島《いえしま》に向かった。途中で暴風に遭って遭難し、淡路島に打ち上げられる。

通りがかった漁船に乗せてもらい家島に向かった。この漁船の船頭は東助《とうすけ》といい、淡路島の洲本《すもと》の酋長をしていた（実は高姫の若いときの恋人だったことが第三三巻で判明する）。

玉能姫《たまのひめ》・初稚姫《はつわかひめ》が玉を隠したのは神島だが、高姫は家島に玉があると思い込んでおり、神島を無視して家島に向かった。しかし家島に玉はなかった。高姫は「竜神が玉を持っていった」と玉能姫が言っていたことを思い出し、玉があるのは竜宮島（現代の豪州）だと勘ぐった。そこで、食糧を積んで出発した。

途中で小豆島に上陸して玉は隠されていないか捜索する。すると岩窟《いわや》でバラモン教の蜈蚣姫《むかでひめ》と出会った。蜈蚣姫は娘の小糸姫《こいとひめ》が竜宮島で女王になっていると高姫から聞く。娘に会うため、高姫と共に舟に乗って竜宮島へ向かった。

第二四巻　竜宮島《りゅうぐうじま》の玉探しの物語（前編）

○第二四〜二五巻は竜宮島（現代のオーストラリア）が舞台となる。
○高姫や黒姫たちが三つの玉を探すため竜宮島を訪れるが、玉はないと思って帰国する。
○後を追ってやって来た玉能姫《たまのひめ》・初稚姫《はつわかひめ》一行に対し、諏訪《すわ》の湖《うみ》の玉依姫命《たまよりひめのみこと》が五つの麻邇《まに》宝珠《ほっしゅ》を与えると約束する。

第一〜四章　小糸姫《こいとひめ》が竜宮島に上陸し女王となる

前巻から時間的に少々さかのぼったところから本巻の物語は始まる。

小糸姫（十六歳）はバラモン教の副棟梁・鬼熊別《おにくまわけ》と蜈蚣姫《むかでひめ》夫婦の一人娘である。小糸姫は父親の部下の友彦と恋仲になり、シロの島（現代のセイロン島）に駆け落ちした。やがて友彦の横柄で金遣いの荒い性格に愛想を尽かし、小舟に乗って海に飛び出した。舟を漕ぐ二人の男に襲われそうになるが、五十子姫《いそこひめ》たち四人の女が乗った舟が通りがかり救われる。

八人乙女《やたりおとめ》の第三女・五十子姫と四女・梅子姫は、それぞれの侍女・今子姫、宇豆《うづ》姫と共にメソポタミヤの顕恩郷《けんおんきょう》を出て（第一五巻）、宣伝の旅に出発したところ、バラモン教徒に捕まって舟に乗せられ海に流されてしまった。漂流していたら小糸姫を発見したのである。

舟は竜宮島の方面に向かって流されていた。小糸姫は男勝りの豪胆不敵な性格であり、竜宮島に渡って女王になってやろうと野望を抱く。五十子姫・梅子姫は小糸姫に三五教の教理を教え込んだ。

竜宮島に上陸すると、この島の大棟梁と称するブランジーとその妻クロンバーと出会う。この二人の正体は黒姫と夫・高山彦《たかやまひこ》だった。二年前に、玉を探すため（第二二巻）竜宮島にやって来たのだ。

小糸姫は島人に推されて女王となり黄竜姫《おうりょうひめ》と改名した。そして、ブランジーとクロンバーを宰相役として使った。

第五〜一二章　高姫は竜宮島に玉探しに来るが、玉はないと思って帰ってしまう

高姫・蜈蚣姫《むかでひめ》の一行は、小糸姫に会うため、また、消えた三つの玉を探すため、自転倒島《おのころじま》から竜宮島に向かった。玉能姫《たまのひめ》・初稚姫《はつわかひめ》たちがその後を追う。高姫は玉に心を奪われ要らぬ苦労をするのが気の毒だから高姫を連れて帰れ、と言依別命《ことよりわけのみこと》に命じられたのだ。

竜宮島に上陸し、蜈蚣姫は娘の小糸姫（黄竜姫）と再会した。高姫も黒姫と再会した。

高姫・黒姫・高山彦の三人は竜宮島に玉はないと判断し、自転倒島に帰っていった。

第一三〜一六章　諏訪の湖《うみ》の玉依姫命《たまよりひめ》が五つの麻邇宝珠《まにほっしゅ》を与えることを約束する

玉能姫《たまのひめ》・初稚姫《はつわかひめ》たち五人は竜宮島全土に三五教《あなないきょう》を広めるため宣伝の旅に出た。中央の

諏訪の湖の移写とされる高井の杖ノ渕公園（愛媛県松山市、2017年撮影）

ネルソン山《ざん》より東側は黄竜姫《おうりょうひめ》が治めていたが、西側にはまだ宣伝されていなかった。

一行はジャンナの郷やアンナヒエールの里に三五教を広めながら旅を続ける。

蓮の形をした広大な「諏訪の湖」が現れた。湖畔で祝詞を奏上すると、湖から玉依姫命《たまよりひめのみこと》が現れる。玉依姫命は、竜宮の神宝である五つの麻邇宝珠の玉を錦の宮（三五教の拠点）に献上することを約束する。ただし竜宮島に三五教を宣伝してから渡すと言って姿を消した。

この後、五人の宣伝使に二つの試練が降りかかる。まず十五人の悪漢が現れて、いきなり五人をところかまわず殴りつけた。集団通り魔である。

五人は逃げもせず怒りもせず、手を合わせてうれし涙にむせんだ。彼らは木花姫《このはなひめ》命の化身であり、五人は試練を与えていただいたことに感謝したのであった。

次に、病気で体中が膿《う》んでいる男が現れる。男は「女に膿を吸ってもらえば病気が全快する」と馬鹿げたことを言い出す。しかし初稚姫と玉能姫は喜んで男の膿を吸ってあげた。

男三人は病気が治るようにと祈願を凝らした。するとその男は健康になり、礼を言って立ち去った。

どちらも現実には体験し得ない出来事だが、人生に降りかかる苦難をどのような心持ちで受け入れたらいいのかが示されている。

なお、大本開祖・出口直は初稚姫の生まれ変わりとされている。出口直は幼少時から数々の苦難を嘗《な》めた人生だった。しかし、天を恨んだり社会を憎んだりせず、常に感謝の生活であった。

第二五巻　竜宮島の玉探しの物語（後編）

○前半では清公《きよこう》の身魂《みたま》磨きの旅が描かれる。
○宣伝使一行が諏訪の湖《うみ》の玉依姫命《たまよりひめのみこと》から五つの麻邇宝珠《まにほっしゅ》を受け取る。

第一～一〇章　清公が左守を辞めて身魂磨きの旅に出る

竜宮島の地恩城《ちおんじょう》では黄竜姫《おうりょうひめ》を女王とし、清公《きよこう》が左守《さもり》、鶴公《つるこう》が右守《うもり》となり、国を治めていた。左守・右守とは左大臣・右大臣のような官職で霊界物語にたびたび出てくる。左守が上位である。

清公は慢心したために左守の職を辞めることになった。しかし反省して名誉挽回のため、日の出神の事蹟（第七巻参照）を巡礼し、宣伝の旅に出た。

「酒《クシ》の滝壺」で郷人《さとびと》たちが大蛇《おろち》を殺そうとしていた。日の出神がやってきてから、この滝の酒は涸《か》れてしまい、酒を飲んでいた大蛇は郷人に酒を造って滝壺に常に満たすよう要求した。それを怠ると郷人を襲って呑み込んだ。そのため郷人たちは酒に毒を入れて大蛇を殺そうとしたのだ。

清公は「たとえ大蛇といえども天帝（主神《スしん》）の分身であり、安易に殺してはいけない、まず言霊《ことたま》で言向《ことむ》け和《やわ》すべきだ」と言って、郷人たちを制止する。そして宣伝歌を歌って大蛇を言向け和した。

巨大な大蛇は自ら縮んで小さな蛇となり、清公の足元をうれしげに這い回った。ついに煙となって姿を消した。

清公一行五人は諏訪の湖《うみ》の湖畔で祝詞を上げる。すると舟が現れ、五人を湖中の男島《おしま》・女島《めしま》に運んだ。男島は蛇だらけ、女島はムカデだらけの島だった。

全身蛇だらけムカデだらけになりながら、蛇の島では蛇の心、ムカデの島ではムカデの心になって神様にお任せすればよいのだ…という惟神《かんながら》の精神を学ばされる。

第一一～一六章　玉依姫命から五つの麻邇《まに》宝珠《ほっしゅ》を受け取る

地恩城では黄竜姫《おうりょうひめ》が月見の宴を開いていた。すると黄竜姫は、昔の恋人だった友彦が軍勢を率いて攻めてくる幻影を見る。これは執着心の鬼によって幻覚が見えたのであった。

黄竜姫は月の大神を肴《さかな》として宴を開いたことを反省し、今後は月見の宴を開くことを厳禁した。

そこへ友彦が妻テールス姫を連れて現れた。今ではすっかり改心している友彦は、ハラハラと涙を流して昔の罪を詫びて、黄竜姫と和解した（黄竜姫［小糸姫］はかつて友彦の横柄で金遣いの荒い性格に愛想を尽かし、小舟に乗って海に飛び出していた。第二四巻参照）。

友彦夫婦のために園遊会が開かれる。するとネルソン山《ざん》の上に蜃気楼が現れる。諏訪の湖《うみ》で清公たち五人が何事か神勅《しんちょく》（神示）を受けている様子が見えた。

黄竜姫たちはこれを見て、諏訪の湖に向かった。

諏訪の湖の荘厳《そうごん》な館の中で、黄竜姫たち十人は、玉依姫命から色の異なる五つの「**麻邇宝珠**」の玉を受け取った。玉を受け取る儀式はまず初稚姫《はつわかひめ》ら五人の手に渡され、次いで梅子姫ら五人に渡されるという順を踏んだものだった。

○紫の玉…初稚姫から梅子姫へ
○赤の玉…玉能姫《たまのひめ》から蜈蚣姫へ
○青の玉…玉治別から黄竜姫へ
○白の玉…久助から友彦へ
○黄の玉…お民からテールス姫へ

玉を受け取った十人は、金色の八咫烏《やあたがらす》に一人ずつ乗って海を越え、自転倒島《おのころじま》の由良の港に降り立った。

その後、竜宮島は清公が地恩城の当主となって、全島に三五教《あなないきょう》が広められることになった。

第一七～一九章　高姫たちは竹生島《ちくぶしま》へ玉探しに行く

話は変わる。前巻で竜宮島を離れた高姫・黒姫・高山彦（黒姫の夫）の三人は、船でようやく自転倒島《おのころじま》に帰ってきた。

生田の森の杢助《もくすけ》の館に行き、国依別《くによりわけ》に玉の在処を白状せよと問い詰める。国依別は神《かみ》懸《がか》ったフリをして「琵琶湖の竹生島に玉を隠してある」と告げる。

三人はそのニセの神懸りの言葉を信じてしまい、竹生島へ玉探しに向かった。この話は次巻の第一三章に続く。

第二六巻　五つの麻邇宝珠が錦の宮に奉納される

○竜宮島《りゅうぐうじま》（現代の豪州）から運ばれた五つの麻邇宝珠《まにほっしゅ》が、綾の聖地の「錦の宮」（三五教の拠点）に運ばれ奉納される。

○高姫・黒姫らは騙されて竹生島に玉探しに行く。

○本巻のほぼすべてが七五調《しちごちょう》（七音の句と五音の句を繰り返す形式）の歌で書かれている特殊な巻である。

第一〜一二章　五つの麻邇宝珠が由良川《ゆらかわ》をさかのぼり錦の宮に奉納される

甲子《きのえね》の年の九月八日、由良《ゆら》の港の秋山彦の館に、竜宮島から金色の八咫烏《やあたがらす》に乗って梅子姫・黄竜姫《おうりようひめ》の一行十人が帰ってきた。

諏訪の湖《うみ》の玉依姫命《たまよりひめのみこと》から献上された五つの麻邇宝珠《まにほっしゅ》の玉が神前に安置され、一同は祝詞を奏上した。奥の間からスサノオの大神が現れて一同の活躍を褒め称《たた》えた。その後、別間で直会《なおらい》が始まった。

するとスサノオは神前の玉が入った箱を秘かに別の箱とすり替えてしまった。この経綸はスサノオの他には国武彦《くにたけひこ》、言依別命《ことよりわけのみこと》など一部の者しか知らなかった。

言依別命は五つの玉を船に載せ、由良川《ゆらがわ》をさかのぼって綾の聖地に運ぶことになった。船の出発に際して一同が各自それぞれ今までの経緯を振り返った述懐歌を歌った。

最後に言依別命がスサノオの神勅を奉じて今日から心を改め、犠牲的活動を行うことを歌った（第九章）。これにより次巻では、言依別命が国依別《くによりわけ》を伴い海外に旅に出ることになる。

麻邇宝珠の玉を乗せた船は由良川をさかのぼり、九月九日に綾の聖地に到着。錦の宮（三五教の拠点）の奥殿《おくでん》に納められた。

◎解説
現代の地理でも由良川《ゆらがわ》という川がある。京都府綾部の大本の聖地の横を流れて日本海沿岸の由良に注ぐ川で、上流部は和知川《わちがわ》と呼ばれている。

雛型《ひながた》思想（九三頁を参照）で綾部はエルサレムに相応する。王仁三郎は「由良川」と書いて「ヨルダン川」（イスラエルとヨルダンの国境を流れる川）と読ませている場合もある。

また「和知川」を「いすず川」（伊勢神宮の横を流れる川）と読ませている場合もある。宗教上重要な意味を持つ川だ。

第一三～一七章　竹生島《ちくぶしま》に玉はなく、高姫たちは仲間割れする

前巻の最終章からの続きである。

高姫・黒姫・高山彦《たかやまひこ》の三人は、国依別《くによりわけ》のニセの神懸《かみがか》りを信じて、玉を探すため琵琶湖の竹生島に渡った。

現代の竹生島にはスサノオの三女神《さんにょしん》の一柱・市杵島比売命《いちきしまひめ》（弁才天）を祭る都久夫須麻《つくぶすま》神社があり、スサノオに由縁の深い島である。

霊界物語の時代には、湖の中央に松の島、竹の島、梅の島という三つの島があった。三つの島には、三女神が一柱ずつ祭られていた。三人は夜中に竹の島に上陸し、神社の社殿の床下を掘って玉を探した。

英子姫《ひでこひめ》と亀彦はここの社に神司として仕えていた。亀彦は女神に扮して現れ、「三つの

玉はここにはない。綾の聖地には五つの麻邇宝珠の玉が到着しているから早く帰れ」と三人を諭《さと》す。

高姫は国依別に騙されたことに気付いて黒姫と高山彦に八つ当たりし、三人は喧嘩となった。

第二七巻　琉球の二つの玉の物語

○前半は錦の宮（三五教の拠点）が舞台となる。五個ある麻邇宝珠《まにほっしゅ》のうち四個がなくなり、それを探すため、高姫たちが世界各地に旅立つ。

○後半は琉球が舞台となる。言依別命《ことよりわけのみこと》一行が琉球の竜神から「琉の玉」と「球の玉」を受け取る。

第一～七章　麻邇宝珠が四個なくなり、高姫たちは玉探しに出る

竜宮島の玉依姫命《たまよりひめのみこと》から献上された麻邇宝珠《まにほっしゅ》の五つの玉が、役員・信者に拝観されることになり、九月二三日、錦の宮（三五教の拠点）の教主殿で公開された。

事前に高姫・黒姫によって玉が検《あらた》められた。ところが紫、赤、青、白、黄色の五個のうち紫の玉以外の四個が石コロとすり替えられていることがわかり、大騒ぎとなる。これは前巻でスサノオがこっそりすり替えたのだ。

教主の言依別命《ことよりわけのみこと》が書き置きを残して行方不明になった。書き置きには「麻邇宝珠の四個と、黄金・紫・如意宝珠の三個、計七個の玉を都合によってある場所に隠した。自分はいつ綾の聖地に帰るかわからない。後を追うなかれ」と書いてあった。

高姫は日《ひ》の出神《でのかみ》の生宮《いきみや》の自分が教主になると主張する。しかし錦の宮の神柱《かんばしら》の玉照姫《たまてるひめ》は、英子姫《ひでこひめ》を教主に任命した。そしてもし高姫が麻邇宝珠の四個の玉を探して持ち帰ったら、次のことをすると約束した。高姫を教主に、高山彦と黒姫を左守《さもり》・右守《うもり》に任じるというのだ。

高姫は喜んで玉を探しに行こうとする。すると高山彦が、高姫と縁を切り、黒姫と離縁すると宣言して姿を消してしまった。高山彦は、執着心の強い高姫・黒姫の二人にすっかり愛想が尽きたのだ。

こうして高姫は四個の玉を取り返すため、言依別命の後を追いかけ、高砂島《たかさごじま》（現代の南米）へ向かった（第二九巻）。黒姫は高山彦の行方を追い、玉探しも兼ねて筑紫島《つくしじま》（現代のアフリカ）へ向かった（第三四～三五巻）。

第八～一八章　言依別《ことよりわけのみこと》命は琉球の竜神から「琉の玉」「球の玉」を受け取る

言依別命と国依別《くによりわけ》は船で高砂島に向かうが、途中で琉球と台湾に立ち寄った。

太古の琉球は広大な島で、現代の十倍もの面積があった。北の「琉の島」と南の「球の島」があるが、言依別命と国依別の二人は琉の島に上陸した。

竜神の大竜別《おおたつわけ》夫婦は「琉の玉」と「球の玉」を二人に渡す。大竜別夫婦は三千年の苦行を終え、一切の執着を捨て去り、天に上り、降雨を調整する神となった。

琉球の玉を持ったまま高砂島に行くと、言依別命と国依別の二人の後を追ってくる高姫が玉を盗んだりして罪を重ねることになる。そのため二人は玉の精霊だけを吸い取って自分の体に移した。物体としての玉は若彦に渡して、自転倒島《おのころじま》に持ち帰るよう命じた。

第三三巻で琉の玉は津の国の生田《いくた》の森（現代の神戸市・生田神社）に、球の玉は紀の国の玉《たま》

波上宮（2014年撮影）

昭和３年元旦、波上宮の岩上で初日（はつひ）を拝む王仁三郎

留島《つめじま》（現代の和歌山市・玉津島《たまつしま》神社）に祭られる。

言依別命と国依別の二人が体に吸い取った琉球の玉のパワーは、台湾島（第二八巻）やヒルの都（第三二巻）、アマゾン（第三三巻）で発揮されることになる。

熊野から神命により、常楠《つねくす》とその息子の清彦《きよひこ》・照彦《てるひこ》（第二三巻に登場した虻公《あぶこう》・蜂公《はちこう》が改名した）が琉球に渡ってくる。常楠は琉球の守護神となり、清彦・照彦はそれぞれ琉の島・球の島の王となった。

◎解説

余談だが、王仁三郎が昭和三年（一九二八年）一月に沖縄を巡教した際、波上宮《なみのうえぐう》（那覇市にある有名な古社）で琉・球の玉を髣髴《ほうふつ》とさせる二つの石を見つけ、側近に渡している。この石は琉球の国魂神であり、一時は本州で祭られていたが、現在は沖縄で祭られている。

第二八巻　台湾島の日《ひ》楯《たて》・月《つき》鉾《ほこ》の物語

○台湾島の三五教《あなないきょう》の教主・真道彦命《まみちひこのみこと》の息子である日楯・月鉾の兄弟が、台湾島を乗っ取った宰相兄弟から国を取り戻す。

○琉球から台湾救済の神宝がもたらされる。

第一～六章　日楯・月鉾に琉・球の玉の霊力が与えられる

　台湾島は泰安城《たいあんじょう》のカールス王によって治められていた。第三巻に登場した新高山《にいたかやま》の八《やつ》王神《おうじん》・花森彦《はなもりひこ》の孫がカールス王である。カールス王は従妹《いとこ》のヤーチン姫を妃にする予定だった。

　サアルボースとホーロケースの兄弟が宰相として政治を執っていたが、二人は野心家で、台湾島を乗っ取ろうとたくらんでいた。サアルボースはヤーチン姫を邪神扱いして捕まえ、自分の娘のセールス姫をカールス王の妃にしてしまう。

日月潭（2009年撮影）。中央に小さな島が見える。

　台湾島の三五教《あなないきょう》では、真道彦命《まみちひこのみこと》が教主となり、日月《じつげつ》潭《たん》の湖畔の玉藻山《たまもやま》に聖地を構えていた。現代の地理だと台湾島の中心部の山中に日月潭という湖があり、有名な景勝地になっている。

　先代の国王がバラモン教に帰依したため、泰安城がある台湾島北部はバラモン教の支配下にあった。そのため、三五教の勢力は南部にしか及ばなかった。

　あるときホーロケースの軍勢が玉藻山の聖地を攻撃し、占領してしまう。教主の真道彦命は殺されてしまった。

　真道彦命の二人の息子、日楯と月鉾の兄弟は、日月潭

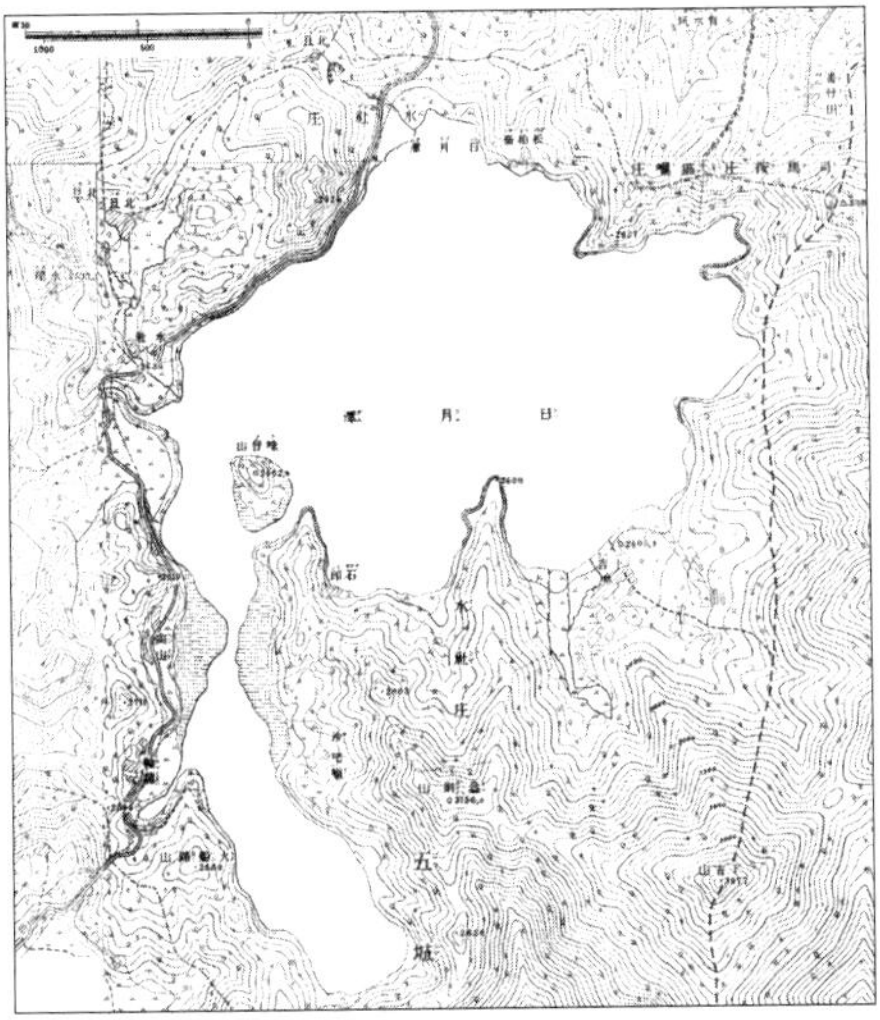

明治時代の日月潭の地図。北部の円状の部分が太陽に、南部の円弧状の部分が三日月のように見えるため、日月潭と呼ばれる（潭は水を湛えた淵の意）。霊界物語の竜の島に相応する島もある。昭和９年（1934年）にダムが完成し水位が上昇したため、現在の湖の面積はもっと広く、逆に島は水没して小さくなっている。

に浮かぶ「竜《たつ》の島」に逃れた。玉藻山の聖場を救えるかどうかに関して神意を占うため、島山の上から湖に飛び降りようとした。

そのとき二人の宣伝使が現れた。自転倒島《おのころじま》から高砂島《たかさごじま》へ渡る途中の言依別命《ことよりわけのみこと》と国依別《くによりわけ》である。琉・球の玉の霊力を分け与え、すぐに立ち去った。

日楯・月鉾は玉の力を得て勇気が満ち、神軍を率いて玉藻山の聖地を奪還する。

真道彦命は生きていた。殺されそうになったところを木花姫命《このはなひめのみこと》に救われたのだ。山の中に潜んでいると、サアルボースに捕まったヤーチン姫が崖から突き落とされるのを目撃する。

真道彦命はヤーチン姫を救出して、玉藻山の聖地に帰還し、日楯・月鉾と共に聖地を再興した。

第七～一八章　球の島の常楠《つねくす》仙人から神宝を授かり台湾島を救う

台湾島のカールス王は嫌いなセールス姫と無理矢理結婚させられたため病を発し、山の中に蟄居《ちっきょ》させられた。

台湾島はサアルボース兄弟とセールス姫の天下となるが、その暴政に国民の不満が爆発する。都で革命が勃発したのだ。

玉藻山の三五教軍も立ち上がり、都を制圧した。しかしカールス王は、三五教《あなないきょう》の教主・真道彦命が政治権力を奪おうとしているのではないかと疑い、投獄してしまう（第九章）。

日楯《ひたて》・月鉾《つきほこ》は父・真道彦命の冤罪が晴れるように祈願していると、日楯の妻・ユリコ姫が神懸《かみがか》りとなる。そして、「琉球の球の島（南の島）に渡り、救援を求めよ」という神示が下った。

日楯・月鉾、日楯の妻・ユリコ姫の三人は球の島の都へ行き、照彦《てるひこ》王から向陽山《こうようざん》へ向かえと神示を与えられた。城に仕える八千代姫と照代姫も加わり、五人で向陽山に向かう。

幾多の試練を経た後、向陽山の常楠《つねくす》仙人から台湾救済の神宝として、二つの玉と三つの鏡が与えられた（第一四章）。

その頃、台湾島では三五教軍に追い払われたセールス妃や革命軍たちが同盟を結び、泰《たい》安城《あんじょう》に攻め寄せた。カールス王は捕まり投獄されてしまう。

台湾島に帰島した日楯・月鉾たちは五つの神宝で敵軍を降伏させ、泰安城を取り戻した。そして真道彦命やカールス王を救い出した。カールス王は従妹のヤーチン姫を正妃に迎え、台湾島は平和に治まることとなった。

台湾と琉球は相提携することになり、カールス王家と照彦王家との間に姻戚関係が結ばれた。

◎解説

向陽山の常楠仙人とは第二七巻で琉球の守護神となった常楠のことである。熊野から渡った者が琉球の守護神となったというのは不可解な気もするかもしれない。だが、調べてみると現実の琉球と熊野の間にも神縁が見出せる。

波上宮《なみのうえぐう》を筆頭とする琉球八社と呼ばれる古社が沖縄県内にあるのだが、そのうち七社が熊野の神様を祭っているのだ。真言宗の伝播《でんぱ》に伴って熊野権現が琉球に渡ったようだ。数百年も前から琉球に熊野信仰があるというのは興味深い。

第一九〜二二章　高姫の船が座礁し海上を歩いて高砂島《たかさごじま》に上陸する

話は変わり、高砂島に向かう高姫のエピソードとなる。

高姫は言依別命《ことよりわけのみこと》を追うため高砂島に渡る船に乗るが、高砂島の近くまで来たところで座礁してしまった。高姫は仕方なく船を降り、海上を歩いていった。

そこへちょうど別の船が通りがかり、高姫一行は救助された。高姫はその船に言依別命が乗っていたとは知らずに、テル（現代のチリ）の港に上陸し、言依別命を探しに行った。

◎解説

海の上を歩く…なんてバカバカしい話だが、その頃の海は塩分の濃度が高く、波がなければ一里や二里は徒歩で海を渡ることができたと王仁三郎は言う。死海で立ち泳ぎするようなものだと考えれば、あながち不可能ではないのかもしれない。

第二九巻　高砂島《たかさごじま》で鷹依姫《たかよりひめ》と高姫が改心する物語

○第二九巻から第三三巻の前半までは高砂島（現代の南米）が舞台となる。

○本巻は、鷹依姫と高姫が改心し、玉への執着を捨て去る。

○鷹依姫一行と高姫一行はアマゾンへ向かい、第三二巻のアマゾンでの神業に向けて伏線が敷かれていく。

第一～四章　鷹依姫がインチキ宗教を開いて玉を集める

第二二巻で「黄金《おうごん》の玉」を探しに行けと高姫に命じられた鷹依姫《たかよりひめ》は、息子の竜国別《たつくにわけ》と二人の部下（テーリスタン、カーリンス）の計四人で高砂島に玉探しに行く。そしてテルの国（現代のチリ）の「鏡の池」に拠点を構えた。

高砂島は第八巻でも舞台になった。鏡の池は猿世彦《さるよひこ》（後に狭依彦《さよりひこ》に改名）が小屋を建てたアリナの滝より少し上流の、岩窟《いわや》の中にある小さな池だ。

一行は黄金の玉を探すため、ここに新興宗教を開いた。鷹依姫が岩窟の奥に潜んで月照彦神《つきてるひこのかみ》と称し、竜国別が岩窟の外で神勅を請うという、インチキ宗教だ。いかなる玉でも鏡の池に献上する者に神徳を与えると高砂島全土に宣伝し、大勢の信奉者が参詣《さんけい》した。

玉はたくさん集まったが目当ての玉はなかった。ヒルの国（現代のペルー）のアールという男が、先祖から伝わる黄金色の玉を献上すると、鷹依姫たちはそれが目当ての黄金の玉だと思い込む。

アールに国玉依別命《くにたまよりわけのみこと》という名を与え、玉箱には別の玉を入れる。鷹依姫は「鏡の池の神司《かむつかさ》となって万民を救え」と書き置きを残し、玉を持って逃げ出した。

アールは騙されたと気づかず、鏡の池に日夜奉仕する。参詣者がどんどん増えたため、谷から谷へ橋を渡し、その上に宏大な神殿を造る。それを「懸橋御殿《かけはしごてん》」と名付けた。

あるとき鏡の池に狭依彦の神霊が現れ、鷹依姫がニセの神懸りをして騙していたのだと真実を伝える。しかしアールは「黄金の玉には少しも執着はない、たとえ石コロでも神霊が懸かったものならそちらの方が大切だ」と答える。

狭依彦の神霊は「その心がけに感じ入った、それでこそ三五教《あなないきょう》の教えは天下に広まるであろう」と言って姿を消した。

教祖が金儲けで興したインチキ宗教であっても、信者の信仰が本物ならば神徳が与えられるということは重視したい。

玉を持って逃げた鷹依姫一行四人はウヅの国（現代のアルゼンチン）の櫟《くぬぎ》ケ原《はら》で休憩した。すると玉を入れた袋が白楊樹《はくようじゅ》の枝に引っ掛かり落ちてこない。

そこへ怪物（実は木花姫命《このはなひめのみこと》）が現れ、「黄金の玉への執着を捨てて善心に立ち返れ」と諭される。心を改めた一行は「アマゾンの森へ進め」と指示された。

第五〜一二章　高姫は玉への執着心を放棄する

高姫は部下二人（常彦《つねひこ》、春彦《はるひこ》）を伴ってテルの港に上陸した。「鏡の池」にいろいろな玉が集まっていると聞いてそちらへ向かった。

池の神が現れて高姫の罪を責め、改心を迫る。だが、高姫は悪口を言い返す。池から大きな男（神霊）が現れ、高姫を放り上げたり落としたりすると、高姫は悲鳴を上げて逃げ出した。

高姫は櫟《くぬぎ》ケ原《はら》の白楊樹《はくようじゅ》まで駆けていき、そこで休息する。すると、女神が現れ高姫を教戒《きょうかい》した。白楊樹の枝に掛かった玉を高姫に渡し、「懸橋御殿の神司が明日ここに来るから玉を返しなさい」と言う。

高姫は「今日限り玉に対する執着心は放棄します」と改心を誓った。女神は「アマゾンに行って鷹依姫一行に会いなさい」と指示を出した。

第一三〜二〇章　高姫は鷹依姫が刻んだ石像を背負いアマゾンへ向かう

高姫は「玉の湖《うみ》」という大きな湖の畔《ほとり》で一つの石像を見つけた。裏を見ると鷹依姫《たかよりひめ》・竜国別《たつくにわけ》たちが改心記念のために造った旨が刻まれていた。

高姫は自分が鷹依姫に玉探しを命じ苦労をさせたことを反省した。罪滅ぼしのために自転倒島《おのころじま》までこの石像を背負って帰ることを決意する。

海岸に出て船に乗ると、船客が鷹依姫一行の噂話をしていた。昨年この船に乗った鷹依姫一行が海に落ちて行方不明になったという。そんな悲惨な目に遭ったのは高姫が玉探しを命じたせいだと船客が怒っていた。高姫は自ら名乗り出て懺悔《ざんげ》をし、気が済むようにしてくれと謝罪した。

怒っていた船客の一人ヨブは、高姫の高潔な精神に感動し、三五教《あななひきょう》の信者となった。そして高姫に同道することにした。

港に上陸すると、町の人の噂話から、海に落ちた鷹依姫一行は生きていることがわかった。大きな亀（琴平別神《ことひらわけのかみ》）の背に乗って港に上陸したという。

幽斎修業《ゆうさい》（神懸《かみがか》りの修業。第三七巻参照）をしているとヨブの同郷のマールに鷹依姫の生霊が懸かった。アマゾンの森の中をさまよい苦しんでいることを伝える。

高姫一行は鷹依姫一行を助けるためアマゾンに急いだ。

第三〇巻　高砂島《たかさごじま》の末子姫《すえこひめ》の物語／国依別《くによりわけ》の物語（前編）

○テルの国（現代のチリ）が主な舞台となる。

○末子姫《すえこひめ》がバラモン教の石熊《いしくま》を改心させ、ウヅの国（現代のアルゼンチン）へ行って女王となる。

○言依別命《ことよりわけのみこと》と国依別《くによりわけ》が旱魃《かんばつ》から人々を救う。

第一～八章　末子姫はバラモン教の石熊を改心させる

八人乙女《やたりおとめ》の第八女・末子姫《すえこひめ》とその侍女・捨子姫《すてこひめ》は、メソポタミヤの顕恩郷《けんおんきょう》を出た（第一五巻）後、バラモン教徒に捕まり小舟で海に流された。漂流した末、高砂島《たかさごじま》のテルの国に流れ着く。

末子姫と捨子姫の二人は、かつて正鹿山津見《まさかやまづみ》が治めていたウヅの国へ進むことにした。正鹿山津見は黄泉比良坂《よもつひらさか》の戦い（第一〇巻）に出陣する前、部下の国彦に「やがて神《かむ》素盞嗚大神《すさのお》の姫御子《ひめみこ》がこの国に降臨する時が来るから、それまでウヅの都の神館《かむやかた》を守れ」と命じていた。国彦は帰幽し、今はその子の松若彦《まつわかひこ》が神館を守っていた。

山の中でバラモン教徒が、末子姫と捨子姫の二人を捕まえようと待ち構えていた。だが、バラモン教徒の中に潜入していたカール（松若彦の部下）がウヅの都まで案内してくれることになった。

この地方のバラモン教の教主は石熊《いしくま》という名で、高照山《たかてるやま》にアジトを構えていた。末子姫は「乾の滝《いぬい》」で大蛇《おろち》に魅入られて動けなくなっていた石熊を救出する。石熊は命を救ってくれたことを感謝し、改心して同道することになった。

第九～一三章　巽《たつみ》の池の大蛇《おろち》を宣伝歌で言向《ことむ》け和《やわ》す

末子姫《すえこひめ》一行は「巽の池《たつみ》」の大蛇《おろち》を言向け和しに向かう。最初に石熊《いしくま》が宣伝歌を歌うが、天候が悪化するばかりで大蛇が帰順する様子はまったくない。石熊の宣伝歌は、自分は強く偉い者だと威張り、権威権力によって改心を強要するような歌だった。

石熊の次に捨子姫が宣伝歌を歌う。それは、森羅万象すべてが神の恵みを受けており、自分自身も神の霊魂を与えられていることを悟り、本来あるべき空の神へ返るよう勧める歌であった。

最後に末子姫が宣伝歌を歌った。それは大神の神徳を称え、いかなる罪もスサノオの贖いによって救われるという賛歌であった。

すると池から白い竜が現れ、感謝の涙を流した。その後、その体は縮小して見えなくなった。

空から竜神の解脱を喜ぶ数多《あまた》の天人が舞い下りた。そして美しい女神の姿に化した竜神を守りつつ、空高く消えていった。

末子姫一行がウヅの都に到着すると、松若彦《まつわかひこ》が大勢の国人を引き連れて待っていた。国人たちは歓喜し、末子姫を女王兼教主として迎え入れた。

アマゾンの神業（第三二巻）の後、末子姫は国依別《くによりわけ》と結婚することになる。

第一四～二四章　魚を食べることを許して人々を旱魃から救う

話は変わり、国依別《くによりわけ》の物語となる。言依別命《ことよりわけのみこと》と国依別の二人はテルの港から上陸し、北へと進んでいった。

テルとヒルの国境地帯の人々は旱魃で苦しんでいた。川には御倉魚《みくらうお》という魚がたくさん棲んでいたが、この魚は神の使いだとしてウラル教によって食べることが禁じられていた。

この地方のウラル教の教主はブールという。言依別命は「人間と魚とどちらが大切か？」と異議を唱えるが、ブールは「たとえ一匹でも魚を食べるとたちまち神罰が下る」と言う。

言依別命と国依別は川に入って魚を捕まえ殺して食べるが、一向に神罰は下らない。それを見て安心した人々は次々と川に入って魚を食べ出した。これにより人々は飢餓から救われ、ウラル教に愛想を尽かして三五教の信者となった。

言依別命はこの地を去り、国依別だけが残った。キジとマチという二人の若者が飢餓から救われたことを感謝し、国依別の弟子となる。三人でヒル（現代のペルー）の都を目指して向かった。

ヒルの都では楓別命《かえでわけのみこと》が三五教を広めていた。第八巻で紅葉彦命《もみじひこのみこと》がヒルの国の守護職となったが、楓別命はその息子だ。日暮シ山《ひぐらしやま》（現代のアンデス山脈）の岩窟《いわや》に聖場を構えるブールはウラル教が盛り返すよう、楓別命の館を攻撃せよと部下に命じた。

国依別一行はエリナという女と出会う。エリナの父エスはウラル教の宣伝使だったが、三五教に寝返ったため捕まってしまった。国依別はキジとマチの二人に日暮シ山に行ってエスを救出するよう命じ、自分はヒルナの都を目指した。

キジとマチは日暮シ山の岩窟に入るが、落とし穴に落ちて捕まってしまう。この話は次巻に続く。

天津祝詞解《あまつのりとかい》

天津祝詞は大本で日常的に唱える最も基本的な祝詞であるが、その言霊学的解釈が巻末に収録されている。

第三一巻　高砂島《たかさごじま》の国依別《くによりわけ》の物語（後編）

○国依別《くによりわけ》がヒル（現代のペルー）の都で発生した大地震を「球の玉」の力で鎮める。
○日暮《ひぐら》シ山《やま》のウラル教の教主・石熊《いしくま》などが改心し、アマゾンの神業の準備が整っていく。

第一～六章　ヒルの都で起きた大地震を国依別《くによりわけ》が鎮める

国依別はエリナの家に行き、母親の病が治るよう祈願する。しかし、重病で助かる見込みはなかった。

エリナはもともとウラル教の信者であるが、三五教《あなないきょう》の教えを聞き、心の中で信仰が二つに割れていた。国依別は「神は元は一株《ひとかぶ》であるから、常世神王《とこよしんのう》（ウラル教）を念じようと、国治立命《くにはるたちのみこと》（三五教）を念じようと、決して神の怒りに触れるものではない」と教えてエリナの家を離れ、ヒルの都に向かった。

ヒルの都では楓別命《かえでわけのみこと》が神司《かむつかさ》となり三五教を広めていた。

国依別がヒルの都に入ると突如、大地震が起きる。家屋は倒れ、火災が発生し、阿鼻《あび》叫喚《きょうかん》の場と化した。

「球の玉」の神力を備えた国依別は、一心に祈願し、天《あま》の数歌《かずうた》を宣《の》り上げる。ようやく大地の震動が収まった。楓別命は倉を開き、人々の救済に努めた。

　エリナが楓別命の館にやって来た。また、楓別命の妹の紅井姫《くれないひめ》も国依別に恋慕していた。国依別を恋い慕って追ってきたのだ。楓別命の館に仕える秋山別《あきやまわけ》とモリスは、紅井姫に恋慕していた。だが二人は紅井姫からはまったく嫌われていた。

　紅井姫とエリナが国依別を取り合い、秋山別とモリスが紅井姫を取り合うという、二つの三角関係でドラマが進んでいく。

　国依別はエス（エリナの父）を救出に行ったキジ・マチが心配になり日暮シ山に向かう。女二人は国依別の弟子となり同道することにした。

第七～一三章　日暮《ひぐら》シ山《やま》のブールが改心する

　日暮シ山に向かう道筋で、秋山別・モリスが、国依別《くによりわけ》一行三人を待ち伏せしていた。秋山別・モリスの二人は国依別に嫉妬し、国依別を殺して紅井姫《くれないひめ》とエリナを奪い取ろうという魂胆だった。

　しかし二人の本命は紅井姫だ。どちらが紅井姫を取るかで揉めているのを、国依別がこっそり見つけてしまった。

　国依別は茶目っ気を出して、森陰から天狗のフリをして大声を出して驚かせた。そして「これから三人がこの坂を登ってくるから、早く行け。勝った方に紅井姫をくれてやる」と言うと、二人は喜んで走り去った。

国依別は第二五巻でも、神が懸かったフリをして高姫たちを竹生島に行かせたが、こういう悪戯《いたずら》好きのキャラクターである。

日暮シ山に着いた国依別一行は、キジ・マチを落とし穴から救い出し、エス（エリナの父）を水牢から救い出した。日暮シ山のブールは改心し、紅井姫と結婚し、ヒルとカル（現代のコロンビア）の両国にわたって三五教を広めることになる。

第一四〜二一章　秋山別とモリスが改心する

国依別《くによりわけ》は安彦《やすひこ》・宗彦《むねひこ》（キジ・マチが改名した）を伴ってハルの国（現代のブラジル）へ向かった。

その途中、秋山別とモリスが、国依別の命を狙う。二人は国依別が紅井姫《くれないひめ》とエリナを連れていると思い、国依別を殺して女を手に入れようとたくらんだのだ。

そこへ紅井姫とエリナが現れたが、実はこの二人の女は旭日《あさひ》明神・月日明神（鬼武彦《おにたけひこ》の部下の白狐）が化けたニセ者だった。エリナによって秋山別・モリスは川に投げ込まれてしまう。

二人は気を失い中有界《ちゅううかい》を彷徨《さまよ》った。青鬼・赤鬼に捕まり焦熱《しょうねつ》地獄（猛火で責められる地獄）に投げ込まれそうになるが、「惟神霊幸倍坐世《かんながらたまちはえませ》」と一生懸命に唱えると、鬼は消えて光り輝く神人《しんじん》が現れ、二人を救ってくれた。

秋山別とモリスの二人は気がつくと、川辺で国依別一行に介抱されていた。二人は神恩を感謝し、心を改めて、国依別の弟子となった。

第二二〜二五章　言依別命《ことよりわけのみこと》・国依別《くによりわけ》が帽子ケ岳に登りアマゾンの神業の準備が整う

国依別一行はハルの国の屏風《びょうぶ》山脈の最高峰・帽子《ぼうし》ケ岳《だけ》に登る。そこはアマゾンを一望できる景勝地であった。国依別ら三人は北ルートから、秋山別・モリスは南ルートから登り、山頂で合流することにした。

宣伝使となった秋山別・モリスには神の試しが待っていた。モリスの前には紅井姫《くれないひめ》（実は旭日明神の化身）が現れ、秋山別の前には怪物が現れて、二人の信仰を試したのだ。

二人は神の試験に合格し、帽子ケ岳の山頂に登り着き、国依別一行と合流した。そこへ言依別命も現れた。言依別命と国依別はここを拠点として、アマゾンの森に棲む怪獣モールバンドとエルバンドに対して言霊戦《ことたません》を開始することになる。

本巻で改心した秋山別、モリス、前巻で改心した石熊《いしくま》、キジ・マチ（安彦・宗彦）、その前の巻で改心したヨブなどは、次巻で展開するアマゾンの神業に参加することになる面々である。

鷹依姫《たかよりひめ》、高姫、末子姫《すえこひめ》、言依別命、国依別という海の外から渡ってきた宣伝使たちが旅をするプロセスで、こうした役者が育てられてきた。次巻では彼らがアマゾンに集結する。

第三二巻　アマゾンの「兎《うさぎ》の都」の物語

○アマゾンに三五教《あなないきょう》の宣伝使十八人が集結し、「兎の都」の兎たちを襲う怪獣モールバンドとエルバンドを言向《ことむ》け和《やわ》す。
○モールバンドの手先となっていた猛獣たちも言向け和し、猛獣に対して律法を定める。
○スサノオによって国依別《くによりわけ》と末子姫《すえこひめ》の結婚が決まる。

第一～六章　兎《うさぎ》の都で鷹依姫《たかよりひめ》が猛獣連合軍と対決する

アマゾン河の南岸の森林に、兎の一族が神代《かみよ》から住む「兎の都」があった。その周りには広い湖があり、無数の鰐《わに》が住んでいた。

兎と鰐の両族は相提携して生きており、鰐は兎の都の軍隊のような用務に従事していた（これは文字通りの兎と鰐ではなく、兎は月神を祭る民族の意で、鰐は武人の群れだという但し書きがある）。

アマゾンにはモールバンドという水陸両生の怪獣がおり、猛獣の王として他の猛獣たちから恐れられていた。他にエルバンドという動物の血を吸う怪獣もいた。兎族はこれらモールバンドとエルバンドに捕食され、絶滅の危機に瀕していた。

兎族の長は、アマゾンにやって来た鷹依姫一行四人に救いを求める。猛獣たちを言向《ことむ》け和《やわ》して動物たちが平和に暮らせるよう要請した。

モールバンドは最近、兎が姿を見せないので捕食できずに困っていた。そこでエルバンドを使者として獅子王のもとに送り、「兎を捕まえて献上せよ、さもないと獅子をはじめ猛獣たちを捕食するぞ」と脅す。

獅子王は仕方なく熊王、狼王、虎王など猛獣の代表者を集めて会議を開いた。モールバンド、エルバンドと戦ってもとうてい勝ち目がないため、要求を呑み、兎を捕まえに行くことにした。

兎の都に猛獣連合軍が攻め寄せてきた。鰐たちが防戦するが、大軍なのでかなわない。鷹依姫は祝詞を奏上し、言霊を宣《の》り上げた。すると帽子ケ岳の山頂から二つの火光がサーチライトのように輝いて、猛獣軍を照らす。これは言依別命《ことよりわけのみこと》と国依別《くによりわけ》が琉・球の玉の霊光を発射したのだ。

猛獣連合軍は戦《おのの》いて、命からがら退却した。

第七～一四章　十二人の宣伝使がモールバンド・エルバンドを言向《ことむ》け和《やわ》す

高姫一行四人がアマゾンに到着した。アマゾン河の北岸の「シクシク原《ばら》」でキツネに化かされ、玉への執着心を心の底から捨て去った。

帽子ケ岳から降りてきた安彦・宗彦・秋山別・モリスの四人と合流し、南岸に渡って鷹《たか》依姫《よりひめ》一行四人と再会する。

こうして総勢十二人は天地に向かって祝詞を一週間、間断なく奏上し続け、すべての猛獣を言向け和した。そして猛獣に対して律法を定め、固く守らせた。

モールバンドとエルバンドは言霊《ことたま》に悦服《えつぷく》（心から喜んで服従すること）し、竜体となって天に昇っていった。

神業《しんぎょう》を終え、十二人は帽子ケ岳に登り、山頂で言依別命《ことよりわけのみこと》・国依別《くによりわけ》と合流する。他に正純彦《まさずみひこ》一行四人がアマゾンに向かったが、森林の中で道に迷い、三日遅れて山頂に到着した。

このアマゾンの神業に参加したのは次の十八人である。

鷹依姫、竜国別、テーリスタン、カーリンス
高姫、常彦、春彦、ヨブ
安彦、宗彦、秋山別、モリス
正純彦、カール、石熊《いしくま》、春公
言依別命、国依別

一行十八人は山を降り、ウヅの都（現代のアルゼンチン）の末子姫《すえこひめ》の館に凱旋した。

◎解説
十八はミロク（三×六）を表す数字だ。この十八人はそれぞれ異なる動機、異なるルートでアマゾンに

やって来た。自転倒島《おのころじま》から高砂島《たかさごじま》に渡った人は九人おり、道中で新たな宣伝使を生み出していった。それぞれミロクの大神の見えない糸に操られて集められ、アマゾンの神業に参加したのである。

宣伝使は一人旅が原則だが、このように力を合わせて大きな神業を成し遂げる場合もある。

第一五～二四章　国依別《くによりわけ》と末子姫《すえこひめ》の結婚が決まるが高姫が反対する

ウヅの都の末子姫の館で、言依別命《ことよりわけのみこと》一行十八人の凱旋を祝して宴が開かれた。奥殿に来臨していたスサノオの神慮《しんりょ》により、国依別が末子姫の夫と定められた。ところが高姫がこの縁談に反対する。国依別は若いときから女たらしで、人勢の女を泣かせてきた。また悪戯好きのひょうきん者で、とうてい末子姫の夫にふさわしくないとして、破談にするため反対運動を繰り広げる。

第三三巻　三五《さんご》の玉の神業《しんぎょう》が完了する

○前半は高砂島《たかさごじま》のウヅの都（現代のアルゼンチン）が舞台となり、国依別《くによりわけ》と末子姫《すえこひめ》の結婚式が行われる

○後半は自転倒島《おのころじま》の錦の宮（三五教の拠点）が舞台となる。五つの麻邇宝珠《まにほっしゅ》が奉納され、三五の玉の神業が完了する。

○高姫と黒姫が過去の人生を告白し、生き別れた子供や夫と再会する。

第一〜一六章　国依別《くによりわけ》と末子姫《すえこひめ》の結婚式が盛大に行われる

ウヅの都の神館《かむやかた》で、国依別と末子姫の結婚式が盛大に行われた。神素盞鳴大神《かむすさのお》も臨席した。

高姫は二人の結婚に直前まで反対していたが、捨子姫《すてこひめ》や言依別命《ことよりわけのみこと》らに説得され、渋々同意した。

結婚式が終わると、高姫や鷹依姫《たかよりひめ》たちは自転倒島《おのころじま》への帰途に就いた。

第六九巻で再びウヅの国が舞台となり、国依別・末子姫の息子や娘が、堕落した国家を立て直すために活躍する。

第一七〜一八章　錦の宮に五つの麻邇宝珠《まにほっしゅ》が揃う

高姫・鷹依姫《たかよりひめ》の一行は自転倒島《おのころじま》に帰国した。筑紫島《つくしじま》（現代のアフリカ）に玉探しに行っていた黒姫一行（第三四〜三五巻）も帰国し、由良《ゆら》の港で久しぶりに再会する。

由良の司・秋山彦は「五つの麻邇宝珠を竜宮島から持ち帰る御用は、梅子姫・高姫・黒姫・鷹依姫・竜国別《たつくにわけ》の五人が行うことが昔からの因縁で決まっていた」と説き明かす。しかし梅子姫以外の高姫たち四人は竜宮島にいなかったので御用に参加することができなかった。

だから代わりに黄竜姫《おうりょうひめ》たち四人が玉を運んで来て（第二五巻）、臨時に御用を勤め上げたのだ。しかし因縁の身魂《みたま》の四人（高姫・黒姫・鷹依姫・竜国別）にきちんと御用を勤めてもらう必要がある。

五個のうち四個が紛失したのは、実はスサノオの御神慮により、秘かに若狭湾の沓島《めしま》に隠されていた。「その玉を綾の聖地へ持っていき、因縁の御用を勤めよ」と言って、秋山彦は、スサノオからの神書を読み上げた。

高姫たちはスサノオの大御心に感激して、感謝の涙にむせんだ。喜び勇んで沓島に向かう。

九月八日、綾の聖地の錦の宮（三五教の拠点）に四個の玉が納まり、五つの麻邇宝珠が揃った。三つの玉と五つの玉、計八つの玉の御用に奉仕した八人それぞれに、新たな御用が与えられた。

高姫は黒姫らと共に紫姫の部下となり錦の宮に奉仕することとなった。

第一九〜二三章　黒姫と高姫の捨て子や元の夫が判明する

錦の宮（三五教の拠点）で、高姫たちが帰国したことを感謝する報告祭が開かれた。

黒姫は回顧歌を歌い、三十五年前に捨てた子供（玉治別《たまはるわけ》）と筑紫島《つくしじま》で再会したことを告白した。

黒姫は若いとき、橋の近くで出会った男と一夜の夢を結んだ。その男とはそれっきりだったが、黒姫は妊娠して男の子を産んだ。しかし育てることができずに道端に捨ててしまう。

その子と三十五年ぶりに筑紫島で再会したのだ。また、一夜限りだったあのヤサ男が、今の夫の高山彦《たかやまひこ》であることが判明する。そうとは知らずに結婚していたのだ。

続いて高姫も回顧歌を歌い、自分にも捨て子がいることを告白した。若い頃、美女だった高姫は道ですれ違った美男子と恋に落ち、駆け落ちしてエルサレムで同棲する。妊娠して男の子を産んだが、男は家を出ていってしまった。

高姫はそのショックからか子供を捨ててしまう。それがやはり三十五年前のことだ。黒姫の情報によると、その子は筑紫島の熊襲《くまそ》の国（注）の建国別《たけくにわけ》だと判明して高姫は喜ぶ。逃げた男の名は東野別《あずまのわけ》というのだが…それが淡路島の東助《とうすけ》（第二三巻参照）だと判明した。

高姫は昔の夫である東助と縒《よ》りを戻そうと言い寄る。だが、今は東助には妻がいるため、高姫の恋慕を断固拒否する。

東助の厳しい態度に高姫は泣き伏した。

この高姫の傷ついた心が、彼女の今後の道を誤らせてしまうきっかけとなる。

（注）熊襲《くまそ》の国……筑紫島に四つある国の一つ。他に火の国、豊《とよ》の国、筑紫の国がある。

第二四～二六章　「琉の玉」は生田《いくた》に、「球の玉」は玉留島《たまつめじま》に祭られる

東助《とうすけ》はフサの国（現代のイラン）のイソ館《やかた》へ転勤することになった。高姫は津の国の生田の森（現代の生田神社［兵庫県神戸市］）で「琉の玉」を守護することになる。「球の玉」は国玉別《くにたまわけ》・玉能姫《たまのひめ》夫婦が紀の国の玉留島《たまつめじま》（現代の玉津島《たまつしま》神社［和歌山県和歌山市］）で守護することになった。

第三四巻　筑紫島の黒姫の物語（前編）

○第三四～三五巻は、黒姫が逃げた夫を探すため筑紫島《つくしじま》（現代のアフリカ）を旅して回る物語である。

○黒姫は赤子を三十五年前に捨てたが、その子供探しの旅ともなる。

第一～八章　黒姫の性格の悪さに従者が離反する

第二七巻第七章で、高山彦《たかやまひこ》は黒姫を離縁して立ち去った。本巻はそこからの続きである。黒姫は三人の従者（孫公《まごこう》・房公《ふさこう》・芳公《よしこう》）を伴い自転倒島《おのころじま》を発ち、筑紫島《つくしじま》に向かった。黄金の玉や麻邇宝珠《まにほっしゅ》の玉を探すことが名目だが、真の目的は夫を探して縒《よ》りを戻すことである。黒姫と三人の従者は筑紫島に上陸し山を登っていく。

従者三人は道中で黒姫の人間性の悪さをいろいろと目撃し、信用しなくなっていた。宣伝使のクセに神の道を宣伝する使命を忘れ、口ばかり達者で行いが伴わない。逃げた夫を執念深く追いかける黒姫にすっかり愛想をつかし、早く帰国したいと思っていた。

三人は黒姫と口論になる。孫公が倒れて体を打ち、人事不省《じんじふせい》になってしまう。それを見て黒姫は罰が当たったのだと冷たく笑った。

すると孫公が神懸《かみがか》りになり、「高山彦は綾の聖地で宿屋の女中と酒を呑んでイチャついている」と歌い出した。黒姫はバカにしたような孫公の歌に怒る。

次に孫公は「高山彦は愛子姫（八人乙女《やたりおとめ》の長女）と結婚して火の国に住んでいる」と歌った。先ほどの歌と矛盾しており真偽がはっきりしない。

黒姫は「こんな男は相手にしないで放っておけ」と言って房公・芳公を伴い山を登っていく。だがその二人とも口論になり、二人は動こうとしない。黒姫は怒って自分一人で先に行ってしまった。

第九〜一六章　捨てた子を探して熊襲《くまそ》の国へ行くが別人だった

黒姫は筑紫ケ岳（熊襲の国と火の国の間に聳《そび》える山脈）の高山峠《たかやま》の頂上に登り着いた。数人の男たちが話をしており、その中の虎公《とらこう》が、高山彦は愛子姫と火の国に住んでいると教えた。それを聞いて黒姫はショックでハラハラと涙を流して嘆いた。

虎公は、黒姫が三十五年前に捨てた子供がいると告白したのを聞く。そこで「熊襲《くまそ》の国の建国別《たけくにわけ》が今年三十五歳になるが、赤児のときに捨てられて両親がわからない。もしや黒姫の子ではないか」と教える。

黒姫は建国別に会いにいくが、自分の子ではなかった。しかし建国別から話を聞いて、ひょっとしたら高姫が捨てた子ではないかという印象を持つ。だが断定できないので建日別には黙っていた（第三三巻でそのことを高姫に教える）

建国別の両親に会いたいという切実な想いを聞いて、自分の子ももし生きているならこんなふうに自分のことを探しているだろう…と子を捨てたことを懺悔する。

そこへ房公《ふさこう》と芳公《よしこう》が黒姫を探して現れた。黒姫は高山彦がいる火の国へ急いだ。二人はその後を追う。

第一七～二三章　生き埋めにされた人を救う

黒姫が高山峠で出会った虎公《とらこう》は、熊襲《くまそ》の国の武野《たけの》村に住む侠客《きょうかく》の親分だった。虎公の妻・お愛《あい》と、その妹・お梅の二人が、屋方《やかた》村の侠客・大蛇《おろち》の三公《さんこう》に誘拐される。

三公はお愛に自分の女房になれと迫るが、お愛は断固拒否する。三公の子分・兼公《かねこう》は、操《みさお》を貫き通そうとするお愛の態度に感心し、お愛の子分になろうと言い出す。三公は怒って兼公も縛り上げてしまう。

そこへ孫公《まごこう》が通りがかった。黒姫一行を探してさまよい歩いていたのだ。三公たちの悪業をやめさせようとするが、逆に捕まってしまう。三公は子分に命じてお愛・兼公・孫公の三人を地中に埋めてしまった。こっそり逃げ出したお梅は無事だった。

三公たちが去った後、お梅は三人が埋められた場所で泣き崩れる。そこへ黒姫が通りがかった。黒姫は土を掻き分け、三人を掘り出した。天《あま》の数歌《かずうた》を歌うと三人は蘇生した。

虎公が子分を連れて火の国街道を通りがかると、三公の子分数十人が虎公を殺そうと待ち構えていた。大喧嘩となるが、虎公の勢いがあまりにものすごいので、三公の子分たちは逃げてしまった。

そこへ黒姫が、お愛やお梅らを伴って現れた。一緒に三公の館へ向かう。

その頃、三公の館では子分たちの慰労会が開かれていた。だが虎公暗殺が失敗した件は三公に報告されていなかった。

そこへ、殺したはずのお愛や虎公たちが大挙して現れたので、幽霊が出たと子分たちは騒ぎ出す。

この話は次巻に続く。

第三五巻　筑紫島《つくしじま》（現代のアフリカ）の黒姫の物語（後編）

○スッポンの湖《みずうみ》の大蛇《おろち》を玉治別《たまはるわけ》たちが言向《ことむ》け和《やわ》す。

○黒姫は夫とは会えなかったが、三十五年前に捨てた子供が玉治別だとわかり、再会を遂げる。

第一～九章　虎公《とらこう》と三公が和解し、大蛇《おろち》退治に旅立つ

前巻からの続きである。三公の館では殺したはずのお愛や虎公たちが現れたため、幽霊が出たと騒ぎ出す。

黒姫一行九人が館に入ると、三公は丁重に一行を出迎えた。三公は門前に　行の姿を見たとき、自分の体から大蛇《おろち》が出て山に去っていったという。お愛たちに悪逆無道なことをしたのは、大蛇が憑依していたからであり、どうか許してほしいと謝罪した。

黒姫一行はこの謝罪を受け入れ、今までの恨みを許すことにした。一同は和解して、酒宴となり、和気あいあいと盛り上がる。

互いに身の上話を語るうち、三公の過去も明らかになる。

三公はイホの国（現代のエジプト）の生まれで、家は金持ちだった。両親は三五教の宣伝使になったのを機に「スッポンの湖」の大蛇を言向け和しに行った。しかし逆に大蛇に呑まれて死んでしまった。

イホの酋長・夏山彦（第一二巻に登場）に神勅をうかがってもらったところ、「お前の両親はたくさん財産を貯めるだけで、苦しんでいる者を助けることもしなかった。それら大勢の者の執着心が重なって大蛇となり、お前の両親を殺したのだ」ということだった。

三公は両親の仇を討つために、屋方《やかた》村に住み、侠客となった。多数の子分を集めて大蛇を斬りに行こうと考えたのである。

その身の上話を聞いて虎公は、一緒にスッポンの湖へ行って言霊戦《ことたません》を行おうと言い出す。三五教の教えは「喜ばれて仇《かたき》を討つ」という教えだから、大蛇の命を取りに行くのではない。大蛇の霊《みたま》を言霊によって解脱させ、天国に救い上げるのだ…と教える。

こうして虎公、お愛、三公、孫公の四人がスッポンの湖へ大蛇を言向け和しに旅立った。

第一〇〜一六章　玉治別《たまはるわけ》たちがスッポンの湖の大蛇《おろち》を言向《ことむ》け和《やわ》す

スッポンの湖《みずうみ》は白瀬川《しらせがわ》（現代のナイル河）の源流にある大きな湖である。

四人は幾度か神の試練に遭いながらスッポンの湖に到着し、宣伝歌を歌う。しかし湖から無数の怪物が浮かび上がり、臭気を発するばかりで、言向け和すにはほど遠かった。

湖の岸辺で宣伝使の玉治別《たまはるわけ》と出会う。玉治別は黒姫を自転倒島《おのころじま》に連れ戻すため、筑紫島《つくしじま》に探しに来たのだ。

スッポンの湖には三つの浮島があった。その中の竹が密生している島から三柱の女神が現れた。そして、玉治別ら五人にいろいろと教示する。

三公には「神から見たら世の中に敵も味方もない、この湖に仇《かたき》が潜むと思うのは心の迷いだ」と教え、玉治別には「火の国の都に向かえ」と教えた。

一行五人が一日中、神に祈願すると、湖は二つに分かれて、大蛇は美しい女神の姿と化して天に昇っていった。

第一七〜二四章　黒姫が捨てた子が玉治別だとわかり、涙の親子再会

黒姫は三公の館を発ち、徳公《とくこう》・久公《ひさこう》を伴って火の国の都に向かっていた。荒井ケ岳を越え、坂道を下っていると、一人の男と出会う。

夫婦で火の国から熊襲《くまそ》の国へ参拝に行く途中、妻が産気づいて動けなくなってしまった。そこでお産を手伝ってほしいと黒姫に頼む。

黒姫は産婦の前に座り、祝詞を上げた。産婦は次々と子を産み、黒姫は四人も赤子を取り上げる。無事に出産を終えると、夫婦は大きな白いキツネとなった。白いキツネの夫婦は四匹の子ギツネを連れて森に姿を隠した。

徳公と久公はキツネに騙されたと黒姫をからかうが、黒姫は「尻尾が見えていたので最初からキツネだと知っていた。たとえ動物でも大蛇《おろち》でも鬼でも、頼まれたら産婆をしてやるのが神の道だ」と二人を諭した。

第三四巻で筑紫島《つくしじま》に上陸した当初の黒姫は、神の道を忘れて情欲に執着するばかりだった。ようやく神の道に立ち帰ったようである。

一方、黒姫の三人いた従者のうち、房公《ふさこう》と芳公《よしこう》は、第三四巻で黒姫とはぐれてしまった。だが、火の国の都の高山彦の館に辿り着いた。そこへ玉治別《たまはるわけ》、続いて黒姫一行もやって来た。

黒姫が探していた夫の高山彦は…夫ではなかった。本名は高国別《たかくにわけ》といい、八人乙女《やたりおとめ》の長

女・愛子姫と結婚していた。仮に高山彦と名乗って、火の国を治めていたのであった。

黒姫はそれを信じようとしない。玉治別が「本物の高山彦はずっと綾の聖地にいた。それを黒姫に教えに来たのだ」と話す。黒姫はようやく勘違いしていたことに気付き、騒がせたことを謝罪した。

身の上話をすると、自分が三十五年前に捨てた子が玉治別だと判明した。思わぬ親子再会に二人はうれし涙にかきくれた。

黒姫・玉治別らは自転倒島《おのころじま》に帰国することになり、話は第三三巻第一七章へとつながる。

錦の宮を中心とした経綸《けいりん》の物語はここで終わりである。

第三六巻　シロの島の物語

○シロの島（現代のセイロン島。国としてはスリランカ）が妖僧・竜雲《りゅううん》に乗っ取られ、サガレン王が追放される。
○天《あめ》の目一《まひと》つの神と君子姫《きみこひめ》の協力によって国を取り戻す。

第一〜八章　サガレン王が妖僧・竜雲《りゅううん》によって王座を追われる

シロの島に八人乙女《やたりおとめ》の第七女・君子姫とその侍女・清子姫《きよこひめ》が上陸した。二人はフサの国（現代のイラン）でバラモン教徒に捕まり、小舟で海に流された。君子姫と清子姫は漂流してシロの島に漂着したのだ。

二人は、かつて友彦と小糸姫が駆け落ちして住んでいた（第二四巻）という「小糸《こいと》の館《やかた》」へ向かった。

シロの島はバラモン教のサガレン王が治めていた。サガレン王の本名は国別彦《くにわけひこ》といい、父はイホの都でバラモン教を開いた大国別《おおくにわけ》、祖父は大自在天《だいじざいてん》・大国彦《おおくにひこ》である。大国別の帰幽後、左守《さもり》の鬼雲彦《おにくもひこ》は、正統な後継者である国別彦を追放して「大黒主《おおくろぬし》」と名乗った。自分が教主として君臨してしまったのである。

国別彦はシロの島に逃れ、神地城《こうぢじょう》を構え、サガレン王と名乗った。ところがウラル教の妖僧・竜雲が王妃のケールス姫を籠絡《ろうらく》した。竜雲はサガレン王を追放して自らが王になろうという野望を持つ。

ケールス姫と竜雲はサガレン王を発狂者扱いし、捕まえて城内の牢獄に閉じ込めてしまった。

サガレン王派のアナンたちは山奥の岩窟《いわや》に隠れて、竜雲征伐の計画を練った。アナンが軍勢を率いて神地城に乗り込み、サガレン王を牢獄から救い出した。

第九～一四章、第二〇章　無住居士《むじゅうこじ》から城を奪還する法を教わる

城を脱出したサガレン王は小糸の館に身を隠した。

ある日、王派の部下たちが館に集まり、竜雲《りゅううん》討伐のため武術の稽古をしていた。する

と、白髪の老人が現れた。

老人は「無住居士《むじゅうこじ》」と名乗り、作戦がなっていないとケチをつけた。無住居士は「サガレン王以上の尊い方（つまり神）があることを知らねば、城を奪還するという目的は成功しない」「至上至尊の神様のために真心を尽くせ」「悪魔を言向《ことむ》け和《やわ》すには、己の心に潜む執着心と驕慢心と自負心を脱却し、惟神《かんながら》の正道《せいどう》に立ち返れば十分だ」と教え、王に会わずに去っていった。

サガレン王はその話を聞くと「なるほど」と納得して涙を流した。

それ以降、武術の修練は廃止して、御魂《みたま》磨きに励むこととなった。

小糸の館に君子姫・清子姫がやって来た。二人はバラモン教が支配していたメソポタミヤの顕恩郷《けんおんきょう》にしばらく住んでいたので（第一五巻）、サガレン王こと国別彦と面識があった。

サガレン王は、以前に現れて神の道を思い出させてくれた無住居士は、三五教《あなないきょう》の宣伝使・天《あめ》の目一《まひと》つの神ではないかと言う（なお、天の目一つの神は第六巻に登場した北光神《きたてるのかみ》の別名）。

サガレン王と君子姫は、相提携して、竜雲たちを言向け和す。そしてシロの島に神の教えを広めることを約し、神地城《こうぢじょう》へ向かった。

第一五～一九章、第二一～二四章　城に三教の神が併祭され、サガレン王は君子姫と結婚する

妖僧・竜雲《りゅううん》と竜雲に籠絡されたケールス姫は、すっかり夫婦気取りでシロの島を支配していた。

神地城に三五教の宣伝使・天の目一つの神《あめのまひとつのかみ》が現れる。竜雲とケールス姫に対し、二人の不正義な行為を単刀直入に追及する。天の目一つの神は、今のうちに心を改めないと、身辺に危険が迫りつつあると告げ、去っていった。

ケールス姫は罪悪感に責められ、自殺しようとする。そのとき、城内に火災が起こり黒煙に包まれた。

そこへ宣伝歌が聞こえてくる。サガレン王や君子姫・清子姫たちがやって来たのだ。サガレン王たちは城内の人々を火災から救い出し、ケールス姫や竜雲も救い出す。火災の原因は強風による自然発火だった。神地城は焼け落ちたが、それによって浄化された。

避難した一同の前に、天の目一つの神が現れる。臨時に祭壇を作り、国治立大神《くにはるたちのおおかみ》・塩長彦《しおながひこ》大神・大国彦《おおくにひこ》大神を祭って祝詞を奏上する。敵味方の障壁なく、神恩を感謝した。

サガレン王は王位に復帰し、君子姫と結婚することになった。大国彦の孫であるサガレン王とスサノオの娘が結婚するということにも、異なるものでも広く包容していく真の神の大御心を感じ取れる。

王妃だったケールス姫は悔い改めて天の目一つの神の弟子となり、諸国を巡教することとなった。竜雲は母国の月の国（現代のインド）に帰った。

サガレン王や君子姫はこの後登場することはないが、竜雲は第四一〜四二巻に登場する。

◎解説
国治立は三五教の、塩長彦はウラル教の、大国彦はバラモン教の神である。三五教の宣伝使が三五教を広める場合、ウラル教やバラモン教を排除して三五教一色にするのではなく、併祭して共存することで三五教化していくケースが時々出てくる。それが誠の神の道ということなのだろう。

コラム　出口王仁三郎の痕跡を巡る旅　東京都内編

黒川柚月

◎大本の宣教をした東京確信会《かくしんかい》（東京都新宿区須賀町5番地、須賀神社境内）

空前の大ヒット映画『君の名は。』（二〇一六年）の最後、主人公の瀧《たき》とヒロインの三葉《みつは》が並走する中央線の電車からお互いの姿を見つけ、信濃町駅から下車して互いに探し合うシーンから、四谷の須賀《すが》神社の階段で二人がすれ違ったのがわかった。映画のロケ地巡りは聖地巡礼として、現在とても人気があり、『君の名は。』に関しても須賀神社で自撮りする人が後を絶たなかったが、四谷の須賀神社は出口王仁三郎とも縁が深い場所である。

大本の宣布《せんぷ》は、発祥地の京都府綾部《あやべ》から三丹《さんたん》（丹波、丹後、但馬《たじま》）・京都・大阪と関西を中心に教線《きょうせん》を伸ばしてきた。大正五年（一九一六年）、浅野和三郎《わさぶろう》の大本入信の頃から、陸海軍人や知識層が大本の立て替えの教義に関心を寄せていた。

東京確信会は、大正八年（一九一九年）の王仁三郎上京を機に、十月十九日、四谷の須賀神社境内に、東京都下の大本信徒の集まりの場として発足した。確信会を中心にして、大本信徒の集まり（月次祭《つきなみさい》、勉強会）を催し、大本が買収して宣教に使った『大正日日《にちにち》新聞』の配達もしていたようだ。

他にも、当時の大本機関紙の活動報告を読むと、大正十三年（一九二四年）、ユダヤ問題研究家の酒井勝軍《かつとき》の講演会も企画している。この縁で酒井はこの後、綾部でも講演する。海軍から予備役に編入された矢野祐太郎《ゆうたろう》の講演も開催された。

四谷の須賀神社は、さほど広くない境内が台地の縁《へり》に位置して鎮座している。江戸寛永年間に稲荷神社と神田明神《みょうじん》内の牛頭天王社《ごずてんのうしゃ》を合祀《ごうし》して祀られ、明治に須賀神社と改称されている。高台の境内からは眼下の低地に人家が密集する風景が見える。

四谷界隈を含め、高台には江戸時代各地の大名屋敷があったが、低い谷間は庶民が住んだ。低い一帯は、鮫ヶ橋《さめがばし》といい、明治時代には東京三大スラムの一つといわれ、貧民窟《ひんみんくつ》が広がっていた。

須賀神社は、その境に鎮座していた。明治大正期は、現在とまったく異なる光景だった。須賀神社に参拝する度、確信会は境内のどこにあったかと、いつも考えている。

確信会のその後は、大正十五年（一九二六年）、前年の大本の外輪団体「人類愛善会《あいぜんかい》」の発足に伴い、麹町《こうじまち》に移転して愛信会と名称変更している。昭和六年（一九三一年）、人類愛善会東洋本部が京都府亀岡より四谷愛住町《あいずみちょう》に移転したことと、和田掘《ぼり》（現・杉並区）に紫雲郷《しうんきょう》別院の開設に伴い、新たな大本の東京の拠点ができたことで、その役割を終え解散した。

◎都下の活動拠点だった大本 麹町《こうじまち》分所（東京都千代田区麹町一―七―二五）

大本の東京都下の活動拠点としては、大本麹町分所が挙げられる。大本の組織図で分所《ぶんしょ》とは、地方組織の拠点たる別院につぐランクだが、麹町区（現・千代田区）にあり、当時の機関紙を見ると、上京した出口王仁三郎も訪れている。住所から地図上で位置関係を調べると、皇居半蔵門《はんぞうもん》から内堀《うちぼり》通りに面した皇居の斜め前に麹町分所があったことがわかる。

大本麹町分所は皇居半蔵門から麹町通り（甲州街道）沿いにあり、皇居の真ん前の位置と言っても過言ではない。現在のＴＯＫＹＯ ＦＭ本社ビルの隣の雑居ビルが地籍《ちせき》なのだが、戦前の東京地図で見るとＴＯＫＹＯ ＦＭのあるビルは、変電所だった。

変電所の隣の地所に麹町分所はあった。よく高圧電線の下では人体に悪影響があるので、土地の価格が安く設定されているといわれる。おそらく当時もそうだったのだろうが、王仁三郎をはじめ帰神《きしん》・神懸《しんけん》（いずれも神と一体化を指す言葉）するような人が多かった大本で、変電所の隣では電磁波などが気にならなかったのかと不思議でならない。

逆に考えるなら、明らかに皇居の正面に位置するからこそ、この地所が選ばれたのだろう。麹町分所だが、昭和九年（一九三四年）に消滅した模様で、昭和十年の資料には記載されていない。なぜ、麹町分所が消えたのかは不明だが、昭和九年七月二十二日に発会した昭和神聖《しんせい》会《かい》（一九二四年に発足した在野の愛国運動を糾合《きゅうごう》した大本の所管団体）が発足したことで、麹町分所が不必要になったのだろうか。

ところで消えた麹町分所の場所には、さらに興味深い事実がある。昭和十年（一九三五年）、大本から独立した岡田茂吉《もきち》（後の世界救世教《きゅうせいきょう》教祖）は麹町周辺に大日本観音会（観音教）の本部を応神堂《おうじんどう》と名付けて開いたが、点々と移転しながら大本麹町分所の場所に本部を移している（大本が地所を放棄したから可能だったのだが）。

岡田茂吉も麹町分所時代から、顔を出していたのだろう。岡田にとっても皇居の目の前という地所に重要性を感じたのだろう。

◎王仁三郎の歌碑《かひ》の一つ、天王山《てんのうざん》歌碑（京王線笹塚駅北側）

出口王仁三郎は日本全国に四十八の歌碑を建碑《けんぴ》することを目標とした。だが、達成前に第二次大本事件（昭和十年［一九三五年］十二月八日の、治安維持法適用による大本教弾圧事件）で各地の歌碑は官憲により破壊された。戦後再建された歌碑もあるが、再建されないままの歌碑もある。

再建されていない歌碑の中に、都内に建てられた天王山歌碑があった。

露《つゆ》のたま霜《しも》のつるぎをいくたびか　うけて血しほにそむるもみぢ葉《ば》
鳥が啼《な》くあづまの国に御代《みよ》をおもふ　宿のまくらに雨の音《ね》さびし

（「天王山歌碑」昭和九年五月五日建碑）

歌碑の大意だが、露（水玉なので、たま）と霜（とがっているので、つるぎ）↓たまつるぎ（剣璽《けんじ》＝三種の神器の八尺瓊勾玉《やさかにのまがたま》と草薙剣《くさなぎのつるぎ》は天皇と共に動座する）となり、すなわち天皇の権威の象徴だ。「血潮に染まる紅葉葉《もみじば》（皇居内の紅葉山《もみじやま》）」は皇室を暗示する。「いくたびか」は「何度も」の意味だから、ずっと傷ついていると、昭和初期の恐慌から戦乱に進む日本の状況を憂いているかのような内容である。

露も紅葉も秋の季語、大本では大正維新の立て替え近しと紅葉に託して「一葉落ちて知る天下の秋」と言われた。

次の和歌（二行目）の大意は、「鳥が啼く」は吾妻に掛かる枕詞で、吾妻《あづま》の国に御代《みよ》を想うと、憂国《ゆうこく》の想いが歌われている。宿の枕の雨は涙のこと。王仁三郎は泣いているのだろうか。

この歌の真意は歌碑の建碑日付を見るとわかる。昭和九年（一九三四年）七月二十二日、東京・九段の軍人会館（現・九段会館）において昭和神聖会が発会する二か月半前（昭和九年五月五日）に、天王山歌碑が建碑されているのだ。

昭和神聖会運動は大本教弾圧の引き金になったが、王仁三郎の並々ならぬ決意が天王山歌碑からうかがわれる。

この天王山歌碑があったのは、東京の石工組合長も務めた大本信徒の田口清吉《せいきち》宅にあった天王山支部だった。都内に王仁三郎の歌碑があったなら、その地所を実見したいと思い、田口の足取りを追った。

田口清吉は都内で石材商を営んだ人物だった。大本の資料を見ても、田口の住所は東京都渋谷区幡ヶ谷中町とあるだけで、地番が明記されていない。『日本紳士録』交詢社編（大正年間版を年次にわたり参照した）を見ても、深川に倉庫事務所を持っていたことがわかったものの、自宅は明記されていなかった。

戦前なら有力者は地番の表記がなくても事足りたのだろうが、それが仇《あだ》となった。昔なら役所で戸籍謄本を取り寄せることもできたが、現在は個人情報保護法で閲覧できない。

地所は特定できなかったが、幡ヶ谷中町は京王線の笹塚駅の北口一帯である。地図から見れば歌碑が建てられたのは、有力信徒の地所だった理由以外にもある。甲州街道に面して、皇居と富士山をつなぐクシロ（霊的結界を象《かたど》る直線）を意識した王仁三郎の隠れた意図が、歌碑から感じられるのである。

◎東京の拠点だった紫雲郷別院（東京都杉並区和泉三丁目付近）

昭和六年（一九三一年）四月八日、大本の東京の拠点として紫雲郷《しうんきょう》別院が開かれた。はじめから別院として開かれた場所なので、大本における東京の重要拠点として開院されたことは明白だ。

紫雲郷別院の発会式《はっかい》には来賓として民族派右翼の巨頭であった頭山満《とうやまみつる》が出席していることからも、外部に向けた宣布にも大きな期待が寄せられていたことがわかる。

紫雲郷別院の名の紫雲《しうん》だが、紫は皇居を指し雲は宮垣《みやがき》として皇居を守護する場所として開院されたのだと、古い大本信徒の方から拝聴した。紫雲郷別院は和田堀という地区の中で、方南《ほうなん》通り沿いに面して立地した。方南通りは甲州街道と並走しており、皇居と富士山のつながりのほか、和田堀から人見《ひとみ》街道を経て府中市の大國魂《おおくにたま》神社につながる。

紫雲郷別院の旧住所から現代の地図に落として、大体の位置を確かめて現地調査したが、正確な地番はわからなかった。本来百坪ほどの区画が切り分けられて住宅街になった一帯で、別院も百坪ほどの敷地だったのではないかと推察できた。

大本事件から七十年以上経った現地探訪だったので、当時の様子を知っているような古くからやっている店舗もなく、周辺を散策するだけで終わった。

紫雲郷別院の近くに、大宮《おおみや》八幡神社（現・大宮八幡宮）が鎮座しており、同神社が紫雲郷別院の産土《うぶすな》社に位置付けられていた。当時の大本では祭典の後、産土神社（大本支部の土地を守護する神社）に集団で参拝したのである。

大宮八幡宮というと、現在では小さいおじさんが目撃されるという都市伝説もあり、パワースポットとして有名だが、戦前、東京の大本信徒は、大宮八幡神社に参拝していたのである。大宮八幡神社には出口日出麿《ひでまる》（大本の第三代教主補）が参拝している。王仁三郎が参拝したかは、今回の調査では資料を見つけられなかった。

実は私はこの近くで生まれ育ったので、方南通り一帯には若干土地勘がある。大宮八幡神社へも幼稚園の頃に参拝した記憶がある。

神社の隣にプールがあり、父親に連れられてプールに行き、帰りに神社に参拝した。境内に遺跡があったのを覚えている。幼い頃に参拝した思い出の深い神社が、大本でも重要視されていたことを知って感慨深かった。

第三七〜七二巻の概要

「舎身活躍《しゃしんかつやく》」「真善美愛《しんぜんびあい》」「山河草木《さんかそうもく》」の三つの輯《しゅう》にまたがるこのブロックは、バラモン教の大教主・大黒主《おおくろぬし》を言向《ことむ》け和《やわ》しに向かう五つの言霊隊《ことたまたい》の物語だ。舞台は主にフサの国（現代のイラン）と月の国（現代のインド）である。

大黒主は月の国を支配し人々を苦しめていた。

神素盞鳴《かむすさのお》大神はフサの国のウブスナ山《やま》のイソ館《やかた》に世界中から三五教《あなないきょう》の宣伝使を集めた。その上で、大黒主を言向け和すための相談会（「大黒主調伏《ちょうぶく》相談会」と記されている）を開いた。そこで五組六人の言霊隊が選抜された。

第一陣…黄金姫《おうごんひめ》、清照姫《きよてるひめ》の母娘（旧名・蜈蚣姫《むかでひめ》、小糸姫）
第二陣…照国別《てるくにわけ》（旧名・梅彦）＋梅公・照公《てるこう》・国公《くにこう》
第三陣…玉国別《たまくにわけ》（旧名・音彦）＋道公・伊太公《いたこう》・純公《すみこう》
第四陣…治国別《はるくにわけ》（旧名・亀彦）＋万公《まんこう》・晴公《はるこう》・五三公《いそこう》
第五陣…初稚姫《はつわかひめ》　＋スマート

照国別、玉国別、治国別は出発時にはそれぞれ三人ずつ弟子を伴っているが、道中で新たに加わったり減ったりする。初稚姫はスマートという名の黒い大きな犬を連れている。ただの犬ではなく初稚姫の身辺を守る「霊獣《れいじゅう》」だ。

このブロックは基本的にはこの言霊隊の物語なのだが、それとは直接関係のない物語や歌集が、次のようにいくつか挿入されている。

第三七～三八巻【出口王仁三郎の青年時代の自伝】　明治三一年（一八九八年）の高熊山《たかくまやま》修業の直前から話が始まり、三八年頃まで触れられているが、ほとんどは三四年までの四年間の出来事である。年齢だと二十六歳から二十九歳頃までの、ちょうど二十代後半の青春真っ盛りの時期だ。

出口王仁三郎はこの高熊山修業によって自分の使命に目覚め、それまでの物欲や利己心による人生を改めて、神様の御用に奉仕する人生へチェンジした。その転換期の自叙であり、王仁三郎も生身の人間として悩み苦しんでいたことが感じられる。

第六〇巻の後半…物語ではなく「三美歌《さんびか》」という歌集と、祭典で唱える各種の祝詞が収められた祝詞集、それに大本神諭のリニューアル版と言える「三五《おおもと》神諭」の三種が収録されている。

第六一～六二巻【大本讃美歌《さんびか》】　短歌や七五調《しちごちょう》の歌による讃美歌集。二巻で五百六十七篇もの歌が収められている。祭典のとき、祝詞を奏上した後で歌われる。

第六四巻上・下【エルサレム物語】 パレスチナの地に建てられたユダヤ国家が舞台となる。他の巻とは世界観が異なり、大正時代のエルサレムを意識したものになっている。

救世主の降臨や、世界大戦、大戦後の世界統一などの話題が語られている。上・下の二冊に分かれているが、下の方はもともと第七一巻として出版される予定だった。しかし当局の検閲で発禁となり、「第六四巻と合冊して刊行せよ」という王仁三郎の指示により、王仁三郎の昇天後に上下二分冊という形で出版されたものである。

第六九巻【ウヅの国とヒルの国の政治改革】 高砂島《たかさごじま》（現代の南米）を舞台に、ウヅの国（現代のアルゼンチン）とヒルの国（現代のペルー）で若き世子《せいし》（跡継ぎ）が政治改革に挑む物語。第三〇巻で登場した人物や場所が再び登場するが、第三〇巻から二十〜三十年後の話である。

入蒙記《にゅうもうき》【モンゴルに理想国家の建設を目指して行軍する】 大正一三年（一九二四年）二月から七月まで出口王仁三郎は中国大陸に渡っていた。モンゴルに宗教的な理想国家を建設しようという大志を抱き、現地の馬賊《ばぞく》（騎馬の民兵）の集団を率いて行軍したのだ。その記録が入蒙記である。

言霊隊の巻別登場リスト

巻	黄・清	照国別	玉国別	治国別	初稚姫
39	●	●	フサの国の河鹿峠、他		
40	●	●			
41	●	月の国のイルナの国			
42	●				
43	河鹿峠、他		●	●	
44	祠の森、他		●	●	
45	小北山			● 松彦	
46				● 〃	
47	浮木の森（天国巡覧）	フサの国		●	
48				●	
49	祠の森の神殿		▲		●
50					●
51	小北山、浮木の森				●
52					●
53	月の国のビクの国			●	
54				●	
55	フサの国の玉木村			●	
56	テルモン山の神館		● 三千彦		スマートだけ
57			● 〃		〃
58			●		▲
59	イヅミの国のスマの里	月の国	●		▲
60			●		
63	スダルマ山、他		●		▲
65	虎熊山、他		●		▲
66	トルマン国	●	月の国のデカタン高原		
67	ハルの湖	● 梅公			
68	タラハン国	● 〃			
70	トルマン国	●			
71	タラハン国	●			
72	トルマン国	●			

黄・清は黄金姫・清照姫のこと　●は登場　▲は少しだけ登場

番外の特別篇として霊界物語に収録されている。

これらを除いた残りの三十巻が言霊隊《ことたまたい》の物語である。五つの言霊隊はそれぞれのルートで月の国のハルナの都（現代のインド・ムンバイの辺り）へ向かうのだが、各隊ごとにストーリーが進んでいく。各巻にどの隊が登場するのかまとめたものが前頁の表だ。隊が変わるとストーリーも場所も変わる。第三九〜四〇巻と第四三〜四四巻は二つの隊のストーリーが交差する。第四五〜四六巻、第五六〜五七巻、第六七〜六八巻は師匠と別行動を取る弟子のストーリーになる。

だいたい二巻ずつで一つの大きなエピソードになっている場合が多い。

いろいろな国が登場するが、フサの国以外は月の国の中にある国だ。現代のインドは他民族国家で六〜七百の少数民族がいると言われているが、神代《かみよ》の月の国も単一の国家ではない。「七千余国」あると表現され、次のような国々が登場する。

○カルマタ国、イルナの国（第四一〜四二巻）、ビクの国（第五三〜五四巻）、イヅミの国（第五八〜六〇巻）、トルマン国《ごく》・タラハン国《ごく》（第六六〜七二巻）

月の国は多数の国から成るのだが、連邦ではなく江戸時代の幕藩《ばくはん》体制のようなイメージだ。各地域を領有する国王がいて、月の国全体を大教主とか大棟梁《とうりょう》と称する大黒主《おおくろぬし》が治めている。

しかし月の国全体に支配権が及んでいるわけではなく、三五教《あなないきょう》やウラル教の勢力によってバラモン教が侵食されつつある。そこで大黒主は三五教とウラル教を征伐するために軍を派遣した。

イソ館《やかた》の三五教を征伐に向かったのが鬼春別《おにはるわけ》将軍であり、カルマタ国のウラル教を征伐に向かったのが大足別《おおだるわけ》将軍である。五つの言霊隊はこれらのバラモン軍と対決しながらハルナの都へ進んでいく。

言霊隊の物語は前述したように三十巻あるが、おおまかに内容を記すと次のようになる。


第三九～四〇巻【フサの国の黄金姫・清照姫と照国別の物語】　言霊隊《ことたまたい》の第一陣・黄金姫《おうごんひめ》と清照姫《きよてるひめ》の母娘のストーリーと、第二陣・照国別《てるくにわけ》一行のストーリーが交差しながら物語が展開する。イソ館を下りたところにある河鹿峠《かじかとうげ》や、月の国の手前の浮木《うきき》ケ原などを舞台に、バラモン軍と戦いながら進んでいく。

第四一～四二巻【イルナの国を黄金姫・清照姫が救う】　イルナの国を舞台に黄金姫・清照姫母娘が活躍して国難を救う物語だ。王位を狙う悪徳右守《うもり》のカールチンによって国が掻き乱され、セーラン王は「狼の岩窟《いわや》」に匿《かくま》われる。だが、無事に帰城し国を取り戻す。

第四三～四四巻【フサの国の玉国別《たまくにわけ》と治国別《はるくにわけ》の物語】 フサの国の河鹿峠《かじかとうげ》や祠《ほこら》の森などを舞台に、言霊《ことたま》隊の第三陣・玉国別一行と、第四陣・治国別一行のストーリーが交差しながら物語が展開する。玉国別は猿に目を掻かれて右目が失明してしまい、神示によって祠の森に神殿を造営することになる。治国別は生き別れた弟・松公と再会する。

第四五～四六巻【小北山《こぎたやま》の宗教改革】 ウラナイ教本部の小北山で、治国別《はるくにわけ》の弟の松彦（松公）一行が活躍する。妻の松姫と共に宗教改革に乗り出す。教主の蠑螈《いもり》別らが出ていって松姫が教主となり、三五教《あなないきょう》の祭神に祭り替える。

第四七～四八巻【治国別《はるくにわけ》の天国巡覧】 浮木の森のバラモン軍の陣営で落とし穴に落ちて気絶した治国別と竜公《たつこう》が幽体離脱して天国を旅する。天界の構造や、天人の生活、天国・霊国の役割などが詳しく説明されている。

第四九～五〇巻【祠《ほこら》の森の神殿の物語】 祠の森の神殿（玉国別《たまくにわけ》が造営した）を乗っ取ろうとする高姫を、初稚姫《はつわかひめ》が言向《ことむ》け和《やわ》すため活躍する。高姫は「妖幻坊《ようげんぼう》の杢助《もくすけ》」という兇霊《きょうれい》と夫婦になるが、妖幻坊の杢助は初稚姫の愛犬スマートが苦手で、祠の森から逃げ出す。

第五一～五二巻【曲輪城《まがわじょう》の高宮姫の物語】 妖幻坊《ようげんぼう》の杢助《もくすけ》は浮木の森に妖術で「曲輪城」

を出現させ、高姫は高宮姫と名乗って王宮生活を送る。道行く人々はタヌキに化かされ奇妙な体験をする。

最後に初稚姫《はつわかひめ》とスマートが現れ、二人は空を飛んで逃げるが、高姫は空から落ちて死んでしまう。以後、八衢《やちまた》（中有界《ちゅううかい》の別名）のシーンにたびたび高姫が登場する。

第五三〜五四巻前半【ビクの国の物語】　ビクの国で治国別《はるくにわけ》一行が活躍する。悪徳右守のベルツが反乱を起こし、バラモン軍が襲来するという内憂外患《ないゆうがいかん》が勃発し、ヒルナ姫とカルナ姫が立ち向かう。最終的に治国別によって解決される。

第五四巻後半〜五五巻【玉木村《たまきむら》のテームス家の物語】　ビクの国に隣接する玉木村（フサの国）で治国別《はるくにわけ》一行が活躍する。豪農テームスの二人の娘がバラモン軍に誘拐されるが、治国別一行によって救出される。大黒主《おおくろぬし》の片腕だった鬼春別《おにはるわけ》将軍は改心して比丘《びく》（宣伝使と俗人との中間的存在）となり、三五教《あなないきょう》征伐に向かったバラモン軍は解散する。

第五六〜五八巻前半【テルモン山《ざん》の神館《かむやかた》の騒動】　テルモン山にあるバラモン教の神館で、家令の息子ワックスが引き起こした騒動を、求道居士《きゅうどうこじ》や三千彦《みちひこ》、猛犬スマートの活躍によって解決していく。

ワックスは弱きを挫《くじ》いて強きに従うという奇妙な掟を持った「悪酔怪《あくすいかい》」を結成して人々

を扇動する。

第五八巻後半～六〇巻前半【スマの里の物語】 イヅミの国のスマの里で玉国別《たまくにわけ》一行が活躍する。猩々島《しょうじょうじま》に漂流した里庄《りしょう》（村長）バーチルを救出するが、猩々の女王が自殺した。猩々の女王の精霊がバーチルの妻に宿るという奇妙な霊現象が起きる。

また、弟子の伊太彦がアヅモス山《やま》の地下に三千年封じ込められていたタクシャカ竜王を言向《ことむ》け和《やわ》して「夜光の玉」を受け取る。

第六三・六五巻【聖地エルサレムへ進む七人の宣伝使】 月の国から聖地エルサレムへ進む玉国別《たまくにわけ》一行の物語。虎熊山《とらくまやま》の大爆発によって目覚めたマナスイン竜王に遭遇する。最後に七人の宣伝使が聖地エルサレムに到着し、七福神の神劇を演じる。

次の第六六～七二巻は月の国のデカタン高原にあるトルマン国《ごく》とタラハン国《ごく》を舞台に照国別一行が活躍する。

第六六～六七巻前半【オーラ山《さん》の山賊】 トルマン国のオーラ山の山賊を梅公（照国別《てるくにわけ》の弟子）が言向け和す。タライの村で誘拐されたヨリコ姫が、山賊の親分シーゴーと玄真坊《げんしんぼう》を従える女帝となり、月の国を征服する大陰謀を企てる。

第六七巻後半〜六八巻【タラハン国の国政改革】　都で革命ののろしが上がり暴動が勃発する。梅公別《うめこうわけ》の活躍で、行方不明になったスダルマン太子が無事に城に戻り王位に就く。元・左守《さもり》のシャカンナが返り咲き、国が改革される。

（注）左守・右守……左大臣・右大臣のような官職。左守が上位

第七〇巻【トルマン国の教政改革】　王妃・千草姫《ちぐさひめ》が死んでその肉体に高姫の精霊が入り、「千草《ちぐさ》の高姫」として甦る。千草の高姫が国を掻《か》き乱していくが、照国別《てるくにわけ》一行の活躍で城から逃げ去る。

第七一巻【玄真坊《げんしんぼう》と千草の高姫の物語】　オーラ山の山賊だった玄真坊がタラハン国で悪事を重ねていく。玄真坊は千草の高姫と出会い、悪事を行うため手を組む。しかし千草の高姫は玄真坊を捨てて、妖幻坊《ようげんぼう》の杢助《もくすけ》と共に逃げてしまう。

第七二巻【スガの宮の宗教問答所《どころ》】　トルマン国のスガの宮の宗教問答所を舞台に照国別《てるくにわけ》一行が活躍する。問答所を千草《ちぐさ》の高姫が乗っ取るが、最後に自分の悪業の証拠を突きつけられ、逃げ去る。

第三七巻　出口王仁三郎の青年時代の自伝（前編）

○第三七〜三八巻は王仁三郎の二十代後半の出来事が描かれた自伝である。大本草創期の記録にもなっている。
○第三七巻には主に明治三一年（一八九八年）から三二年にかけての出来事が記されている。
○王仁三郎（当時は上田喜三郎）は「喜楽《きらく》」という雅号で登場する。

第一章　神代《かみよ》の富士山はエベレストの二倍の高さだった

「富士山」という章題で、神代の富士山について記されている。神代の富士山を霊界物語では「天教山《てんきょうざん》」と呼んでいるが、その高さは六万尺つまり約一万八千メートルもあった。現在の富士山（三七七六メートル）の五倍弱、エベレスト（八八四八メートル）の二倍もの高さがあったことになる。

裾野も広く、西は滋賀県、北は富山・新潟県、東は千葉県、南は静岡よりずっと南方に裾野が広がっていた。その四合目以上に住んでいた人々を高天原《たかあまはら》人種または天孫《てんそん》民族と呼んでいた。

第二～五章　高熊山《たかくまやま》入山直前――侠客と喧嘩して重傷を負う

喜楽が高熊山修業を開始する前夜の出来事が記されている。

明治三一年（一八九八年）旧二月八日、穴太《あなお》（現・亀岡市曽我部町穴太）で精乳館《せいにゅうかん》を営んでいた喜楽（当時満二十六歳、数え年二十八歳）は、五人の侠客に襲撃され重傷を負う。半年前に父親が亡くなってから、侠客相手に喧嘩を繰り返してきたが、祖母に諭され、改心を誓った。

翌二月九日（新三月一日）の夜、松岡神使《しんし》に導かれて高熊山に入山し、霊的修業を行うことになる。その様子は第一九巻第一章と第一巻第一～四章に記されている。

第六～二五章　高熊山《たかくまやま》入山直後――幽斎《ゆうさい》修業に励む

一週間後、高熊山から下山した喜楽は、自宅でさらに一週間の修業をすることになる。体が動けなくなる床縛りの行だ。

旧二月二三日の朝、ようやく体が動けるようになり、修業が終わった。

喜楽は友人宅を借りて幽斎修業を開始する。幽斎修業とは簡単に言うと神懸《かみがか》りの修業である。神霊が懸かる者を神主《かんぬし》と呼び、その神霊を見判《わ》けることを審神《さにわ》、それを行う者を審神者《さにわ》と呼ぶ。

喜楽自身にも松岡神使や大霜《おおしも》天狗、小松林命《こまつばやしのみこと》といった神霊が懸かり、ときには憑霊に騙されながら、喜楽の神霊への知見が深まっていく。

あるとき憑霊に「道端に大金が入った財布が落ちているから拾え」と教えられ、拾ってみると牛の糞だった…ということもあったが、「神様は天狗を使い、自分らの執着を根底から払拭し去り、真の神柱《かんばしら》としてやろうと思《おぼ》し召《め》し、いろいろと工夫をこらして下さったのだと、二十年ほど経って気がついた」と回顧している（第九章）。

これ以降は比較的短いエピソードが、時間順ではなく、ランダムに並んでいる。すべては紹介できないので、抜粋して紹介する。

◇第一三章…喜楽は松岡神使の命令で大阪へ宣教に出向いた。滞在費は家屋敷を抵当に入れて借りてきたが、旅館にぼったくられて二週間ほどでなくなり、帰郷せざるを得なくなる。天満《てんま》天神の境内で易者に「丹波に帰ってから十年間は艱難辛苦があるから辛抱しなさい」と告げられる。

◇第一六〜一七章…喜楽が稲荷下《さ》げ（キツネを使って託宣や病気治しを行う呪術）をしている高島ふみの教会へ行くと、ニセの神懸《かみがか》りで信者を騙している様子を目撃する。

◇第二〇章…喜楽は旧四月、静岡県富士見村（現・静岡市清水区）の月見里《やまなし》稲荷神社を訪問し、霊学の大家・長沢雄楯《かつたて》から霊学を学ぶ。長沢の師・本田親徳《ちかあつ》が十年前に「これから十年先に神の道を開く男が丹波から現れる」と予言していた。本田から預かっていた鎮魂の玉と天然笛《ぶえ》、巻物が、長沢の母から喜楽に渡される。

◇第二一章…旧六月、喜楽に小松林命が神懸りし「西北を指して行け、お前が来るのを持っている人がいる」と命じられる。喜楽が八木《やぎ》（現・京都府南丹《なんたん》市八木町）で茶店に入ると、福島久子（出口直の三女）がいて、母に艮《うしとら》の金神《こんじん》という神様が懸かったので調べてほしいと頼まれる。旧八月に京都府綾部に行き出口直と初の対面を遂げ、翌三二年七月に喜楽は綾部に移住して大本入りした。

その頃の出口直は、金光教《こんこうきょう》の足立という教師の下で活動しており、足立や他の役員たちは喜楽の大本入りに反対し妨害活動を行った。喜楽は綾部に金明会《きんめいかい》を組織して幽斎修業を行うようになると、喜楽の下に来る信者が増えた。その結果、足立の下には一人も信者がいなくなった。

喜楽は生活に困窮した足立に同情し、金明会の副会長として迎え入れ、金光教対金明会の対立を円満に解決した。

◇第二四〜二五章…修業場所はいくつか転々と移った後、上谷《うえだに》という場所に移し、幽斎修行に取り組んだ。人がたくさん集まり盛んになる。

静岡の長沢雄楯を再度訪ねて教えを受け、綾部に帰った。すると、上谷の修業者たちは

上田喜三郎（明治34年）。秘伝の鎮魂の巻物を手に持っている。

指導者の不在中、邪神に憑依されてしまい、異常な事態になっていた。

修業者たちは近隣に大本の悪口を触れ回り、足立たちは再び喜楽を追放し金明会を破壊するため画策を行っていた。

第三八巻　王仁三郎の青年時代の自伝（後編）

○本巻には主に明治三二年（一八九九年）から三四年にかけての出来事が記されている（三八年頃までの出来事も少しある）。

第一～一二章　役員・信者に排斥される

◇第二章…喜楽は於与岐《およぎ》という村で、吉崎九十九《つくも》仙人と会い、神界の経綸をいろいろ聞かされる。九十九仙人に邪神が懸かって書いた筆先には、邪神が支配する時代はもう終わった、これからは艮の金神に神界の一切の権利を渡す、という意味のことが記されてあった。

◇第三～九章、第一一章…役員・信者による喜楽への排斥運動が激しくなっていく。邪霊が懸かって暴れ回ったり、喜楽を軟禁して宣教に行かせないようにした。

出先で十人ほどの暗殺隊が待ち伏せしていたこともあったが、喜楽は霊眼でそれを見抜いたため、殺されずに済んだ。留守中に、せっかく書いた五百冊ほどの書物（和綴じの冊子だと思われる）を燃やされてしまった。

上田喜三郎と澄子の結婚式（明治33年）。中央は出口直

◇第一〇章…警察が「宗教として認可を受けなければ布教を許さない」と毎日のように干渉してきた。教祖（出口直）が神様にうかがうと「構わずに放っておけ」という神勅が下る。しかし喜楽は活動ができなくなると困るので大本を法人組織に改めようと考え、明治三四年（一九〇一年）旧九月、静岡の長沢雄楯《かったて》のもとに相談にいった。

　教祖はそれを聞くと、神勅に背く行為だと立腹し、弥仙山《みせんざん》の中腹にある社の中に一週間ほど籠もってしまった。この御神業は「弥仙山岩戸籠もり」と呼ばれている。

◇第一二章…喜楽は明治三三年（一九〇〇年）に出口澄子《すみこ》と結婚し、三五年に長女・直日《なおひ》が生まれた。教祖は、この子は「水晶の種」だから種痘《しゅとう》（天然痘の免疫をつけるための予防接種）を受けてはいけないと言う。

種痘をしなかったため喜楽は罰金を支払うが、大本の幹部たちは「罰金を払うと日本が外国に負けた形になるから罰金を返してくれ」と警察や役場へ押しかけた。検事局では「国法を無視するなら軍隊を差し向けて大本を叩き潰すぞ」と脅すが「それなら神様と軍隊とどちらが強いか力比べをしよう」と言い返した（この当時の信者はこのように実直すぎて世間離れしてしまう人が多数いたのだ）。

第一三～二八章　神示によって各地に神業《しんぎょう》に出向く

◇第一三～一六章…明治三三年（一九〇〇年）旧六月「冠島開き《おしま》」、旧七月「沓島開き《めしま》」の御神業が行われる。冠島・沓島は若狭湾の舞鶴沖に浮かぶ小さな無人島で、沓島には艮の金神（国祖・国常立尊《くにとこたちのみこと》）が、冠島にはその部下の神々が隠退していた。教祖や喜楽をはじめとする一行は神示に従い両島に渡り祭事を執り行った。

◇第一八～一九章…明治三三年閏《うるう》八月、教祖や海潮《かいちょう》（会長をもじった雅号）の一行は京都の鞍馬山《くらまやま》を詣《もう》でる。これは「鞍馬山出修《しゅっしゅう》」と呼ばれる。後に、鞍馬山の大僧正（神霊）が京都府綾部の本宮山《ほんぐうやま》に鎮まったと教祖は語った。

◇第二〇章…明治三四年（一九〇一年）旧三月、「元伊勢お水の御用」が行われた。元伊勢皇大神社《こうたい》（第一六巻参照）の横を流れる谷川に大きな岩石があり、産釜《うぶがま》・産盥《うぶだらい》と呼ばれる岩穴が開いている。この岩穴で天照大御神が湯浴《ゆあ》みをしたと言い伝えられており、この水を汲むと大風が吹き洪水が起こるということで、当時は神官が見張っていた。筆先でこの「水晶のお水」を汲んでこいと命じられたため、神官が帰った夜にこっそり水を汲んできた。

水の一部は綾部の大本の井戸に注ぎ込み、残りは沓島・冠島の真ん中の海（竜宮海と呼ぶ）に注ぎ込まれた。このとき教祖は、この水が三年経てば世界中に回り世界が動き出すと語ったが、その言葉通り三年後に日露戦争が始まり世界は激動の時代へと入った。

◇第二七章…喜楽に反抗する者は出口家の身内にもおり、福島久子がその急先鋒である。霊界物語で高姫がスサノオに反対するように、当時の大本で高姫の役割をしていたのが久子だった。

あるとき喜楽が宣伝の旅の帰りに八木の福島宅に立ち寄ると、福島夫婦は涙ぐんでいた。夫の寅之助が艮の金神（と称する邪神が懸かっていた）の命令で百日間の断食を行い、今日がその行の終わりなのだという。これから天に昇り、乱れた世を水晶にする御役に就くため、妻の久子と別れの水盃を交わしたという。

喜楽はしばらく観察していたが、寅之助が天に昇る気配は一向にない。寅之助は憑霊に騙されたことに気づき、それまでに自分が書いた筆先を全部焼いてしまった。

◇第二八章…明治三四年（一九〇一年）旧五月、「出雲火の御用」が行われる。出雲大社へ出向いて神火をもらい、綾部の大本でその火を百日間灯《とも》し続けた。それ以降は教祖の態度が変わり、喜楽に対して非常に厳しくなり、喜楽を批判する筆先も出るようになる。

大正五年（一九一六年）の「神島開き」の際、喜楽がミロクの大神の御用だったことを告げる筆先が出て、教祖は自分の考えが間違っていたことに気がついた。

◎解説

霊界物語は原則として、出口王仁三郎の霊界での体験談になっている。たとえて言えば夢の中で見たことを書いた小説のようなものだ。しかし第三七〜三八巻と入蒙記は、現界での体験談であり、王仁三郎が実際に経験したことを書いた自叙伝である。地名や人名のほとんどは実在する名前だ。

王仁三郎のような霊能力者は、おそらく霊界での体験も現界での体験も並列的に感じているのだろう。両者の世界観が連続しているため、読んでいて混乱する場合がある。たとえば「冠島」「沓島」「弥仙山《みせんざん》」など一部の地名は、霊界での物語（第一六〜一八巻など）にも現界での物語（第三七〜三八巻）にも登場するので注意を要する。名前は同じでも、別空間での存在だ。

次巻からは再び霊界での物語に戻る。

第三九巻　フサの国の黄金姫《おうごんひめ》・清照姫《きよてるひめ》と照国別《てるくにわけ》の物語（前編）

○バラモン教の大教主・大黒主《おおくろぬし》を言向《ことむ》け和《やわ》すため五組の言霊隊《ことたまたい》がイソ館を出発する。
○言霊隊の第一陣・黄金姫《おうごんひめ》と清照姫《きよてるひめ》母娘のストーリーと、第二陣の照国別一行のストーリーが交差しながらドラマが進んでいく。

第一～三章　大黒主《おおくろぬし》調伏《ちょうぶく》相談会で五組の言霊隊《ことたまたい》が決まる

月の国（現代のインド）では大黒主がバラモン教の勢力を拡げ、月の国にある七千余国の国王は大黒主に従っていた。

神素盞嗚《かむすさのお》大神はフサの国（現代のイラン）ウブスナ山脈のイソ館に世界中から大勢の宣伝使を集めて大黒主調伏の相談会を開き、言霊隊のメンバーを決定した。

第一陣は黄金姫と清照姫の母娘、第二陣は照国別《てるくにわけ》、第三陣は玉国別《たまくにわけ》、第四陣は治国別《はるくにわけ》、第五陣は初稚姫《はつわかひめ》に決まり、それぞれ大黒主を言向《ことむ》け和《やわ》すためにハルナの都（現代のインド・ムンバイの辺り）へ向けて出発した。

第四～一二章　言霊隊の第一陣と第二陣が出発

言霊隊《ことたまたい》の第一陣・黄金姫と清照姫は、河鹿峠《かじかとうげ》の急坂を進んだ。五人のバラモン兵（イール・ヨセフ・ハム・タール・レーブ）に遭遇し、捕まりそうになったため、三人を谷底に投げ落としてしまう。

谷底に落ちた三人のうちイールとヨセフの二人は、気絶して霊界をさまよった。黄金姫と清照姫が女神となって現れ、月照彦命《つきてるひこのみこと》が坐《ま》す荘厳な宮殿へ連れていく。殿堂の裏へ抜けると、そこには沼が横たわっていた。いつの間にか二人は沼の中に落ち込んでおり、黄金姫・清照姫も美しい殿堂も消えてなくなっていた。

大きな松の根元に、土から大黒主《おおくろぬし》の顔だけが出ている。神の罰を受け、自分の配下の鬼どもに土中に埋められたのだという。お前たちも早く改心して誠の道に立ち帰った方がいいと諭す。

そこへ三五教の宣伝歌が聞こえてきた。ふと気がつくと、二人は河鹿峠の谷底で照国別《てるくにわけ》一行に介抱されていた。

言霊隊の第二陣・照国別は三人の弟子（梅公・照公・国公《くにこう》）を連れて旅をしている途中、倒れているイールとヨセフを見つけ命を助けた。しかしこの二人は照国別の威光に打たれて恐ろしくなり、逃げてしまう。

その後、岩窟《いわや》の中で国公・ハム・タールとイール・ヨセフは再会し、互いに身の上話をして打ち解けた。国公はお互い障壁を取り去って一緒に活動しようと言い、先に進んでいった照国別の後を追って、五人で山道を下りていく。

第一一三〜一一九章　照国別《てるくにわけ》が両親・妹と再会する

黄金姫・清照姫の母娘は、フサと月の国境にある浮木《うきき》ケ原という大原野で、バラモン教の大足別《おおだるわけ》の軍勢に取り囲まれた。母娘は金剛杖《こんごうづえ》を持って立ち向かう。すると数十頭の狼の集団が現れてバラモン軍を追い払ってくれた。

そこへ国公《くにこう》一行五人が通りがかり、母娘の護衛を申し出た。しかし黄金姫はそれを断り、「国照別がバラモン軍に捕まり清春山《きよはるやま》の岩窟《いわや》に囚われているのが霊眼で見えたので、助けに行け」と言う。

国公一行は今来た道を引き返し、清春山に向かった。

時間は少し前に戻る。照国別たちは清春山の山麓でバラモン軍に襲われていた菖蒲《あやめ》という女を助けた。菖蒲は照国別の妹だった。兄を探して旅をしていて、両親はバラモン軍に捕まり清春山の岩窟に囚われていると語る。

照国別一行は両親を救うため山奥の岩窟へ向かった。しかし岩窟の中の落とし穴に落ちてしまう。

バラモン兵の一人ヤッコスが、実は自分は三五教の宣伝使・岩彦で、神命でバラモン信者に化けて潜入調査をしていたのだと正体を明かした。岩彦は照国別（旧名・梅彦）同様、元・半ダース宣伝使の一員だ。

そこへ国公一行五人がやってきた。六人で力を合わせて岩の戸を引き開け、照国別たちを救い出す。照国別は両親を牢獄から救い出し、親子再会を喜んだ。

照国別は両親と妹を国公ら五人に守らせてアーメニヤの故郷に帰らせ、自分は岩彦と照公・梅公を伴って先へ進んだ。

一方、黄金姫・清照姫はテームス峠を越えようとしていた。この峠にはバラモン軍の関所があるが、レーブが馬を引いて現れたので、それに乗って難なく関所を通過する。ライオン河を渡り、玉山峠でバラモン軍と遭遇した。この話は次巻の第一〇章へと続く。

附録「大祓祝詞解《おおはらいのりとかい》」

これは「大祓詞《おおはらえのことば》」を王仁三郎が言霊学で解釈した解説文である。

現在神社で一般に用いている「大祓詞」は延喜式《えんぎしき》（十世紀に編纂された一種の法令集）に収録されている大祓詞から一部の文言（天津罪・国津罪の列挙）が削除されて短くなっている。だがここで王仁三郎が解説している大祓詞は、削除されていないもともとの大祓詞である。

大本で用いている「神言《かみごと》」は、この大祓詞の文言を少し変更したものだ。

第四〇巻　フサの国の黄金姫《おうごんひめ》・清照姫《きよてるひめ》と照国別《てるくにわけ》の物語（後編）

○大黒主《おおくろぬし》はバラモン教を脅かす三五教とウラル教を征伐するため、バラモン軍を出陣させる。

○言霊隊《ことたまたい》の第一陣・黄金姫と清照姫母娘のストーリーと、第二陣・照国別一行のストーリーが交差しながらドラマが進んでいく。

第一～五章　ハルナの都から三五教とウラル教征伐のためバラモン軍が出陣する

バラモン教の大教主・大黒主《おおくろぬし》は月の国のハルナに都を造り、王族の大半を従えていた。しかしデカタン高原のカルマタ国では常暗彦《とこやみひこ》（ウラル彦の落胤《らくいん》）がウラル教の勢力を拡げ、フサの国（現代のイラン）のイソ館では神素盞嗚大神《かむすさのおおかみ》の三五教が勢力を伸ばし、バラモン教を脅かしていた。

大黒主は都にほど近い大雲山《たいうんざん》の岩窟《いわや》に住み家を構えており、幹部を岩窟に集めて会議を開いた（これは時間的には第三九巻の物語より以前の話である）。大黒主は三五教とウラル教に対抗する手段について対策を練るよう指示を出すと、後は寵愛する石生能姫《いそのひめ》に任せて会議室を出ていった。

左守《さもり》だった鬼熊別《おにくまわけ》は、妻子（黄金姫と清照姫）が三五教の宣伝使となったため、職を辞しており、鬼春別《おにはるわけ》が新しく左守に就いていた。

石生能姫の権限で、鬼春別には三五教のイソ館を、大足別《おおだるわけ》にはウラル教のカルマタ国を攻撃するよう命じる。鬼春別が帰るまでは鬼熊別を再び左守に任じた。

鬼春別はランチ将軍と片彦将軍を従えてイソ館へ出陣した。大足別は釘彦《くぎひこ》将軍とエール将軍を従えてカルマタ国へ出陣した。こうして三五教の言霊隊《ことたまたい》は諸処でバラモン軍と遭遇することになる。

第六～九章　照国別《てるくにわけ》がミロクの真相を教える

照国別は岩彦・照公・梅公を伴い進んでいた。一行はライオン河の手前の「クルスの森」で休息し、照国別は弟子たちに「至仁至愛《みろく》の真相」を教える。神、人、動物、虫、草木などあらゆるものに姿を変えて万有を済度するのが五六七《みろく》の大神であり、木花姫命《このはなひめのみこと》もその一部だと教えた。

また、ウラル教は理智を主としバラモン教は理性を主とするが、知識ではすべての人を救うことはできない、三五教は感情教であり、慈悲心・同情心なら智者学者でも鳥獣でも救うことができる…と教えた（第六章）。

そこへバラモン教の片彦将軍の部隊が現れた。岩彦は一人で突撃していく。敵の矢の集中攻撃を受けるが、数十頭の唐獅子《からじし》が現れてバラモン軍を追い払ってくれた。そのうち最も大きな唐獅子に杢助《もくすけ》（初稚姫《はつわかひめ》の父）が乗っていた。実は五六七の大神の命により木花姫命が杢助に化けて岩彦を救ったのである。

これより岩彦は照国別一行と離れ、ただ一人で唐獅子にまたがり、月の国（現代のインド）のあちこちに出没する。そうやって、三五教の危難を救う役割を担うことになった。

第一〇〜二〇章　女神が「試しの果実《このみ》」を与えて身魂《みたま》が試される

前巻の最後からの続きである。

黄金姫と清照姫の母娘は玉山峠で、イソ館へ攻撃に行くランチ将軍の軍と衝突する。母娘に同道していたレーブは谷底に投げ落とされた。そこへ幾百頭もの狼が現れてバラモン軍を追い払ってくれた。

第一一〜一四章は霊界が舞台となる。玉山峠の河底に落ちて気絶したレーブとカル（両方ともバラモン兵）は天国のような場所で女神と出会う。女神は二つの果実を差し出し「一つは甘くて美味しく五年も十年も腹が空かない果実で、もう一つはわずかに飢えをしのげるが石のように固くて不味《まず》い。どちらか一つを食べなさい」と言う。

レーブもカルも「自分が不味い方をいただきます」と互いに譲り合う。すると女神は「えらい偽善者だこと」と笑った。「自分が不味いものを辛抱して食べ、人に美味しいものを与え、大きな善を行ったという心では、真の善心だとは言えない」と厳しいことを言う。

二人は虚偽の心を持っていたことに気づくが、とはいえ美味しい方をもらうと友に不味い方を食べさせることになる。そこで、どちらとも決心できずに迷う。さてあなたならどうするだろうか？

ここは第一三章「試《ためし》の果実《このみ》」という章で、「惟神《かんながら》」や「惟神中毒」（九二頁参照）ということについて深く考えさせられる場面だ。本稿では詳しく書く余裕はないので、二人がどうなったかは直接霊界物語を読んでいただきたい。

レーブとカルは気がつくと、照国別《てるくにわけ》一行によって介抱されていた。二人は感謝し、一行に加わって大原野を進む。

「葵《あおい》の沼」で黄金姫・清照姫と再会した。レーブとカルは黄金姫・清照姫のお供をすることになり、照国別一行と黄金姫一行は再び別れて別々のルートで進んでいった。

照国別一行四人はデカタン高原へ出て、霊鷲山《りょうしゅうざん》に立ち寄ってからハルナの都（現代のインド・ムンバイの辺り）に進むことにする。黄金姫一行四人はフサの国を横断し、海上からハルナの都へ進むことにする。

第四一巻　イルナの国を黄金姫《おうごんひめ》・清照姫《きよてるひめ》が救う（前編）

○第四一～四二巻は月の国七千余国の一つ「イルナの国」が舞台となる。
○国を乗っ取ろうとする悪徳右守《うもり》カールチンを阻止するため、黄金姫・清照姫母娘が活躍する。
○第三六巻（シロの島の物語）に登場した北光神《きたてるのかみ》と竜雲《りゅううん》が再び登場する。

第一～九章　セーラン王とヤスダラ姫の仲が引き裂かれる

イルナの国のセーラン王にはヤスダラ姫（左守《さもり》クーリンスの娘）という許嫁《いいなずけ》がいた。右守のカールチンは、セーラン王に代わって自分が王になってやろうという野望を持っており、ヤスダラ姫を追放して自分の娘サマリー姫を王妃に据えてしまった。

ヤスダラ姫は国外に追いやられ、セーラン王はそのことを思い悩んだ。

あるときセーラン王と左守のクーリンスは同じ夢を見た。北光神《きたてるのかみ》が現れ「黄金姫と清照姫がイルナの国を通るので、国を救うため、城に立ち寄ってもらえ」と宣示したのだ。左守クーリンスは家来たちに二人を探させた。

ヤスダラ姫は右守カールチンの策略で、隣のテルマン国の富豪の家に嫁に行かされた。さらに、不貞を働いたと言いがかりをつけられ幽閉されてしまう。しかし忠義の侍者リーダー（という名前）に助けられ脱獄し、イルナの国へ帰るため逃げた。

国境の川の手前で右守の部下たちに捕まりそうになるが、三五教の男に救われた。その男は竜雲だった。竜雲は第三六巻でシロの王家を騒がせた悪僧だが、天《あめ》の目一《まひと》つの神（北光神の別名）の訓戒を受けて改心した。そして月の国（現代のインド）で三五の教えを説いて回っていたのだ。

竜雲はヤスダラ姫とリーダーをイルナの都まで守っていくことにした。

第一〇〜一六章「狼の岩窟《いわや》」で北光神《きたてるのかみ》と遭遇する

イルナの都に向かっていた黄金姫・清照姫の母娘は、狼の群れに導かれ、高照山《たかてるやま》の岩窟に入っていった。するとそこには北光神と竹野姫の夫婦がいた（竹野姫は松竹梅《まつたけうめ》の宣伝使の一人）。北光神は「右守のカールチンが大黒主《おおくろぬし》と共謀してイルナ城に攻め寄せる計画だ。セーラン王をこの狼の岩窟に匿《かくま》うため、ここに連れてきてほしい」と母娘に頼んだ。母娘は峠の麓で、都へ向かうヤスダラ姫・リーダー・竜雲《りゅううん》と出会う。この三人に「狼の岩窟に隠れよ」と告げて、母娘は都へ向かった。

イルナ城でセーラン王と面会した黄金姫は、王に信仰を尋ねた。王は「国治立尊《くにはるたちのみこと》も盤《ばん》古神王《こしんのう》（塩長彦）も大自在天《だいじざいてん》（大国彦《おおくにひこ》）も名前が違うだけで同じ神だ」と信じていた。そこで黄金姫は「国治立尊だけがこの世の御先祖様である」と教えた。

セーラン王は母娘を秘密の斎壇へ連れていく。掛け軸には「天一神王《てんいちしんおう》　国治立尊」と大きな字で記されていた。その真下に「教主　神素盞嗚尊」、中央の両側には「盤古神王　塩長彦命、常世神王　大国彦命」と書かれていた。王がバラモン教（大国彦）一辺倒の狭い信仰ではなく、三五教（神素盞嗚尊）やウラル教（塩長彦）も併祭する広い信仰だったことを知った母娘は、爽快さを覚え、驚きの念に打たれた。別の部屋には神素盞嗚尊《かむすさのお》と鬼熊別《おにくまわけ》の肖像画が掛けてあった（黄金姫と清照姫は鬼熊別の妻子）。

王は今までバラモン神（大国彦）を信仰していたが、ある夜、夢の中に神素盞嗚と鬼熊別が現れいろいろと教えを垂れた。それ以来こうして信仰に励んできたのだ。

王はハルナの都（現代のインド・ムンバイの辺り）にいる鬼熊別から届いた密書を母娘に見せた。そこには鬼熊別も三五教を信じており、左守《さもり》として仕えながら大黒主を改心させようと努力している様子が読み取れた。そして「大黒主が軍隊を差し向けようとしているから、どこかへ避難すべし」と警告していた。王は母娘に従い高照山の狼の岩窟へ避難した。

第一七〜二一章　黄金姫・清照姫が変装して悪徳右守を騙す

セーリス姫（ヤスダラ姫の妹）の提案で、清照姫がヤスダラ姫に変装し、右守カールチンを騙して一泡吹かせることになった。

イルナ城で、黄金姫がセーラン王になりすまし、病と称して王の部屋に閉じ籠もった。清照姫はヤスダラ姫に変装してカールチンと会う。黄金姫は王の声色を使い、カールチンが改心すれば王位を譲ると約束し、病が回復したらあらためて登城するようにと告げた。カールチンは大喜びで帰っていく。

後日、ヤスダラ姫（清照姫の変装）からカールチンに連絡があり、カールチンに恋をしてしまったので逢いたいという。カールチンはそれを信じて有頂天になり、イルナ城に向かった（次巻に続く）。

第四二巻　イルナの国を黄金姫《おうごんひめ》・清照姫《きよてるひめ》が救う（後編）

○悪徳右守のカールチンが国を乗っ取ろうとするが、黄金姫・清照姫母娘の活躍で阻止される。

○黄金姫たちは色香《いろか》を使って悪徳右守たちを撹乱《かくらん》する。

第一〜一二章　清照姫とセーリス姫は、悪徳右守とその家来を手玉に取る

高照山《たかてるやま》の狼の岩窟《いわや》に逃れていたセーラン王とヤスダラ姫（王の許嫁で、左守《さもり》の娘）たちは、北光神《きたてるのかみ》に「邪神を言向《ことむ》け和《やわ》す時が来た、出陣せよ」と告げられる。そこで山を降りてイルナ城に向かった。

イルナ城で黄金姫、清照姫（ヤスダラ姫に変装している）、セーリス姫（ヤスダラ姫の妹）の三人が雑談をしていると、右守カールチンがやってきた。カールチンはヤスダラ姫が自分に恋をしていると信じていた。

ヤスダラ姫（清照姫の変装）は自分にデレついてのぼせているカールチンに、セーラン王が退位してカールチンが国王に就いたら、妻テーナ姫を離縁して自分を正妻にすることを約束させる。また、ハルナの都（現代のインド・ムンバイの辺り）から来るという大黒主《おおくろぬし》の軍隊を断り、逆に大黒主を助けるためこちらから軍隊を派遣することを約束させた。

カールチンは自分の館に帰ると、さっそく妻テーナ姫を大将にしてハルナの都に援軍を送った。

セーリス姫（本物）は、カールチンの野望を阻止するためにユーフテス（カールチンの家来）に色目を使ってうまく利用してきたことに心を痛めていた。二絃琴《にげんきん》（八雲琴《やくもごと》のこと）を弾じながらそのことを歌っていると、ユーフテスが現れた。

ユーフテスは、セーリス姫が自分に好意を持っていると信じて有頂天になっている。するともう一人のセーリス姫が現れた（白狐が変身したニセ者）。二人のセーリス姫に両腕を引っ張られ、ユーフテスは「もう女は懲り懲りだ」と弱音を吐く。すると片方が白狐の姿を現した。ユーフテスは驚いて気絶してしまう。

白狐は立ち去り、セーリス姫は自分の顔にキツネの化粧を施した。ユーフテスは気がついて起き上がると、セーリス姫の顔を見て二度ビックリし、廊下を這って逃げ帰った。

第一三～一六章　悪徳右守たちが、黄金姫母娘に騙されていたことに気がつく

右守カールチンが登城すると、ヤスダラ姫（清照姫の変装）はすっかり心変わりして、カールチンの妻になることを拒否した。妻を大将にしてハルナの都に援軍を送ってしまったのに、今さら心変わりするとは…カールチンは怒って文句を言うと、隣室からセーラン王（黄金姫が声色を使っている）の咳払いが聞こえた。

そこへ本物のセーラン王とヤスダラ姫が高照山から帰城した。清照姫は自分たち母娘の計画を明かす。カールチンは自分が恋の虜《とりこ》になっていたことを恥じて、王に謝罪した。

右守カールチンの館では王妃サマリー姫（カールチンの娘）と家来のサモア姫が、カールチンがヤスダラ姫に現《うつつ》を抜かしている様子に心を痛めていた。

そこへ家来のマンモスが現れ、サモア姫に結婚の約束を迫った。サモア姫はそんな約束をした覚えはなかった。実はサマリー姫がマンモスに密偵をさせるため、「忠義を尽くし

たら場合によったらサモア姫のような美女を妻にしてあげよう」と甘言で釣っていたのだった。それをマンモスは自分の都合のいいように解釈して、サモア姫と結婚するのだと思い込んでいたのだ。

失恋したマンモスは、ふだん仲の悪いユーフテスの館へ行った。ユーフテスもセーリス姫に振られ、失恋者同士で慰め合う。

そこへカールチンが現れ、ニセのヤスダラ姫に騙されていたことを話す。

三人は黄金姫や清照姫に騙されていたことに気づき、今夜イルナ城に忍び込んで黄金姫たちを殺害しようと謀議をこらした。

第一七〜二六章　セーラン王の暗殺をたくらむが未遂に終わる

黒頭巾のカールチン、ユーフテス、マンモスは十数人の部下を連れイルナ城に潜入し、王の居間に忍び込んだ。黄金姫・清照姫や近侍たちは武器を取って戦うが、王をはじめ全員殺されてしまう。

カールチンたちが勝利の酒宴を開いていると、北光神《きたてるのかみ》の宣伝歌が聞こえてきた。

ふと気がつくと——カールチンたちは城内の庭先の土の上に座っていた。王たちを殺害したというのは幻覚であり、旭《あさひ》・月日《つきひ》・高倉《たかくら》明神ら白狐の活動によるものだった。

カールチンたちは捕まったが、三五教に改宗した王の英断により、百日間の蟄居だけで許された。

ヤスダラ姫はセーラン王を恋い慕う心を転じて宣伝使となり、黄金姫・清照姫と共にハルナの都に向け旅立った。

セーラン王は今まで嫌っていたサマリー姫を深く愛し、夫婦でイルナ城に三五の教えを布くこととなった。

黄金姫・清照姫母娘の物語はこれで終わりである。

第四三巻　フサの国の玉国別《たまくにわけ》と治国別《はるくにわけ》の物語（前編）

○第四三～四四巻は、言霊隊《ことたまたい》の第三陣・玉国別の一行と、第四陣・治国別の一行が活躍する。

○本巻では「河鹿峠《かじかとうげ》」「懐谷《ふところだに》」「祠《ほこら》の森」が主な舞台になる。

○玉国別は猿に目を掻かれ右目を失明し、治国別は生き別れた弟と再会する。

第一～五章　河鹿峠《かじかとうげ》の「懐谷《ふところだに》」で玉国別《たまくにわけ》が失明する

言霊隊《ことたまたい》の第三陣・玉国別は、道公《みちこう》・伊太公《いたこう》・純公《すみこう》の三人の弟子を伴いハルノの都（現代のインド・ムンバイの辺り）に向かった。

河鹿峠を下っていると、暴風が襲来する。一行は懐谷に避難して風が通過するのを待つことにした。

懐谷にはたくさんの尾長猿が、暴風を避けるため集まってきた。一行は数千匹の猿に囲まれてしまう。次第に数を増し、一行の身辺近くに押し寄せてくる。

伊太公が間近にやってきた猿を力任せに押し倒してしまう。すると猿の群れはキャッキャッと金切り声を出し、四人に掻きついた。

大きな白毛の猿が、玉国別の後ろから目の辺りを掻きむしる。玉国別はアッと叫んでその場に倒れた。そこへ獅子の唸り声がウーウーと響き渡ると、猿の群れは悲鳴を上げて逃げ失せてしまった。巨大な獅子にまたがった時置師神《ときおかしのかみ》が助けてくれたのだった。

両眼から血を流している玉国別は、川水で目を洗った。右目はすっかり潰れて失明していた。「こうなったのは吾が身の安全を第一に考え、烈風を恐れ、神様へ祈願することを忘れた罪の報いがきたのだ、よい教訓を受けた」と反省する。神に罪を謝し、感謝の祈願を凝らすと、左目だけは見えるようになった。

第六〜九章　「祠の森」でバラモン軍と遭遇する

玉国別《たまくにわけ》一行は急坂を下り、河鹿峠《かじかとうげ》の南坂にある「祠の森」の古い祠の前で休憩した。するとイソ館《やかた》へ進軍するバラモン軍（鬼春別《おにはるわけ》の軍。第四〇巻参照）が馬に乗って登ってきた。片彦・久米彦が率いる先鋒隊だ。

玉国別は、このまま先鋒隊を通過させ、後から下ってくる治国別《はるくにわけ》一行と挟み撃ちにする作戦を考える。しかし伊太公《いたこう》が金剛杖《こんごうづえ》を振りながら敵に飛び込んでいってしまった。

玉国別は右往左往するバラモン軍を見ているだけで伊太公を助けに行こうとしない。その態度に純公《すみこう》が怒るが、玉国別は「今飛び出すのは無謀だ。伊太公のは荒魂《あらみたま》ではない。暴魂《あれみたま》だ。荒魂というのは隠忍自重の心だ」と教える。伊太公は敵の捕虜になってしまった。

玉国別と道公・純公《すみこう》の三人は、治国別の言霊《ことたま》に打たれて逃げてくるであろうバラモン軍を、祠の前で待つことにした。

第一〇～一八章　治国別《はるくにわけ》は生き別れた弟を「弟ではない」と突き放す

言霊隊《ことたまたい》の第四陣・治国別は三人の弟子（万公《まんこう》・晴公《はるこう》・五三公《いそこう》）と共に、河鹿峠《かじかとうげ》の頂上で休憩していた。するとバラモン軍の先鋒隊が登ってきた。治国別が宣伝歌を歌うと、馬に乗った騎士たちは慌てて今来た道を下りていった。一行は後を追って山を下りていく。祠の森に先鋒隊が引き返してきた。隊長の片彦は玉国別《たまくにわけ》一行を見つけ、やっつけるよう部下に命じる。玉国別は目を痛め、激烈な頭痛に悩んでいた。そこへ再び巨大な獅子に乗った時置師神《ときおかしのかみ》が現れると、敵は下り坂を逃げていった。

峠の頂上から治国別一行四人が下りてきた。玉国別一行三人と、古祠の前で話に耽《ふけ》る。怪我をしたバラモン兵が二人現れた。マツ公とタツ公という名だ。身の上話をしていると、マツ公は治国別の生き別れた弟だということが判明した。

マツ公は兄と再会し涙を流す。しかし治国別は冷たい態度を取り「バラモン教の悪神の手先となるような弟は持った覚えがない」と突き放した。

マツ公は「では私の真心をご覧に入れた上で、兄弟の名乗りをお願いします」と言って、タツ公と共に立ち去った。二人は捕虜となった伊太公《いたこう》を救い出すため、清春山《きよはるやま》へ向かった。

右目を失った玉国別は祠の前で神に祈願を凝らしていると、一人の女が宣伝歌を歌いながら河鹿峠を下ってきた。妻の五十子姫《いそこひめ》（八人乙女《やたりおとめ》の第三女）だ。夫の危難を霊眼で見て、侍女の今子姫《いまこひめ》を伴い、助けに来たのだ。

マツ公とタツ公は、清春山の岩窟《いわや》から伊太公を救出し、祠の森へ引き返した。この話は次巻に続く。

第四四巻　フサの国の玉国別《たまくにわけ》と治国別《はるくにわけ》の物語（後編）

○本巻では「祠《ほこら》の森」「山口の森」「野中の森」が主な舞台になる。
○玉国別には「祠の森に神殿を造営せよ」と、治国別には「鬼春別《おにはるわけ》の軍勢を食い止めよ」と神命が下る。
○最後にウラナイ教の新本山「小北山《こぎたやま》」が登場する。

第一〜七章　「祠の森」に神殿を造営せよと神命が下る

前巻からの続きである。松公（マツ公）と竜公（タツ公）が伊太公《いたこう》を連れて清春山《きよはるやま》から祠の森に帰ってきた。治国別《はるくにわけ》は、今日から松公は自分の弟だと宣言した。鬼春別《おにはるわけ》のバラモン軍は浮木《うきき》ケ原に陣営を張り、ランチ・片彦・久米彦の各将軍が数多の軍勢を集めていた。兵士のテル・ハル・ヨルの三人はバラモン教に嫌気がさしており、三五教に改宗しようと、陣営をソッと脱け出し、河鹿峠《かじかとうげ》の祠の森へ向かっていった。

途中で、松公の部下だったイル・イク・サールの三人も加わり、六人で、祠の森の治国別・玉国別《たまくにわけ》一行に加わった。

バラモン軍は河鹿峠を越えて、スサノオの本拠地であるイソ館を攻撃する予定だったが、ヨルの情報によると、治国別・玉国別がいるため河鹿峠を突破できなかった。やむを得ず鬼春別は久米彦を伴い、フサの国（現代のイラン）を渡って聖地エルサレムの黄金山《おうごんざん》（三五教の本山）に進軍する計画だという。

五十子姫《いそこひめ》が神勅をうかがうと「治国別は万公《まんこう》・晴公《はるこう》・五三公《いそこう》・松公・竜公と共に浮木の森の陣営を突破し、フサの国を越えて黄金山に進み、鬼春別の軍勢を食い止めよ。玉国別は祠の森に三五教の神殿を造り、イソ館の喉《のど》である河鹿峠を守れ」という神命が下った。

治国別は早速五人を連れて出発する。

第八〜一四章　「山口の森」で晴公《はるこう》が両親・妹と再会する

治国別《はるくにわけ》一行は河鹿峠《かじかとうげ》を下り南麓の「山口の森」で一夜を明かした。お百度参りをしている女と出会う。バラモン軍のランチ将軍に両親が捕まり、殺されたという。その恨みを晴らすため丑《うし》の刻《こく》参りをしているのだという。

彼女は楓《かえで》という名で、晴公の妹だと判明した。久しぶりの兄妹再会に二人は涙した。

バラモン軍の部隊が、二人の両親（珍彦《うずひこ》、静子《しずこ》）を駕籠《かご》に乗せてやってきた。両親は三五教の宣伝使と間違われ、人質として捕まってしまったのだ。

森の中から治国別の宣伝歌が聞こえてくると、バラモン兵たちは駕籠を捨てて逃げ去った。

再会を遂げた親子四人は、祠の森の神殿造営の手伝いをすることになった。

祠の森の神殿は、第四九～五〇巻で舞台となる。珍彦は宮司として奉仕する。

第一五～一七章 「野中の森」で治国別《はるくにわけ》がいなくなる

治国別は万公《まんこう》・五三公《いそこう》・松彦（松公）・竜公《たつこう》を伴い、「山口の森」を後にして「野中の森」まで進んできた。

一行はここで眠りに就くが、夜中にバラモン軍の斥候《せっこう》（偵察員）の声がして目を醒ますと、治国別と竜公がいなくなっていた（実は「浮木《うき》の森」のバラモン軍の陣営へこっそり向かったのだが、その話は第四七巻へ続く）。

残された万公・五三公・松彦の三人は、バラモン軍の斥候のアク・タク・テクの三人と話をして打ち解ける。松彦が仮に宣伝使の立場に立ってリーダーを務めることにして、翌日一行六人で浮木の森を目指して進んでいった。

第一八〜二一章　松彦一行はウラナイ教の新本山「小北山《こぎたやま》」を訪れる

松彦一行は道中にウラナイ教の「小北山」という本山があることを知り、そこに立ち寄った。目の悪い白髪の老人（文助《ぶんすけ》）が受付におり、絵を描いていた。人に頼まれて神様の絵を描いているのだという。それは松に黒い蛇がドクロを巻いている絵だった。

ウラナイ教はもともとフサの国の北山村に本山があったが、教祖の高姫と副教祖の黒姫が三五教に入ってしまったため、総務（幹部）をしていた蠑螈別《いもりわけ》が、弟子の魔我彦《まがひこ》を連れてここに霊場を開き、小北山と名付けたのだ…と老人は説明した。

老人は外へ出て霊場を案内する。山の中にはたくさんのお宮が建っており、奇妙な名前の神々が祭られていた。

今夜はここに泊まったらどうだと老人に言われるが、松彦は今日は急ぐと言って小北山を発った。

小北山の話は次巻へ続く。

第四五巻　小北山《こぎたやま》の宗教改革（前編）

○第四五〜四六巻はウラナイ教の本山・小北山を舞台に、松姫や夫の松彦、娘のお千代らが活躍し、ウラナイ教の悪しき教えや祭神を改める。

○本巻の最後に、教主の蠑螈別《いもりわけ》が小北山からいなくなる。

第一～九章　松彦と生き別れた松姫・お千代が再会する

前巻から話は続く。松彦一行六人（他に万公《まんこう》・五三公《いそこう》・アク・タク・テク）はウラナイ教の本山・小北山《こぎたやま》を出ると、信者のお寅が追いかけてきて、小北山に戻ってくれと言う。教主の蠑螈別《いもりわけ》が言うには、松彦はウラナイ教に因縁のある身魂《みたま》で、「ユラリ彦命」別名「末代日《まつだい》の王天《てん》の大神」の生宮《いきみや》なのだと言う。だから帰られては五六七《みろく》神政が成就しない、三千世界を助けると思って小北山に来てくれ、とお寅は言う。

このように**人に神名を与えるのがウラナイ教の特徴の一つ**である。あなたは○○神の化身だとか、○○の生まれ変わりだとか言って、自分は特別な人間なんだと思い込ませる。その上で組織に取り込んで、マインドコントロールするのだ。現実の世界にもそういうカルト宗教がある。

「ユラリ彦命の生宮」という表現は、松彦の霊魂はユラリ彦命で、肉体はそのユラリ彦命が鎮まる生きたお宮（生宮）という意味だ。教主の蠑螈別は「大広木正宗《おおひろきまさむね》」、お寅は「きつく姫」の生宮である。みなデタラメな架空の神名であり、そういう名の神様が霊界物語に登場するわけではない。

松彦は最初は断ったが、お寅がしつこく言うので、小北山に引き返した。

蠑螈別は酒好きで女好きだ。朝から晩まで酒盛りをし、お寅に酌をさせながら高姫を想い浮かべたりする。だから、お寅は嫉妬し喧嘩になる。

魔我彦《まがひこ》はこんな醜態を松彦たちに見られたらマズいと思い、蠑螈別を奥の間へ連れていき寝かせてしまった。

松彦のもとへお千代という少女が現れて、別館に来てくれと頼んだ。

別館に行くと松姫がいた。小北山は表面的には蠑螈別が教主だが、実力のある松姫が実権を握っていた。

松姫は高城山《たかしろやま》でウラナイ教を開いていた女だ。改心して三五教の宣伝使になった（第一八〜一九巻参照）。錦の宮の教主・言依別命《ことよりわけのみこと》から、ウラナイ教を内部から改革せよと特命を受け、小北山に潜入していたのだ。

松彦と松姫は実は夫婦であった。アーメニヤに住んでいたが、バラモン軍によって追われ、生き別れになってしまったのだ。そのとき、松姫は身籠もっていて、生まれた娘がお千代だった。

夫婦・親子の対面に三人は涙する。

松彦と松姫は夫婦力を合わせてウラナイ教の改革に挑むことにする。

第一〇〜一三章　お千代がウラナイ教の内情を暴露する

月次祭《つきなみさい》が終わった後、お千代は演壇に立ち、信者の前でウラナイ教の内情を暴露した。

教主の蠑螈別《いもりわけ》は朝から晩まで酒浸りでアル中になっており、魔我彦《まがひこ》やお寅は口先で偉そうなことを言うが言行一致していない。しかしたとえ教主の行いが神の教えに背いていても、神は確かにいるので、神への信仰を捨ててはいけない…と演説した。

蠑螈別の醜態を知った信者たちはガヤガヤ騒ぎ始めた。

お寅は蠑螈別に秋波を送っていた。若いときの夫・熊公がそれをネタに蠑螈別をゆすり、千両取られてしまう。お寅は、ここの神様は力のないガラクタ神だと嘆いた。

五三公《いそこう》はお寅の迷夢《めいむ》を醒ますためウラナイ教の真実を教えた。ウラナイ教は高姫に入った邪霊が神の真似をして作り出したもので、その高姫が三五教に改宗した後、その邪霊が蠑螈別・魔我彦・お寅の肉体に宿替えをしたのである。

第一四～二〇章　蠑螈別《いもりわけ》たちが小北山《こぎたやす》からいなくなる

魔我彦《まがひこ》は松姫と結婚したかったが、夫の松彦が現れたため結婚できなくなった。お寅に「信者のお民《たみ》と結婚させてくれ」と頼む。

お寅は、お民が蠑螈別に秋波を送っているのではと怪しんでいた。お民が蠑螈別に近づかないよう、魔我彦をお民と結婚させることにした。

お寅はお民のところへ行き、魔我彦と結婚しろと説得するが、お民は頑なに断る。実は蠑螈別はお民に「お寅が隠している一万両が手に入ったら、駆け落ちして二人で暮らそう」と言っていたのだ。

お民は蠑螈別に、お寅が二人の関係を嗅《か》ぎつけたことを知らせる。蠑螈別はお民を「野口の森」へ先に行かせ、自分は九千両（お寅が持っていた一万両のうち熊公に千両を渡した残り）の金を身につけた。外へ出ようとしたら――柱に額を打って倒れてしまった。

お寅が倒れている蠑螈別を見つけて起こす。すると蠑螈別はお民だと思って駆け落ちのことを話してしまった。

それを聞いたお寅は激怒する。蠑螈別が金を持ち逃げしようとしたことに気づくと、狂気の如くになった。

蠑螈別は金を持って逃げていく。お寅はその後を追いかけた。魔我彦はお民を探すため、お寅の後から駆けていった。

第四六巻　小北山《こぎたやま》の宗教改革（後編）

○お寅と魔我彦《まがひこ》が改心して真の神の道に立ち返る。
○教主となった松姫らにより、小北山に三五教の神が鎮祭された。

第一～七章　信者たちがウラナイ教の醜状に気づく

前巻でお民《たみ》・蠑螈別《いもりわけ》・お寅・魔我彦《まがひこ》が小北山《こぎたやま》から野中の森へ駆けていった。

万公《まんこう》・五三公《いそこう》たちは彼らの行方を探す。するとお寅と魔我彦が森の中で倒れているのを見つけ、小北山に連れ帰った。

小北山に建つ一番大きな御殿「大門神社《おおもん》」に集まった信者たちの前で、アク、お菊、テク、お千代などが登壇して、ウラナイ教の醜状を訴えた。信者たちは次第に真実に目覚め、改心していく。

第八〜一三章　お寅、魔我彦《まがひこ》、万公《まんこう》が改心する

お寅は小北山《こぎたやま》に蠑螈別《いもりわけ》が帰ってきたので喜んだ。蠑螈別は持ち逃げした金を返すと言って三万両を出す。さようならと言ってお民のもとへ戻ろうとする蠑螈別を、お寅は行かせまいとして武者《むしゃ》ぶりついた。すると蠑螈別の体は黒い子牛のような大ギツネとなり、ノソリノソリと森へ逃げていった。

これはお寅の副守護神で、小北山のウラナイ教を作ったとも言えるような親玉だった。松彦・松姫らの神威を恐れて姿を現し、お寅の肉体から逃げ出したのだ。

このありさまを見て、お寅は自分の貪欲が魂を曇らせていたことを悟り、真の神の道に立ち帰った。

魔我彦は橋の袂《たもと》でお民を見つけ、蠑螈別と駆け落ちしたことを責める。お民は「実は魔我彦と一緒になるための計略だった。蠑螈別を野中の森で殺し、隠していた二十万両を奪ってきた。これだけの金があれば魔我彦が教主となり小北山の主権を握れる」と言う。魔我彦は喜んでよだれを垂らしながら、お民と小北山へ戻った。

お寅がふと外を見ると――魔我彦がポカンと口を開けてよだれを垂らしながら、一人で

何かわけのわからぬことをしゃべっていた。

万公は小北山の変化《へぐれ》神社の前に立ち「キツネに騙されているウラナイ教の信者の気が知れない、自分は精神がしっかりしているからキツネやタヌキに騙されない」と物思いに耽っていると、お菊（お寅の娘）がやってきた。万公のことが好きだと告白し「蠑螈別が大金を持って帰ってきた。蠑螈別に酒に酔わせて金を奪った。この金を持って駆け落ちしましょう」と言う。

万公は、自分は治国別《はるくにわけ》にお供する御用があるのでダメだと断った。しかしお菊にせがまれ、こうなりゃ自暴《やけ》だと駆け落ちを了承する。二人で山の中を歩いていった。だが実際には、万公は神社の階段を一人で上り下りしているだけだった。

そこへやってきたお菊とお千代は万公を見て、キツネにつままれたのだろうと笑う。魔我彦に声をかけられ正気に戻った万公は、神の道をおろそかにして醜態を演じたことを反省した。

第一四～二三章　魔我彦《まがひこ》の改心、小北山《こぎたやま》に真の神が祀られる

松姫の館に松彦一行が集まり、どのようにして小北山の祭神を祀り変えていくかが話し合われた。蠑螈別《いもりわけ》がいなくなったので松姫が事実上の教主である。お寅・魔我彦なども集まり、明日の朝早くから三五教の大神の鎮祭式を行うことになった。

夜になりお寅は「蠑螈別に失恋し、お金も取られた。今まで神を信じ舎身的活動をして

きたのに何でこんなみじめな目に遭うのだろう」と一人で愚痴る。しかし人には愛・信仰・希望の三つの宝があることを思い出す。この三つの歓喜を離れてはこの世で生きていくことはできない、と悔悟《かいご》した。

一方、魔我彦は失望落胆の極に達した淋しい容貌をしていた。お寅は魔我彦を三五教の道に入れようと必死に説得する。逆に魔我彦もお寅をウラナイ教に引き戻そうと必死に説得する。お互いに友が一刻も早く善道を悟るようにと、親切心から望んでいた。

お寅は、恵みの雨は天より降ると自覚していた。それに対して魔我彦は、自分の智慧や力や考察力や苦労によって、自分の身体から自由自在に恵みの雨を降らすことができると考えていた。これが惟神《かんながら》と惟人《ひとながら》の違いである（惟人については「霊界物語全体の概要」の「神に祈る言葉は『惟神霊幸倍坐世』」［九二頁］を参照）。

お千代にエンゼルが懸かり説き諭すと、魔我彦もついに前非《ぜんぴ》（過去の過ち）を悔いて改悟した。

松彦が斎主となり、小北山に修祓《しゅうばつ》（神社で行われるお祓いのように、場所や物を清浄にする神事のこと）を行い、国治立大神をはじめ三五教の神が鎮祭された。今まであちこちに祀られていたウラナイ教の神々は一ヶ所に集められて祀られた。

松彦は松姫に別れを告げ、小北山を後にした。お寅も加わり、一行七人で「浮木《うきき》の森」へ進んでいく（松彦一行の話は第四八巻第一六章へ）。

話は少し前に戻る。前巻で駆け落ちした蠑螈別とお民は、浮木の森の少し手前の「怪《あや》しの森」でバラモン教の目付《めつけ》のエキスに賄賂を渡し、ランチ将軍の家来になれるよう取り計らってほしいと頼んだ。

エキスは蠑螈別とお民をランチ将軍の陣営に送り届けた。

第四七巻　治国別《はるくにわけ》の天国巡覧《じゅんらん》（前編）

○第四七～四八巻は、治国別一行が八衢《やちまた》（中有界《ちゅううかい》の別名）や天国を旅して、その様子を見聞する物語である。
○浮木《うきき》の森のバラモン軍の陣営を訪れた治国別と竜公《たつこう》は、落とし穴に落ちて気絶し、幽体離脱して霊界へ行く。
○肉体と霊魂の関係、天国団体の様子、天人の生活、天国と霊国《れいごく》の違い、霊界と現界との相応の理など、霊界の情報が満載されている。

第一～一一章　治国別《はるくにわけ》は八衢《やちまた》の関所を見学する

第四四巻第一六章で、「野中の森」で寝ていた治国別がどこかに消えてしまった。実は神命を奉じて、秘かに竜公《たつこう》を伴い、「浮木《うきき》の森」のバラモン軍の陣営へ向かったのだ。

ここは鬼春別《おにはるわけ》将軍の部下のランチ将軍と片彦将軍が率いる陣営である。ランチ将軍が揉み手しながら出迎え、奥へ案内した。両将軍は治国別と酒を酌み交わし和気あいあいとして和睦の宴を開いた。

両将軍は酒に酔った治国別・竜公を奥座敷に案内するが、これが罠だった。床が裏返り、治国別・竜公は地下の水牢に落ちて気絶してしまう。両将軍は愉快げに笑った。

治国別と竜公の精霊は肉体を脱離して八衢をさまよった。

まずは「八衢の関所」に行く。第・巻では「幽庁」と呼ばれ、長官は「幽庁の大王」（隠退した国常立尊《くにとこたちのみこと》）だった。八衢の関所の長官は伊吹戸《いぶきど》主神《ぬしのかみ》（祓戸《はらいど》四柱《よはしら》の大神の一柱）だ。

次々と死者の精霊がやってきて、赤顔と白顔の守衛によって取り調べを受け、伊吹戸主によって裁かれていく。

第一二〜二一章　第三天国、第二天国を巡覧する

治国別《はるくにわけ》と竜公《たつこう》の前に言依別命《ことよりわけのみこと》が現れて、二人を天国へ案内する（天国巡覧と呼ばれる）。

天国は三層に分かれており、まず最下層の第三天国を、次に第二天国を巡覧する。

第二天国では、ある天国団体を訪れ、そこで五三公《いそこう》と再会した。五三公は肉体の上では治国別の弟子だが、霊格は治国別より上だった。実は言霊別命《ことたまわけのみこと》（第二巻参照）が地上に下り、治国別の弟子となっていた。そして五六七《みろく》神政成就のために活動していたのだ。

五三公の案内で天国巡覧を続ける。

第七章以降の八衢《やちまた》（中有界《ちゅううかい》の別名）や天国のシーンには、ドラマは少なく、霊魂や霊界に関する情報が多く記されている。その一部を記しておく。

○人間の肉体は精霊の容器《いれもの》であり、天人の養成所である。人間の精霊は霊界に籍を置いているのであり、肉体の死は霊界から見たら「復活」である。
○愛には善と悪があり、信仰には真と偽がある。天界は天国と霊国《れいごく》という二つの世界があり、天国は愛善《あいぜん》（注）、霊国は信真《しんしん》の世界である。
○肺と心臓の活動が停止するとき、霊肉分離するとき（つまり人間の死＝霊界から見たら復活）である。
○天界では同じ意志想念の天人が集まって団体を作っている。これを「天国団体」「霊国団体」と呼ぶ。
○天人は毎日遊んで暮らしているのではなく、各自天職に励んでいる。月に二回公休日があり、そのときは天人らは「神の家」に集まり、神を誉め称え、神の恵みに浴する。
○霊界は現界とは時間・空間の概念が異なる。天人各自の情態（情動）の変化があるのみ。
○天界は大きく分ければ三段階に、細かく分ければ百八十一段階に分かれる（一番上は主神《スしん》なので人の霊魂としては百八十段階ある）。
○上層の天界から下層の天界へ向けて神の内流が流れている。
○下層の天界から上層の天界を見ることはできない。雲がかかっているように見える。上層の天界からは下層の天界が見えるが、語り合うことはできない。もし上層の天人が下層の天人と会話すると、たちまち証覚（覚《さと》り）を失ってしまう。

○天国の統治制度を「正道《せいどう》」と呼び、霊国の統治制度を「公義《こうぎ》」と呼ぶ。
○天国、霊国の各団体の統治者は、現代の各国の統治者のように尊大に振る舞うことはない。逆に自己を卑下し謙譲の徳を発揮している。
○現界では言葉で意思伝達するのに数時間かかるようなことでも、天界ではわずか二〜三分間で伝えることができる。
○霊界は想念の世界であり、肉体がないので、想念が容貌となって現れる。一つの団体のメンバーは意志想念が似ているので、みな似たような顔をしている。
○夫婦は意志想念がまったく合致し、一心同体なので、顔が双子のようにそっくりである。天人は夫婦で一人と数える。
○天人はみな、男子は三十歳くらい、女子は二十歳くらいの容貌をしている。
○天国に住む天人（天国天人と呼ぶ）は他の団体、他の階層へは行けないが、霊国に住む天人（霊国天人とか天使、エンゼルと呼ぶ）は説法をするため天国にも地獄にも行ける。
○祭典を行うのは天国天人の役割で、霊国天人の役割は説法（神教宣伝）をすることである。
○天国では主神《スしん》が太陽となって現れ、霊国では月となって現れる。現界と方角の概念が異なり、天人各自の顔が向いている方向が常に東である。そちらに太陽または月が見える。

（注）愛善……「愛善」は王仁三郎の造語であり、出口王仁三郎の思想の中で重要な位置を占める用語の一つである。王仁三郎は愛を「愛善」と「愛悪《あいあく》」の二つに区分した。愛善とは神の愛であり、無償の愛、キリスト教のアガペー、

仏教の慈悲、博愛、人類愛のようなものだ。対して愛悪とは、自己愛であり、執着する愛、嫉妬する愛、性愛のようなものである。

自己愛は悪だが、その反対に自分の身を犠牲にして投げ出すようなことも悪になる。人間の肉体は神様からの借り物であり、大切にしなくてはいけないからだ。

自分を愛することが悪なのではなく、自分しか愛さないのが愛悪なのである。自分を愛するように他人も愛するのが愛善だ。言い方を変えると、自己愛を宇宙大に拡大させ、万有を愛することが神の愛ということになる。

愛国心は美しいが、自分の国しか愛さないようでは醜い愛悪になってしまう。自分の国を愛するように他の国も愛することが愛善である。

本巻を含む輯（第三七〜四八巻）には「舎身活躍」という題名が付いている。一般的には「捨身活躍」と書くが、王仁三郎は「舎身」という言葉を創り出した。「舎」とは家のことであり、舎身活躍とは身（自分を含む家族）を斉《ととの》えて他人の助けを借りず独立して活動することを意味するのだという。

「身を捨てる」と書く「捨身」という文字を避けたところにも、まず自分を愛することが愛善の基本にあることが見て取れる。自分を愛せない者は他人も愛せない、ということであろう。

第四八巻　治国別《はるくにわけ》の天国巡覧（後編）

○前巻から引き続き、治国別一行が天国を巡覧していく。本巻では天国最奥部の第一天国、そして霊国《れいごく》を旅する。

○最後に浮木《うきき》の森のバラモン軍は解散する。

第一～九章　ランチ将軍たちは八衢《やちまた》をさまよう

浮木《うきき》の森のバラモン軍の陣営で、酒宴の際の騒動で七人が気絶して八衢（中有界《ちゅううかい》の別名）をさまようことになる。

まず酒蔵でエキス（バラモン兵）と蠑螈《いもり》別《わけ》が、酒を飲みすぎて酔い倒れ、雑魚寝《ざこね》しているうちに、降りしきる雪に包まれてしまった。

次にランチ将軍と片彦将軍だが、清照姫《きよてるひめ》と初稚姫《はつわかひめ》（どちらも白狐が変身した二セ者）が陣営に現れたことで、両将軍は女の取り合いになって喧嘩となる。物見やぐらで雪見の宴の最中に、ランチは二人の副官（ガリヤ、ケース）に命じて片彦を縛って谷川に落としてしまった。

すると清照姫と初稚姫が恐ろしい妖怪に変わり、驚いたランチと二人の副官も谷川に落ちてしまう。

お民《たみ》は物見やぐらの様子を見に梯子《はしご》を上ってみると、大きな白狐が二匹いたのに驚いて梯子から落ちて気絶してしまった。

八衢にやってきたランチ・片彦・ガリヤ・ケース・お民・蠑螈別・エキスの七人は、八衢の関所で赤・白の守衛から取り調べを受ける。

そこへお寅もやってきた。これはお寅が改心したために肉体から逃げ出した副守護神

（第四六巻第八章）が、お寅の容貌そのままでここにやってきたものだ。このお寅の副守護神だけはどうしても地獄行きなので捕縛《ほばく》された。

他の七人は第一五章以降で治国別《はるくにわけ》らによって助けられ、現界に帰ることになる。

第一〇～一四章　治国別《はるくにわけ》は第二天国、第一天国、霊国を巡覧する

治国別と竜公《たつこう》は、五三公《いそこう》に案内されて第二天国、そして第一天国を巡覧する。

第二天国では霊陽山《れいようざん》という有名な公園地を訪れる。そこはとうてい現界では見ることができない素晴らしい景色だった。

ふと気がつくと五三公の姿がない。案内者がいないと迷子同然である。うっかり自分が勝手に天国に上ってきたような気分になって慢心してしまったことを反省した。

すると足元の土から泥酔した片彦将軍が頭を突き出した。「自分の計略で、天国の霊陽山と見せかけ大雲山《たいうんざん》（バラモン教の霊場）に連れてきたのだ」と笑う。

治国別と竜公の二人は慢心して地獄に堕ちたのかと考えたが、天国に悪魔が来ることはない。よく思い直すと、これは神の試しであると気づいた。

そこへ一柱の神人《しんじん》が現れた。言霊別命《ことたまわけのみこと》である。二人は第二天国の試験に合格したと伝え、第一天国へ案内する。

第一天国では西王母《せいおうぼ》に案内され、紫微宮《しびきゅう》（日の大神の宮殿）を参拝する。

最後に、大八洲彦命《おおやしまひこのみこと》に案内されて霊国の月宮殿《げっきゅうでん》（月の大神の宮殿）を参拝し、巡覧を終

えた。

ここでは天界に関して次のようなことが説明されている。

○天国の土地は団体の公有である。

○天国にも貧富の格差がある。現界では労働の対価として報酬を受け取るが、天国ではすべての事業は神様にさせていただくという考えで行っている。貧富は各自の努力によって決まるのではなく、現界にいたとき善徳をどれだけ積んだかによって決まる。

○天国では富は神様から賜《たまわ》ったものなので、他人に施すことはできない。祭典の費用に充《あ》てたり、他人を家に招いてもてなすことなどに財産を使っている。

○天国天人は高いところに住み、霊国天人は少し低いところに住んでいる。

○神は宇宙にただ一柱しかいないが、神格の情動によって八百万の神々となって現れる、厳霊《いづのみたま》は神格の本体であり、瑞霊《みづのみたま》は実地の活動力である。

○主神《スしん》から天界全般に流入する内流を「直接内流」と呼ぶ。上層の天界を通って下層の天界へと流れる内流を「間接内流」と呼ぶ。

第一五〜二〇章　浮木《うき》の森のバラモン軍は解散する

治国別《はるくにわけ》と竜公《たつこう》は気がつくと、ランチ将軍の居間に横たわっていた。二人の身を案じた兵士が、地下の水牢から助け出してくれたのだ。

二人は蠑螈別《いもりわけ》とエキスを雪の中から掘り起こし、物見やぐらに向かった。

松彦一行が浮木の森へ到着した（第四六巻からの続き）。

治国別や松彦たちは、川に落ちたランチ将軍たちを救い出す。お民も介抱され意識を回復した。

ランチ将軍たちは前非《ぜんぴ》を悔いて、三五《あななない》の道に帰順することとなった。

浮木の森のバラモン軍の陣営には二千人ほどの兵士がいたが、陣営は解体され、兵士たちはバラバラに散り去り、この地は以前のように平和な村に戻った。

第四九巻　祠《ほこら》の森の神殿の物語（前編）

○第四九～五〇巻は、フサの国（現代のイラン）の祠の森に造られた三五教《あなないきょう》の神殿を舞台に、初稚姫《はつわかひめ》が活躍する。
○神殿を乗っ取った高姫を、初稚姫は何とか言向《ことむ》け和《やわ》そうと努力する。
○第三三巻以来登場していなかった高姫が再登場して、妄動を繰り広げる。妖幻坊《ようげんぼう》の杢助《もくすけ》と夫婦になり、以前よりも悪の度合いが増していく。初稚姫の愛犬スマートが初登場する。

第一～五章　祠の森の神殿が完成する

第四四巻で玉国別《たまくにわけ》は、河鹿峠《かじかとうげ》の南坂にある「祠の森」に神殿を築けという神勅を受けた。浮木《うきき》の森のバラモン軍が解散し、この地方の人々はその神恩に報ずるため、神殿造営に献金・献労する。百余日を費やして立派な宮が完成した。

神殿は三社建てられ、中央には国治立尊、日の大神、月の大神が、左には大自在天《だいじざいてん》・大国彦《おおくにひこ》と盤古大神・塩長彦が、右には八百万の神々が鎮祭された。

祭典が済むと、失明していた玉国別の右目（第四三巻で失明した）が見えるようになり、神に感謝した。

珍彦《うずひこ》・静子《しずこ》夫婦が神殿に仕えることになる。玉国別は弟子の道彦・伊太彦・真純彦《ますみひこ》・道《みち》晴別《はるわけ》（道公・伊《い》太公《たこう》・純公《すみこう》・晴公《はるこう》が改名した）を連れて、ハルナの都（現代のインド・ムンバイの辺り）に向けて旅立った。

第六～八章　初稚姫《はつわかひめ》と猛犬スマートが出会う

言霊隊《ことたまたい》の第五陣・初稚姫はイソ館《やかた》からハルナの都へ出発する前に、教主・八島主神《やしまぬしのかみ》にあいさつに出向いた。八島主は初稚姫の気持ちを試すために「もう年頃（十七歳）なので今のうちに結婚しておいた方がいい」と忠告する。

だが初稚姫は「ハルナの都の御用が済んだら夫を選んで結婚したい」と答えた。八島主は、結婚よりも神業を第一に優先した初稚姫の決心を褒め称え、「その決心ならきっとハルナの都の大黒主《おおくろぬし》を言向《ことむ》け和《やわ》すことができる」と励ました。

イソ館を発った初稚姫の後を、父の杢助《もくすけ》（イソ館の総務。別名・時置師神《ときおかしのかみ》）が追ってきた。

初稚姫は「イソ館の神務を放棄してわが子を気にして追いかけてくるような卑怯未練な父は持っていない。きっと自分を邪道に引き入れようとする化け物だろう」と正体を見破る。天《あま》の数歌《かずうた》を歌うと、杢助は正体を現し巨大な唐獅子《からじし》となって、初稚姫に噛みつこうとした。

そのとき、後ろから大きな黒い山犬が現れ、唐獅子に飛びついた。唐獅子は一目散に逃げていく。

初稚姫はこの犬を家来にしてスマートと名付けた。以後行動を共にすることになる。

このスマートは普通の犬ではない。肉体は動物だが、初稚姫の身辺を守るため、神が化《け》相《そう》（姿形を変えること）することによって現れた「霊獣《れいじゅう》」である。「猛犬スマート」と呼ばれている。

第九～一五章　祠の森に高姫と杢助《もくすけ》（妖幻坊《ようげんぼう》）がやってくる

祠の森の神殿は、珍彦《うずひこ》・静子夫婦が神司《かむつかさ》となり奉仕していた。そこへ高姫が現れた。

高姫は東助《とうすけ》を慕って自転倒島《おのころじま》からイソ館まで訪ねていったのだ。東助は高姫の若い頃の夫で、錦の宮からイソ館へ転勤し（第三三巻）、副教主になっていた。東助は、未練を断ち切れない高姫を手厳しく叱って追い返した。

高姫は自分の腕前を見せて東助の気を引こうと考え、祠の森の神殿を乗っ取って一旗上げるために来たのだ。高姫は得意の弁舌で珍彦夫婦を掌中にうまく丸め込み、朝から晩まで脱線だらけの筆先を書いた。

祠の森に杢助がやってきた。東助と争いイソ館を追放されたのだという。高姫は東助に一泡吹かせたいと思い、杢助とここで一旗上げようと盛り上がる。祝い酒の杯を交わした。この杢助は実はニセ者で、妖幻坊という名の兇霊であることが次巻で明かされる。

第一六～二〇章　高姫は珍彦《うずひこ》夫婦を毒殺しようと謀る

高姫と杢助《もくすけ》は、珍彦・静子夫婦を毒殺し、自分たちが夫婦になりすまして、祠の森を乗っ取ってしまおうと謀る。

その密談を立ち聞きした楓《かえで》（珍彦・静子の娘）は、薬を父母に渡した。昨夜の夢に文殊菩《もんじゅぼ》薩《さつ》が現れ、父母の危機を告げ、神丹《しんたん》という薬を授けた。目を覚ますと実際に薬が三粒、手の上にあったのだ。三人はそれを一粒ずつ飲んだ。

高姫・杢助は毒酸が入ったご馳走を珍彦・静子にふるまったが、二人は神丹を飲んでいたので平気だった。

初稚姫《はつわかひめ》が祠の森にやってきた。杢助は年を取ってから高姫と夫婦になったことは娘に対して恥ずかしいとか、甘やかしては娘のためにならない、などと言い訳して、娘に会わずに森に隠れてしまう。しかし実は杢助の正体は以前に初稚姫が遭遇した唐獅子の化け物（妖幻坊《ようげんぼう》）であり、初稚姫が連れている猛犬スマートが怖くて逃げ出したのだ。

第五〇巻　祠《ほこら》の森の神殿の物語（後編）

〇前巻に引き続き、祠の森を舞台に、悪事を繰り広げる高姫と、言向《ことむ》け和《やわ》そうとする初稚《はつわか》姫《ひめ》のドラマが描かれる。

第一～九章　高姫の義理の娘として振る舞う初稚姫《はつわかひめ》

初稚姫は高姫に金毛九尾《きんもうきゅうび》の悪狐《あっこ》が憑依していることに気づいていた。だが、そのことを暴いたら悪狐は高姫の肉体を亡ぼすかもしれず、または逃げ出して別の肉体に憑依して世の中を惑乱《わくらん》するかもしれない。そこでこのまま気づいていないふりをして、高姫と悪狐とを天国に救ってやろうと決心した。

高姫に憑依している悪狐は、その正体を自ら初稚姫に明かした。しかし「もう改心したので、この祠の森で人々の因縁を調べてイソ館に送る役目に従事している。その役を正式《したて》に認めるよう三五教《あなないきょう》に働きかけてほしい」と虫の良いことを頼んだ。だが初稚姫は下手に出て「自分にはそういう権限はない。むしろ神徳の高い高姫にご教授願いたい」と自分の光明を隠して普通の人のように振る舞った。

高姫は初稚姫の父・杢助《もくすけ》の後妻になったことを明かし、初稚姫を義理の娘として接した。初稚姫も娘として振る舞った。

この杢助は本物ではなく、妖幻坊《ようげんぼう》という名の兇霊が化けたニセ者である。大雲山《たいうんざん》に棲む兇霊で、獅子・虎両性の妖怪だ。

初稚姫は杢助の正体が兇霊であることを見抜いていたが、高姫は本物の杢助だと思っていた。この杢助は本物の杢助と区別するため「妖幻坊の杢助」とも呼ばれる。

高姫は初稚姫にスマートを追い出してくれと頼んだ。杢助が犬を聖場に入れるなと言うのだ。初稚姫はスマートを館から連れ出し、自分の居間の下に隠れているように言いつけた。

前巻の最後で、妖幻坊の杢助はスマートが怖くて森へ逃げていった。高姫は森の中を探し回り、ようやく杢助を見つけた。杢助はスマートに眉間《みけん》を咬まれて怪我をしており「大杉に登って薬となるキノコを採ってきてくれ」と高姫に頼む。

高姫は言われた通り、キノコを採りに大杉の木に登るが、落下して怪我をした。

第一〇～二一章　またしても高姫は珍彦《うずひこ》たちの暗殺を謀る

初稚姫《はつわかひめ》の居間で、楓《かえで》（珍彦・静子の娘）と初稚姫が、いろいろな悪霊に取り憑かれている高姫を二人で協力して救いたいものだと話している。そこへ高姫が入ってきて「自分をどうこうする相談をしていたな」と怒鳴った。高姫が半狂乱状態になり、初稚姫を棍棒で打ちのめそうとすると、スマートが高姫に飛びかかって引き倒した。

高姫は初稚姫や珍彦親子を憎み、何とかして殺そうと考えた。憑依している悪狐と相談し妖術をかけることにした。

初稚姫たちを酒宴に招き、妖術をかけてあるご馳走を出す。だが初稚姫はそのたくらみを見抜いており、妖術は悪狐の妄言であって効果がないことも知っていた。そこで、一同はそのご馳走を平らげてしまった。

イソ館の直使として安彦と国彦の二人が祠の森にやってきた。珍彦の館で、珍彦・初稚姫らと懇談する。

安彦と国彦の二人は「高姫はイソ館で副教主（東助《とうすけ》）に対して無礼を働き、狂態を演じた後、祠の森に逃げてきて、またもや悪霊に左右されて神業の妨害をしている。早くここから放逐《ほうちく》し、自転倒島《おのころじま》に追い返せと教主（八島主《やしまぬし》）が命じている」と話した。

だが初稚姫は「何とかして高姫を救いたい。今放逐してしまうとますます心が荒《すさ》み、どうすることもできなくなるので、しばらく初稚姫にお任せ下さるようお願いします」と頼んだ。二人は了承した。

ところが妖幻坊《ようげんぼう》の杢助《もくすけ》はスマートの吠え声を恐れて祠の森から逃げ出し、高姫も杢助に誘われるまま出ていった。こうして二人は祠の森から姿を消した。

初稚姫は再びハルナの都（現代のインド・ムンバイの辺り）に向けて旅立った。

第五一巻　曲輪城《まがわじょう》の高宮姫《たかみやひめ》の物語（前編）

○第五一〜五二巻は、「小北山《こぎたやま》」や「浮木《うき》の森」を舞台に、高姫と妖幻坊《ようげんぼう》の杢助《もくすけ》が妄動を繰り広げる。

○妖幻坊は妖術を使い、浮木の森に「曲輪城」を出現させ、高姫は「高宮姫」と名乗り王宮生活を送る（すべて幻覚）。

第一〜六章　高姫は小北山《こぎたやま》を乗っ取ろうとするが失敗

前巻で高姫と妖幻坊《ようげんぼう》の杢助《もくすけ》（杢助に化けた妖幻坊のこと）は祠の森から逃げ出した。

二人は小北山に行く。ここは以前はウラナイ教の本山だったが、今は三五教《あなないきょう》の聖場になっていた（第四六巻参照）。高姫は小北山を乗っ取るため、まず役員の初公《はつこう》と徳公《とくこう》を仲間に引き入れた。次に教主の松姫に「白転倒島《おのころじま》の生田の森に転勤せよ」というニセの辞令を伝え、自分が教主に成り代わろうと謀る。

松姫はスマートが咥《くわ》えて持ってきた初稚姫《はつわかひめ》からの手紙によって、二人が祠の森の聖場で騒動を起こしていたことを知っていた。娘のお千代はエンゼルから「お宮の扉を開くと二人はビックリして逃げる」と聞いていた。

松姫は高姫のニセの辞令を受け入れ、教主引き継ぎのための奉告祭を開く。お宮の扉を開くと霊光が出た。高姫・妖幻坊の二人はその霊光に打たれて苦しみ、小北山から逃げ出した。初公・徳公も後を追った。

第七〜一〇章　妖術で浮木《うきき》の森に「曲輪城《まがわじょう》」が出現する

妖幻坊《ようげんぼう》の杢助《もくすけ》は小北山《こぎたやま》を逃げ出す途中、受付の文助《ぶんすけ》とぶつかり、身に付けていた「曲輪《まがわ》の玉」が文助の懐に入ってしまった。妖幻坊は「怪志《あやし》の森」の近くでそのことに気がついた。曲輪の玉は妖幻坊の変相《へんそう》術に必要な玉で、それがないと一昼夜で術が解りて正体が顕わになってしまう。

高姫はまだその正体（妖幻坊という兇霊）に気づいておらず、本物の杢助だと思っていた。そのため妖幻坊は「如意宝珠の玉」を落としたと嘘をつき、初公《はつこう》・徳公《とくこう》に小北山に戻って曲輪の玉を取りに行かせた。

二人が玉を持ち帰った後、寝ている間に妖幻坊と高姫は二人を置いて先に行ってしまう。

妖幻坊は妖術を使い、浮木の森に荘厳な楼閣《ろうかく》「曲輪城」を出現させた。白町（約十キロ）四方もある広大な城だ。

さらに妖幻坊は妖術で高姫を十七〜十八歳の美女に若返ったと思い込ませた。高姫は高宮姫（高姫の若い頃の名前）と名乗り、妖幻坊は高宮彦と名乗り、王宮生活を始めた。

第一一～二一章　曲輪城《まがわじょう》でタヌキに化かされる高宮姫たち

高宮姫は二人の侍女と楽しく時間を過ごしご満悦だった。この侍女は玄真坊《げんしんぼう》の部下の幻《げん》相坊《そうぼう》と幻魔坊《げんまぼう》という古ダヌキが化けたものだ。曲輪城自体はもちろん、城にあるものすべては幻覚なのだが、高宮姫はそれを本物だと信じていた。

高宮彦は、この栄華を保つためには、三五教《あなないきょう》の奴らを一人残らず城に引き込み、霊肉共に亡ぼさなくてはいけないと敵意を煽る。高宮姫は城の前を通り行く人々を誘惑して城に引き込むことにした。

元バラモン軍のランチと片彦が通りがかった。高宮姫は、自分はコーラン国の王女・初《はつ》花姫《はなひめ》だと称し、二人を城中に引き入れる。高宮彦は二人を罠にかけて部屋に閉じ込めてしまった。

初公《はっこう》と徳公《とくこう》は、妖幻坊《ようげんぼう》の杢助《もくすけ》と高姫を探して浮木《うきき》の森にやってきた。高姫が椿の根元で泥まみれになり、羽織を裏返しに着ている。大きなタヌキが二匹いて、高姫はブツブツ何か言いながら、腐った竹筒に草をむしって入れ、馬糞《まぐそ》を掴んでねじ込んでいた。

初公・徳公の二人はタヌキに化かされている高姫を助け出そうとするが、逆に化かされて糞壺の中に落ちてしまう。二人は化かされたまま、着物を脱いで相撲を取り出した。たくさんの古ダヌキや豆ダヌキが見物に集まってくる。ケース（元バラモン軍）も通りがかり、相撲に加わった。

そこへガリヤ（元バラモン軍）も現れた。ガリヤはケース・初公・徳公の三人がタヌキに化かされて相撲を取っているのを見て、目を覚ましてやろうと大声で「ウー」と叫んだ。三人はようやく化かされていたことに気づき、糞まみれのまま逃げていく。

ガリヤ・ケース・初公・徳公の四人は化かされて城中に入り、奇妙奇天烈な体験をした後、目を覚ました。四人は浮木の森の泉のそばで眠っていたのだ。それもまたタヌキに化かされて見た夢だったのだ。

曲輪城の妖しい物語は次巻の第一八章へ続く。

第五二巻　曲輪城《まがわじょう》の高宮姫の物語（後編）

○前巻から引き続き「小北山《こぎたやま》」と「浮木の森《うききのもり》」が舞台となる。
○本巻は前半で、小北山の受付の文助《ぶんすけ》が八衢《やちまた》（中有界《ちゅううかい》の別名）で改心するドラマが描かれる。
○曲輪城に初稚姫《はつわかひめ》が現れ、高姫と妖幻坊《ようげんぼう》は空を飛んで逃げるが、高姫は空から落ちて死んでしまう。

第一〜一一章　小北山《こぎたやま》の文助《ぶんすけ》が人事不省になる

第五〇巻の最後で、初稚姫《はつわかひめ》は祠の森からハルナの都（現代のインド・ムンバイの辺り）に向けて旅立った。

神殿に仕えていたイクとサールは、初稚姫にお供を申し出るが、断られた。

それでもしつこく後をついていくと、山口の森で日《ひ》の出神《でのかみ》と出会い、直径一寸（約三センチ）ほどの水晶玉を授かった。

小北山でようやく初稚姫を見つける。初稚姫は「その玉は『夜光の玉』と呼び、水晶玉ではなく筑紫島《つくしじま》（現代のアフリカ）から現れたダイアモンドだ。自分が日の出神に祈願して、二人の熱心さに応じ、神から授けられたのだ。この宝は世界救済のための神宝でもあり、人間が私《わたくし》すべきものではない。その玉が手に入った以上は自分についてくる必要はない。祠の森に持ち帰って玉を守りなさい」と諭した。

サールは、それならこの神宝を返上するから、どうかお供をさせてくれと涙を流して頼み込む。だが初稚姫は固く拒否した。

その夜、初稚姫はイクとサールに別れを告げずに小北山を旅立ってしまった。

小北山の受付の文助は、初公《はつこう》・徳公《とくこう》が玉を取りに来たとき（第五一巻第七章）渡すまいとして揉み合いとなり、頭を叩かれた。それから発熱して床につき、意識不明の重体となっていた。

イクは夜光の玉を松姫（小北山の教主）に渡し、文助の額に当ててくれと頼む。一同の介抱の結果、文助は回復し目を覚ました。文助は八衢《やちまた》を旅してから現界に帰ってきたのだった。

イクとサールは初稚姫を追ってハルナの都までいく覚悟で小北山を旅立った。

文助の回復を祝う宴の後、文助は酒を飲みすぎて酩酊し、階段を踏み外して転落し、再び人事不省に陥ってしまう。

第一一二〜一一七章　文助《ぶんすけ》は八衢《やちまた》で自分の罪を知り改心する

八衢（中有界《ちゅううかい》の別名）をさまよう文助を、いろいろな人が襲ってくる。彼らは文助が慢心して間違ったことを教え、そのため死後苦しんでいる精霊たちだった。

ある男に「自分の神力で祖先の霊や人の病気が治るなどと思ったら間違いだ、それは神の徳を横領する天の賊だ、人を地獄に堕とすことになる」ということを指摘され、文助は慢心していたことに気がつく。文助は善意から行ったことだが、結果的に誤った信仰に導いてしまったのだ。

文助は水車小屋で両親が働いているのを見つけた。両親は天国に上っていたが、文助や文助に騙された人たちの罪を軽くするため、ここに水車小屋を建てたのだと明かした。挽き臼の中に体を沈め、地獄以上の苦しみを味わいながら霊《みたま》を研いているのだという。

文助は父母の恩に感謝し、神に謝罪した。自分が代わりに水車の苦行をするから両親を助けてほしいと祈願を凝らした。

そこへエンゼル（初稚姫《はつわかひめ》）が下りてきた。両親の真心が天に通じ、子孫の罪が許されたと言って、両親を連れて空に去った。文助は感謝の涙に暮れた。

第一八～二二章　曲輪城《まがわじょう》が消滅し高姫・妖幻坊《ようげんぼう》は空に逃げ去る

前巻の最後の章の続きの話である。

ガリヤ・ケース・初公《はっこう》・徳公《とくこう》の四人は曲輪城を見学しに行く。美女たちに言い寄られるが、それはみなタヌキで、体中を噛みつかれた。宣伝歌の声と猛犬の声が聞こえてくると、四人は草ぼうぼうの野原の中にいることに気づいた。

初稚姫《はつわかひめ》がスマートを連れて現れたので、妖幻坊の杢助《もくすけ》は堪《たま》らずに、曲輪の術で高宮姫（高姫）を雲に乗せて空を飛んで逃げ去った。

竹ヤブでランチと片彦が青い顔をして震えていた。初稚姫は六人に真理をよく説き諭し、スマートを連れて立ち去った。六人は心を取り戻し、祠の森へ向かった。

第二二三～二二七章　高姫が空から落ちて死ぬ

妖幻坊《ようげんぼう》は高姫を連れて空を飛んでいったが、デカタン高原で高姫は空から落ちてしまい気を失った。

高姫の精霊は八衢《やちまた》（中有界《ちゅううかい》の別名）の関所を訪れる。そこには文助《ぶんすけ》がいた。文助は高姫に声をかけると、高姫は相変わらず日の出神の生宮《いきみや》だとか杢助《もくすけ》の妻だとか言って偉そうに権威を振りかざした。

そこへ杢助（本物）が現れた。関所の長官である伊吹戸主神《いぶきどぬしのかみ》に「高姫は多くの人間を惑わすので、しばらくの間は現界へ帰さないようにしてほしい」と頼む。しかし伊吹戸主は「高姫にはまだ二十八年間の寿命が残っているので、現界に帰さなくてはいけない。霊界にしばらく滞在させることはできるが、肉体が腐って役に立たなくなってしまう」と言う。そこで三年間だけ八衢に滞在させた後、三年後に死んで霊界へ来ることになっている女の肉体に高姫の精霊を宿すという形で現界に送り返すことになった。

以後、高姫は八衢のシーンに何度か登場し、第七〇巻でトルマン国《ごく》の千草姫《ちぐさひめ》の肉体に入り「千草の高姫」として現界に甦る。

第五三巻　ビクの国の物語（前編）

○第五三〜五四巻は、ビクの国を舞台に、治国別《はるくにわけ》の一行が活躍する。
○本巻では、右守《うもり》の反乱とバラモン軍の襲来という内憂外患《ないゆうがいかん》に二人の姫が立ち向かう。

第一〜九章　ビクの国にバラモン軍が攻め寄せる

ウラル教を奉ずるビクの国（月の国七千余国の一国）は、ビクトリヤ王が刹帝利《せっていり》（国王）として治めていた。七十歳の高齢だが、跡継ぎがいなかった。王妃のヒルナ姫はまだ二十三歳だ。前妃・ビクトリヤ姫の侍女だったが、前妃が亡くなった後、後妻となった。

忠良な左守《さもり》キューービットは、刹帝利のために苦心を重ね、国を守ろうとしていたが、右《う》守《もり》ベルツは奸佞邪智《かんねいじゃち》のくせ者で、ヒルナ姫を思うがままに操っており、自分が刹帝利になろうとたくらんでいた。

左守は息子ハルナが、右守の妹カルナ姫と結婚をするのを機に、左守家と右守家が和合して、国家が安泰となることを願った。しかし結婚を祝う宴席で、右守が刹帝利に反抗し激論となる。祖先の代から左守は文官、右守は武官と分掌《ぶんしょう》してきた。しかし刹帝利は、右守家が持つ兵馬《へいば》の権（軍事権）をいったん刹帝利に返還せよというのだ。右守は返す理由はないと突っぱねた。

そこへ、バラモンの大軍が国に攻め寄せたという報告が入った。

第一〇～一五章　ヒルナ姫・カルナ姫の活躍で刹帝利《せっていり》たちは解放される

右守《うもり》は今までの主張をコロリと変えて、作戦を刹帝利や左守《さもり》に一任した。実は右守は腰を抜かしていて動けなくなっていたのである。

刹帝利は戦おうとしない右守に怒り、刀で斬りつけようとした。それを制止したヒルナ姫は「右守の野望を探り刹帝利家を救うため右守と不義の交わりをした」と告白する。右守を斬る前に先に自分を斬ってくれと言う。

刹帝利は怒ってヒルナ姫を離縁したが、斬ることはしなかった。今後も刹帝利家のために力を尽くしてくれと頼む。

一同は気を取り直し、防戦のため出陣した。

バラモン軍の鬼春別《おにはるわけ》将軍と久米彦将軍はフサの国（現代のイラン）のイソ館《やかた》へ進軍したが、河鹿峠《かじかとうげ》を越えることができず、イソ館を攻撃することを断念した（第四四巻参照）。ハルナの都（現代のインド・ムンバイの辺り）に帰ることもできず、エルサレムの黄金山《おうごんざん》（三五教《あなないきょう》の本山）へ進軍しようとした。だが、黄金山にも手強い宣伝使がいるだろうから、ビクの国のビクトル山《ざん》を中心に新しい国を造って永住しようと考え、ビクの都に攻め込んだのだ。

刹帝利も左守も右守もみなバラモン軍に捕まってしまう。しかしヒルナ姫とカルナ姫は女の色香で鬼春別・久米彦を手玉に取り、ビクの国を再興しようと奮闘した。

その結果、刹帝利をはじめ捕虜はすべて解放された。

第一六～二三章　治国別《はるくにわけ》を恐れてビクの国からバラモン軍が逃げ去る

刹帝利《せっていり》家と両将軍の和睦の宴席で、ヒルナ姫とカルナ姫は両将軍に酒を呑ませて泥酔させた。そのすきに刹帝利や左守《さもり》、右守《うもり》らは善後策の協議をした。

刹帝利はヒルナ姫の赤誠《せきせい》（まごころ）を感じて離縁を撤回する。左守は右守の失態を責め、兵権の奉還を迫った。右守は抵抗したが、しぶしぶ兵権奉還状を書いた。

右守ベルツは悔しさから、家令シエールを連れて夜、城に忍び込み、刹帝利と久米彦将軍を暗殺しようとした。しかし見つかって捕縛された。カルナ姫は兄（ベルツ）の命乞いをし、ヒルナ姫はベルツを城の外に出し、田舎にでも隠れて身を忍ぶように言って解放した。ベルツは逃げていく。

ビクの国は王権が戻り、バラモン軍に城下を貸し与えるという形で、刹帝利家とバラモン軍が区画されるようになった。

新しい右守には、左守の家令エクスが任命された。

ビクトル山の麓にバラモン軍の本営が築かれた。そこへ浮木《うきき》の森の兵士数百人が逃げてきた。第四八巻で浮木の森の陣営は解体されたが、その残党である。

「三五教《あなないきょう》の宣伝使・治国別によってランチ・片彦将軍（鬼春別《おにはるわけ》の部下）は三五教に寝返った。やがてここにも治国別がやってくるだろう」という報告を聞いて、鬼春別・久米彦将軍は震え上がった。ビクトル山から撤退し、フサの国の猪倉山《いのくらやま》へ逃げ去った。

一方、元・右守のベルツは三千人の兵隊を集めてビクトリヤ城に攻めてきた。攻防戦は一ヶ月にも及んだ。

そこへ治国別の一行が現れる。その言霊《ことたま》を聞くとベルツ軍は逃げていった。

刹帝利は救国の大恩を感謝し、城内一同揃って三五教に帰順することになった。

第五四巻　ビクの国の物語（後編）／玉木村《たまきむら》のテームス家の物語（前編）

○本巻の前半では、前巻から引き続きビクの国が舞台となる。後半では隣接するフサの国の玉木村を舞台に、治国別《はるくにわけ》一行が活躍する。
○ビクの国の王子アールと、玉木村の里庄《りしょう》（村長）の跡取り娘スミエルの、一つの結婚問題を通して、男女の結婚観が語られている。

第一～一〇章　刹帝利《せっていり》の後継者と結婚相手が決まる

ビクの国の刹帝利（ビクトリヤ王）は息子がおらず、後継者について悩んでいた。もともと前妃ビクトリヤ姫との間に五男一女の子がいた。だが、五人の息子が自分を追放したという不吉な夢を見たため、刹帝利は息子たちを殺してしまおうと考えた。それを知ったビクトリヤ姫がこっそり五人を山へ逃がしたのだ。

その後に生まれたビクトリヤ姫の娘ダイヤ姫は十歳のとき城を脱け出して山へ入り、兄たちと暮らして帰城しなかった。

ベルツの反乱が治まり（前巻）、ビクトリヤ城の奥の間で酒宴が開かれた。世継ぎの話題となり、治国別《はるくにわけ》は「もし王子たちが帰ってきたら、どうするつもりか」と刹帝利に尋ねる。刹帝利は、子供たちは温良で、子供たちがいつ自分を殺しに現れるか不安で悩んでいたことを告白した。治国別は「子供たちは温良で、国を思い、父のことを少しも恨んでいない。あなたが改心して子供たちを城内に迎え入れれば、きっと孝養を尽くすだろう」と言う。刹帝利は子供たちのことを治国別に一任した。

治国別の三人の弟子（松彦・竜彦・万公《まんこう》）は山へ入り、王子たち六人を連れて帰ってきた。

刹帝利と妃ヒルナ姫は狂喜する。刹帝利は王子たちを殺そうとしたことを涙と共に謝した。

刹帝利は長男のアールを後継者に定め、ビクの国を六つに分けて六人の領分を定めた。アールに妃を迎えようとしたが、アールが気に入る候補者が見つからない。アールは城の外を出歩き、そこで知り合ったハンナという首陀《しゅだ》（下層民）の娘と結婚したいと言い出した。

刹帝利は身分の低い相手を選んだことを聞いて溜め息をついた。だが王妃のヒルナ姫も低い身分だったが自分が抜擢して妃にしたのであり、自分が先例を作っていることなので、結婚に賛成することにした。

アールはハンナに、人間が作った不自然な階級制度を打破し、四民平等の政治をしてみたいと語る。

ビクトリヤ城でアールとハンナの結婚式が行われ、政治大改革の象徴だと国民に期待された。

第一一～一七章　玉木村で誘拐された二人の娘を取り戻す

治国別《はるくにわけ》の弟子の道晴別《みちはるわけ》（旧名・晴公《はるこう》）は、一時的に玉国別《たまくにわけ》の従者となり、祠の森の神殿造営に従事していた。だが神殿が完成すると（第四九巻）玉国別と別れ、治国別一行の後を追った。

フサの国（現代のイラン）の玉木村（ビクの国と玉木村は隣接している）で、里庄《りしょう》テームスが猪倉山《いのくらやま》のバラモン軍に二人の娘（スミエルとスガールの姉妹）を誘拐されてしまい、困っていることを知る。道晴別は、テームス家の番頭シーナと二人で、姉妹を取り戻すため猪倉山へ向かった。

猪倉山には鬼春別《おにはるわけ》・久米彦将軍が砦を構えていた（前巻の第二二章を参照）。道晴別は、一時的に精神が狂乱する薬を酒に入れ、兵士たちに飲ませた。すると三千人の兵士たちは狂乱状態になった。

そのすきに岩窟《いわや》から姉妹を救出しようとするが、逆に捕まってしまう。道晴別・シーナ・スミエル・スガールの四人は落とし穴に落とされた。

気絶した道晴別たち四人の精霊は、八衢《やちまた》（中有界《ちゅうかい》の別名）の関所を訪れた。

スミエルは関所で、赤顔の守衛に自分の結婚観を語る。テームス家の跡取り娘であるスミエルは、今まで縁談が多数あったが断ってきた。彼らは婿養子となり、テームス家の財産を相続するのが目的で、自分を愛してくれたわけではないからだ。自分は番頭のシーナと結婚するつもりだ。番頭を婿養子にすれば、世間の夫のように威張らなくていいだろう。男女の恋愛は、一方を奴隷扱いしたり、物品視したり、逆に神のように崇めるのでもなく、平等の人格と人格の結合でなければ真の恋愛ではない。身分の障壁を取り除き、神聖な恋愛に生きたい…。

赤顔の守衛は「またしても恋愛神聖論者がやってきたか」と嘆いた。

そこへ四柱の神人《しんじん》が現れた。治国別の一行である。道晴別たちは現界に帰った。

第一八〜二二章　ビクの国に三五教《あなないきょう》の神が祭られる

時間は少し前に戻る。ビクトル山頂に社殿が建設され、三五教の神が祭られた。別殿には盤古神王《ばんこしんのう》（ウラル教の神）が祭られた。

治国別《はるくにわけ》の弟子の竜彦に木花姫命《このはなひめのみこと》が神懸《かみがか》り、道晴別《みちはるわけ》が猪倉山《いのくらやま》の岩窟《いわや》で危難に陥っていることを教える。

一行は猪倉山に向かい、道晴別たちを落とし穴から引き上げた。鎮魂を施すと四人とも息を吹き返した。

鬼春別《おにはるわけ》・久米彦将軍は罪を謝し、治国別は二人に誠の教えを説き諭した。次巻でこの二人は比丘《びく》（宣伝使と俗人との中間的存在）となる。

巻末附録「神文《しんもん》」

祝詞のようなものだが、祭典で奏上するのではなく、幽斎修業を行う際に導師が読唱するものだ。

第五五巻　玉木村のテームス家の物語（後編）

○前巻から引き続き、フサの国（現代のイラン）の玉木村（玉置村）を舞台に、治国別《はるくにわけ》一行が活躍する。
○玉木村の里庄《りしょう》テームス家の、先祖から積み重なった霊的因縁が潔斎《けっさい》（心身を清めること）される。

序文――霊界物語には言葉遊びが満載

本巻序文は一行四十文字でレイアウトされ、七十四行ある。行頭の文字を右から横に読んでいくと別の文章が現れる。二千九百六十文字の文章の中に七十四文字の別の文章を仕込むことは、大変なことだと思う。

こういうものを「折句《おりく》」と呼ぶが、王仁三郎はこの手の言葉遊びが大の得意である。「いろは…」や「あいうえお…」を文頭に置いた折句なら、霊界物語にこれでもかというほど出てくる。姓名や地名を読み込んだ歌もたくさんある。

また、オヤジギャグのようなダジャレや、下ネタ話も多数あるので、霊界物語は堅苦しい宗教書というイメージとはかなり異なる本だ。

第一～一〇章　テームス家で三組の結婚が決まる

バラモン軍の鬼春別《おにはるわけ》・久米彦将軍は前非《ぜんぴ》を悔いて改心し、猪倉山《いのくらやま》の陣営は解散することになった。三千人の将兵はそれぞれ思い思いの方向へ散っていった。

治国別《はるくにわけ》は弟子の松彦・竜彦・万公《まんこう》と、落とし穴から救出した道晴別《みちはるわけ》・番頭シーナ・スミエルとスガールの姉妹、それに元バラモン組の鬼春別・久米彦とその副官だったスパール・エミシを加え、計十二人で山を下りた。それから玉木村の里庄《りしょう》テームスの家に向かった。

テームスは誘拐された娘スミエルとスガールが無事に帰宅したので喜んだが、その誘拐犯である鬼春別たちがいるのを見て驚いた。治国別は、彼ら四人は改心して自分の弟子になったと説明して安心させた。

万公は、次女スガールと結婚するつもりで、すっかりこの家の若主人気取りとなっていた。万公は、下女や下男にあれこれ家事の指図をした。

テームス家の番頭の一人アーシスと、下女お民《たみ》は、お互いの素性を語り合った。お民は刹帝利《せっていり》の落胤《らくいん》（落とし子）で、アーシスは左守《さもり》キュービットの落胤だった。互いの素性を知った二人は、結婚して夫婦になろうと決める。

治国別の取りなしにより、番頭シーナと長女スミエルが夫婦となった。万公と次女スガールも夫婦となり、アーシスとお民も夫婦となった。

第一一～一八章　テームス家の霊的因縁が潔斎される

テームスは、元バラモン軍の鬼春別《おにはるわけ》たちが改心したことを信じることができず、敵愾心《てきがいしん》を抱き続けていた。テームス家は代々里庄《りしょう》を務め、人民の膏血《こうけつ》を絞って巨万の富を築いてきた。だからテームス家の評判は地に落ちていた。

鬼春別は自分の改心のため、またテームスの改心のために、バラモン教の経典を読経した。するとテームスは倒れて人事不省に陥ってしまう。

テームスの精霊は地獄をさまよった。祖先に苦しめられた人民の怨霊が団結して悪鬼羅刹となり、テームスに襲いかかる。そこへ鬼春別が現れてテームスを救った。

万公《まんこう》も現れて、テームス家の因縁を説き明かす。テームス家の祖先に苦しめられた万民の霊《みたま》が凝結して万公となって現界に生まれた。そのため、テームス家の跡を継いでテームス家の財産を人民に平等に分配し罪を亡ぼさないと、祖先の罪は赦されない……と。

テームスは目を開くと、治国別《はるくにわけ》や鬼春別たちが天《あま》の数歌《かずうた》を奏上し、介抱してくれていた。テームスは鬼春別たちと心から和解した。そして、広大な家を開放して三五教《あなないきょう》の社殿を造った。また山林田畑を村人の共有として、新しき村を経営することになった。

鬼春別たち元バラモン軍の四人は、比丘《びく》（宣伝使と俗人との中間的存在）となり、治道居士《ちどうこじ》（鬼春別）・道貫居士《どうかんこじ》（久米彦）・素道居士《そどうこじ》（スパール）・求道居士《きゅうどうこじ》（エミシ）という戒名が与えられた。四人は長髪を剃り、黒衣《こくい》を着て金剛杖《こんごうづえ》をついた。法螺貝《ほらがい》を吹いて山伏となって修業に出た。

元バラモン兵のベル・ヘル・シャルの三人は盗賊となり、かつての将軍とは知らずに治道居士を襲う。治道居士は六千両の金を渡し、故郷に帰って正業に就けと諭した。この三人は次巻にも登場して悪業を働く。

治国別と弟子の道晴別《みちはるわけ》・松彦・竜彦の一行四人は、テームス一家に別れを告げ、エルサレムを指して旅立った。

第一九～二二章　怨霊が逃げ出し刹帝利《せっていり》の病が回復する

ビクの国の刹帝利《せっていり》（ビクトリヤ王）は、失脚した元・右守《うもり》ベルツとその部下シエールの怨霊によって重病に陥った。万公《まんこう》・スガール夫婦をはじめ、三組の夫婦がビクトル山頂の「玉の宮」へ参拝に訪れる。万公が入城すると、怨霊は逃げ出して刹帝利の病気は回復した。

三組の夫婦の中のアーシス・お民は、刹帝利（お民の実の父親）と左守《さもり》キユービット（アーシスの実の父親）と涙の対面を遂げた。治道居士《ちどうこじ》たち四人の比丘《びく》は、刹帝利の依頼によって玉の宮の守護役となった。四人の比丘は、三五教の教えを四方に宣伝して回ることとなった。

治国別《はるくにわけ》一行の物語は本巻で終わりだが、治道居士たちは次巻以降も活躍する。

第五六巻　テルモン山《ざん》の神館《かむやかた》の騒動（前編）

○第五六～五八巻前半は、テルモン山のバラモン教の神館が舞台となる。
○家令の息子ワックスが巻き起こした騒動を、求道居士《きゅうどうこじ》や三千彦《みちひこ》（玉国別《たまくにわけ》の弟子）、猛犬スマートが鎮定する。

○本巻では、デビス姫・ケリナ姫の姉妹の危機を求道居士が救う。

第一章　地獄界（別名・根底《ねそこ》の国）についての説明

地獄は虚偽と悪欲の世界であり、そういう想念を持った人間が住む世界だ。「神が罪人を罰して地獄に落とす」という表現がされる場合もあるが、本来、愛善である神が人間に危害を与えるはずがない。地獄は虚偽と悪欲に満ちた人間が作り出した世界だと説明される。

第二～九章　求道居士《きゅうどうこじ》がケリナ姫を救う

フサの国（現代のイラン）と月の国（現代のインド）の国境に聳《そび》えるテルモン山《ざん》には、かつて鬼雲彦《おにくもひこ》（大黒主《おおくろぬし》）が館を造ったバラモン教の旧蹟地《きゅうせきち》があった。この神館《かむやかた》を守っている小《お》国別《くにわけ》・小国姫の夫婦には、デビス姫とケリナ姫という二人の娘がいた。

ケリナ姫は三年前に恋人と駆け落ちしたが、その男が行方不明となった。ケリナ姫は失意のあまり崖から川に飛び込んだ。

それを元バラモン兵のベル・ヘル・シャルの三人が見つける。この三人は治道居士《ちどうこじ》から六千両をもらったが（前巻）、使い果たしてしまい、再び盗賊に戻っていた。

三人は川からケリナ姫を救い出す。しかしケリナ姫を奪い合って喧嘩となり、川に落ちてしまう。ケリナ姫は彼らを助けるため自ら再び川に飛び込んだ。

第三〜九章は八衢《やちまた》（中有界《ちゅううかい》の別名）のシーンとなる。四人の精霊は八衢の関所へ行く。白顔・赤顔の守衛は生死簿を調べ、四人ともまだ寿命が残っていると告げた。

四人は高姫と出会う。高姫は支離滅裂な教えを説いて聞かせた。そこへ法螺貝が響き、求道居士が現れた。

ケリナ姫たちは気がつくと、川べりで求道居士に介抱されていた。しかしシャルだけは甦らなかった。他の三人は高姫に籠絡されず、精神を取られなかったので甦ることができた。シャルは高姫の教えに信従し固着してしまったので、八衢から戻ることができなかった。

求道居士はケリナ姫をテルモン山の神館まで送り届けることにした。

第一〇〜一四章　姉のデビス姫も救う

求道居士《きゅうどうこじ》がケリナ姫・ベル・ヘルを連れてテルモン山の神館《かむやかた》へ進む途中、ベル・ヘルの二人は盗賊の顔を現した。求道居士から金を奪い取ろうとしたのだ。そこへ大火光《だいかこう》が天から降り、二人は驚いて逃げた。

火光から現れたエンゼル（月照彦神《つきてるひこのかみ》）は求道居士とケリナ姫に「テルモン山に帰るまでにもう一度神の試しに遭うだろう」と告げると、空に帰った。

その頃デビス姫は山の中で滝行をしていた。デビス姫は病の父・小国別《おくにわけ》の全快と、駆け落ちした妹・ケリナ姫の帰宅、それと、館から紛失した玉の発見を、大自在天《だいじざいてん》に祈願した。

そこへベル・ヘルが現れ、頭や体を飾っている宝石類を奪い取ろうとして、デビス姫を殴りつけた。

しかしベルとヘルは分け前をめぐって争いとなり、格闘して二人とも倒れる。

そこへ求道居士とケリナ姫が通りがかった。気絶して倒れている三人を見つけて介抱する。姉妹は再会を喜んだ。ヘルは悔悟したが、ベルは宝石を奪って逃げてしまった。

第一五～二〇章　ワックスの悪事が発覚

玉国別《たまくにわけ》の一行は第四九巻で祠の森を発った。ライオン河を渡るとバラモン軍に襲撃され、弟子の三千彦《みちひこ》（道彦）は玉国別と離れてしまった。

三千彦は一人で進み、テルモン山までやってきた。ここで神館《かむやかた》の小国姫と出会う。小国姫は「バラモン教の大黒主《おおくろぬし》から預かった如意宝珠の玉（注・第一六巻に出てきた如意宝珠の玉とは別）がなくなってしまい、発見できなければ死んでお詫びをしなければならない。どうか玉を見つけてください」と頼んだ。

玉は家令オールスチンの息子ワックスが隠し持っていた。馬鹿息子のワックスは悪友のエキスとヘルマンにそそのかされ、親父の金を盗んでは飲み食いに使っていた。ワックスは恋慕しているデビス姫を何とか手に入れられないか悪友に相談した。すると「まず神館から玉を盗み出す。玉の紛失の責任を問われ小国別《おくにわけ》は苦境に立たされる。そこで玉を発見したと名乗り出れば、小国別は喜び、跡取り娘のデビス姫の婿にしてくれるはずだ」という奸計を授けられ、それを実行したのだ。

その陰謀が父オールスチンに知られてしまった。オールスチンは怒って、ワックスと共に玉を神館に持っていき謝罪した。

しかしワックスは盗んだ罪をエキス・ヘルマンになすりつけ、「自分は玉を取り返したのだ、デビス姫と結婚する資格がある」と無茶な主張をする。

ワックスは三千彦や小国姫に叱られヤケクソになって館を出ていった。街頭演説をして「小国別夫婦が三五教《あななひきょう》の宣伝使を館に連れ込んで悪事をたくらんでいる」という嘘を宣伝する。それを信じた群集は憤慨して館に詰めかけた。

第五七巻　テルモン山《ざん》の神館《かむやかた》の騒動（中編）

○テルモン山のバラモン教の神館の騒動を、三千彦《みちひこ》が中心となって鎮定していく。
○デマに煽動される群集や、「悪酔怪《あくすいかい》」の活動が特徴的である。

第一～八章　嘘を信じた群集が神館《かむやかた》に押し寄せ三千彦《みちひこ》を捕まえる

テルモン山の神館では、主人の小国別《おくにわけ》の病が重くなり、死が近づいてきた。小国姫や三千彦は病床につきっきりで看病した。

そこへ、ワックスの嘘に扇動された群集が押し寄せた。群集は三千彦を捕まえてテルモン山の山奥の岩窟《いわや》に閉じ込めてしまった。

さらにワックスは「デビス姫は三五教《あなないきょう》と内通しているので捕まえろ」と煽動する。町民たちはデビス姫を探しに出た。

どの家も留守になってしまい、その隙にワックスの部下オークスとビルマは、ワックスの指令で、留守の家々から目ぼしい物品を盗み出しテルモン山の岩窟に隠してしまった。

そんな騒動が起こっているとも知らず、求道居士《きゅうどうこじ》・デビス姫・ケリナ姫・ヘルの四人は、神館に向かって進んでいた。デビス姫に気づいた町民たちは四人とも捕まえて、テルモン山の岩窟に放り込んだ。

町民たちは帰宅すると家の宝が残らず盗まれていた。オークスは「如意宝珠の玉が盗まれたのも、小国別が病気になったのも、家々から宝がなくなったのも、すべて三五教の宣伝使・三千彦の魔法によるものだ」と嘘を宣伝した。町民たちは三千彦をますます憎むこととなり、三千彦を捕まえたワックスを神のように尊敬するようになった。

岩窟に押し込められた三千彦は、エンゼルの助けによって岩窟を脱出する。猛犬スマートが付き添って、山を下りた。しかしワックスに扇動された群集により、再び捕まり、川に投げ込まれて気絶してしまった。

ワックスのもとに酒に酔ったエキスとヘルマンが現れ、金を強請《ゆす》る。大声でワックスの悪事を言い出したため、ワックスは仕方なく六百両を与えた。二人は「三十日したらまた金をもらいに来るから用意しておけ」と言い残して帰っていった。

第九～一二章　八衢《やちまた》で高姫とシャルが脱線問答を繰り広げる

日《ひ》の出神《でのかみ》の生宮《いきみや》（救世主の意）と称して威張りながらも支離滅裂な教えを説く高姫と、その信者になったものの高姫の嘘が見えて愛想が尽きてきたシャルとの掛け合いが、ボケ（高姫）とツッコミ（シャル）の漫才のようでおもしろい。

八衢（中有界《ちゅううかい》の別名）に三千彦《みちひこ》の精霊がやってくる。だがスマートによって川から救われ、現界へ戻った。

第一三～一六章　弱気を挫《くじ》き強きに従う「悪酔怪《あくすいかい》」が結成される

ワックスは、悪友エキス・ヘルマンに強請《ゆす》られないようにするため、また三五教《あなないきょう》の三《み》千彦《ちひこ》に対抗するため、「悪酔怪《あくすいかい》」という強力な団体を組織した。ワックスは、その怪長に就任した。弱きを挫き強きに従うという、奇妙奇天烈な結社である。

三千彦はスマートを連れて、テルモン山の岩窟《いわや》からデビス姫とケリナ姫を救い出し、神《かむ》館《やかた》に帰った。その後、求道居士《きゅうどうこじ》とヘルも岩窟から救い出した。

悪酔怪員や町民たちは戦々恐々として、三五教の魔法使いと狂犬撲殺の相談会をあちこちで開いた。

◎解説

本巻のストーリーの特徴の一つは、この悪酔怪の活動が描かれていることだ。おかしな名称だが、これは国粋会《こくすいかい》をもじったものだと言われている。大正八年（一九一九年）に原敬《たかし》内閣の内務大臣・床次《とこなみ》竹二郎の主導で設立された大日本国粋会は、全国の博徒《ばくと》などの壮士を糾合《きゅうごう》した任侠《にんきょう》系右翼団体だ。最盛期には会員数六十万人を擁し、労働争議に介入したり、水平社と衝突したりして、流血事件を引き起こして名を馳せた。この床次内相の下で大正十年の大本弾圧が決行された（当時の警察は内務省の管轄だった）。

第一七〜二五章　再び群集が押し寄せるがスマートが鎮める

重病だった小国別《おくにわけ》は娘二人が帰ってきたので元気が増し、健康が回復した。デビス姫は三千彦《みちひこ》に恋を告白する。だが三千彦は、神の使命を帯びて師と共に神業に仕える途中だからといって断った。

妹のケリナ姫は求道居士《きゅうどうこじ》に恋の告白をする。求道居士は最初は拒んでいたが、ケリナ姫に押されて、ついに夫婦となる約束を交わした。

ワックスに扇動された悪酔怪員《あくすいかい》や町民たちがテルモン山の神館《かむやかた》に押し寄せ、雪崩のように門内に乱入しようとする。そのとき、スマートが現れ、悪酔怪員のみを咬み倒した。群集は驚いて逃げ散った。

ワックスが家に帰ると、父オールスチンが病で死んでしまった。財産を相続せずに亡くなった場合、その財産は公有となり、町民に自由に競争して取らせるのがこの町の習慣である。自分が継ぐ財産が一つもなくなったのでワックスは悔しがった。

ハルナの都（現代のインド・ムンバイの辺り）から、大黒主《おおくろぬし》の使者としてニコラスが数十人の兵士を連れて現れた。

ニコラスは三千彦・求道居士《きゅうどうこじ》・デビス姫・ケリナ姫の四人を縛り上げた。ところが何度縛っても四人は縄から脱け出してしまう。それを見てニコラスは神の力を感じ、罪を謝した。

第五八巻　テルモン山《ざん》の神館《かむやかた》の騒動（後編）／スマの里の物語（前編）

○テルモン山の神館とイヅミの国のスマの里を舞台に、玉国別《たまくにわけ》の一行が活躍する。
○前半では神館の騒動が解決し、首謀者のワックス一味は町から追放される。
○本巻後半から第六〇巻前半までは、スマの里が主な舞台となりドラマが展開する。まず本巻では里庄《りしょう》バーチルを猩々島《しょうじょうじま》から救出する。

第一〜五章　テルモン山の神館《かむやかた》の騒動が解決する

玉国別《たまくにわけ》は真純彦《ますみひこ》と伊太彦を伴い、三千彦《みちひこ》の行方を探しながら旅を続けていた。テルモン山の麓へ来ると、ワックス率いる悪酔怪《あくすいかい》の妨害に遭う。だが、スマートに助けられて神館に入り、三千彦と再会した。

悪酔怪はニコラス率いるバラモン軍に応援を頼んだが、なぜか悪酔怪とバラモン軍は衝突して乱闘となる。スマートはワックス・エキス・ヘルマン・エルの幹部四人を引き倒した。

バラモン軍は四人を捕縛する。それを見て悪酔怪員たちは「弱きを挫き強きに従う」会則に従い、コソコソと帰っていった。三五教《あなないきょう》に新たに三人の魔法使いが現れ、バラモン軍と同盟したので、立場が逆転して三五教が強者となったからだ。ワックスは会長をクビになり、新たにタンクが会長になった。

タンクは四人をテルモン山の聖地から追放し、「弱きを挫《くじ》き強きに従う」捻じ曲がった主張を持つ悪酔怪の解散を提案し、可決される。

リックスたちは鞭打ち刑となった後、町から追放された（しかし復讐のため玉国別一行を執拗に付け狙うことになる）。

玉国別一行はハルナの都（現代のインド・ムンバイの辺り）へ向かい旅立った。デビス姫は三千彦の妻となり、同道を許された。

求道居士《きゅうどうこじ》・ケリナ姫夫婦はテルモン山の神館に残り、小国別《おくにわけ》夫婦の跡を継ぐことになった。神館は玉国別の助言によって、三五教とバラモン教の神を祭ることになった。

第六～一八章　猩々《しょうじょうじま》島に漂流したバーチルを救う

玉国別《たまくにわけ》は真純彦《ますみひこ》・伊太彦・三千彦《みちひこ》・デビス姫を伴いテルモン山を下った。玉国別はテルモン湖を渡るため、漁船に乗った。テルモン湖は東西百里、南北二百里ある巨大な湖である。

船が岸から離れると、船の底からワックス一味四人が現れた。玉国別一行に復讐するため待ち構えていたのだ。初稚姫《はつわかひめ》とスマートが助けに現れ、一行は別の船に乗り換えて進んだ。

この後「ツミの島」「猩々島」「フクの島」という三つの無人島で、漂流していた人を救っていく。

まず「ツミの島」で、流刑者二人と、漂流者三人を乗せる（第八章）。次に「猩々島」で、イヅミの国（月の国［現在のインド］の中の一国）のスマの里の里庄《りしょう》バーチルを乗せる（第一四～一五章）。

バーチルは三年前に部下のアンチーを連れ、趣味の漁に出たが、颱風《たいふう》に遭って猩々島に漂着した。この島はたくさんの猩々が棲む無人島で、猩々の女王である猩々姫《しょうじょうひめ》に助けられた。アンチーは島で暮らすうちに猩々姫と夫婦となり、赤子も生まれた。

そこへ玉国別一行が乗った船がやってきた。バーチルは郷里に帰るため船に乗った。バーチルが去るのを見て猩々姫が悲鳴を上げて涙を流し、抱いている赤子を見せる。

「妻子を捨てて帰るとは残酷だ」と言いたげな表情だ。船が離れていくと、ついに赤子の喉を絞めて殺し、自分の体に重い石をくくりつけて海中に身を投じてしまった。

船上で玉国別一行はどうするすべもなく、悲嘆の涙に暮れた。最後に「フッの島」に漂流していたバーチルの部下アンチーを乗せ（第一七章）、船はスマの里へ向かった。

第一九～二五章　バーチル家の霊的因縁が明らかになる

アヅモス山《やま》の南麓にスマの里がある。玉国別《たまくにわけ》一行は浜辺に上陸し、バーチルの館へ向かった。バーチルの妻サーベル姫は猿のような声を出して出迎えた。

サーベル姫には猩々姫《しょうじょうひめ》の精霊が懸かっており、次のような不思議な因縁話を話す。

――猩々姫の夫・猩々彦はアヅモス山《やま》の「天王《てんのう》の森」を守護している猩々だった。バーチルの父バークスが猩々彦を罠にかけて殺してしまい、その精霊がバーチルの肉体に納まった。

猩々姫は眷族《けんぞく》（部下）の猩々たちを引き連れ森を逃げ出し、船に乗って猩々島に渡った。バーチルの肉体に宿る猩々彦の精霊と猩々姫の精霊が通じ合った。そのためバーチルは海を見るのが好きになり、漁を楽しみ、漁船が難破して猩々島へ漂着することになった。

玉国別宣伝使は「猩々姫も連れて帰ろうか」と親切に言ってくれたが、畜牛の肉体ではとうていバーチルのそばに仕えることはできない。そこで、海に入って自殺し、精霊の身だけでサーベル姫の肉体に懸かったのだ…。

バーチル・サーベル姫夫婦は、猩々彦・猩々姫の精霊が懸かった一体二霊として暮らすことになった。

玉国別の計らいで猩々島に船を出し、島に残っている数百匹の小猿を天王の森に移住させることになった。

第五九巻　スマの里の物語（中編）

○キヨの港のチルテル館《やかた》の地下の岩窟《いわや》に、バラモン兵・ワックス一味・玉国別《たまくにわけ》一行が落ちてしまう。だが、初稚姫《はつわかひめ》が助けに現れる。

○猩々島《しょうじょうじま》の猩々たちをアヅモス山《やま》に連れ帰る。

第一～一七章　チルテル館《やかた》の地下岩窟ホテルにみんな落ちてしまう

前巻でワックス一味四人は、キヨの湖《うみ》（テルモン湖の別名）で玉国別《たまくにわけ》一行を殺そうとして失敗した。逃げた玉国別一行を探して、南岸のイヅミの国のキヨの港に上陸する。

この辺りはバラモン教の勢力範囲で、キヨの港にはバラモン軍の関所（チルテル館）がある。関所の総取締《そうとりしまり》のチルテルは、館の離れ家《や》に初稚姫《はつわかひめ》を泊まらせていた。

初稚姫は玉国別一行の危難を救うためにここに滞在し、時機を待っていた。

チルテルは初稚姫の容姿に惚れていた。そこで妻チルナ姫を追い出して、初稚姫を後妻にしようという思惑があった。

チルテルは、スマの里の里庄《りしょう》バーチルの館から、こっそりデビス姫（前巻で三千彦《みちひこ》と結婚した）を誘拐し、チルテル館の倉庫に閉じ込めてしまう。それを知った三千彦と伊太彦は、デビス姫を倉庫から救出した。チルテル館を出ようとしたら――三人は庭の落とし穴に落ちてしまった。

そこは地底に広がる岩窟で、燐鉱がキラキラ光っていた。地上へ出ることができないので、伊太彦は「楽天主義で刹那《せつな》心《しん》を楽しみましょう」と言った。岩窟ホテルの番頭気取りでいる。

そこへチルテルとその部下ヘールが落ちてきた。二人は初稚姫（本物ではなく白狐の化身）を取り合い、相撲で勝負を決めようとした。すると、二人とも穴に落ちてしまったのだ。

一同は互いに述懐歌を交わし、打ち解け合った。チルテルはデビス姫の誘拐を指示した犯人であるが、デビス姫と夫の三千彦はその罪を赦した。チルテルとヘールも三五《あななない》の道を進むと誓ったが、三千彦はバラモンの教えを捨てずに三五の道を守れと教えた。

今度はワックス一味四人が落ちてきた。

次に関所のバラモン兵が十数人落ちてきた。チルテルを助けに来て全員落ちてしまったのだ。

チルテルは「部下が全員落ちてしまったので、もう誰一人助けに来る者はない、ここでミイラになるより仕方がない」と嘆く。だが三千彦は「玉国別がきっと助けにきてくれる」と言って期待して待っていた。だが結局、助けにきた玉国別たちも穴に落ちてきた。いよいよ絶望的となった。テクやアンチー、チルテルやヘールらは嘆きの歌を詠むが、玉国別や三千彦ら三五教《あなないきょう》一行は、必ず神の救いがあると楽天的な歌を詠む。

そこへ猛犬の声が聞こえてきた。スマートが先導し、初稚姫が灯火《あかり》を片手にして石段を下ってきた。この初稚姫は白狐ではなく本物だ。神の命を受けて玉国別らの危難を救うためにやってきたのだ。一同は欣喜雀躍のあまり声を出して泣き伏した。ワックスたちも改心して三千彦に謝罪した。

初稚姫はスマートにまたがり、ハルナの都（現代のインド・ムンバイの辺り）へ向かっていった。

◎解説

楽天主義は出口王仁三郎が説く四大《しだい》主義（清潔主義―心身修祓《しゅうばつ》の大道《だいどう》、楽天主義―天地惟神《かんながら》の大道、進展主義―社会改善の大道、統一主義―上下《しょうか》一致の大道）の一つだ。過去を悔やんだり（過越苦労）未来を案じたり（取越苦労）せずに、今というこの瞬間、刹那刹那を楽しんで生きることが楽天主義だ。

第一八～二五章　猩々島《しょうじょうじま》でサーガラ竜王を言向《ことむ》けて、猩々たちを連れ帰る

猩々島からバーチルを救出したときに、バラモン教の三人（ツミの島に漂流していた三人）を猩々島に置いてきた。港に着いたら一行を捕縛する計画を練っていたからだ。

玉国別《たまくにわけ》はその三人を猩々島から連れ戻し、島の猩々たちを天王《てんのう》の森に連れ戻すことにした。伊太彦が二十艘《そう》の船団を率いて猩々島に向かった。

島に着くと、島の中心の岩山に巨大な大蛇《おろち》が取り巻き、猩々の群れを喰らおうとしていた。湖の底深く潜んでいるサーガラ竜王で、三年に一度この島に現れてあらゆる生き物を食い尽くすという恐ろしい悪竜《あくりゅう》だ。

伊太彦は船上で天《あま》の数歌《かずうた》を奏上すると、サーガラ竜王は体中から煙を吐き出した。サーガラ竜王は鱗《うろこ》の間から火焔を立ち上げ、湖の底に沈んでいった。

三百三十三匹の猩々を小舟に分乗させ、三人のバラモン組を乗せ、スマの浜辺に帰還した。

◎解説　八大竜王について

サーガラ竜王は八大《はちだい》竜王の一頭である。サーガラ（海《かい》）竜王、タクシャカ（視毒《しどく》）竜王、ウバナンダ（善歓喜《ぜんかんき》）竜王、マナスイン（大身大力《たいしんたいりき》）竜王、ナンダ（歓喜《かんき》）竜王、ワーシュキ（多頭《たとう》）竜王、ウッパラカ（青蓮華色《せいれんげしょく》）竜王、アナワタブタ（無悩清涼《むのうせいりょう》）竜王の八頭いるが、実際に登場するのは最初の四頭だけである。

タクシャカ竜王は次の第六〇巻に、ウバナンダ竜王は第六三巻に、マナスイン竜王は第六五巻に登場する。

第六〇巻　スマの里の物語（後編）／三美歌《さんびか》・祝詞・神諭《しんゆ》

○前半はイヅミの国のスマの里の物語。二頭の竜王から二つの玉を受け取る。
○後半には「三美歌《さんびか》」と「祝詞」と「三五神諭《おおもとしんゆ》」が収録されている。

第一～一一章　タクシャカ竜王とサーガラ竜王から玉を受け取る

スマの里の老若男女は、猩々が乗った船団を歓喜して迎えた。

アヅモス山《やま》の天王《てんのう》の森に二棟の宮殿が建ち、東の宮には大国常立大神（三五教《あなないきょう》の神）が、西の宮には大国彦命《おおくにひこ》（バラモン教の神）が鎮祭された。

今までスマの里の山野田畑はすべてバーチル家のもので、村人はみな小作人だった。だがバーチル夫妻は全財産を村人に分け与えることにした。

サーベル姫に懸かっている猩々姫《しょうじょうひめ》が、天王の森の古宮の下に閉じ込められている竜王を救ってほしいと玉国別《たまくにわけ》に頼む。伊太彦・ワックス・エルの三人が、石蓋《いしぶた》を開けて床下の調査を行うことになった。

三人は深い石段を下りて、岩窟《いわや》を探険する。奥に進んでいくと「夜光の玉」が輝いていた。

伊太彦が神示をうかがうと、この玉はタクシャカ竜王の宝物であるという。だが、この下を持っていると天地の間を跋扈《ばっこ》跳梁《ちょうりょう》して風水火の天災を誘起するため、月照彦神《つきてるひこのかみ》がこの玉を取り上げてここに安置し、岩窟の底深く竜王を封じ置いたとのことである。玉は持ち帰り、玉国別に渡せとの神示であった。

さらに地底の一番奥までいくと、岩蓋があり、ここにタクシャカ竜王が三千年封じ込められていた。伊太彦が神示を宣《の》り伝えると、タクシャカ竜王は九頭一体の姿を現した。そして白髪赤面の老人に変わり、改心したことを告げた。

一行は地上に戻った。すると湖から恐ろしいサーガラ竜王が現れた。続いて老女に変わり、「如意宝珠の玉」を玉国別に渡した。

タクシャカ竜王とサーガラ竜王は、猩々の翁《おきな》、媼《おうな》に変わった。タクシャカ竜王とサーガラ竜王は酒を造って神前に献じ、罪を謝することになった。

玉国別一行はスマの里に別れを告げ、二つの玉を捧持《ほうじ》して旅立った。途中で治道居士《ちどうこじ》も加わった。玉国別・伊太彦・三千彦《みちひこ》・真純彦《ますみひこ》・デビス姫・治道居士の六人で進んでいく。

この玉国別一行の物語は第六三巻へ続く。聖地エルサレムを経由して（第六五巻）、ハルナの都（現代のインド・ムンバイの辺り）へ向かうことになる。

第一二～一三章　三美歌《さんびか》

キリスト教の讃美歌の替え歌になっており、五十七篇ある。一番最初の歌は有名な「天津真清水《あまつましみず》」の替え歌だ。結婚式でよく流れる美しいメロディーだが、三美歌の方も婚姻を祝う歌詞になっている。

第一四〜一九章　祝詞

「天津祝詞《あまつのりと》」「神言《かみごと》」「感謝祈願詞《みやびのことば》」や、葬祭で用いられる祝詞など、各種の祝詞が収録されている。「感謝祈願詞」は前半の「感謝」と後半の「祈願」の二つから成り、たいへん美しい言霊《ことたま》で宣《の》られた王仁三郎オリジナルの祝詞だ。

第二〇〜二五章　三五神諭《おおもと》

◎解説

出口直に艮《うしとら》の金神（国祖・国常立尊《くにとこたちのみこと》）が懸かり、自動書記で書いた「筆先《ふでさき》」は漢数字とひらがなで書かれている。これを出口王仁三郎が解釈し、漢字を当てはめて普通に読めるようにしたものが「大本神《おおもと》諭」である。

霊界物語に収録されている「三五神諭《おおもと》」は大本神諭のリニューアル版のようなものだ。大本神諭とは異なる漢字が当てはめられており、大本神諭にあった過激な暴力的・排外的・脅迫的なフレーズが変更されている。

たとえば大本神諭の「立替《たてか》え立直《たてなお》し」という終末感が漂う特徴あるフレーズは、三五神諭ではすべて「天《あま》の岩戸《いわと》開き」というフレーズに置き換えられている。「立替え立直し」は破壊と再生を意味しているが、一見、暴力革命的なイメージもある。「天の岩戸開き」の方が穏やかなイメージだ。

「外国は獣類《けもの》の世」という、外国差別だと誤解されやすいフレーズは「今日《いま》は獣類《けもの》の世」という、国を問わず普遍的に通用するフレーズに変わっている。

極めつけは「（神が）地震、雷、火の雨降らして（この世の鬼を戒めないと世界は神国にならない）」というフレーズが「慈神《じしん》、神也《かみなり》、慈悲《じひ》の雨《あめ》降らして」に宣《の》り直されていることだ。天罰を与えるような怖い神のイメージから、愛を注ぐ優しい神のイメージに変わっているのだ。

三五神諭を書いた当時（大正一二年）は、大本を丹波のローカル宗教から脱却させ、世界に通用するグローバル宗教へと発展させようと蠢いていた時期である。偏狭なナショナリズム色が強い大本神諭から、ワールドワイドな三五神諭へと宣り直したのではないかと思われる。

霊界物語には大本神諭の用語や引用も多く出るので、大本神諭の知識があると霊界物語を理解しやすい。だが大本神諭は約二八〇篇あり大変長い。三五神諭は二二篇に集約されていて短いので、こちらだけでも読んでおくといい。

第六一巻・第六二巻　大本讃美歌

この二つの巻は「大本讃美歌」（上・下）という別名が付いている。神を讃える歌や、信仰生活に関する歌、京都府綾部・亀岡の聖地を詠んだ歌、天国を詠んだ歌など、二巻で五百六十七篇の歌が収められた歌集だ。

七五調《しちごちょう》の歌（七音と五音を繰り返す形式）と和歌（五・七・五・七・七の形式）の一種類あり、

第六一巻は七五調の歌が多い。第六二巻は和歌が多い。

これらの歌は祭典のときに、祝詞を奏上した後で、節を付けて歌われている。

「大本讃美歌は宣伝使の教科書であり、いろいろな問題の真解が歌で示してある。だから、どんな問題を尋ねられても、その返答を神歌で返せるようにしておかなくてはいけない」と王仁三郎は教えている。

第六三巻　聖地エルサレムへ進む七人の宣伝使（前編）

○第六三巻と第六五巻は、聖地エルサレムへ向かって進む玉国別《たまくにわけ》一行の物語である。

○スダルマ山《さん》、スーラヤ山《さん》、ハルセイ山《ざん》の三つの山で、神の教示と試練が与えられる。

第一～四章　スダルマ山《さん》で神素盞嗚《かむすさのお》大神が山上の神訓を垂示する

第六〇巻からの続きである。玉国別《たまくにわけ》・伊太彦・三千彦《みちひこ》・真純彦《ますみひこ》・デビス姫・治道居士《ちどうこじ》の一行六人は聖地エルサレムを目指して進んでいた（この六人に後述のブラヴーダ姫を加えた七人が最終的に聖地エルサレムに到着する）。

スダルマ山の山道の入り口で二人の杣人《そまびと》が、スーラヤ山のウバナンダ竜王が持つ「夜光の玉」の話をする。伊太彦はその玉を預かる御用を自分にやらせてくれと玉国別に頼んだ。玉に執着する伊太彦に、玉国別は『形ある玉より自分自身が所持している内在の宝玉を大切にせよ」「タクシャカ竜王から預かった玉（第六〇巻）はこちらから希望したのではなく、天の命ずるまま惟神《かんながら》に自分が預かることになった。自分から求めるのはよくない」と説いた。しかしそれでも伊太彦は玉に固執する。

玉国別は「それなら自由にしなさい」と突き放した。伊太彦は大喜びで、二人の杣人（カークス・ベース）を伴いスーラヤ山へ向かった。

玉国別は「これで伊太彦は使命が果たせるであろう」と笑い、「伊太彦は神懸《かみがか》りになってあんなことを言っていたのだ」と明かした。

玉国別一行五人はスダルマ山を登り、山頂で野宿をした。治道居士（元は鬼春別《おにはるわけ》将軍）のかつての部下（バラモン兵）だったベルとバットの二人が、泥棒しに現れる。治道居士は二人を叱り、早く改心するよう諭した。

すると一柱の大神人《だいしんじん》が天から下ってきた。神素盞嗚大神である。一同はその神姿を見るなり平伏《ひれふ》し感涙に咽《むせ》んだ。

神素盞嗚大神は十ヶ条の「山上の神訓」を垂示すると、天に昇っていった。ベルとバットは心の底から悔い改め、玉国別一行に従い聖地エルサレムに進むことになった。

第五～一四章　スーラヤ山《さん》でウバナンダ竜王から夜光の玉を受け取る

伊太彦はカークスとベースを伴いスーラヤ湖畔のテルの里という漁村に出た。スーラヤ山はスーラヤ湖に浮かぶ島山だ。そこに渡る船を探したが、船頭はみな出払っていた。そこで、その日は里庄《りしょう》の家に泊まらせてもらう。

伊太彦はスーラヤ山の麓で神懸《かみがか》りになってから、にわかに若々しくなった。体や顔が玉のように美しくなってしまった。これは使命を果たすため、木花姫命《このはなひめのみこと》が守護したからである。

伊太彦は里庄の娘ブラヴーダ姫にプロポーズされ結婚する。里庄の息子アスマガルダが漁から帰ってきたので、その船でスーラヤ島へ渡った。

伊太彦・ブラヴーダ姫・アスマガルダ・カークス・ベースの一行五人でスーラヤ山に登る。中腹に死線《しせん》地帯があり、そこを突破しようとすると邪気に打たれて倒れてしまうという山だ。誰もそこから上へ登った者はいないという。一行は天津祝詞《あまつのりと》や天《あま》の数歌《かずうた》を唱えて駆け登り、ようやく死線を突破した。

岩窟《いわや》の底深くまで降りていくと、奥にウバナンダ竜王がいた。伊太彦は天津祝詞を奏上しようとしたが、言葉が発せなくなった。一同五人はその場に昏倒してしまった。

伊太彦一行五人の精霊は八衢《やちまた》（中有界《ちゅううかい》の別名）をさまよった。高姫が現れ「一厘の仕組《しぐみ》を教えてあげる」と家の中に誘われるが、断って家から離れた。

そこへスマートを連れた初稚姫《はつわかひめ》が現れ、五人は現界に戻ることができた。岩窟で竜王の邪気に打たれて昏倒していたのだ。

ウバナンダ竜王は大八洲彦命《おおやしまひこのみこと》によってこの岩窟に閉じ込められ修業をしていた。だが、ウバナンダ竜王は解脱して「夜光の玉」を伊太彦に授け、空に舞い上っていった。

岩窟の外に出ると、玉国別《たまくにわけ》一行が船で迎えに来ていた。

第一五〜二二章　ハルセイ山《ざん》で信仰が試される

伊太彦たちは玉国別《たまくにわけ》一行と合流し、船で「エルの港」に到着した。三千彦《みちひこ》とデビス姫、伊太彦とブラヴーダ姫は夫婦であるが、初稚姫《はつわかひめ》は「三五《あななない》の神の御規《みのり》はただ一人　道つたえ行くぞ務めなりけり」と歌を詠んだ。宣伝使は夫婦でもそれぞれ一人旅をしなくてはいけないことを教えたのだ。

玉国別は弟子として真澄彦《ますみひこ》一人だけを伴うことになり、三千彦・デビス姫・伊太彦・ブラヴーダ姫はそれぞれ一人で聖地エルサレムを目指すことになった。治道居士《ちどうこじ》はバット・ベル・カークス・ベースを伴い、各自比丘《びく》の姿となって進むことになった。アスマガルダは家に帰り、初稚姫はスマートと共にどこともなく姿を隠した。

第一七〜一九章は、ハルセイ山を登る伊太彦の前にブラヴーダ姫（に化けた木花姫命《このはなひめのみこと》）が現れる。第二〇〜二一章ではやはりハルセイ山でブラヴーダ姫と三千彦の前にデビス姫（に化けた木花姫命）が現れる。各自の信仰心が試されるのだ。

玉国別一行の物語は第六五巻へ続く。

第六四巻 上・下　エルサレム物語

○日本からエルサレムに宣伝に来たルートバハーの宣伝使ブラバーサの活動と、彼を恋い慕うマリヤの愛が描かれる。邪教を広めるユラリ教のお寅たちの妄動も記される。
○ラブストーリーやドタバタ劇が繰り広げられるが、救世主の降臨ということがテーマになっている。世界大戦や世界の統一などに関する話題がたくさん記されている。
○本巻は三十五万年前の太古の神代《かみよ》の物語ではなく、これを書いた大正時代を意識した世界観になっている。だから、他の巻とは人物や地理などが異なっている。舞台は「聖地エルサレム」（現代のトルコのエルズルム）ではなく、パレスチナのエルサレムである。

上　第一～五章　ブラバーサとマリヤの出会い

ルートバハーの宣伝使ブラバーサはエジプト方面からエルサレムへ向かう汽車に乗っていた。ルートバハーは高砂島《たかさごじま》（他の巻では現代の南米大陸のことだが、本巻では日本を指す）の宗教で、その教主ウヅンバラ・チャンダーがエルサレムを訪れるその魁《さきが》けとしてブラバーサが派遣されたのだ。

汽車の中でバハイ教の宣伝使バハーウラーと知り合い、互いの宗教のことを語り合う。バハーウラーはメシヤの条件として「九箇の大資格」を話す。ブラバーサは、ウヅンバラ・チャンダーがその資格を備えており、高砂島で準備を整えていると話した。汽車がエルサレムに到着し、二人は後日の再会を約して別れた。

エルサレム郊外に「アメリカンコロニー」というクリスチャンのコミューンがある。その中心人物の一人、マグダラのマリヤというユダヤ人女性は霊感者で、何かに引かれてエルサレムの駅前へ向かった。

汽車を降りたブラバーサは駅でマリヤに声をかけられた。マリヤは「神の摂理で来た。聖地の案内をさせてほしい」と言う。

マリヤに案内されてカトリックの僧院が経営するホテル「ノートルダム　ド・フランス」（通称「僧院ホテル」）に宿を取った（解説1）。夜はエルサレムの街をマリヤに案内してもらった。

翌日、ブラバーサはアメリカンコロニーを訪問し、講演をした。

マリヤも登壇し、

「メシヤの再臨も五六七《みろく》神政成就も同じ意味だ。それが実現するためには世界の大きな障壁を取り除かねばならない。有形の障壁の最大なるものは、対外的戦備（警察的武備は別）と国家的領土の閉鎖（解説2）である。

無形の障壁の最大なるものは、国民や人種間・宗教間の敵愾心《てきがいしん》である。有形の障壁を取り除くためにはまず無形の障壁から取り除かねばならない。この障壁を為す唯一の根元は自己心と自我心である」

と訴えた（第五章「至聖団」）。

◎解説1　実在するノートルダム・ド・フランス

ブラバーサが宿泊したホテルは実在する。十九世紀末の建物を使った「ノートルダム・オブ・エルサレムセンター」という名のホテルだ。アメリカンコロニーもかつて実在したコミューンで、今はホテルになっている。

バハイ教も実在する宗教で、十九世紀半ばにイランで創始され、現在では全世界に六百万もの信者がいる。大正一一年（一九二二年）バハイ教の米国人宣教者が京都府亀岡で出口王仁三郎と面会し、大本と提携することになった。

このように霊界物語には実在するものが多数登場するのだが、名前や教えを流用しているだけで、それそのものを指すわけではないので注意していただきたい。ただし地理の描写についてはかなり正確なようだ。

ブラバーサはマリヤにエルサレム市街や郊外を案内されるが、その地理・建物が細かく描写されている。実際にエルサレムを訪れた人の話によると、霊界物語の描写と照らし合わせてみたらそっくりそのままだという。王仁三郎はエルサレムを訪れたことはないのだが、霊眼で見ていたのだろうか。

◎解説2　対外的戦備と国家的領土の閉鎖

マリヤのセリフに出てきた「対外的戦備（警察的武備は別）と国家的領土の閉鎖」は霊界物語の原文通

りの表現である。「対外的戦備」とは軍隊のことだ。その後に括弧書きして「警察的武備は別」と書いてあるが、これは武力すべてを否定しているのではなく、国内で違法行為を取り締まるための警察の武力は必要だということを表している。

また「国家的領土の閉鎖」とは国境のことである。神が人類に与えた大地や海に勝手に線を引いて私物化し、自由に出入りをさせず、軍事力で領土の争奪戦を繰り広げていたのが百年前の帝国主義の時代である。現代では領土の争奪戦こそ減ったものの、国境を越えて自由に通行できないため、どこへも行き場がない難民が増えている。出口王仁三郎が予言する「大峠」（地球的規模での自然災害）が訪れたとき、住む所を失った人々はどこへ行けばいいのだろうか。

霊界物語にはあまり書かれていないが、王仁三郎は機関誌上で世界の統一を訴え続けていた。王仁三郎の昇天後、その意志を継いだ妻の澄子《すみこ》は、大本教団の活動に「世界連邦運動」を取り入れた。これは世界政府の樹立を目指す運動で、各国家の軍備を廃止し、世界警察軍によってテロ等に対応していこうというものだ。

しかし世界政府の樹立は、国家の主権を制限し、国益を害することになるため、賛同者はあまり多くはない。そこで「有形の障壁を取り除くにはまず無形の障壁（敵愾心《てきがいしん》）から取り除かねばならない」という、マリヤのセリフにつながってくる。自分の国や利益を奪われるのではないかという、お互いの敵愾心を取り除こうということである。「無形の障壁（敵愾心）を取り除く」ことは「垣根を外す」とか「天の岩戸を開く」とも表現される。

上　第六～一八章　ブラバーサとババーウラーの対話

マリヤは数日かけて、ブラバーサをエルサレム市街や郊外の名所名跡に案内した。ある夜、橄欖山《かんらんざん》（オリーブ山《やま》のこと）の山頂で、マリヤはブラバーサに愛の告白をする。だがブラバーサは故郷に妻子がいるので、その愛を受け入れることはできない。背後からマリヤが抱きついた。困ったブラバーサはとっさに「百日間の行が済むまであと七十日あるので待ってほしい」と気休めを言ってその場を納めた。

僧院ホテルにババイ教のババーウラーが訪ねてきた。ブラバーサと救世主の降臨や世界の未来などについて意見を交換する。

ブラバーサは「救世主はきっと降臨して世界を太平に治めてくださる。しかしそれまでに一つ大峠が来る。ハルマゲドンの戦争は今後勃発する。今日は世界に二大勢力があって互いに狙いつつある」と発言した。その上で日出《ひので》の国（日本）と常世《とこよ》の国（米国）とを比較対照して示し、「その国情と使命が相容《い》れないのは当然だ」と語った。

ババーウラーが「二大勢力のどちらが天下を統一すると考えるか」と質問する。ブラバーサは「二大勢力よりもう一つ奥に大勢力が潜み、最後の世界を統一すると神示によって確信している」と答えた。そしてユダヤ人の七不思議と日出島《ひのでじま》の七不思議を比較対照して「これを考えてみると日出島（日本）とパレスチナ（ユダヤ）とは何か一つの脈絡が神界から結ばれているように思う」と答えた（第一五章「大相撲」）。

◎解説

本巻はユダヤ人やキリスト教の歴史、聖書の預言、日ユ同祖論などの知識がないと、なかなかわかりづらい。本巻を読む前にそれらについて一通り学んでおくと、より本巻の物語が楽しめると思う。

上　第一九～二七章　ユラリ教の教主・お寅がエルサレムに現れる

日出島《ひのでじま》の小北山《こぎたやま》にルートバハーの分派のユラリ教（ウラナイ教）があった。教主の虎嶋寅子《とらしまとらこ》、通称お寅は自我心が強く、ルートバハーの教主ウヅンバラ・チャンダーに対して反抗的態度を取っていた。お寅は他の巻のウラナイ教の高姫に相応する。

お寅の弟子にお花や守宮別《やもりわけ》、曲彦《まがひこ》がいるが、こちらは他の巻の黒姫、蠑螈別《いもりわけ》、魔我彦《まがひこ》に相応する。外国通の守宮別が「上海で見た新聞によると、エルサレムで『日出島からウヅンバラ・チャンダーという救世主が現れる』と言って騒いでいるらしい」とお寅に教えた。

お寅は「あんな者が救世主になったら世界は闇だ。救世主は日の出神（お寅自身のこと）しかいない」と言って、救世主としてエルサレムに降臨するため、お花・守宮別・曲彦を伴って日出島を旅立った。

お寅はエルサレムに着くと、僧院ホテルの二階に宿泊する。ブラバーサの隠れ家（ブラバーサは僧院ホテルを出てシオン山《ざん》の谷間に隠れ住んでいた）を見つけ出し、救世主はウヅンバラ・チャンダーではなく自分だと言い張った。

下　第一～一〇章　エルサレムにウラナイ教の「御霊城《ごれいじょう》」開設

お寅はエルサレムの路地裏の茶屋の裏座敷を借りて「三千世界の救世主、大弥勒《おおみろく》の生宮《いきみや》、日出神《ひのでのかみ》の御霊城」と書いた看板を掲げる。そこをウラナイ教の宣伝の拠点にした。

守宮別《やもりわけ》とお花は、妄動を繰り返すお寅に愛想が尽きていた。守宮別はお花が一万円という大金を持っていると聞くと「二人で一旗上げよう」と誘惑し、結婚の盃を交わした。それを見てお寅は半狂乱となったので、二人は霊城を出ていった。

守宮別はお寅の愛人だが、酒と女とお金にだらしがないのだ。

下　第一一～一五章　守宮別《やもりわけ》の浮気

守宮別とお花は、僧院ホテルの座敷を借り、お花が教主となって新ウラナイ教の開教式を行った。直会《なおらい》が終わると守宮別は、お花のお金三千円を持って、新宗教独立の運動をしてくると言い残してホテルを出ていった。

ところが守宮別は財布を落としてしまう。それに気づかず駅前の青楼《せいろう》（女郎屋のこと）に入り、綾子という若い女とイチャつく。財布をなくしたことに気づいたが、お代はすっかり恋仲になった綾子に立て替えてもらい、二晩逗留して三日目に僧院ホテルに帰った。

すると体から白粉《おしろい》の匂いがするので、お花は守宮別が浮気してきたことに気づいて口論となる。

翌日、綾子がホテルを訪ねてきた。守宮別とお花と綾子は痴話《ちわ》喧嘩となり、乱闘の末、お花は負傷して病院に担ぎ込まれた。

下　一六〜二二章　マリヤがブラバーサと付き合った理由

その翌日、お寅が僧院ホテルにやってきた。お寅は守宮別《やもりわけ》らと共に自動車に乗り、エルサレム市内で大宣伝活動を開始する。車上でビラを撒き、宣伝歌を唄い、四方八方を駆け巡った。

すると、お花が夜叉《やしゃ》のような勢いで走ってくる。守宮別は自動車を飛び降り、お花の後を追った。代わりにお寅がハンドルを握ったが、二人のことが気が気でならない。自動車は瀬戸物屋の店先にドンと衝突し、衝撃でひっくり返った。お寅たちは病院に運ばれた。

警察は、騒動を起こすお寅たちに、エルサレムからの退去命令を出した。

ブラバーサはマリヤと共に三五教《あななひきょう》の宣伝を行い、数多の信者を集めていた。だが、お寅たちが三日後に帰国すると聞いて、その前に急いで一時帰国することにした。お寅たちが国に帰ったらどんな噂話を撒き散らかすかわからないからだ。

ブラバーサがマリヤに話すと、ブラバーサのために離縁状を書いてくれた。そこには「今まで第二夫人として仕えてきたが、それは神様からの命令で、ブラバーサに悪魔が憑依しないようにするためだった。ハグやキスくらいはしたが、それ以上の関係は持っていない。自分との噂をお寅たちが吹聴したら、この書状をウヅンバラ・チャンダー聖師に見せてほしい」と二人の関係が潔白であることが記してあった。

ブラバーサは三五教の信者のことはマリヤに任せ、再びエルサレムに戻ってくることを約束して、帰国した。

第六五巻　聖地エルサレムへ進む七人の宣伝使（後編）

○虎熊山《とらくまやま》と仙聖郷《せんせいきょう》を舞台に、玉国別《たまくにわけ》の一行が活躍する。
○最後に七人の宣伝使が聖地エルサレムに到着し、七福神の神劇を演じる。

第一～一七章　虎熊山《とらくまやま》が大爆発し、マナスイン竜王が現れる

第六三巻からの続きである。治道居士《ちどうこじ》一行五人は聖地エルサレムへ進んでいた。道中で、猪倉山《いのくらやま》のバラモン軍の残党が虎熊山の岩窟《いわや》をアジトにして山賊をやっていることを知る。第五五巻で鬼春別《おにはるわけ》が率いる猪倉山の陣営は解散したが、治道居士の元・部下が仕事がなくなり泥棒と化したのだ。治道居士は責任を感じ、改心させるため猪倉山へ向かった。猪倉山の岩窟には、山賊に捕まったデビス姫・ブラヴーダ姫が囚われていた。治道居士たちも捕まってしまうが、一芝居を打って牢獄から脱け出した。

そこへ伊太彦も現れる。山賊たちは悔い改め、山を下りて郷里に帰ることになった。

治道居士・伊太彦・デビス姫・ブラヴーダ姫の四人は再び別れて、それぞれ聖地エルサ

レムを目指して旅立った。

この後、虎熊山が大爆発する。噴き出た熔岩がはるか遠くまで飛び散り、山の半分以上が吹き飛ぶという大規模な火山噴火だ。治道居士・伊太彦・デビス姫・ブラヴーダ姫の四人はそれぞれ異なる場所で爆発を目撃する。

ブラヴーダ姫は山道で虎熊山の爆発に遭遇した。野狐が現れて服の裾を咥えて草むらに引っ張る。

ブラヴーダ姫は野狐に引かれるまま草むらを進んでいくと、丘の傍らの大きな穴の中に引っ張り込まれた。しばらくすると、大音響と共に巨大な竜神が穴の上を通過していった。

虎熊山の爆発によって、山の神として古くから身を潜め、世界に邪気を送っていたマナスイン竜王が現れたのである。

第一八〜二三章　三千彦《みちひこ》は仙聖郷《せんせいきょう》の未亡人を救う

三千彦は仙聖郷で村長の未亡人スマナーが自殺しようとしているのを見つけ、自殺を思いとどまらせた。スマナーは虎熊山《とらくまやま》の泥棒に家族を殺され、一人だけ助かった。だが、村の若い男たちが言い寄ってきてうるさいので、夫の後を追おうとしたのだ。

スマナーの館へ行くと、親類の男がスマナーの財産を横領しようとたくらんでいた。三千彦は彼らを改心させる。すると虎熊山が大爆発を起こし、熔岩が雨のように降ってきた。

三千彦は数日この村に滞在して神の教えを伝え、聖地エルサレムを目指して旅立った。

第二四〜二六章　聖地エルサレムで七福神の神劇を上演する

玉国別《たまくにわけ》と真純彦《ますみひこ》は、聖地エルサレム近くのサンカオの里で、毒ガスにでもやられたように息苦しくなり、腰を下ろした。草の根に顔を当てて地中の生気を吸い、健康の回復を計った。

これは数十里を隔てた虎熊山《とらくまやま》の爆発により、毒を含んだ灰煙《はいえん》が谷間の低地に集まってきたのである。

二人は息も絶え絶えになった。そこへ猛犬スマートが現れ、二人を小高い峰に導いた。そこに初稚姫《はつわかひめ》がいた。

初稚姫は、マナスイン竜王が虎熊山を出て、聖地エルサレムを占領しようと向かってきていることを教えた。すると山のように巨大な怪物（マナスイン竜王）が通過していった。

初稚姫は「玉国別一行に授けられた竜王の三個の玉（第六〇巻のタクシャカ竜王の玉とサーガラ竜王の玉、第六三巻のウバナンダ竜王の玉）が聖地エルサレムに納まれば、マナスイン竜王といえどもどうすることもできない」と、この神業の意味を教えた。

一行三人とスマートは聖地エルサレムへ向かった。

いよいよ聖域内に近づくと、初稚姫は二人に「宣伝歌以外はしゃべってはいけない」と注意を与えた。「聖地エルサレムは『結構な所の怖い所だ』と神諭に出ているように、少しも油断してはいけない。美しい花には害虫が多いように、世界中の人間がエルサレムを憧憬《どうけい》しているのだから、悪が強く欲が大きい者はみな聖地に来て思いを遂げようとする。聖地ほど偽善者が集まる所はないので、善悪正邪をよくわきまえるように」と戒めた。

聖地エルサレムに到着すると日《ひ》の出別命《でわけのみこと》が大勢の人々と共に一行を出迎えた。玉国別、真純彦、治道居士《ちどうこじ》、伊太彦、三千彦《みちひこ》、デビス姫、ブラヴーダ姫の七人が勢揃いした。玉国別一行が竜王の三個の玉を捧持《ほうじ》してきたことを祝して「七福神　宝の入船」の奉祝神劇が演じられる。

この七人に役者になってもらって演じてもらうのだという。しかし七人はこんなことは聞いておらず台詞がわからない。日の出別は「台詞など要らない。そのとき神様が懸かって口を借りてしゃべるのだ」と教えた。

七人はそれぞれ七福神に扮して神劇が奉じられた。玉国別一行の物語はこれで終わりである。

第六六巻　オーラ山《さん》の山賊（前編）

○第六六～七二巻は月の国（現代のインド）デカタン高原にあるトルマン国《ごく》とタラハン国《ごく》を舞台に照国別《てるくにわけ》一行が活躍する。

○本巻は、トルマン国のオーラ山の山賊のヨリコ姫やシーゴー・玄真坊《げんしんぼう》を、梅公（照国別の弟子）が言向《ことむ》け和《やわ》す物語である。

第一〜六章　タライの村から連れ去られたヨリコ姫と花香姫《はなかひめ》

照国別《てるくにわけ》一行は第四〇巻で黄金姫一行と別れた後、地教山《ちきょうざん》方面へ向かった。カルマタ国のウラル教を攻撃に行く大足別《おおだるわけ》将軍のバラモン軍（第三九巻参照）を追ったのだ。

一行がトルマン国のタライの村に入ると、バラモン軍によって略奪暴行を受けた直後だった。縛られていた老婆サンヨを救う。

サンヨの二人の娘が行方不明になっていた。姉のヨリコ姫は三年前に家に泊まったバラモンの修験者に誘拐され、妹の花香姫は今回バラモン軍によって連れていかれてしまった。照国別は二人を探し出すことを引き受けた。

里庄《りしょう》ジャンクも娘のスガコ姫が数日前に何者かに誘拐され行方不明になっていた。失望落胆した許嫁《いいなづけ》のサンダーも行方不明になり、困り果てていた。

そこへトルマン国のトルカ王から、義勇軍の召集令が発せられた。バルガン城へ攻め寄せるバラモン軍と戦うためである。

ジャンクが従軍することを聞いて照国別も従軍することを決める。それは敵を殺すためではなく、宣伝使として敵味方の区別なく誠の道を説き諭し、平和に解決するためである。

出陣準備で忙しい最中、ジャンクの屋敷に老人シーゴーが現れた。オーラ山の救世主・玄真坊《げんしんぼう》の高弟だと称し、国や娘を救ってやるから全財産を差し出せと言う。ジャンクは本当に救ってくれるのなら財産を差し上げようと約束した。

ジャンク、照国別ら一同は駒《こま》（馬）に乗り、バルガン城へ向かった。道々で兵士が加わり数千人の隊となって進んでいった。ジャンクの義勇軍の話は第七〇巻へ続く。

第七～一五章　オーラ山の女帝ヨリコ姫の大陰謀

時間的には少し前に戻る。

元バラモン教の修験者シーゴーは、片腕の玄真坊《げんしんぼう》と共に、トルマン国のオーラ山を根拠地として、月の国の覇権を握ろうと野望を企てていた。まずバルガン城を占領し、勢力を集めてハルナの都（現代のインド・ムンバイの辺り）に押し寄せ、大黒主《おおくろぬし》を征伐しようという計画である。三千人の部下を集め、挙兵の準備を進めていた。

タライの村のサンヨの長女・ヨリコ姫は玄真坊の妻になっていた。三年前に玄真坊が家に泊まったが、ヨリコ姫は雄々《おお》しい男と結婚して天下を驚かすような大博打《ばくち》を打ってみたいと思っていた。だから自分の方から玄真坊を口説いて家を飛び出したのだ。

シーゴーと玄真坊が相談中にヨリコ姫は口を挟み、二人を手なずけて尻に敷いてしまう。女帝となったヨリコ姫が二人に策を授けた。

まずオーラ山の天王《てんのう》の社を信仰の中心と定め、玄真坊は天から降《くだ》った救世主になりすます。同様にヨリコ姫は天から降った棚機姫《たなばたひめ》の化身になりすます。

シーゴーは部下を使って家々から娘を誘拐して岩窟《いわや》に幽閉する。その後、その家々に修験者となって現れる。天王の社を宣伝し、娘を助けてやると称して金品を献上させる…という悪徳詐偽宗教だ。こうして軍資金や食糧物資を貯め、天下取りに乗り出そうという大陰謀である。

ジャンクの娘スガコ姫を誘拐したのも、ジャンクの家に現れたのも、その計画の一部だった。

スガコ姫の許嫁サンダーは、美男子で、女装を好み、一見美女にしか見えない風貌をしていた。サンダーは行方不明となったスガコ姫を探すため、オーラ山に登る。玄真坊に会い、スガコ姫の姉だと自称した。

玄真坊はサンダーをスガコ姫と同じ岩窟《いわや》に幽閉し、二人に自分の女房になれと迫った。

第一六～二〇章　梅公は花香姫《はなかひめ》を救ってオーラ山に乗り込む

照国別《てるくにわけ》の弟子・梅公は、ジャンクの家でスガコ姫やサンダーが攫《さら》われたと聞いたとき、何となくオーラ山に囚われているような暗示を受けた。

梅公はジャンクの義勇軍に従い駒に乗って大広原を駆け出したが、駒が動かなくなってしまい、一人だけ取り残されてしまった。惟神《かんながら》に任せていると、駒はどこかに進み出した。するとバラモンの落武者たちが一人の女を打擲《ちょうちゃく》しているのに出会い、梅公は女を助け出した。

彼女はサンヨの次女・花香姫だった。駒に乗せてオーラ山に向かう。

花香姫が毎晩夢で見る神人《しんじん》に梅公が瓜二つだった。夢の中の恋人に逢えたと花香姫は喜んだ。

オーラ山には夜な夜な天から星が降り、救世主の説法を聞く…という噂が世間に広まっていた。梅公と花香姫は、星が降るという大杉を調べると、木の枝に燈《あかり》をぶら下げ、火を灯して騙していたことが判明する。

そこへ現れたシーゴーたちに捕まってしまい、サンダー、スガコ姫と同じ岩窟《いわや》に投げ込まれた。

女帝ヨリコ姫は、彼女が妹の花香姫だと気づいた。この話は次巻に続く。

第六七巻　オーラ山《さん》の山賊（後編）／タラハン国《ごく》の国政改革（前編）

○前半はトルマン国《ごく》のオーラ山の山賊を言向《ことむ》け和《やわ》した後、ハルの湖《うみ》を船で進む梅公一行の物語である。
○後半から次巻にかけてはタラハン国の国政改革の物語になる。

第一〜一〇章　ハルの湖《うみ》を渡ってスガの港に到着

前巻から話が続く。オーラ山の山賊の大頭目《だいとうもく》・ヨリコ姫や、シーゴー、玄真坊《げんしんぼう》は、梅公の神気に打たれて悔悟した。

ヨリコ姫はタライの村に帰り、母サンヨに今までの親不孝を詫びた。シーゴーと玄真坊はサンダーの両親に悪業を謝罪した。両親はシーゴーに数多の土地を与え、シーゴーは三千人の部下たちを開墾に従事させた。そうやって新しき村をつくることになった。

玄真坊は再び悪の道に転落し、部下の一部を引き連れ、民家を掠奪《りゃくだつ》しながら姿を隠した。

梅公はヨリコ姫、花香姫《はなかひめ》を伴い、照国別《てるくにわけ》一行に合流するため、トルマン国のバルガン城を目指して進んだ。「ハルの湖」という巨大な湖で波切丸《なみきりまる》という船に乗り、スガの港（スガの里）へ向かった。

ヨリコ姫は船にシーゴーがこっそり乗っていたことに気づいた。この湖には海賊が出るため、照国別たちを守るために後をつけてきたのだ。

ハルの湖で一番大きな岩島の近くを通過する。この山の頂上に直立している大岩石を「アケハルの岩」と呼ぶ。その岩が下の方に動き出した。

よく見ると岩ではなく牛のような虎猫だった。島は前後左右に揺れて水面下に沈んでしまった（第六章「浮島の怪猫」）。

船長室で船長のアリーがダリヤ姫を殺そうとしていた。スガの港の薬種問屋アリスは、アリーの母を掠奪した。その結果、牛まれた子がダリヤ姫だった。

アリーの父は妻を奪われたことを苦に自殺した。アリーとダリヤ姫は異父兄妹になるが、父の恨みを晴らすため、憎きアリスの血が流れているダリヤ姫を殺そうとしたのだ。

その話を聞いて、ダリヤ姫は「どうか私を殺して恨みを晴らしてください」と言う。そう言われて、さすがにアリーも殺す気がなくなった。

そこへイルクが現れた。イルクはダリヤ姫の異母兄だった。アリーは復讐心を捨て、三人兄妹として仲良く付き合うことにした。

船がスガの港に着いた。梅公一行はイルクとダリヤ姫に案内され、百万長者アリスの館へ行った。

空は雲焼けがしていた。バルガン城に大足別《おおだるわけ》将軍のバラモン軍が攻め入り、市街を焼き払った大火焔が空を染めた（トルマン国の話は第七〇巻に続く）。

◎解説

明治《めいじ》と書いて「アケハル」と読める。「アケハルの岩」が前後左右に揺れて水面下に沈んでしまうシーンは、明治体制の崩壊を予言したものと解されている。

第一一～二二章　タラハン城を追われ山に籠もるシャカンナ

舞台はタラハン国に変わる。右守《うもり》ガンヂーは心根が悪く、左守《さもり》シャカンナを追放して自分が左守になろうとたくらんでいた。

残虐行為を繰り返すカラピン王をシャカンナは諫《いさ》めるが、王は怒って大刀《だいとう》を抜き、斬りつけようとする。間に入ったシャカンナの妻を、カラピン王は斬り殺してしまった。

シャカンナは幼い娘スバール姫を連れて山に身を隠した。ガンジーは左守に昇格し、ガンジーの家令サクレンスが新たに右守となった。

それから時が経ち、スダルマン太子は十八歳になった。スダルマン太子はガンジーの息子アリナを連れ、こっそり城を脱け出した。山に写生に出かけるが、山奥で道に迷い、帰れなくなってしまった。

シャカンナはタニグク山《やま》の岩窟《いわや》に潜み、無頼漢を集めて山賊の頭目《とうもく》となった。ガンジー一派を討伐するため準備を進めていた。

あるとき玄真坊《げんしんぼう》（元・オーラ山の山賊）が岩窟に現れる。玄真坊はダリヤ姫（スガの港の長者アリスの娘）を連れていた。

ダリヤ姫は玄真坊に、「三年前に死んだダリヤ姫の母親は自分が墓場から甦らせた。山奥にいる母親に会わせてやる」と言葉巧みに騙されここまでついてきた。ダリヤ姫は騙されていたことに気づき、シャカンナの部下バルギーを誘惑して岩窟から脱け出した。

玄真坊はシャカンナの部下二百人を借りて捜索に出た（玄真坊とダリヤ姫の話の続きは第七一巻へ）。シャカンナは、自分がここにいるという情報が漏れたら大変だと思った。そこで、娘スバール姫（十五歳）と部下コルトンを連れて、さらに山奥の隠れ家に移動した。

それから一ヶ月ほど経ち、道に迷ったスダルマン太子とアリナが、シャカンナの隠れ家に現れた。アリナはシャカンナに父ガンジーの罪を謝した。「太子はシャカンナに『帰城して国を救ってほしい』と頼む」とアリナは頼む。だがシャカンナは断った。

二人は山を下りて帰城した。城ではスダルマン太子が行方不明となったので大騒ぎになっていた。ガンヂーはアリナを責めるが、アリナもガンヂーの過去の罪を責める。旧思想のガンヂーと新思想のアリナは国の統治について意見が対立した。

スダルマン太子はスバール姫への恋心が募っていた。それをアリナに打ち明ける。この話は次巻に続く。

第六八巻　タラハン国《ごく》の国政改革（後編）

○タラハン市に革命ののろしが上がり、暴動が勃発する。
○最後に梅公別《うめこうわけ》の活躍で国が救われる。

第一～八章　タラハン市に大火災と暴動が勃発

前巻からの続きである。スダルマン太子とスバール姫は互いに相手への恋心が芽生えていた。

太子の寵臣《ちょうしん》アリナが、山奥のシャカンナの隠れ家を再訪し、シャカンナとスバール姫に都に出るよう申し出る。シャカンナは断るが、スバール姫はアリナに伴われ都に出た。

タラハン市の町外れにある茶湯《ちゃのゆ》の宗匠《そうしょう》タルチンの家で、スバール姫は秘かに暮らすことになった。スダルマン太子は労働服を着て変装し、お忍びでタルチンの家を訪れた。そうやってスバール姫とたびたび密会するようになった。

城ではアリナがスダルマン太子の服を着て太子になりすました。ところがアリナの変装を奥女中のシノブが見破ってしまう。シノブは以前からアリナに想いを寄せていた。アリナの秘密を握ったシノブはそれを盾《たて》に取り、アリナに恋を受け入れるよう強く迫った。

アリナはとっさに決心し、シノブの恋を受け入れることにした。二人がイチャついていると、警鐘《けいしょう》乱打の音が響いた。左守《さもり》ガンヂーの館の方で大火災が起きたのだ。

茶湯の宗匠タルチンの妻・袋《ふくろ》は、若い太った女だった。スダルマン太子の密会のことやタルチンの酒癖の悪さのことでタルチンと袋は口論となり、袋は逆上してタルチンから一千両の金を奪い取って家を飛び出した。

そこへ警鐘乱打が響いてきた。大火災はタラハン市の過半を焼き払った。それに乗じて不逞首陀《ふていしゅだ》団や主義者団による犯罪が横行し、目も当てられない惨状を呈した。

館を焼かれたガンヂーは騒動を収めた後、城に行った。するとカラピン王は騒動に驚き発熱して、人事不省に陥っていた。

第九〜一三章　スダルマン太子とアリナが行方不明になる

火災と暴動が起きたのはタラハン国創立記念日の五月五日で、不逞首陀団や過激団が起こしたものだった。不逞首陀団や過激団のリーダーは民衆救護団長のバランスという名の太った女だった。バランスは「袋」と名を変えタルチンの妻になって富裕層を調べていたが、時節が到来し蜂起したのだ。

バランスは逮捕され訊問を受ける。アリナの計らいでスダルマン太子とスバール姫が密会し、アリナが殿中で太子に化けていることを暴露した。それを聞いた目付（警官）たちは言葉を失った。

バランスを取り返そうと民衆が大挙して取締所に押し寄せた。その勢いは凄まじく、大目付頭《がしら》は民衆と妥協してバランスを釈放した。さらにアリナを捕まえて重刑に処すことを誓い、騒動は鎮定された。

火災の日から、太子とアリナは行方不明となっていた。王は重病で、左守《さもり》ガンヂーは老齢である。右守《うもり》サクレンスはこれを機に権力を握り、政治改革を断行しようと策略をめぐらす。

第一四～一七章　梅公別《うめこうわけ》が太子とスバール姫を救い出す

スダルマン太子はスバール姫と山奥の古寺《ふるでら》に落ち延び、国家の危急《ききゅう》を忘れて恋を味わっていた。そこへ比丘《びく》姿のアリナが現れた。アリナは大罪人として逮捕命令が出されていた。

スダルマン太子は「自分は王位を捨てた。父を助けてタラハン城の柱石となってくれ」と頼むが、アリナは「もはや私は罪人です。政治欲や情欲を絶ちました。天下を遍歴します」と言って立ち去った。

スダルマン太子とスバール姫は右守《うもり》サクレンスの手下に捕まった。原野の中の水車小屋の地下に幽閉されてしまった。

そこへ白馬にまたがった梅公別《うめこうわけ》（梅公から改名した）が現れた。梅公別は照国別《てるくにわけ》に合流するため、トルマン国のバルガン城へ向かっていた。だが、途中でタラハン市の大火災を知り、それを救うためにやってきたのだ。

梅公別は地下室から、スダルマン太子とスバール姫の二人を救い出す。太子は恋愛を貫き城には帰りたくないと言う。だが、梅公別は恋も成就させ国家の危機も救おうと言う。スダルマン太子とスバール姫の二人は梅公別に円満解決を委ね、帰城することにした。

第一八〜二一章　スダルマン太子が新国王となる

アリナは捜索隊に追われ、激流に落ちてしまった。下流で民衆救護団長のバランスが子分たちと密漁をしていた。瀕死のアリナが網にかかった。

そこへ梅公別《うめこうわけ》・スダルマン太子・スバール姫の一行が通りがかった。梅公別の祈願によってアリナは甦った。帰城したスダルマン太子を見て王は喜びのあまり気が緩んでしまい、帰幽した。その後を太子が継いでカラピン王第二世と称した。新国王は天下に仁政を布き、国政を改革した。

スバール姫は王妃となり、山から下りてきたシャカンナが左守《さもり》に任命された。アリナは右守《うもり》となり、バランスを妻に迎えた。

タラハン国の王家はウラル教を信じてきたが、盤古神王《ばんこしんのう》の社には梅公別の指示で三棟の社殿が造営された。中央には大国常立尊《おおくにとこたちのみこと》・豊雲野尊《とよくもぬのみこと》が、左の宮には神素盞嗚尊《かむすさのお》が、右の宮には盤古神王と国魂の神が鎮祭された。

梅公別は再び白馬にまたがり、照国別《てるくにわけ》に合流するため旅立った。

第六九巻　ウヅの国とヒルの国の政治改革

○ウヅの国（現代のアルゼンチン）とヒルの国（現代のペルー）で若き世子《せいし》（跡継き）が立ち上がり、政治改革が行われる。
○ウヅの国司の世子・国照別《くにてるわけ》がヒルの国の改革を、ヒルの国司の世子・国愛別《くにちかわけ》がウヅの国の改革を行う。

第一～五章　ウヅの世子《せいし》とヒルの世子が出会う

第三三巻で三五教《あなないきょう》の宣伝使・国依別《くによりわけ》は八人乙女《やたりおとめ》の第八女・末子姫《すえこひめ》と結婚し、ウヅの国の国司になった。それから歳月が流れ、ウヅの国にウラル教の思想が入り込み、国内は乱れてきた。

国依別と末子姫の子供・国照別《くにてるわけ》と春乃姫《はるのひめ》は大人になっていた。国照別は父の洒脱《しゃだつ》・豪放な性格を継ぎ、貴族生活を嫌がり、簡易な平民生活をしたいと考えていた。

大老の松若彦《まつわかひこ》は、保守派の老中・伊佐彦と、進歩派の老中・岩治別《いわはるわけ》のどちらを後任にするか悩んでいた。岩治別は「頑迷固陋《がんめいころう》で時代を解さないお二人は退隠《たいいん》すべき」と主張する。松若彦は怒って岩治別を免職し、捕まえて投獄しようとする。岩治別は城から逃げた。

国司の国依別は「球の玉」（第二七巻参照）の神徳によって世の成り行きを達観していた。何事も時期が来なくてはうまくいかないことを知っていた。そこで政治には関与せず、松若彦に任せていた。

国依別は末子姫と子供の教育について口論となり、

「俺の言う教育の教《きょう》は喬木《きょうぼく》（高い木のこと）の喬だ。現代のような教育では床の間に飾る盆栽は作れても、柱になる良材はできない。野生の木は人為を加えず惟神《かんながら》のままに成長しているから立派な柱となるのだ。

児童の性質や天来の才能を無視して圧迫教育や詰め込み教育を行うから、ろくな人間にならない。惟神に任せて子供を発達させ智能を伸長させるのが真の教育だ」

と教育論をぶちまけた。

ウヅの都の俥《くるま》帳場（人力車夫の待機所）に国公《くにこう》、愛公《あいこう》、浅公《あさこう》の三人の人力車夫がいた。国公の正体は世子《せいし》（跡継ぎ）の国照別である。こっそり高砂城を脱け出したのだ。愛公の本名は国愛別《くにちかわけ》で、ヒルの国の国司の世子である。こっそり国を出て、民情視察のためウヅの都にやってきた。愛公は国公と知り合い、互いに民衆のために力を尽くそうとしていた。

城から失踪した国照別が俥帳場に潜んでいることが発覚し、新聞の号外で報じられた。そのため、四人は俥帳場を去り姿を隠した。

◎解説

国依別が述べた教育論は出口王仁三郎の教育論であり、放任教育とか天才教育と呼ばれる（天才とは天《てん》賦《ぶ》の才能のこと）。

第六～一二章　ウヅの都に暴動の嵐が吹き荒れる

愛州《あいしゅう》（国愛別《くにちかわけ》）は広い邸宅を借りて賭場《とば》を開帳した。数百人の子分が集まり、愛州を親分として尊敬した。元老中の岩治別《いわはるわけ》も愛州のもとに潜んでいた。

愛州はウヅの都の十字街頭に立ち、旧思想を捨て新思想に目覚めよと演説した。すると取締《とりしまり》（警官）に捕まり、城の暗い牢獄へ投げ込まれてしまう。数多の子分たちは親分を救うため、武器を持って城に押しかける。暴動となるが、春乃姫が馬に乗って現れて暴動を鎮めた。春乃姫の計らいで愛州は十日後に出獄できた。

国照別《くにてるわけ》が失踪したため、代わりに妹の春乃姫が世子《せいし》（跡継ぎ）となる。

都の中心の公園では浮浪階級大演説会が行われ、世の中が乱れた原因は松若彦《まつわかひこ》や伊佐彦が民衆の苦しみなど顧みずに地位と私欲を満たそうとしているからだと訴える。集会を中止・解散させようとする数千の取締と数千の聴衆とが大乱闘となり戦場のようになった。

そこへ常磐姫《ときわひめ》（松若彦の娘）と春乃姫が被面布《ひめんぷ》（宣伝使が顔に被る布）で顔を隠して群集の前に現れた。二人は宣伝歌を歌い、闘争をやめて心を合わせろと訴えた。

第一三～二二章　ウヅとヒルの国政改革が断行される

国照別《くにてるわけ》は浅公を伴いウヅの国を出て、テルの国の架橋御殿《かけはしごてん》や鏡の池を参拝して、ヒルの国へ進んだ。ヒルの国は楓別命《かえでわけのみこと》が国司となって治めていた。だが、常世国より悪思想が入り、国内は乱れてきた。

ヒルの国では世子《せいし》（跡継ぎ）の国愛別《くにちかわけ》が行方不明となり、代わりに妹の清香姫《きよかひめ》が世子となった。清香姫は国家の改革に心を砕くが、昔気質《かたぎ》の父母や時勢に暗い老臣らのため、改革は進まなかった。

嫌になった清香姫は侍女・春子姫を伴い城を脱け出し、兄・国愛別がいるウヅの国へ向かった。山で山賊に襲われるが、やってきた国照別一行に助けられる。清香姫は兄からの密使により「国照別と結婚すればヒルの国を救うことができる」と聞かされていた。

国照別は「ウヅの国は国愛別に改革してもらい、代わりに自分がヒルの国を改革するために来たのだ」と計画を明かした。清香姫は城に帰り、父母に自分たち兄妹の意中を吐露した。両親は退隠し、国照別は選ばれて大王となった。国照別は国政を改革し、国の混乱は収まった。

一方、ウヅの国はいよいよ危急の事態となった。ヒルの国の大王・国照別はウヅの国を救うために駆け付けた。国愛別と春乃姫は結婚し、国愛別は民衆に選ばれてツヅの大王となった。そして国政を改革した。

第七〇巻　トルマン国《ごく》の教政改革

○高姫の再生である「千草《ちぐさ》の高姫」が本巻から登場し、悪逆無道を繰り広げていく。
○トルマン国を乗っ取ろうとするキューバーや千草の高姫に対し、チウイン太子や照国別《てるくにわけ》の一行が活躍して国を救う。

第一～八章　死んだ高姫が千草姫の肉体に入り三年ぶりに現界に甦る

トルマン国はウラル教を国教とする。トルマン城（第六六巻ではバルガン城と呼ばれていた）にバラモン教の大足別《おおだるわけ》将軍の使者と称してキューバーが訪れる。そこで、スコブツエン宗（バラモン教の一派）に改宗しなければ軍を差し向けると脅迫した。

ガーデン王（第六六巻ではトルカ王と呼ばれていた）と左守《さもり》フーランは主戦論を唱え、直ちに戦闘準備に取りかかる。右守《うもり》スマンヂーと王妃の千草姫《ちぐさひめ》は慎重論を唱え、それを止めさせようとする。王は右守を逆賊扱いし、槍で突いて殺してしまった。

キューバーを応接した千草姫は、キューバーと握手をし、強く握って気絶させる。だが、キューバーも強く握り返したので千草姫も気絶してしまう。

千草姫とスマンヂーの精霊は霊国《れいごく》にやってきた。二人は現界では主従の関係であり、共に国のために力を尽くす同志であった。だが、霊魂上は意志想念の合致した夫婦であった。二人は霊国の住民として永久に暮らすこととなった。

一方、キューバーの精霊は八衢《やちまた》（中有界《ちゅううかい》の別名）を訪れ、高姫のあばら家に連れ込まれた。いつしかキューバーの目には高姫が千草姫に見えてきた。高姫の目にはキューバーが、恋い焦がれる杢助《もくすけ》に見えてきた…。

ふと気がつくと、高姫とキューバーはトルマン城にいた。高姫の精霊は三年間の八衢での生活を終え、千草姫の肉体に入って現界に甦ったのだ（第五二巻参照）。以後の千草姫は肉体は千草姫でも精霊は高姫であり「千草《ちぐさ》の高姫」とも表記される。

チウイン太子は秘かに王命と偽って全国の兵員を召集した。ジャンクが第一軍の司令官となり、三五教《あなないきょう》の宣伝使・照国別《てるくにわけ》は最後尾につき、トルマン城へ向かう（ジャンクの義勇軍については第六六巻参照）。

大足別のバラモン軍はトルマン城を取り巻いていたが、中からは城兵、外からはチウインの援軍によって攻撃され、逃げていった。敗走する大足別の軍は市街に火を放ち、あちこちに炎が燃え上がった（第六七巻第一〇章において、スガの港で梅公たちが見た火焔はこれ）。

王は照国別の応援に感謝し、三五教の大神を鎮祭することを誓った。

王は悪僧のキューバーを殺そうとするが、千草姫は「キューバーは大足別に脅迫されて心にもないことをやった」と擁護する。千草姫は、時期を見てキューバーと二人でこの城を奪い取ろうとたくらんでいた。

第九～一五章　千草の高姫は、ガーデン王に悪霊を注入する

ガーデン王は「国柱神社《こくちゅう》」を建て、戦死した左守《さもり》と、誤解で殺してしまった右守《うもり》を忠臣義士として鎮祭した。照国別《てるくにわけ》が斎主となって祭典が行われたが、キューバーはそれが不愉快で、祭典を妨害する。

チウイン太子の命令でキューバーは捕まり、城外の牢獄に投獄された。しかし照国別は、神の道からすると刑罰は必要ない、とキューバーの釈放を提案した。

チウイン太子は、キューバーが出獄したら再びチウイン太子の母（千草姫）とつるんで城内を撹乱《かくらん》するに違いないと心配した。そこでチウイン太子は首陀《しゅだ》（下層民）の地位向上運動のリーダー・レールとマークの二人に頼み、キューバーを牢獄から秘かに連れ出して、山奥の岩窟《いわや》に閉じ込めた。

千草姫はガーデン王を跪《ひざまず》かせ、頭に足を乗せて、爪先から王に悪霊を注入した。それから王は千草姫を生き神として崇めるようになった。

千草姫は三五教《あなないきょう》の照国別と照公を投獄し、チウイン太子と王女チンレイを修業のためと称して城から追い出した。さらに千草姫はジャンクを追放して、「キューバーを探して城に迎え入れよ」と命じた。

第一六～二二章　梅公の助言で囚人たちが釈放される

千草姫の前に梅公が現れた。梅公は自分は杢助《もくすけ》（千草の高姫が恋慕する相手。第四九巻参照）だと名乗って千草姫を誘惑した。そして囚人たちを釈放して千草姫の慈悲深さを示せば、民衆の信用を得られると助言する。千草姫は早速それを王に命じた。

囚人たちが釈放されると、梅公は「自分は言霊別《ことたまわけ》のエンゼルだ」と正体を顕した。それから大光団となって消え去った。

照国別《てるくにわけ》やレールたちも他の囚人たちと共に釈放され、城を追い出されたチウイン太子と合流した。太子は教政改革の時機が来たと判断し、改革派を連れて帰城する。太子は父に代わり、教王に就いた。

悪逆を繰り広げる千草姫は、故左守《さもり》の妻モクレンの乳房に金火箸《かなひばし》を当てて拷問しようとしていた。そこへ照国別が入ってきて千草姫を睨みつけると、千草姫は慌てふためき、八《や》岐《また》の尻尾を振りながらどこかに姿を隠した。

第七一巻　玄真坊《げんしんぼう》と千草《ちぐさ》の高姫の物語

○ダリヤ姫を付け狙う玄真坊が、タラハン国《ごく》の神谷村《かみたにむら》やタラハン市で悪事を重ねていく。

○後半で玄真坊は千草の高姫と悪事を行うため手を組む。しかし千草の高姫は玄真坊を捨て、妖幻坊《ようげんぼう》の杢助《もくすけ》と逃げ去った。

第一～七章　神谷村でバルギーが改心する

第六七巻第一七章で、玄真坊《げんしんぼう》が、逃げたダリヤ姫（スガの港の長者アリスの娘）の捜索に出かけたが、その話の続きである。ダリヤ姫はバルギー（シャカンナの部下）を誘ってタニグク山から逃げ出した。スガの港に帰る途中、神谷村の庄屋・玉清別《たまきよわけ》の館に匿《かくま》われた。バルギーは金で姫の歓心を買うため、村人の家に強盗に入るが、井戸に落ちて捕まってしまう。村の掟に従い、バルギーは村から追放された。

バルギーは、ダリヤ姫を探している玄真坊と道でバッタリ出会い、ダリヤ姫の居場所を白状せよと迫られる。だが、バルギーは口を割らない。玄真坊たちに縛られ暴行を受け気絶してしまう。

バルギーの精霊は八衢《やちまた》（中有界《ちゅううかい》の別名）をさまよった。今までバルギーによって金や命を奪われた人たちにその罪を責められる。

尼僧が「自分はダリヤ姫の副守護神だ。お前に惚れたと見せかけて家まで送らせようと悪念を持った。神様の世界に不公平はない。お前を欺いた罪は償わねばならないので、ここにウロついている。どうぞ一言許してやると言ってくれ」と頼む。バルギーは自分の罪も謝し、尼僧（ダリヤ姫）の罪を許した。

すると天から大火光《だいかこう》が落下して爆発し――バルギーは気がつくと草原に縛られて倒れて

いた。そこへダリヤ姫や玉清別が探しにやってくる。ダリヤ姫とバルギーは再び玉清別の館に戻り、一ヶ月ばかり逗留した（ダリヤ姫の話は第七二巻へ）

第八～一五章　玄真坊《げんしんぼう》はシャカンナから金をゆすり取る

玄真坊は再び天下取りの野望が湧き、盗賊をやって資金を稼ぐことにする。かつてタニグク山《やま》で出会った山賊の頭領シャカンナは、タラハン国の左守《さもり》に復職していた（第六八巻の最後）。玄真坊はそれを妬み、二人の部下（コブライ・コオロ）を連れて、タラハン市のシャカンナの館に忍び込む。財宝を奪おうとしたが、衛兵に捕まってしまった。

シャカンナの前に引き出された玄真坊は、山賊時代の話を持ち出してシャカンナに無茶な要求をする。自分を右守《うもり》か左守に任じろというのだ。シャカンナは金を与えて玄真坊たちを帰らせた。シャカンナは国王への謝罪の遺書を書くと、神前で腹を切って自決した。

玄真坊たち三人は金を持って逃げる。だがその途中、捕り手に囲まれ逃げ場を失い、断崖絶壁から飛び下りた。

シャカンナと玄真坊たちの精霊は八衢《やちまた》（中有界《ちゅううかい》の別名）をさまよった。玄真坊は土に体が埋まり、頭だけ出している。金を恐喝した罪をシャカンナに謝した。金に執着することをやめると、ポンと土から飛び出た。

玄真坊は八衢の関所で、まだ現界に籍があると言われ、元来た道を引き返す。気がつくと玄真坊たち三人はタラハン河の河下で一人の女に介抱されていた。その女は千草の高姫であった。

第一六～一八章　千草《ちぐさ》の高姫と玄真坊《げんしんぼう》が手を組む

千草姫は玄真坊に、夫婦に化けて大仕事をしようと持ちかけた。玄真坊が胴巻《どうまき》から金（シャカンナから盗んだ金）を出そうとするが、落としてしまってない。部下のコブライとコオロが、玄真坊が埋まっていた墓を掘ると、底から大金が出てきた。するとと千草姫と玄真坊は、上から土を放り込んでコブライとコオロを生き埋めにしてしまった。金を持って二人は走り去った。

コブライとコオロは命からがら土中から脱け出し、殺そうとした玄真坊たちを追いかけた。だが夢の中に白衣の神人《しんじん》が現れ、「恨みを打ち切り、本然《ほんぜん》の誠に帰れ」と諫められる。二人は玄真坊征伐を止めることにした。

第一九～二〇章　浜屋旅館で千草《ちぐさ》の高姫と妖幻坊《ようげんぼう》の杢助《もくすけ》が再会する

千草姫と玄真坊《げんしんぼう》はスガの里（スガの港）へ向かう途中、入江村の浜屋旅館に泊まり、十日ばかり滞在していた。街道を角兵衛獅子《かくべえじし》（獅子舞の一種）が通ったので、呼んで舞わせた。すると、それはコブライとコオロだった。二人は、自分たちを生き埋めにした玄真坊を訴えに役所へ行く。

千草姫は玄真坊を気絶させ、金が入った胴巻を奪い取った。役所からやってきた捕り手は玄真坊が死んでいるものと思い込み、死体を担いで運んでいった。

千草姫はまんまと三万両の大金が手に入ったとほくそ笑む。すると、恋い慕う杢助（妖幻坊の杢助）が笑いながら現れた。たまたま同じ宿に泊まっていて、千草姫が玄真坊の金を奪うのを見ていたのだ。三年ぶりに再会した二人はイチャついた。

照国別《てるくにわけ》・照公・梅公別《うめこうわけ》の一行三人が玄真坊を連れて、浜屋旅館に宿泊した。一行は草むらの中に棄てられていた玄真坊を助けて連れてきたのだ。

千草姫は驚いて妖幻坊の杢助と共に金を持って逃げ出し、ハルの湖《うみ》を船でスガの港へ向かった。

第七二巻　スガの宮の宗教問答所《もんどうどころ》

○トルマン国《ごく》のスガの港を舞台に、千草の高姫と妖幻坊《ようげんぼう》の杢助《もくすけ》の悪事と、それに対する照《てる》国別《くにわけ》一行の活躍が描かれる。

○スガの宮の宗教問答所を千草《ちぐさ》の高姫が乗っ取るが、梅公別《うめこうわけ》の作戦によって取り戻される。

第一～七章　千草《ちぐさ》の高姫はカップルをアリの餌にしてしまう

千草の高姫と妖幻坊《ようげんぼう》の杢助《もくすけ》は、ハルの湖《うみ》を高砂丸に乗って進み、スガの港に向かった。しかし途中で暴風に遭って船が難破してしまう。

乗客は湖に投げ出された。そこへ照国別《てるくにわけ》一行が乗った常磐丸《ときわまる》がやってきて、高砂丸の乗客を救出する。

千草姫と杢助は船が壊れる前に、着衣を脱ぎ捨て裸になって海に飛び込む。「太魔《たま》の島」という離れ島に漂着した。

二人は、島で逢い引きしていたフクエと岸子という男女のカップルを騙して、白いアリが大量に棲む「魔の森」に誘い込み、アリの餌食《えじき》にしてしまう。彼らの服と舟を奪い取って島から離れた。

ハルの湖を進むと、梅公別《うめこうわけ》が乗った小舟とすれ違った。千草姫は梅公別を見て顔を赤らめる。その態度に杢助は嫉妬して、船首を回して梅公別の後を追った。

梅公別は太魔の島に上陸した。千草姫は梅公別も魔の森に誘い込んでアリの餌食にすると、再び舟で島を去った。

照国別と共に常磐丸に乗っていた梅公別は、魔の森でカップルが苦しんでいる姿を透視し、二人を救い出すため小舟に乗り換えてきたのだ。鎮魂して森に霊を送っていたので、二人はアリに喰われず無事だった。カップルと梅公別は三人で小舟に乗りスガの港へ向かった。

常磐丸はスガの港に着き、照国別一行は上陸した。大勢の漁師が鰹《かつお》の引き網漁をしている。それを見て弟子の照公《てるこう》は「自分たちもあの引き網のように、一遍に数万人の信者を引き寄せて神の道の宣伝をやったらおもしろい。公会堂を借りて大勢の人に一度に聴かせたらどうでしょう」と提案する。

しかし、国照別は「公会堂や劇場、講堂など民衆が集まる所はすべてダメだ。網で捕った魚は味が悪い。一匹ずつ釣り上げた魚は味が良い。神の道の宣伝は一人対一人で行うのが相応の理に適《かな》っている」と教えた（第七章「鰹の網引」）。

第八～一六章　スガの宮が造られ、宗教問答所《どころ》が設置される

スガの港の長者アリスは強欲非道を尽くして財産を築いてきたが、ダリヤ姫とイルクが無事に帰ってきた（第六七巻）ことで改心した。財産全部を大神に捧げ、スガ山に神殿「スガの宮」を造営することにしたのだ。

しかしアリスは二人の子供の帰宅に狂喜し、病になってしまう。ダリヤ姫はスガ山《やま》の神社に父の病平癒を祈願しに行くが、そこで玄真坊《げんしんぼう》と出会ってしまう。騙されてタニグク山《やま》に連れていかれたのだった（第六七巻）。

だがダリヤ姫は、スガの宮の完成式の二日前に神谷村《かみたにむら》の玉清別《たまきよわけ》（第七一巻）に送られて、スガの港に無事帰ってきた。

スガの宮が完成し、玉清別が神司《かむつかさ》となった。境内の片隅に宗教問答所が設置され、ヨリコ姫・花香姫《はなかひめ》・ダリヤ姫の三人が昼夜勤務した。看板の横には「宗教問答を行い、万一説き伏せられた場合にはスガの宮の宮仕えの役目を問答に勝った人に譲る」という旨を書き記した。

千草《ちぐさ》の高姫と妖幻坊《ようげんぼう》の杢助《もくすけ》もスガの港に着いた。スガの宮を乗っ取ろうと思案する。

第一七〜二二章　悪事の証拠を突きつけられて千草《ちぐさ》の高姫はスガの宮から逃げ去る

千草姫が宗教問答所に現れた。最初にダリヤ姫が、次に花香姫《はなかひめ》が宗教問答の相手になるが、いずれも玉清別《たまきよわけ》に言い負かされてしまう。

最後にヨリコ姫が相手になるが、千草姫はヨリコ姫がオーラ山の山賊の女帝だったという素性をすっぱ抜く。「悪党の親分が聖場にいたら穢れてしまう」とヨリコ姫の罪を責める。ヨリコ姫たちは反論できず、スガの宮を千草姫に明け渡した。

アリスの館にヨリコ姫たちが集まり、スガの宮回復の作戦会議を開いた。そこへ照国別《てるくにわけ》一行も現れた。梅公別《うめこうわけ》が策を練った。

一同は山車に葛籠《つづら》とたくさんの箱を載せて、宗教問答所に曳いていく。ヨリコ姫は千草姫に「もし貴女に悪事や欠点があったら、ここを立ち退くでしょうね」と尋ねると、「神の言葉に二言はない」と千草姫は答えた。

梅公別は葛籠の蓋を開いた。すると中から白装束のフクエと岸子が現れた。人殺しという悪事の動かぬ証拠を突きつけられ、千草姫は顔面蒼白となる。

たくさんの箱の中から数十頭の猛犬が現れ、吠え立てた。妖幻坊《ようげんぼう》の杢助《もくすけ》は堪らなくなり怪物の正体を現して逃げ去った。千草の高姫も、金毛九尾《きんもうきゅうび》の悪狐《あっこ》の姿に戻り、空の彼方に消え去った。

スガの宮は元のように玉清別《たまきよわけ》が神司となり、ダリヤ姫は大道場の司となった。ヨリコ姫と花香姫は照国別一行と共に宣伝の旅に出た。

筑紫潟《つくしがた》

巻末に収録されている「筑紫潟」には、黒姫が帰幽して八衢《やちまた》（中有界《ちゅううかい》の別名）で苦しむが、最後にはエンゼルによって救われる様子が記されている。

◎解説　この後の物語の展開予定

第一巻から続いてきた太古の神代《かみよ》の物語はこれで終わりである。第七三巻以降（天祥地瑞《てんしょうちずい》）は舞台がまったく異なり、神代よりもはるかに時間をさかのぼった原初の宇宙「紫微《しび》天界」の物語となる。

第三九巻で大黒主《おおくろぬし》を言向《ことむ》け和《やわ》すためイソ館《やかた》から出発した五つの言霊隊《ことたまたい》が、結局ハルナの都（現代のインド・ムンバイの辺り）まで辿り着かずに終わっており、中途半端な感が否めない。

このあとどのように物語が展開する予定だったのかが、第五九巻の序に書いてある。それによると「八《や》岐大蛇《またおろち》が憑依した大黒主は部下を引き連れ、海を渡って自転倒島《おのころじま》の要なる伯耆大山《ほうきだいせん》に拠点を移し、人々を苦しめた。神素盞鳴《かむすさのお》大神は数多の天使や宣伝使を率いてきて、大黒主を言向け和した。天《あめ》の叢雲《むらくも》の剣《つるぎ》を得て、高天原《たかあまはら》に坐《ま》す天照大御神に奉《たてまつ》った」という。

伯耆大山は鳥取県の西端に位置し、西麓は出雲の地だ。古代は出雲と伯耆は一つの国だったと王仁三郎は述べている。その中心に聳《そび》える大山が、霊界物語の最後の舞台になる予定だったようだ。

コラム

出口王仁三郎の痕跡を巡る旅　東京都内～鎌倉編

黒川柚月

◎人類愛善《あいぜん》新聞社跡（新宿区霞《かすみ》ヶ丘町、新国立競技場）／鳩森《はともり》八幡神社

人類愛善新聞社跡

二〇二〇年、東京オリンピックに向けた改修で、国立競技場も大きく姿を変えている。国立競技場は戦前から運動場があり、戦時中の学徒出陣の会場にも使用された。その東隣、霞ヶ丘町十六番地に、大本が経営する人類愛善新聞社があった。

人類愛善新聞社の建物は、元は戦後の神社界に影響を及ぼした葦津《あしづ》珍彦《うずひこ》の父、筥崎宮《はこざきぐう》（福岡県福岡市）の宮大工《みやだいく》の家系の葦津耕次郎《こうじろう》の設計事務所があった場所だ。そこを大本が買い取った地所だった。

残された人類愛善新聞社の建物は、洋式のコンクリ二階建ての社屋と、門構《もんがま》えの奥に日本家屋の建物と二様あり、どういうことか不明だった。

『霊界物語』特別編「入蒙記」に登場する矢野祐太郎の子

鳩森八幡神社

息、矢野凱也《よしなり》に聞き取りしていた折、六甲《ろっこう》の魚崎《うおざき》（兵庫県神戸市）から上京した矢野祐太郎一家が最初に信濃町に住んでいた頃、小学校の同級生の家に遊びに行ったら、そこは人類愛善新聞社だったという。同級生の親が大本信徒で、管理人として人類愛善新聞社の敷地に住み込みで奉仕していたのだ。

　敷地の中に、和風の建物と洋風の建物の二棟（葦津耕次郎の住居と事務所）があったとわかった。当時九十歳だった矢野凱也の回想から、大本の史実が一つわかったのである。

　人類愛善新聞社には、王仁三郎も何度か訪問している。岡本天明《てんめい》（後に『日月神示』を自動書記した。画家としても有名）が編集長を務めていた。

　岡本天明は戦時中、鳩森八幡神社の留守神主を務めたが、大本時代は関係がなかったかと思いがちだが、人類愛善新聞社の産土社は鳩森八幡神社だった。霞ヶ丘町の愛善新聞社から坂を下り、ラーメン屋ホープ軒のある観音橋（暗渠《あんきょ》になった渋谷川に架かっていた）の交差点を渡り、小道に入り観音坂（鎌倉街道）を登ると鳩森八幡神社の正面鳥居に到るのだ。人類愛善新聞社では、年に数回、社員一同で鳩森八幡神社へ団体参拝に出向いていた。

鳩森八幡神社の社掌《しゃしょう》（神職階位の一つ）の矢島家と大本の接点は、いつから始まったのか。謎を紐解くカギになるのかもしれない事実として、岡本天明と懇意だった矢島家出身の代々木八幡神社の平岩宮司は、「出口王仁三郎と会ったことがある」という談話を残していたことが挙げられる。

当時の鳩森八幡神社の宮司・矢島俯仰《ふぎょう》も、晩年、王仁三郎の評伝『巨人出口王仁三郎』を愛読していたという。大本に対してシンパシーを感じていたのだろうか。

大本の機関紙『真如能光《しんにょのひかり》』に、昭和四年（一九二九年）九月、出口日出麿東京巡教の折、宿泊先として、大森の岡田茂吉邸（後の世界救世教教祖）の松風閣《しょうふうかく》、芝・車町の植芝盛平邸、千駄ヶ谷の矢島家、赤坂新町の内田良平邸に滞在していたと記されている。

出口日出麿は千駄ヶ谷の矢島家に宿泊した九月十七日（旧八月十五日）、同家において中秋の名月を観月している。日出麿が滞在した家は、どこも大本と深い縁がある。

矢島家と大本の間にかなり親密な関係がうかがえるのだが、両者の交流のきっかけは、資料には残されていない。

実は出口王仁三郎は、昭和天皇のお妃選びに発した「宮中某重大事件」（皇太子妃決定をめぐって起きた紛糾事件で、政府内の派閥闘争に発展した）の折、大正八年（一九一九年）十月十六日、上京して千駄ヶ谷の山田春三《しゅんぞう》（宮内省久邇宮家付《くにのみやけづき》）宅に滞在していた。山田春三邸の住所は『日本紳士録』交詢社編（大正年間版を年次にわたり参照した）では千駄谷四九二とあり、現在の千駄ヶ谷小学校北側辺り、鳩森八幡神社から２００ｍほどの距離しかない。

当時、王仁三郎は八幡神社（祭神に三韓征伐をした伝説を持つ神功皇后《じんぐう》が祀られており、世界に向けて飛躍する身魂《みたま》の働きを指す）に精力的に参拝している。記録にはないが、この時、王仁三郎が鳩森八幡神社に参拝した可能性が高い。この時に矢島家と縁を結んだと考えられる。

戦前の地図で見ると、霞ヶ丘町は人家まばらな環境だったが、戦後はGHQに接収されアメリカ軍住宅として使われた。戦後の返還後は長く広場になっていた。

霞ヶ丘町は渋谷川（暗渠）の浸食した傾斜地にあり、人類愛善新聞社は日本青年館の南側広場にあったが、日本青年館も老朽化し、今回の国立競技場拡張により取り壊され、移転した。私がGoogleマップにポイントを入れた人類愛善新聞社跡も、建設中の新国立競技場のスタンドの一部に組み込まれていた。

◎王仁三郎が大正八年（一九一九年）に滞在した鎌倉・瑞龍園《ずいりゅうえん》

大正八年、出口王仁三郎が上京して、東京に確信会ができるが、その前段として、王仁三郎は鎌倉に十日間ほど滞在していた。大正八年の王仁三郎の鎌倉滞在の足跡を「大本年表」から探ってみる。

九月三十日（旧八月七日）　世継王山《よつおやま》で言霊神軍による、言霊発声実験
十月一日（旧八月八日）　言霊神軍。各地に出発
十月二日（旧八月九日）　出口王仁三郎東上する。途中、熱田神宮参拝

十月四日（旧八月十一日）　鎌倉瑞龍園（矢野家・枝吉家）滞在
十月十五日（旧八月十五日）　鶴岡八幡宮参拝
その後、東京へ
十月十九日　東京にて確信会発足

「大本年表」からは、このような足取りが追える。当時の『神霊界』（大正期、大本の機関誌）に掲載された「随筆」や「伊都能売神諭《いづのめしんゆ》」（出口直《なお》昇天後に、国祖の神霊が出口王仁三郎に懸かって書いた神示集）から鎌倉での出来事がわかる。

大正八年、出口王仁三郎らが滞在したのが鎌倉・扇谷《おうぎがやつ》の瑞龍園である。この場所には、矢野祐太郎の父、矢野源次郎宅があった。ここは扇谷の海蔵寺《かいぞうじ》が大正時代に土地を分譲した一帯で、元は寺領だから小川が流れる趣の残る一角であった。

大正六年（一九一七年）、大本に入信した矢野祐太郎の影響で、矢野家は大本信仰を認めるかどうかで意見が分かれた。父・源次郎と祐太郎の妹の長谷川君江は大本信仰に反対して、親族の意見は真っ二つに割れていた。

それもそのはず、矢野源次郎は日蓮主義宗教家・田中智学《ちがく》の国柱会《こくちゅうかい》に影響を受けていた。大阪のべっ甲細工家に生まれた源次郎は、明治維新後、上京して鉄道省に勤め、退職の前には勲章ももらった人物だった。一方、母のテルは幕臣として薩長に最後まで抵抗した小笠原壹岐守《いきのかみ》の側室だった人物で、明治維新後離縁して源次郎と再婚して祐太郎を産んだ。

葛原岡神社

天河大辨財天社

両親は江戸時代なら、すれ違うことさえないまったく環境の違う人生だったのが、御維新を機に縁を結んだ。生まれも育ちもまったく違う二人は、夫婦になってもいつもケンカして仲が悪かったという。もとから神秘的傾向があった祐太郎が大本に入信した原因も、最後まで尾を引いた両親の不仲にあるのだろう。

こういう状況下で、矢野祐太郎の勧めで鎌倉矢野家に滞在した王仁三郎一行も、さぞかし居心地が悪かったに違いない。途中で隣家の枝吉家に移っている。

王仁三郎一行は、一日鎌倉の寺社を詣《もう》でているが、『神霊界』の「随筆」ではなぜか匿名になっている。地名から寺社を当てはめるために、私は現地調査をした。

鎌倉の矢野家の位置は、矢野祐太郎の娘の青砥代矢子《あおとよしこ》から、後年訪問した時の話を聞いており、それを参考に調べた。矢野家跡は企業の合宿所として、二十五年ほど前までは、大正時代の建物が現存していたそうだ。

　地図から調べて、王仁三郎一行がはじめに詣でた源氏山《げんじやま》の産土社は、南朝後醍醐《ごだいご》天皇の忠臣・日野俊基《としもと》を祀る葛原岡《くずはらおか》神社と判明した。

甘縄神明宮

神輿山

海蔵寺で話を聞くと、かつて寺の裏から葛原岡神社に登る道があったと教えられた。それで、産土社詣りを日課とした矢野シンは、その道を登って葛原岡神社に参拝したのだとわかった。

　後醍醐天皇の忠臣を祀った葛原岡

神社の存在を引き、二つに割れた矢野家は、南北朝の型だったと王仁三郎が諭《さと》したのだろう。晩年、矢野シンが天河大辨財天社《てんかわだいべんざいてん》（後醍醐天皇をはじめ、南朝四代の天皇の御霊が祭られている）に参拝した背景がここにある。

出口王仁三郎一行が歩いた葛原岡から長谷までの道のりは、現在のハイキングコースとして残っていた。王仁三郎が探検した長谷寺の弁天窟《くつ》は、期待したより陳腐だった。おそらく明治以降に掘ったものだろう。

王仁三郎は綾部出発時、太平洋沖に出現した台風を鎌倉の神宮山で迎えうち、言霊奏上の霊力で、台風の進路を変えたとされる。その神宮山とは、甘縄神明宮《あまなわしんめいぐう》の裏山の神輿山《みこしやま》（見越山）のことだ。

神宮山とは今は言わないようだが、社標の脇に神宮山と書かれていたので、当時は、その呼び名もあったのだろう。

甘縄神明宮から鎌倉の海を見ると、現在は人家が密集しているが、それでも眺めがよい。当時はもっと風光明媚《ふうこうめいび》だったに違いない。神輿山頂上まで登ったが、山林に遮《さえぎ》られ足元も悪いので、当時は境内から言霊を奏上したのだろう。

出口王仁三郎一行は後日、鶴岡八幡宮に参拝している。『大本神諭』にある神功皇后の働きとして八幡宮に参拝しているが、管見の限り出口直《なお》の「おふでさき」には神功皇后が登場する分は見当たらない。だから、神功皇后の神示は王仁三郎に対して降りたものだとみてよい。

「お筆先に『艮の金神大国常立尊が神功皇后様と出て参る時節が近《ちか》よりたぞよ。此事《このこと》が天晴《あっぱ》れ表に現はれると世界一度に動くぞよ、もう水も漏らさぬ経綸が致してあるぞよ』とある事は艮の金神国常立尊の世界的進出の経綸を申されたものである。」（「神功皇后様と現れる」『月鏡』）

大意は「艮《うしとら》の金神《こんじん》・国常立尊《くにとこたちのみこと》は、三韓征伐した神功皇后として化身したように、この度の王仁三郎の導く神の経綸は、世界へと展開される」という予言である。王仁三郎は世界進出の経綸を、まずは東京進出に移し替えて行動したのだ。

入蒙記　モンゴルに理想国家の建設を目指して行軍する

○大正一三年（一九二四年）、出口王仁三郎がモンゴル（蒙古《もうこ》）に宗教的国家の建設を志して、行軍した記録である。

○王仁三郎は源《みなもと》日出雄《ひでお》と称すなど、人物は仮名で書いてある場合もある。

第一～一四章　天に奇瑞《きずい》を見て蒙古へ旅立つ

大正一三年二月一二日、源《みなもと》日出雄《ひでお》（出口王仁三郎）は昼間の空に上弦の月と太白星《たいはくせい》（金星）が輝くのを見た。ちょうど三年前の同じ日に第一次大本事件（注）が勃発したのだが、

入蒙略年表

2月12日	月と太白星が白昼輝くのを目撃（第6章）
13日	午前3時半、綾部を汽車で出発（第7章） 夜、下関港を出航
14日	朝、釜山港に上陸、鉄道で北上
15日	夜、奉天に到着、盧占魁と面会（第8章）
3月 3日	奉天を出発（第10章）
6日	鄭家屯（ていかとん）到着（第12章）
8日	洮南（とうなん）に到着（第13章）
25日	洮南を出発（第15章）
26日	公爺府（こんえふ）に到着
4月26日	奥地へ向けて公爺府を出発（第20章）
28日	下木局子に到着
5月14日	上木局子に移動（第24章）
6月 3日	興安嶺の聖地を目指して出発（第28章）
5日	進路がなぜか南方に変わる（第29章） 天保山の跡を目撃
11日	熱河区内のラマ廟に到着（第31章）
21日	白音太拉（パインタラ）に到着（第34章） 支那軍に武装解除させられる
22日	午前1時、捕縛される 盧占魁らは銃殺刑に。王仁三郎らも銃殺刑になるが助かる
23日	早朝、鄭家屯の日本領事館の土屋書記生が面会（第35章）
7月 5日	日本領事館に引き渡される
21日	大連に到着
25日	門司に到着
27日	大阪刑務所北区支所に収監（第36章）
11月1日	保釈され98日ぶりに外に出る

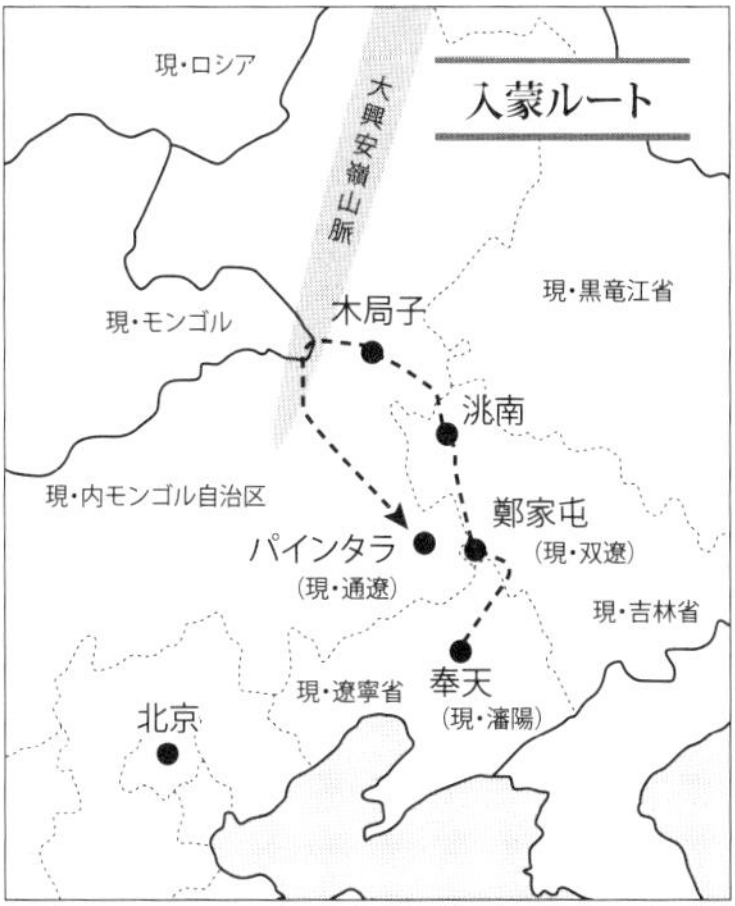

その日も同じ天文現象を目撃していた。

これを神命と感じた日出雄は、かねてより計画していた入蒙を実行することにした。蒙古の原野を開拓して宗教的国家を建設しようという計画である。

少数の信者だけにそれを打ち明け、翌一三日未明、京都府綾部を出発した。供に連れた信者は真澄別《ますみわけ》、名田彦《なだひこ》、守高《もりたか》の三人だけだった（守高とは後に合気道を創始する植芝盛平のこと）。

朝鮮半島を経て、一五日に奉天《ほうてん》に入る。奉天では馬賊《ばぞく》（騎馬の民兵集団）の大頭目《だいとうもく》・盧占魁《ろせんかい》と面会した。盧占魁は日出雄を救世主だと信じ、部下を引き連れて参加することになった。

日出雄は「大本喇嘛《らま》教」の教主となり、武装した盧占魁の部隊を引き連れ行軍が開始される。三月三日、一行は奉天を出発して北へ向かい、八日に洮南《とうなん》に入った。

蒙古は外《がい》蒙古と内《ない》蒙古に分かれる。外蒙古は現在のモンゴル国、内蒙古は現在の中国・内《うち》モンゴル自治区だ。その境に興安嶺《こうあんれい》という大きな山脈がある。日出雄は興安嶺を越えて

大正13年３月22日、洮南にて。左から二人目が王仁三郎、一番右端は植芝盛平

外蒙へ行くことを目指した。

(注)第一次大本事件……大正一〇年（一九二一年）二月一二日、大本は当局の弾圧を受け、出口王仁三郎他二名は不敬罪及び新聞紙法違反の容疑で検挙された。

◎解説

この当時の中国は、大正元年（一九一二年）に辛亥《しんがい》革命によって清朝が滅亡してから、各地の軍閥や外国政府が覇権を競い内戦状態になっていた。王仁三郎はその争いを平定するため、また生活に苦しむ日本人の植民先として、蒙古の原野を開拓して宗教的国家を建設しようと考えたのである。

第一五～三〇章　外蒙の手前で進路転換

公爺府《コンエフ》に一ヶ月ほど滞在し、五月一四日に上木局子《かみもっきょくし》に到着した。このたび日の出の国から来た大救世主を盧占魁《ろせんかい》が奉戴して蒙古救援軍を起こすというので、蒙古人は大いに喜んだ。そして続々と人が集まってきた。

六月三日、八百人ほどの部隊で出発し、原野山間を行軍する。進路は盧占魁に一任していたが、六月五日にはなぜか進路が逆の南に変わってしまった。これは食糧　物資が不足し、それを調達するために進路を変えたようである。人心が離反し脱走する者が増え、兵員を整理して五百人ほどになった。

源《みなもと》日出雄《ひでお》一行は興安嶺《こうあんれい》で火山爆発の跡を進んだ。九州の阿蘇よりも大きなカルデラである。

日出雄はこれは天保山《てんぽうざん》の一部だと教えた（第二九章）。大地震によって天保山が海に沈んで日本海が生じた…というシーンが第一巻第三一章に出てくるが、その天保山が満州まで広がっていたということになる。かなり巨大な山だったようだ。

第三一～三九章　パインタラで拘束される

満州の軍閥のボスに張作霖《ちょうさくりん》という人物がいる。昭和三年（一九二八年）に日本の関東軍によって爆殺されたことで有名だ。

盧占魁《ろせんかい》は張作霖の許可を受けた上で行軍していたのだが、誤解が生じたらしい。張作霖が盧占魁を討伐するという情報が入ったのだ。盧占魁は誤解を解くため、張作霖がいる奉天にいったん帰ることになった。

パインタラの軍から呼び出しがかかり、六月二一日、源《みなもと》日出雄《ひでお》一行は武装解除した上でパインタラに入る。そこで一行は軍に捕まり、盧占魁は銃殺されてしまった。

日出雄ら日本人六人も処刑場に並ばされる。機関銃が向けられ引き金が引かれたが…なぜか弾が出ない。

銃殺に手間取っている間に、日出雄は辞世の歌を詠む。「よしや身は蒙古の荒野《あらの》に朽《く》つるとも日本男子《やまとおのこ》の品《しな》は落《おと》さじ」「いざさらば天津御国《あまつみくに》にかけ上《のぼ》り日の本のみか世界を守らむ」など七首も詠んだ。

結局、銃の調子が悪く銃殺は中止となり、監獄に連れていかれた。この出来事は「パインタラの法難」と呼ばれている。

日出雄たちが捕縛されたことを日本領事館が察知し身柄の引き渡しを要求した。七月五日、日本領事館に引き渡され、帰国の途に就く。二五日に下関に上陸し、二七日に日出雄は大阪で収監された。

実は大本事件の裁判中で、保釈はされていたものの、許可なく外国に渡ったため保釈が取り消され、再び収監されたのだ。九十八日間監獄で生活した後、一一月一日に京都府綾部に帰還した。

◎解説

この入蒙は当時の日本国民に好意的に受け止められた。大陸に理想的な新国家を建設しようとしたことは、閉塞《へいそく》した社会を打ち破る、破天荒でロマンチックな偉業だったようである。

大正一〇年（一九二一年）の大本事件によって国賊・非国民というレッテルを貼られてしまった王仁三郎だが、この入蒙の快挙によってマイナスイメージを払拭した。以後、人々の信頼を集め、大きな勢力へと発展していくことになる。

コラム

王仁三郎と合気道開祖・植芝盛平《うえしばもりへい》

黒川柚月

『霊界物語』特別編「入蒙記」に、守高《もりたか》として登場する、合気道《あいきどう》開祖の植芝盛平は、大東《だいとう》流《りゅう》合気《あい き》柔術《じゅうじゅつ》から合気道を創立した。植芝盛平の合気道精神には出口王仁三郎の存在が大きな影響を与えている。

そうした指摘はすでに多くされているが、ここではあまり知られていない側面を掘り下げたい。

◎稲次要蔵《いなつぐようぞう》と武田惣角《そうかく》

現行の植芝盛平の評伝には、一切名が出てこないが、京都府綾部在住時代、植芝盛平は大本福知山《ふくちやま》支部を主宰した稲次要蔵の信奉者だった。

大本福知山支部は、福知山町堀《ほり》（現・京都府福知山市堀）の一宮神社鳥居前にあった。稲次要蔵は農家の出身で、丹波、播磨をまたいで博労《ばくろう》（牛の売り買い人）として成功後、病気で身体を壊した。大本肝川《きもかわ》支部（『霊界物語』二十一巻　高春山のアルプス教のモデル）を開いた小沢宗雄《そうゆう》（惣祐）（『霊界物語』三十八巻、出口和明著『大地の母』に登場する大本布教師）の霊力で病気が治ったのをきっかけに、明治末年頃、大本に入信した。

稲次家屋敷は、幕末に山陰道鎮撫総督《ちんぶそうとく》として派遣された西園寺公望《さいおんじきんもち》が宿泊した屋敷だった。どうした因縁か、幽霊屋敷として恐れられたその物件を、格安で購入して移築されたものだ。

稲次要蔵の名は、教団史では、開祖・出口直《なお》の昇天の時に、現場に居合わせた一人として名がある。かつての大本教団の中で、病気治療などに長《た》けており、その名が知られる人物だった。かなり広い範囲に信奉者がいて、『皇道の栞《しおり》』『神聖運動』の著者、元陸軍軍人の有《あり》留弘泰《とめひろやす》も稲次要蔵の信奉者だった。

有留弘泰の回想記『大調和』に、綾部時代の植芝盛平の数々の回想が記されているので、それを参考に紹介する。

大正十年（一九二一年）二月十二日の第一次大本事件（大正維新を主張し世を惑わすとして、出口王仁三郎が新聞紙法・不敬罪に問われた最初の弾圧事件）で王仁三郎は検挙され、連日の新聞報道もあり、世間の大本と王仁三郎に対する非難は日を追って増していった。そんな時、植芝盛平の大東流合気柔術の師である武田惣角から手紙が届いた。

武田惣角が綾部を訪れるので、受け入れの準備を要請しているのと、「出口王仁三郎と面会して国賊だとわかったら、その場で切り捨てる」という物騒な内容だった。

対応に苦慮した植芝盛平は、どうするか稲次要蔵に相談した。すると、大本のお筆先に

「舞鶴、福知山は外囲《そとがこ》い」（外囲いとは「本丸を守る城壁」の意味）とあり、何かあったら福地山で対処するのだと、稲次要蔵は自己の使命を理解していたという。

植芝盛平の手引きで来綾《らいりょう》（綾部に来ること）した武田惣角に、はじめに稲次要蔵が対面した。一代で地位を築いた稲次要蔵も侠客《きょうかく》肌の人物で、武田惣角相手に「あなた、ずいぶんお強いそうだが、私はまだまだ一ぺんも負けたことがいない男です」と切り出した。「ところが、まだ一ぺんも仕合というものをしたことないもないんで」と武田惣角の威嚇したのをかわした。

すっかり緊張をほぐした武田惣角は、綾部が気に入って半年も滞在していった。この折に武田惣角と面会した大本三代教主の出口直日《なおひ》は、武田の足の甲が盛り上がっていたと述懐している（足の甲には筋肉はつかないから、足裏の母指球《ぼしきゅう》「足裏の親指の付け根のふくらみ」が盛り上がっていたのである）。

ところでまったく武芸の心柄のない稲次要蔵が、鎮魂帰神（魂を鎮《しず》めて神と一体化する修行）状態で、植芝盛平の前で技を披露して伝授したと『大調和』にある。これは帰神した出口直がしばし能を舞ったと伝えられるように、竹刀を持ったこともない稲次要蔵が、武道の奥義《おうぎ》や新手《あらて》を次々教えたということは、合気でなく剣術の方だったのだろう。

中国道教のシャーマニズムでは、文神が懸かると降筆《こうひつ》（自動書記）をし、武神が懸かると剣舞をするというが、そのシャーマニズムの伝統とそっくりだ。

植芝盛平だけでなく、植芝の甥の井上鑑昭《のりあき》（方軒）も稲次要蔵の信奉者だった。後に稲次要蔵の孫が進学で上京した折は、原宿の親和体道《しんわたいどう》（井上鑑昭により創始された合気武道）の道場に下宿していた。

大本事件の結審前、昭和十九年（一九四四年）十二月九日に稲次要蔵は七十歳で亡くなった。翌年、鎮魂帰神の道場を主宰した息子の米次《よねじ》も、四十四歳の若さで亡くなっている。

大正十三年（一九二四年）の王仁三郎の入蒙（内モンゴル入り）後、帰国時には国内では快挙として拍手喝采で迎えられた。武田惣角も植芝盛平が蒙古に同道したことを喜び、再び綾部を訪れた。植芝盛平は逃げ回って武田惣角と会おうとせず、惣角は植芝に会えないまま綾部を後にした。

そこで、後々まで武田惣角は怒っていたというエピソードが、大本にも残っており、『透明な力』（木村達雄）に武田門下の佐川幸義《ゆきよし》の談話が載っている。

昔は、芸事の師匠の経費は弟子がすべて持つのが当たり前だった。当時はツケ払いだから武田惣角の綾部の滞在費は何から何まで植芝盛平の名で請求された。大正十一年の滞在経費は、実際は王仁三郎のポケットマネーから支払われたが、大正十三年の時は、肝心の王仁三郎は拘置所に入っていた。

当時の大本は、入蒙の経費で破産寸前、植芝盛平は無給の奉仕者に過ぎなかった。武田惣角は、大本で大勢に武道を教授しているから、さぞ羽振りがいいだろうと勘違いしたのだろう。しかし植芝盛平が綾部で武道を教授した人たちは（特に若者は）無給の大本奉仕者で、金など持っていなかったのだ。

植芝道場が、まともに運営が軌道に乗るようになったのは、後に東京に拠点を移してからだと、植芝盛平の息子の吉祥丸《きっしょうまる》は述べている。

◎綾部修行時代の出来事

京都府綾部の植芝道場の位置は、綾部藩主九鬼家の館の南、九鬼《くき》家武道指南役屋敷跡といい、現在の綾部の大本 長生殿《ちょうせいでん》の敷地南西の駐車場の辺りだった。長生殿造営でかなり造成されているので、植芝道場の面影はほとんど残っていない。道場裏から本宮山に登る道があり、途中に本宮山山頂から遷《うつ》した平重盛《たいらのしげもり》塚があった（平重盛は清盛の長子）。

ある日、植芝盛平は綾部の神苑《しんえん》で夜遅くまで王仁三郎との話が弾んで、お暇を告げた。すると、玄関まで送りに来た王仁三郎から、「今日はお供付けてやるからな」と何気に言われた。

植芝盛平は意味がわからず帰宅の途につき、街灯のない暗い坂道を上がり綾部小学校（現・長生殿）の前に差し掛かると、夜中で誰もいるはずのない校舎の窓の中から青白く光が、自分の歩く足元を照らした。しかも植芝盛平の歩みに沿って、校舎の灯りは移動しながら、ずっと足元を照

植芝道場のあった辺り（京都府綾部市）

らし続けた。

大正十年（一九二一年）の第一次大本事件の風評から、早稲田大学の柔道部出身の西村秀太郎（旧姓・久保田）という男が、卒業旅行を兼ねて綾部を訪れ、問題の人物である王仁三郎を、不敬だったら凝らしめてやろうと意気込んでいた。神苑で自己紹介して面会を乞うと、ほどなくして現れた王仁三郎から、「学生さん、アンタいいところに来てくれた。今、植芝という武道家に居座られて困っとるんや。日本一の柔道家などと言うとるから、ちょっと学生さんが懲らしめてくれんか」と、王仁三郎にまんまと言いくるめられた。誘導されたと知らず、その足で植芝道場を訪ねると、畳間の真ん中に小さなオヤジが正座していた。

「お前が植芝か、俺と勝負しろ」と挑むとすぐに了解され、いざ組み合うとなすすべなくブンブン振り回される。

渾身の力でしがみついていたが、気がついたら両手首が脱臼《だっきゅう》して手首がパンパンに腫れあがり、手がプラプラになった。その場で非礼を詫びて、即座に入門を乞うと許されたという。

西村秀太郎は「綾部に植芝盛平あり」と母校早稲田大学柔道部に報告し、その流れから早稲田合気道部発会に結びついた。講道館柔道創設者・加納治五郎《じごろう》が植芝盛平を知り、自己の高弟を植芝道場に派遣し、富木謙治《とみきけんじ》が満州建国大学の正科として合気道教授となるなど、後々の合気道発展の礎の一つとなった。

大正十年（一九二一年）、白蓮《びゃくれん》事件（福岡の炭鉱王の妻だった歌人の白蓮が、社会運動家の宮崎龍介《りゅうすけ》と駆け落ちし、世間をにぎわした事件）の柳原《やなぎはら》白蓮は、大本信徒の中野岩太《いわた》の手配で、大

植芝盛平の奥津城（おくつき）（京都府綾部市天王平［田野町］、奥津城は神道式の墓）

正十一年七月一日から丸一年間、コッソリと綾部に隠れ住んだ時期がある。当時、右翼壮士《そうし》の襲撃事件などがあり物騒だから、柳原白蓮に護身術として合気柔術を心得てもらおうとしたらしい。隠れて暮らした中野岩太の別荘・松雲閣から並松《なんまつ》沿いに歩き、元は小さな滝があったという橋から本宮山脇を歩き、半重盛塚を抜けて植芝道場に通った。

柳原白蓮は植芝盛平の教授を受けた女性では最古参ではなかったか。

戦後、植芝盛平は大本信徒として綾部の祭典などに参列していたが、大本事件では大日本武道宣揚会《せんようかい》にはガサ入れはあったものの、内務省や警察関係の門人の必死の働きかけで、逮捕・起訴されなかった。そのため、植芝盛平は大本事件で辛酸をなめた信徒とは幾分見えない壁のようなものを感じていたかもしれない。

植芝盛平の魁偉《かいい》な風貌と武道家としての気配から、綾部の祭典でも、女性奉仕者が怖がってお茶を持っていけなかった。大本三代教主・出口直日《なおひ》が都内で作品の展示をした席に、植芝盛平が現れ、「最近の爺はこれですじゃ」と神楽舞の所作でクルクル回転して見せた。三代と側近は呆気に取られたという。かつて地獄道場といわれた植芝武道の変わりように付いていけなかったのだろう。

第七三～八一巻の概要

このブロックは「天祥地瑞《てんしょうちずい》」という輯《しゅう》題が付いている。第七二巻までと比べて、異なる特徴がいくつもある。

まず、物語の舞台が「紫微《しび》天界」という原初の宇宙であり、世界観がまったく異なることだ。第七二巻までは「（三十五万年前の）太古の神代」だったが、天祥地瑞はそれよりははるかに時間をさかのぼり、宇宙が誕生した直後の世界になる。

もう少し厳密に言うと、紫微天界とは私たちが住むこの地球のことである。宇宙の中心は地球であり、地球に主神《スしん》が鎮まっている。この紫微天界が修理固成されていき、数億万年の後に地球となった。

登場人物もまるで異なり、スサノオに該当する神は「太元顕津男《おおもとあきつお》の神」だ。主神は第七二巻までは主に大国常立大神《おおくにとこたちのおおかみ》と呼ばれていたが、天祥地瑞では「天之峰火夫《あまのみねひお》の神」と呼ばれている。

この天之峰火夫の神という神名は、実は古史古伝の「富士文献」（宮下文書）（注）に登場する神名で、第七三巻総説にそれに関して触れられている。

言霊《ことたま》が重視されているのも天祥地瑞の特徴である。言霊は一般には「ことだま」と読むが、出口王仁三郎は濁らずに「ことたま」と読ませている。

広辞苑によると、言霊とは「言葉に宿っている不思議な霊威《れいい》」という意味だが、王仁三郎に言わせると言霊はその程度のものではない。そもそも宇宙は言霊によって成り立っているのだという。

はじめにスの言霊が生まれ、そこから他の言霊が発生した。計七十五声《しちじゅうごせい》の言霊が複雑に組み合わさって、万物が生じている。この言霊がそのまま人の言葉になったものが日本語である、と王仁三郎は説く。

紫微天界の神々は言霊から成り出《い》でた神々で、たとえば太元顕津男《おおもとあきつお》の神はアの言霊から生まれた神だ。言霊を宣《の》り上げて国土を膨張させていく、という。

天祥地瑞には言霊の解説が随所でなされている。それ以前の巻では第六巻第二八章「身変定《ミカエル》」に「言霊学釈歌《ことたまがく》」と題して言霊の活用方法が記されている。天祥地瑞では、第七四巻序文、第七五巻第八章「結《むすび》の言霊」、同第一〇章「祈り言《いのりごと》」、第八〇巻総説など、あちこちで言霊の解説がなされている。難点を言うと、言霊の解説が一ヶ所にまとめられていないことだ。

言霊には次の七十五声がある。

アオウエイ
カコクケキ
サソスセシ
タトツテチ

ナノヌネニ
ハホフヘヒ
マモムメミ
ヤヨユエイ
ラロルレリ
ワヲウヱヰ
ガゴグゲギ
ザゾズゼジ
ダドヅデヂ
バボブベビ
パポプペピ

ンの言霊《ことたま》は存在しない。ムが転訛したものがンである。

アオウエイの５文字。一画ごとに離れている。

この七十五声をよくごらんいただきたい。ウエイの文字が重複している。ア行ウエイと、ヤ行エイ・ワ行ウだ。

　現代国語では発音が同じであるため、ヤ行エイ・ワ行ウはないも

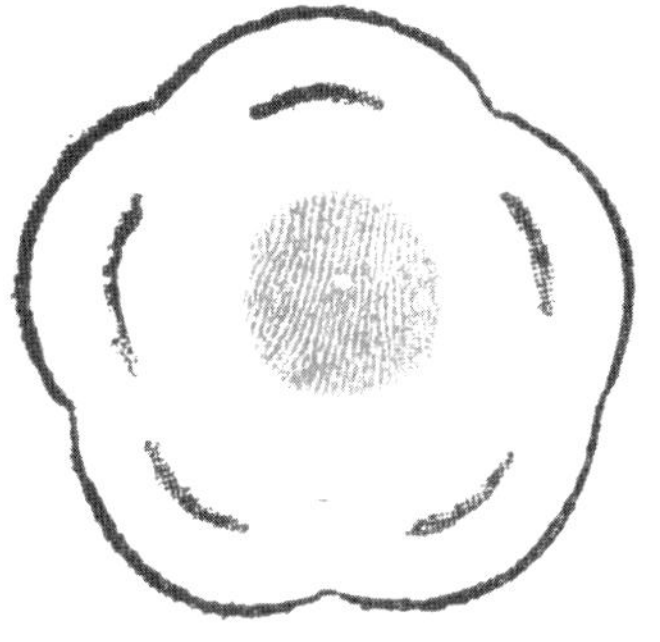

スの拇印

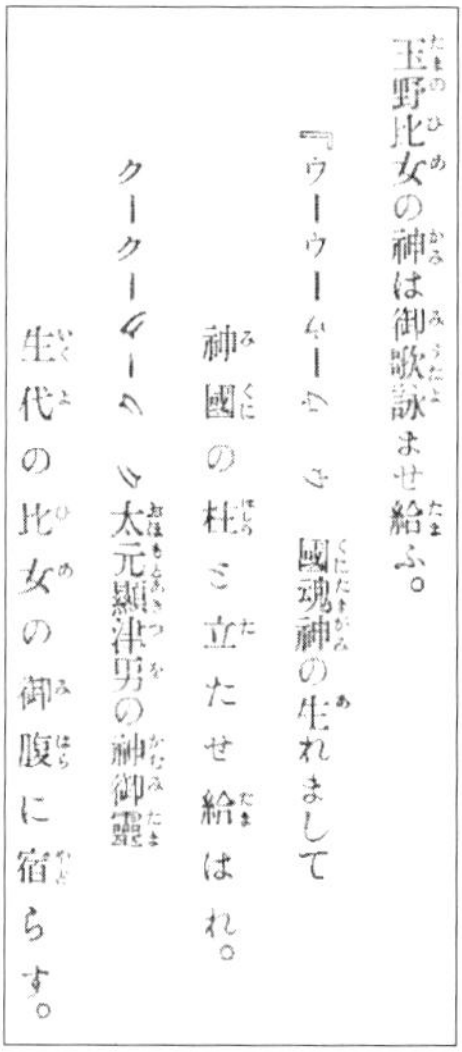

玉野比女《たまのひめ》の神《かみ》は御歌詠《みうたよ》ませ給《たま》ふ。
『ウーウームーム　さ　國魂神《くにたまがみ》の生《あ》れまして
神國《みくに》の柱《はしら》さ立《た》たせ給《たま》はれ。
クークークーク　ク太元顯津男《おほもとあきつを》の神御靈《かむみたま》
生代《いくよ》の比女《ひめ》の御腹《みはら》に宿らす。

活字の向きが異なる例（第七五巻第八章より）

のとされているが、言霊学《ことたまがく》上は別個の言霊である。そのため出口王仁三郎は、アオウエイの五文字（これを五大父音《ふおん》と呼ぶ）を区別するため画が離れた活字を特別に作って天祥地瑞を印刷させたのだ（右頁図表参照。ヤ行エイ・ワ行ウはこれと違い、画が離れていない）。

活字が上を向いたり横を向いたりしている箇所もある。通常は南を向いて言霊を発射するが、下向きのものは北を、右倒しのものは東を、左倒しのものは西を向いて発射するのだという。

言霊学は学王学《がくおうがく》（学問の中で一番重要な学問）だと王仁三郎は説いており、それを最も重視して書いたものが天祥地瑞だ。

第七二巻までは普通の書籍として販売していたが、天祥地瑞は第七二巻まで通読した者に下附《かふ》するという形を取った。一冊ごとに見返しにスの拇印《ぼいん》（王仁三郎の指紋は真ん中に小さな〇があり、主神《スしん》を表す⦿《ス》の形になっていた）を押した。それだけ天祥地瑞は重要な書物なのである。

天祥地瑞の文体の特徴は、ほとんどが和歌（短歌）で書いてあることだ。第七二巻まで も、部分的には和歌や七五調の歌が多用されていたが、天祥地瑞はほとんどが和歌だ。

会話も和歌で詠《よ》まれているが、わざわざ和歌の形式で書いたのではない。そもそも神々は天地の音律に合った三十一文字《みそひともじ》（和歌）を使って会話をしているのだという（第八〇巻第一六章）。

歌謡曲の歌詞でもそうだが、歌や詩というものは行間を読んでいく必要がある。筆者（飯塚）の意見では、天祥地瑞は理性で理解するのではなく、情感で感じ取るものなのだと思う。

出口王仁三郎は和歌を大量に詠んだ歌人としても有名で、生涯で詠んだ和歌は十数万首あると言われている。王仁三郎の歌集数十冊を読破して三百二十八首を抜粋し、『王仁三郎歌集』（太陽出版、二〇一三年）を編纂した歌人の笹公人《きみひと》氏によると、王仁三郎の歌は恋の歌が多いという。人に対してだけではなく、森羅万象すべてに恋した歌だというのだ。

恋と言えば、神々の嫉妬《しっと》や憎悪が渦巻いていることが、天祥地瑞のドラマの大きな特徴である。「天界」の物語なのだから、さぞ高尚な神々の物語なのだろう…という先入観で天祥地瑞を読んで、ショックを受ける人が少なくない。

紫微天界は「天界」といっても第七二巻までの「天界」とは異なる。第四七～四八巻の天国巡覧の物語に登場するような「天界」は高尚な世界だが、紫微天界はその天界とは意味が異なるのだ。紫微天界に対する紫微地獄界というものは存在しないので、地獄界（醜悪な世界）に対する天界（高尚な世界）という意味ではない。天界・地獄界が未分化な時代の世界が紫微天界だと考えればいいと思う。言い方を変えれば高尚なものも醜悪なものも同時に存在している世界だ。

それをなぜ「天界」と呼んでいるのかは不明だが、仮に現在の人間界（現界）を「地」とし、それに対する原初の神々の世界を「天」と捉えた場合の天界という意味ではないだろうか。

この時代の宇宙はまだ固まっておらず物質界（現界）は存在していない。現在の霊界同様、意志想念の世界である。天界と地獄界が混在しているような世界だと仮に考えれば、なぜ紫微天界に嫉妬や憎悪のような悪しき感情が存在しているのか、何となく納得できる。

最後にストーリーの構造について説明しておく。天祥地瑞のストーリーは一言で説明することは難しい。第七二巻までは登場人物や場所がとめどなく変わっていったが、天祥地瑞でも同様で、全体としてどのようなストーリーなのか把握するのがなかなか難しいのだ。

そこで仮に次のように考えていただきたい（次頁図表参照）。

主役格の人物に着目した場合、第七三〜八〇巻は基本的に太元顕津男《おおもとあきつお》の神の物語なのだが、第七六巻以降はそのサブストーリーとして朝香比女《あさかひめ》の神の物語となる。さらにそのサブストーリーとして、第七七巻は田族比女《たからひめ》の神の、第七九〜八〇巻は朝霧比女《あさぎりひめ》の神の物語となる。

天祥地瑞のストーリーの構造

巻	主役格の人物				主な場所
73	太元顕津男の神				
74					真鶴の国
75					西方の国土
76		朝香比女の神			
77			田族比女の神		万里の島
78			(葦原比女の神)		グロスの島
79			朝霧比女の神	艶男	水上山・竜宮島
80				冬男・秋男	予讃の国
81	(特になし)				伊佐子の島

さらにそのサブストーリーとして第七九巻は艶男《あでやか》の物語、第八〇巻は冬男《ふゆお》・秋男《あきお》の物語となる。このように多階層の入れ子構造になっているのである。

ここでは便宜上、第七三〜七五巻は太元顕津男の神の、第七六〜八〇巻は朝香比女の神の物語という観点で説明する。詳しくは各巻の要約をごらんいただきたい。

(注)「富士文献」(宮下文書)……富士山の東北麓に位置する山梨県明見《あすみ》村(現・富士吉田市大明見)の宮下家が保管していた古文書の総称で、大正十年に発刊された三輪義熙《みわよしひろ》著『神皇紀』によってその存在が世に知られるようになった。秦《しん》から渡来した徐福《じょふく》が編纂したと伝えられており、神武天皇以前に「富士高天原王朝」があったことなど、いわゆる超古代史が記されている。

第七三～七五巻…太元顕津男《おおもとあきつお》の神と御樋代神《みひしろがみ》（八十比女神《やそひめがみ》）による国土《くに》生み神生みの旅の物語

太元顕津男の神は主《ス》の大神から国土生み神生みの神業《みわざ》を任され、神生みの御樋代神（御子を生む女神）として八十柱《やそはしら》の比女神を授けられた。比女神は紫微天界の各地に一柱ずつ配置され、顕津男の神は旅をして比女神と巡り会い、御子（国魂神《くにたまがみ》）を儲ける。また、言《こと》霊《たま》を宣《の》り上げて国土を修理固成《しゅうりこせい》（注）していく。

（注）修理固成……語源は古事記にある。イザナギ・イザナミの二柱は天津神から「この漂える国を修《おさ》め理《つく》り固《かた》め成《な》せ」と命じられ国生みを開始する。修理固成とは国土を造るとか、人が住めるように開発する、というような意味であるが、王仁三郎はこの言葉を国土だけでなく、宇宙全体に適用した。星を生み、大地や海を造り、動植物を誕生させて自然界を造り上げたり、人間を誕生させ、社会を改善発達させミロクの世を実現することも、神による「修理固成」の神業であるとしたわけである。

次の各所で御子生みがなされる。

巻	場所	御樋代神	御子
第七三巻	高照山《たかてるやま》の高日《たかひ》の宮	如衣比女《ゆくえひめ》の神	美玉姫《みたまひめ》の命《みこと》

同	東雲《しののめ》の国の玉泉郷《ぎょくせんきょう》	世司《よつかさ》比女の神	日向姫《ひむかひめ》の命
同	三笠山の玉手《たまで》の宮	現世《うつしよ》比女の神	玉手姫《たまてひめ》の命
第七四～七五巻	真鶴《まなづる》の国の玉藻山《たまもやま》	生代《いくよ》比女の神	千代鶴姫《ちよつるひめ》の命

第七六～八〇巻…朝香比女《あさかひめ》の神が太元顕津男《おおもとあきつお》の神の後を追う旅の物語

太元顕津男の神は、国土《くに》生み神生みに旅立つ前は「高地秀《たかちほ》の宮」の神司《かむつかさ》だった。八十《やそ》柱《はしら》の御樋代神《みひしろがみ》のうち八柱《やはしら》は高地秀の宮に配置されていた。ところが、その一柱である朝香比女の神が、太元顕津男の神へ恋慕《れんぼ》する想いを募らせて、他の神々が引き止めるのを振り払い、後を追って旅立ってしまう。

朝香比女の神は、太元顕津男の神がいる「西方《にしかた》の国土《くに》」へ向かう。その経由地に住む御樋代神と邂逅《かいこう》すると、国土の修理固成に協力していく。

朝香比女の神は各地の御樋代神に燧石《ひうち》を与える。各地の御樋代神が、その真火《まひ》の力で荒野を焼き尽くし、曲津神《まがつかみ》を追い払い、国を新生させることが印象的である。

第七七巻以降は「万里《まで》の海」に浮かぶ島々が舞台となる。

巻	場所	御樋代神
第七七巻	万里《まで》の島	田族《たから》比女の神
第七八巻	グロスの島（葦《あし》原《はら》の国土《くに》）	葦原《あしはら》比女の神
第七九〜八〇巻	葭原《よしはら》の国土《くに》	朝霧《あさぎり》比女の神

第八一巻：伊佐子《いさご》の島の物語

この巻には太元顕津男《おおもとあきつお》の神も御樋代神《みひしろがみ》も登場しない。舞台が紫微《しび》天界の万里《まで》の海だというだけで、登場人物のつながりはない。他の巻からはストーリーが少々独立している。万里の海の「伊佐子の島」は、中央の大栄《おおさか》山脈を境に南北に国があり、数十年にわたって戦争を続けていた。あるとき北の「サールの国」が南の「イドムの国」を侵略する。しかしサールの国の王家や高官がみな死んでしまう。イドムの国は解放され、サールの国も国家が立て直される。

――これで天祥《てんしょう》地瑞《ちずい》は終わりである。

第七二巻同様、天祥地瑞もまた中途半端に終わっている感がある。太元顕津男の神と朝《あさ》香比女《かひめ》の神は巡り会わずに、話が変わる（第八一巻）。

霊界物語は当初は一二〇巻まで書く予定だったが、結局八一巻までしか書くことができなかった。これは神様の経綸という観点で見ると、何か意味があるのではないかと思う。九×九で八十一になるが、この八十一個のマス目を年表のようにした「数表《すうひょう》」と呼ばれるものを王仁三郎は遺した。これが全八一巻ある霊界物語と何か関係があるのではないかと考えられる。だが、まだはっきりしたことはわかっていない。この数表の謎については出口恒《ひさし》著『誰も知らなかった日本史』（ヒカルランド、二〇一六年）に詳しく書いてあるので参考にしていただきたい。

第七三巻　太元顕津男《おおもとあきつお》の神の旅立ち

○第七三～七五巻は太元顕津男の神の国土《くに》生み神生みの旅の物語である。八十柱《やそはしら》の御樋《みひ》代神《しろがみ》が各地に一柱ずつ配置され、太元顕津男の神は旅をして御樋代神と巡り会い、御子《みこ》生みをしていく。
○本巻では「高地秀《たかちほ》の宮」から顕津男の神が旅立ち、「高日《たかひ》の宮」「玉泉郷《ぎょくせんきょう》」「玉手《たまで》の宮」（注1～3）でそれぞれ御樋代神と出会い、御子が生まれる。
（注1）高日《たかひ》の宮……高照山《たかてるやま》の山麓にある聖地で、太元顕津男《おおもとあきつお》の神が神司《かむつかさ》を務めていた。高照山は、主《ス》の大神が紫微天

界で最初に生み出した三大高山の一つである（他は筑紫ケ岳、高地秀《たかちほ》の峰）。

（注2）玉泉郷《ぎょくせんきょう》……世司比女《よつかさひめ》の神が住む館である。高照山の東方に広がる「東雲《しののめ》の国」の中心にある。

（注3）玉手《たまで》の宮……現世比女《うつしよひめ》の神が住む館である。「真鶴の国」の三笠山の麓にある。

第一～六章　言霊《ことたま》の働きで宇宙が創られた

大虚空《だいこくう》（何もない空間）中に一点の、《ほち》が顕れ、次第に拡大して円形となる。、《ほち》を包み、初めて⊙《ス》の言霊が生まれ出た。この⊙の言霊が宇宙万有の大根元であり、主《ス》の大神の根元であり、皇神国《すめらみくに》の大本《たいほん》である。

わが日の本が、言霊の天照《あまて》る国、言霊の幸《さち》わう国と称するのは、この⊙の言霊に基づく。⊙は四方八方に伸び拡がり膨れ上がり、極度に達してウの言霊を発生した。ウは上へ上へと昇り、アの言霊を生み出した。またウは下に降《くだ》ってオの言霊を生み出した。こうして七十五声《しちじゅうごせい》の言霊が生み出され、言霊から数多の神々が生まれ出た。⊙の活動を称して主《ス》の大神と称し、また天之峰火夫《あまのみねひお》の神、また大国常立神言《おおくにとこたちのみこと》と奉称する。

言霊の活用によって、大虚空に紫微《しび》圏層が創られ、次に蒼明《そうめい》圏層、照明《しょうめい》圏層、水明《すいめい》圏層、成生《せいせい》圏層が創造された。紫微圏層の霊界を紫微天界と呼ぶ。その中心の天極紫微宮《てんきょくしびきゅう》には主神《スしん》（天之峰火夫の神）が祀られた。

第七～一六章　太元顕津男《おおもとあきつお》の神が国土《くに》生み神生みの神業《みわざ》に旅立つ

ウの言霊《ことたま》から生まれた天之道立《あめのみちたつ》の神は「天極紫微宮《てんきょくしびきゅう》」（通称・西の宮）の神司《かむつかさ》となり、アの言霊から生まれた太元顕津男の神は、「高地秀《たかちほ》の宮」（通称・東の宮）の神司となった。

顕津男の神は、主の神から国土生み神生みの神業を任じられ、その御樋代神《みひしろがみ》として八十《やそ》柱《はしら》の比女神を授けられた。高野《たかの》比女の神を正妃とし、八柱《やはしら》の比女神を近侍とし、残りの七十二柱の比女神を紫微《しび》天界のあちこちに配置して、国魂神《くにたまがみ》の御樋代とした。

天之道立の神の教えは凡神《ただがみ》の耳に入り易いが、顕津男の神の教えは範囲広大にして小事には関わらないため、凡神の耳に入り難く、ついには配下の神々の中からも反抗する者が現れ、顕津男の神を悩ませた。そのため東の宮を離れて神業を遂行することを決心する。

第一七～二九章　高照山《たかてるやま》の高日《たかひ》の宮で御子が生まれる

顕津男《あきつお》の神は諸神を従えて高照山を指して進んでいく。御樋代神《みひしろがみ》の如衣《ゆくえ》比女の神と出会い、高照山麓の「高日の宮」で婚《とつ》ぎの式を行った。御子が生まれ、美玉姫《みたまひめ》の命《みこと》と名付けた。

言霊《ことたま》の水火《いき》から生まれ出た神霊を「神」と呼び、神と神との婚ぎによって生まれた神霊を「命《みこと》」と呼ぶ。美玉姫の命が紫微《しび》天界初の「命」である（この神と命の区分は天祥地瑞《てんしょうちずい》における区別である。他の巻ではそのような区別はされていない）。

如衣比女の神が高照山の滝で禊《みそぎ》をしていると、滝壺から大蛇《おろち》が現れて如衣比女の神を呑み込んでしまった。

主《ス》の大神が高日の宮に降臨し、言霊の濁りから曲神《まがかみ》（大蛇）が生じていると教えた。顕津男の神は自分の魂が濁っていたことを反省する。主の大神から給わった八十《やそ》柱《はしら》の御樋代神は国土《くに》生み神生みの神業《みわざ》のためであるが、恋するという気持ちが起こり迷いが生じ、八十年間もこの宮に滞在していた（八十年といっても現界の時間とは異なる）。

これからは他の神々から譏《そし》られることを恐れずに、自分の名誉を捨て、ひたすら神命に従うことを宣言した。

国土《くに》生みの神業《みわざ》とは、荒れ果てた国土を開拓し、神々の安住する土地を開くことである。神生みの神業とは国の司となる国魂神を生むことである。御子生みは現代人のような性交ではなく、言霊の水火《いき》と水火とを融合調和させる神業によって神霊が胎内に宿る。顕津男の神に八十《やそ》柱《はしら》の比女神が与えられたといっても、一夫多妻という意味ではない。

第三〇～三七章　東雲《しののめ》の国の玉泉郷《ぎょくせんきょう》と三笠山《みかさやま》の玉手《たまで》の宮で御子が生まれる

顕津男《あきつお》の神は次の目的地に向かい旅立った。一行六柱は日向河《ひむかがわ》を渡り、「玉泉郷」で御《み》樋代神《ひしろがみ》の世司《よつかさ》比女の神と婚《とつ》ぎの神業を行う。世司比女の神は御子を孕《はら》み、生まれた御子に日向姫《ひむかひめ》の命と名付けた。

顕津男の神はこの平原一帯を「東雲郷《しののめきょう》」（東雲の国）と命名し、五柱《いつはしら》の従神のうち一柱に玉泉郷を任せ、他の四柱の神をそれぞれ東西南北に派遣して国を治めさせた。

顕津男の神は世司比女の神に別れを告げ、一人で国土生み神生みの旅に出る。大きな河の辺で、南に派遣した近見男《ちかみお》の神が、十柱の神々を引き連れて戻ってきた。荒ぶる神たちを和《なご》めて神業《みわざ》に仕える神として連れてきたのだ。

一行計十二柱は河を渡り、大広原を南へと進んだ。三笠山の聖場「玉手《たまで》の宮」で御樋代神の現世《うつしよ》比女の神と出会い、婚ぎの神業を行う。生まれた御子に玉手姫《たまてひめ》の命と名付け、再び旅に出た。

第七四巻　真鶴《まなづる》の国の物語（前編）

○太元顕津男《おおもとあきつお》の神と、生代《いくよ》比女の神、玉野《たまの》比女の神の三柱による、国《くに》土生み神生みの物語。
○御樋代神《みひしろがみ》ではない生代比女の神が御子を宿し、御樋代神の玉野比女の神が御子を生まずに国土生みの役になるという複雑な因縁が語られる。
○言霊《ことたま》を宣《の》り上げて真鶴の国の国土が大きく膨らむシーンが印象的である。

第一～九章　生代《いくよ》比女の神が嫉妬の炎を燃やす

太元顕津男《おおもとあきつお》の神一行は真鶴山に辿り着いた。真鶴山はまだ稚《わか》くて柔らかい山で、搗《つ》きたての餅のように湯気が立ち昇っている。周囲には底の深い沼が取り巻いていた。

山頂で言霊《ことたま》を宣《の》り上げると、真鶴山は次第に膨れ上がり固まり、松や梅、竹などが生え出した。そこへ一人の女神が現れた。真鶴山の御魂《みたま》として生まれた生代比女の神である。さらに七日間、七十五声の言霊を宣り上げると、東西南北の原野から水気が去り地が固まり「真鶴の国」が成り出でた。生代比女の神は、恋い焦がれる顕津男の神が現れるのを長い間待ち続けていた。その想いを告げるが、顕津男の神は「生代比女の神は御樋代神《みひしろがみ》ではないため神生みの神業に仕えることはできない」と断った。

それを恨んだ生代比女の神は「玉野《たまの》比女の神を呪ってやる」と怒る。玉野比女の神とは、これから顕津男の神が向かう玉野森にいる御樋代神である。生代比女の神は大蛇《おろち》と化し、玉野湖《たまのうみ》に姿を隠した。

第一〇～二〇章　御樋代神《みひしろがみ》ではないが、御子が宿る

主《ス》の大神は八十柱《やそはしら》の国魂神を生み出すため、八十柱の比女神を御子生みの御樋代として顕津男《あきつお》の神に授けた。一つの国で一柱の国魂神を生んで次の地へ向かうので、現代人のように夫婦生活を送ることはない。

一つの国に二柱の国魂神がいると権力闘争となり国が崩壊するため、主の大神は一つの国に一柱の国魂神と定めた。

顕津男の神は高日《たかひ》の宮（前巻）で如衣《ゆくえ》比女の神の艶麗《えんれい》な容色に恋着したため、国土《くに》生み神生みの神業が遅れてしまった。その執着心は鬱結《うっけつ》して大蛇《おろち》と化し、如衣比女の神を呑み込んでしまった。顕津男の神はそれを反省し、御樋代ではない女神に対して心を動かさな

かった。しかし生代比女《いくよ》の神の顕津男の神に対する執着心は強かった。

顕津男の神一行が玉野湖《たまのうみ》に到着すると、大蛇となって湖底に潜んでいた生代比女の神は、恋の炎を燃やして荒れ狂った。暴風大雨となり、波が逆巻く。

顕津男の神は生言霊《いくことたま》の御稜威《みいづ》で天地を清めるため、歌を詠んだ。すると、生代比女の神が湖から現れた。凄まじい恨みの形相で「幾億万劫の末までも恋の悪魔となって祟ってやる」と憎悪を顕わにする。だが顕津男の神の仁慈の籠もった歌で言向《ことむ》け和《やわ》され、たちまち空は晴れ渡った。

湖が二つに割れ、底から大きな竜が現れた。竜の頭には生代比女の神が立っていた。怨恨は感謝に変わり、美しい女神の姿に甦っていた。

歓喜はたちまち凝《こ》って、体内に御子を宿した。今まで燃え立っていた炎は消え去り、完全に解脱し、竜体も消え去った。

生代比女の神は、玉野《たまの》比女の神の神業は神生みではなく国土生みであることを明かす。顕津男の神一行は玉野森の玉野比女の神の館へ進んだ。玉野比女の神は、生代比女の神の御子生みの神業を認めた。そして御子を育てて共に国を造ることを誓った。

第二一～二六章　主《ス》の大神は近くにいた

玉野《たまの》比女の神は主の大神から、「神生みの神業《みわざ》を務めよ」と宣示を受けたが、長い年月を待ったため、適齢を過ぎてしまった。そこで新たに国《くに》土生みの神業を任され、この地で時を待っていたのだった。

玉野森に主の大神が降臨していた。玉野比女の神一同は主の大神の神慮《しんりょ》（意思）をうかがいに奥殿に行く。玉野比女の神の近侍《きんじ》として仕えている本津真言《もとつまこと》の神が、階段の最上段で神言を宣《の》り上げるが、主の大神からの返答は何もない。一同は不審に思うが、本津真言の神こそが主の大神だということにふと気がつき、驚いた。

主の大神は玉野森に天降《あまくだ》っていたが、神々の智慧証覚《ちえしょうかく》（真理を覚る能力）が足りず、やむを得ず和光同塵《わこうどうじん》（本来の姿を隠して現実に適した姿に変えること）の神策を立てた。それから本津真言の神に身を変じ、玉野比女の神の神業を助けていたのだった。

玉野比女の神は御樋代神《みひしろがみ》に選ばれたが、智慧証覚が足らず、神生みの神業から国土生みの神業へと変わった。生代比女《いくよ》の神は御樋代神には選ばれなかったが、智慧証覚に勝れていたため、主の大神は黙許《もっきょ》し、神生みの神業を遂げることとなった。生代比女の神の積極的行動は国土生み神生みの神策に適《かな》うものだった。

顕津男《あきつお》の神はいよいよ諸神と力を合わせて、国土生みの神業に従事することとなる。

第七五巻　真鶴《まなづる》の国の物語（後編）／西方《にしかた》の国土《くに》の物語

○前半では、太元顕津男《おおもとあきつお》の神が言霊《ことたま》で真鶴の国を造り固めていく。
○後半では、西方の国土で、曲津神《まがつかみ》の変化「スウヤトゴルの山」を帰順させるため進んでいく。

第一一六章　真鶴の国で玉藻山《たまもやま》が膨れ上がり、御子が生まれる

紫微《しび》天界はスの言霊《ことたま》の水火《いき》によって成り出《い》でたので、天地万有一切、稚々《わかわか》しく柔らかく、神は幽の幽に坐《ま》し、意志想念の世界である。とうてい現代人には想像できない。清く軽いものは高く昇って天となり、重く濁ったものは降《くだ》って地となる。紫微天界がやや完成したものが、わが地球である。

紫微天界の気体を物質に修理固成するのに五十六億七千万年を経ている。紫微天界における山川・大地は、浮いた脂《あぶら》のように漂っており、現代人の重濁《じゅうだく》な身では歩くことはできない。だが、神代の神々の身体は気体であるため、浮き脂のような柔らかい地上でも歩くことができた。

国土《くに》が修理固成されるにつれ地は硬くなり、神々もまた体重を増加させた。ついには現代人のような身体となって地上に安住することとなった。

地球は完成期に近づいており、その中心の葦原《あしはら》の中津国《なかつくに》である日《ひ》の本《もと》は、紫微天界の完成した神国《みくに》である。その故にわが国を皇神国《すめらみくに》、その君を天皇《すめらぎ》と称える。

太元顕津男《おおもとあきつお》の神は真鶴の国土を造り固めるため、真言厳《まこといづ》の神と代わる代わる七十五声の言霊を宣《の》り上げた。玉野丘《たまのおか》は次第に膨れ上がり、「玉藻山《たまもやま》」と名付けられた。また、天界に必要な動植物を、言霊の水火《いき》によって生み出した。

生代比女《いくよ》の神は御子を生み、千代鶴姫《ちよつるひめ》の命と命名された。

顕津男の神は駒《こま》（馬）にまたがり、玉野比女の神らに別れを告げた。それから「西方《にしかた》の国土《くに》」を指して旅立った。

玉野比女の神は顕津男の神が去る淋しさに堪《た》えかね、「生代比女の神が御子を生んだことが恨めしい」と歌う。そこへ主《ス》の大神の命令で、二柱の神が玉藻山の山頂に降りた。それから「国魂神（千代鶴姫の命）は生代比女の神の御子ではなく汝《なんじ》（玉野比女の神）が生んだ御子だと心得よ」と諭した。

第一七～二三章　西方《にしかた》の国土《くに》のスウヤトゴルが顕津男《あきつお》の神を妨害する

この物語（天祥地瑞《てんしょうちずい》）は言霊《ことたま》の妙用より発する意志想念の時代であろ。意志想念の情動によって、竜体の神もあれば、獣体《けもの》の神もある。また山岳の形や蛇身もあり、千態万様《せんたいばんよう》である。意志想念そのものの形の現れだからである。

顕津男の神は四柱の神を伴い、西方の国土へ進んだ。濁流が流れる日南河《ひなたがわ》の岸辺に着いた。彼方に見えるスウヤトゴルの山には黒雲が立っていた。

天地の邪気が凝り固まり、十二頭の大蛇神《おろちがみ》となり、姿を変じてスウヤトゴルの山となっている。スウヤトゴルの山から日夜邪気を発生させて紫微《しび》天界の一部を曇らせているのだ。

スウヤトゴルとは「聖なる山」の義だが、それは偽名で、実際には大曲津見《おおまがつみ》・八十《やそ》曲津見の悪神が割拠している。顕津男の神は西方の国土を拓《ひら》くため、まず曲津の化身であるスウヤトゴルを帰順させることにした。ここまで伴ってきた四柱の神は真鶴の国に帰った。

日南河を渡ると、新たに八柱《やはしら》の神が出迎えた。一行は日南河で禊《みそぎ》の神事を行った後、柏木《かしわぎ》の森へ向かった。

スウヤトゴルに姿を変じている曲津神《まがつかみ》は、西方の国土を占領するため、陰謀を企てていた。自分が顕津男の神だと偽称して、高地秀《たかちほ》の宮から下った朝香比女《あさかひめ》の神（次巻に登場）を出迎える。そして朝香比女の神に国魂神を生ませ、西方の国土を占領しようという計略である。

しかし本物の顕津男の神がやってきたので驚いた曲津神は、顕津男一行を全滅させようとする。そこで、部下の醜《しこ》女の神を柏木の森に派遣した。

醜女の神は、顕津男の神一行の足元で、姿を隠した。それから微かな声で「右に行けば必ず勝つ。中を行けば必ず負ける。左に行けば必ず亡びる。主の神の教えだ」と歌った。

顕津男の神は、その歌は曲津の罠だと見破り、左の道を進んで、スウヤトゴル山脈を目指した。

第七六巻　朝香比女《あさかひめ》の神の旅立ち

○御樋代神《みひしろがみ》の朝香比女の神が、太元顕津男《おおもとあきつお》の神の後を追う旅の物語である。

○国津神に燧石《ひうち》を与え、火食《かしょく》の道が始まる。

総説　世界の神話・伝説に現れた天地開闢《かいびゃく》・宇宙創造説

日本をはじめ世界各地の神話・伝説が十五篇も掲載されている。中国、ペルシャ（現・イラン）、ギリシャ、エジプト、マヤ、北欧など。本巻の三分の一の頁が総説だ。これら従来の天地開闢・宇宙創造説と、天祥地瑞における説とを比較して、天祥地瑞の方が優れていると力説している。

第一～五章　火を使うのは鋭敏鳴出《うなりづ》の神から始まった

高地秀《たかちほ》の宮（東の宮）では、司である太元顕津男《おおもとあきつお》の神が旅立った後、正妃・高野比女の神と八柱《やはしら》の御樋代神《みひしろがみ》が天津高宮《あまつたかみや》を詣《もう》でた。そして新たな司を降《くだ》し給えと祈願した。主《ス》の大神はそれに応え、鋭敏鳴出《うなりづ》の神と天津女雄《あまつめお》の神の二柱を降した。

高野比女の神と八柱の御樋代神一行は高地秀の宮へ帰る。ところが途中で、来るときにはなかった深い渓流が行く手に横たわっていた。これは曲津神《まがつかみ》の妨害であると見抜き、鋭敏鳴出の神が「ウーウーウー」とウの言霊《ことたま》を発すると、渓流は消え去った。

先に進むと、今度は数百里にまたがる巌山《いわやま》が行く手を塞《ふさ》いでいた。これも曲津神の仕業である。鋭敏鳴出の神が千引巌《ちびきいわ》を持ち上げて巌山に投げると、ぶつかって火花を発した。曲津神はその火の光に驚き、巌山は消え失せた。

紫微《しび》天界における火の使用は、この鋭敏鳴出の神の巌投げによって始まった。

第六～八章　朝香比女《あさかひめ》の神が顕津男《あきつお》の神を追って旅立つ

高野比女の神一行は高地秀の宮に帰ると、宮司《みやつかさ》として二柱の神を授かったことの報告祭を開いた。御樋代神《みひしろがみ》の一人・朝香比女の神は、顕津男の神を恋慕する気持ちが募り、ついに一人で顕津男の神を追って旅立つことを決意する。

それを知った他の神々は、そのような独断は主の神の道に反すると引き止める。だが朝香比女の神は、御子生みの神業《みわざ》を遂げるまで帰らないと言って、白い駒に乗って駆け出した。

第九～一五章　国津神に火食《かしょく》の道を教える

ある河辺で、朝香比女《あさかひめ》の神の前に曲津神《まがつかみ》が怪物となって襲いかかる。しかし燧石《ひうち》を打つと、ほとばしる真火《まひ》の光に驚いて怪物は消え去った。

朝香比女の神は大野ケ原で駒《こま》に乗り、顕津男《あきつお》の神がいる西方の国土《くに》へ向かう。すると前方に大きな沼が横たわっていた。曲津神の罠があると感じた朝香比女の神は、燧石《ひうち》を打って、岸辺の枯れ草を焼き払った。

沼の水際《みぎわ》に長方形の巌《いわ》が横たわっていた。朝香比女の神はその巌の中を、手でえぐって舟の形にした。あたかも粘土を練るようにして、またたくうちに舟の形を造った。それから言霊《ことたま》を宣《の》ると、巌舟が木舟に変じた。

駒と共に舟に乗り、沼を向こう岸に渡る。言霊を宣ると舟は元の巨巌《きょがん》となって水際に屹立した。曲津神は朝香比女の神の行く手を遮るため、広大な沼と巨巌に身を変じていた。だが、言霊の力によって本物の沼と巌になってしまった。他の曲津神たちは沼底の貝と化した。

朝香比女の神は「何事も善意に解せばすべてのものは善きものとなる」と歌った。沼を「真賀《まが》の湖水《こすい》」と名付け、国津神の食べ物となる魚貝《ぎょかい》を育てよと命じ、先へ進んだ。

国津神が住む村があった。「狭野《さぬ》の里《さと》」と呼ぶ。朝香比女の神は長《おさ》の狭野比古《さぬひこ》に燧石《ひうち》を与え、魚貝を火で焼いて食べることを教えた。また、土で瓶《かめ》を造り火で焼き、その瓶に水を入れて沸騰させて白湯《さゆ》にして飲めば、生水《なまみず》で腹を痛めずに済むことを教えた。これが火食の道の始まりである。

狭野比古は朝香比女の神の供となることを申し出た。二人は大野ケ原を駒を並べて進んでいく。

第七七巻　万里《まで》の島の物語

○太元顕津男《おおもとあきつお》の神の後を追う朝香比女《あさかひめ》の神が、「魔の島」を経由し、「万里の島」に渡る。

○万里の島に降臨した田族《たから》比女の神は、「魔棲ケ谷《ますみやつ》」の曲津神《まがつかみ》を追い払う。最後に朝香比女の神と邂逅《かいこう》し、燧石《ひうち》を受け取る。

第一～六章　曲津の頭を言霊《ことたま》で巌島《いわしま》に造り替える

朝香比女《あさかひめ》の神は狭野彦《さぬひこ》（狭野比古）を伴い駒に乗り、太元顕津男《おおもとあきつお》の神がいるという西方《にしかた》の国土《くに》を目指して進んだ。深く霧が籠める「万里《まで》の海」の岸辺に着いた。曲津神《まがつかみ》たちの棲処《すみか》になっている海だ。

するとそこに、五柱《いつはしら》の神が待っていた。主《ス》の大神に命じられて朝香比女の神を守り助けるために来たのだ。

磐楠舟《いわくすぶね》に七柱の神が乗り込み、西方の国土を目指して海を進んだ。数十里進むと「魔の島」が見えてきた。駒より大きなアリが数十万も棲むという恐ろしい島だ。実は曲津神が地中に潜み、頭だけを水上に浮かせた島で、数多のアリはその頭にわいた虱《しらみ》だった。

朝香比女の神は言霊を宣って、曲津神を巨大な巌島に固めてしまった。魔の島は周囲百里の広い島で「狭野《さぬ》の食国《おすくに》」と名付けられた。五柱の一人・天中比古《あめなかひこ》の神と国津神・狭野彦がこの島を拓《ひら》くことになり、他の神々は再び舟で西方の国土を目指して進んだ。

その途中、一行は万里の島に上陸した。万里の島は万里の海の島々の中でも最も広く、土地が肥えた島だ。幾千万もの野馬《やば》と羊が棲息している。未だ国津神は住んだことのない島であった。

この島には天津神である御樋代神《みひしろがみ》の田族《たから》比女の神が住《すが》んでいた。田族比女の神の部下が迎えに現れて、朝香比女の神一行を田族比女の神の聖所へ案内した。

第七～二〇章　魔棲《ますみ》ケ谷《やつ》の曲津神《まがつかみ》を追い払う

時間をさかのぼり、ここから田族《たから》比女の神のストーリーとなる。朝香比女《あさかひめ》の神は最後の章で聖所に現れる。

万里の島の西部に聳《そび》える白馬ケ岳の「魔棲《ますみ》ケ谷《やつ》」という谷間には、数多の悪竜・大蛇《おろち》が棲み、毒煙《どくえん》を吐いていた。主《ス》の大神は万里の島を楽園にするために、八十柱《やそはしら》の御樋代神《みひしろがみ》の中で最も神力が強い田族比女の神に、十柱の神（七男三女）を従わせて、万里の島に降《おろ》した。

田族比女の神は曲津神を征服するため、十柱の神を率いて万里《まで》ケ丘の聖所《すがど》を出て、白馬ケ岳の魔棲《ますみ》ケ谷《やつ》へ向かった。

山麓に清泉の湧き出る森があった。田族比女の神はこの「泉の森」に本営を置き、二柱の男神《おがみ》を残し、他の五男三女神《ごなんさんにょしん》を魔棲ケ谷に向かわせた。

主将の霊山《たまやま》比古の神は、広い野原に立つ楠《くす》の根元に三女神を配置した。三女神に、いかなることがあっても「アオウエイ」の言霊《ことたま》が聞こえるまでは、一歩も動いてはならないと命じた。

五柱《いつはしら》の男神は各自別々のルートで山を登る。曲津神が巌《いわ》と化して道を塞《ふさ》ぐが、言霊を宣《の》り上げながら雄々しく進んでいく。

曲津神は三柱の比女神や田族比女の神に化けて五柱の男神を騙し、登るのを妨害する。

それでも五柱の男神はようやく魔棲ケ谷を囲む丘に登り着く。それから五柱それぞれが言霊を発すると、曲津神たちは雲や霧、岩、火の玉になって襲いかかった。五柱の一人・霊《たま》山《やま》比古の神は力を籠めて「アオウエイ」と繰り返し宣り上げた。

山麓の楠の根元で待機していた三柱の比女神はそれを聞き、「タトツテチ　ハホフへヒ」と言霊を宣り上げる。すると駒に翼が生え、大きな鷲《わし》と化した。比女神たちはその鷲馬《じゅうめ》（ワシの翼を持つ馬）の背にまたがり、空を飛び、鷲の嘴《くちばし》で曲津神を攻撃する。曲津神は消え去った。

五柱の比古神は、魔棲ケ谷の巣窟に入る。曲津が去った後にはダイヤモンドや金銀など数多の宝玉が残されていた。それを戦利品として持ち帰った。

真言《まこと》（真の意）の天津神は全身ことごとく光り輝いており、あたかも水晶のような透明体なので、ダイヤ・金銀などの装飾物を必要としない。しかし曲津神は身体が曇っているため、種々の宝玉を全身に着けて光に包まれ、真言《まこと》の神の真似をしていたのである。

第二一～二四章　二柱の御樋代神《みひしろがみ》の邂逅《かいこう》

田族《たから》比女の神を含め、計十一柱の神は万里《まで》ケ丘の聖所《すがど》に凱旋した。この島の生き物たちは聖所を取り巻き、曲津神がいなくなったので歓喜する。

祝宴で田族比女の神は歌を詠み「御樋代神としてまだ国魂神を生んでいないことを悔やむが、いつか顕津男《あきつお》の神と出会う時を待とう」という気持ちを吐露した。

七日間祝宴が続いた後、聖所に静寂が戻った。夕暮れの空に異様な光が満ちているのを見た田族比女の神は、尊い御樋代神（朝香比女《あさかひめ》の神）が降臨したことを知った。そこで部下を迎えに向かわせた。

万里ケ丘の聖所に、朝香比女の神の一行が到着した。朝香比女の神と田族比女の神は心の底より打ち解け合い、互いに顕津男の神との出会いを待ち侘びる気持ちに同情し合う。

田族比女の神は魔棲ケ谷の戦利品である大きなダイヤモンドを朝香比女の神に贈った。朝香比女の神は謝礼として燧石《ひうち》を贈った。朝香比女の神は四柱の神を従えて、再び万里の海を磐楠舟《いわくすぶね》で出発し、西方の国土を目指した。

第七八巻　グロスの島の物語

○朝香比女《あさかひめ》の神が「グロスの島」の曲津神《まがつかみ》を追い払い、この島を「葦原《あしはら》の国土《くに》」と命名する。

○この島の御樋代神《みひしろがみ》である葦原比女の神が、天の奇現象を目撃して、天津神と国津神の地位を入れ替えるという英断を行う。

第一～九章　グロスの島からグロノスとゴロスを追い払う

朝香比女《あさかひめ》の神は四柱の神を伴い、万里《までの》の海を舟で西方《にしかた》の国土《くに》へ向かっていた。曲津が集まるという「グロスの島」が近づいた。この島にはグロノスとゴロスという曲津の二大巨頭がおり、曲津たちを集めて、舟が近づくのを必死に妨害しようとする。島の上空を包む黒雲は、言霊《ことたま》の力で次第に消えていった。

朝香比女の神一行は駒《こま》に乗って島に上陸する。萱草《かやくさ》や葦《あし》が生い茂った原野が広がってい る。ここに曲津神が潜み、災いを起こしていた。

朝香比女の神は侍神《じしん》（従者）に命じて燧石《ひうち》を打たせると、真火《まひ》は幾千里もの大原野に広がった。グロノスやゴロスは「鷹巣《たかし》の山」に逃げ去ったが、黒焦げとなった跡には、あちこちに曲津神の亡骸《なきがら》が転がっていた。それを土中に埋めるのに数多の月日を費やした。

鷹巣の山の麓に、御樋代神《みひしろがみ》の葦原《あしはら》比女の神が住む聖所《すがど》がある。一行はその聖所を目指して進んだ。

途中の忍《しのぶ》ケ丘という小さな丘で、国津神と出会う。国津神たちは丘の南側の穴に住んでいた（朝香比女の神一行や葦原比女の神は天津神である）。十年前に、曲津神が棲む「竜《たつ》の島」からこの島に逃れてきたが、ここでもまたグロノス・ゴロスの曲津神に侵され困っていた。

朝香比女の神一行は、忍《しのぶ》ケ丘の頂に主の神の宮を建て、朝夕言霊を宣《の》るよう国津神たちに教えた。朝香比女の神は忍《しのぶ》ケ丘の最も高い所に本営を造り、四柱の神をグロス沼へ出陣させた。グロス沼はグロノス・ゴロスの根拠地となる巨大な沼である。

四柱の神は沼の東西南北に一柱ずつ陣取り、一斉に七十五声の言霊を宣り上げた。グロノス・ゴロスは苦しみ悶え沼底から現れた。グロノスは六角六頭の巨大な悪竜となり、ゴロスは三角三頭の長大な蛇身となった。鷹巣の山方面へ逃げ失せた。

グロノス・ゴロスがもろくも逃げ去ったのは、鋭敏鳴出《うなりづ》の神のウの言霊の力であった。

第一〇〜二〇章　天津神と国津神の地位を入れ替える

朝香比女《あさかひめ》の神は四柱を伴い、国津神の野槌彦《ぬづちひこ》を案内役として、忍《しのぶ》ケ丘を発った。そして葦原《あしはら》比女の神の聖所《すがど》に向かった。

グロスの島を横切る中野河《なかのがわ》を、言霊《ことたま》の力で平地にして渡る。すると葦原比女の神が供の神を連れて迎えに現れた。

葦原比女の神は「二十年前にこの島に天降《あも》り、国土《くに》を拓《ひら》こうとしたが、曲津神の力が強く、中野河の外に出ることができなかった」と、大野原から曲津神を追い払ってくれたことを感謝する。朝香比女の神はこのグロスの島に「葦原《あしはら》の国土《くに》」（葦原新国）という新しい名前を与えた。

葦原比女の神は鷹巣《たかし》の山の麓の桜ケ丘に聖所を造り、附近一帯の国津神を守っていた。だが、葦原比女の神の権威の及ぶところは全島の千分の一くらいしかなかった。

中野河より西の大高原は真火《まひ》の力により黒焦げとなり晴れ晴れしくなった。だが、東は草ぼうぼうの原野のままだった。

朝香比女の神は、田族《たから》比女の神から贈られたダイヤモンド（前巻）と、燧石《ひうち》を葦原比女の神に贈った。その燧石で山野を焼き払うと、曲津神は西方の国土に逃げ去った。

昭和神聖会運動で⊙の旗を使っていた。

夜空に、上弦の月と、その右下方に金星が燦爛《さんらん》と輝き、右上方に土星が薄く光っているのが見えた。これは三千年に一度という天の奇現象であり、神々は葦原の国土を改革すべき時が到来したことを感知した。

朝香比女の神はこの現象の意味を「月の清い光は葦原比女の神。その上にある土星は天津神で、光が褪《あ》せているのは言霊が濁っていること。月の下に照り輝く金星は国津神の中から光が現れて世を守る」と解いた。

今まで曲津神が荒《すさ》んでいたのは、葦原比女の神に仕える天津神たちの御魂《みたま》が曇っていたからだと知り、神々は驚き、悔悟する。

葦原比女の神は、天津神と国津神の地位を逆転させるという大英断を行う。国津神の野《ぬ》槌彦《づちひこ》を天津神に列して、野槌比古の神という名を与え、政治《まつりごと》一切を統轄させた。他に四柱の国津神を天津神の位置に列する。自分に仕えていた天津神五柱《いつはしら》には、地に降《くだ》って御魂を清めよと命じた。

朝香比女の神は、葦原の国土の標章《しるし》として⊙《ス》の玉の旗を使いなさい、と告げた。また、

⊙を十個並べて（つまり十曜）真言《まこと》の国土《くに》の標章《しるし》と定めよ、と告げた。

桜ケ丘の宮居《みやい》（聖所《すがど》）を、国土の中心にある忍ケ丘に移し、葦原新国の建国祭を行った。

朝香比女の神一行は葦原新国に別れを告げ、万里の海を舟で西方の国土へ向けて進んでいった。

第二一～二五章「歎の島《なげき》」が「歓の島《えらぎ》」に生まれ変わる

「歎《なげき》の島」で曲津を七十五声の言霊《ことたま》で追い払い、「歓《えらぎ》の島」に生まれ変わらせる。島の国津神に燧石《ひうち》を与え、再び西方の国土《くに》へ向かった（朝香比女《あさかひめ》の神は、次は第八〇巻の最後に登場する）

第七九巻　水上山《みなかみやま》の艶男《あでやか》の物語

○第七九～八〇巻は「葭原の国土《よしはらのくに》」を舞台とする国津神たちの物語である。御樋代神《みひしろがみ》の朝霧《あさぎり》比女の神が混乱を治めていく。

○本巻は、竜宮島《りゅうぐうじま》に棲む人面竜身《にんめんりゅうしん》の竜神族《たつがみぞく》の女神たちと、水上山に住む国津神の艶男《あでやか》の間に、愛憎のドラマが繰り広げられる。

第一～六章　国津神の麗子《うららか》が誘拐され、竜神族《たつがみぞく》の王妃となる

万里《まで》の海の「葭原《よしはら》の国土《くに》」の玉耶湖《たまやこ》の中央に伊吹山《いぶきやま》という高山があった。その南端に突出した竜宮島《りゅうぐうじま》には、人面竜身《にんめんりゅうしん》の竜神族《たつがみぞく》が住んでいた。頭と両腕は国津神の姿に似ているが、肩から下は鱗《うろこ》で包まれた獣《けもの》である。

国津神たちは玉耶湖の上流にある水上山《みなかみやま》という大丘陵を中心に生活していた。その里の酋長夫妻（山神彦・川神姫）には二人の御子がいた。艶男《あでやか》と麗子《うららか》という名の容姿の美しい兄妹だ。

あるとき竜神《たつがみ》の王は麗子を誘拐し、竜神の都に連れ帰ってしまう。麗子を王妃にして子を生ませ、竜神族の肉体を国津神のような人の姿に改良しようというのである。

大勢の竜神族が麗子を歓迎して出迎えた。

麗子は竜神の王に「君がいないと竜神族はいつまでもこのあさましい姿のままだ」と言われる。もはやどうすることもできず、竜神族に嫁ぐことを決心した。麗子は竜神の王に「大竜身彦《おおたつみひこ》の命《みこと》」という名を与えた。

艶男は失踪した妹の行方を探した。白髪の老人（水火土《しおつち》の神）が、麗子は竜神の都にいると教え、舟で竜宮島に連れていく。

艶男は竜神たちに歓迎され、大竜殿《だいりゅうでん》で麗子と再会した。艶男は麗子が竜神の王に嫁いだことを祝った。

第七〜一五章　艶男《あでやか》は竜神《たつがみ》の女神と結婚する

竜宮城の侍女神《じじょしん》たちは、艶男の美しい容姿を見ようと、先を争い集まった。艶男は女神たちに言い寄られるが、艶男は水上山《みなかみやま》に帰らなくてはいけないので断る。

しかし海津見姫《わだつみひめ》の神に「竜神族にとって艶男は助けの神だ。女神たちの願いを受け入れて御子を生み、この島を賑わせなさい」と諭された。

大竜身彦《おおたつみひこ》の命は艶男のために寝殿を造った。艶男は寝殿で朝夕、言霊《ことたま》を宣《の》り上げた。言霊の力で庭の巨巌《きょがん》は瑪瑙《めのう》へと変じ、滝のしぶきは真珠や黄金、白銀に変じた。

侍女神のうち特に容姿に優れた七乙女（白萩《しらはぎ》・白菊《しらぎく》・女郎花《おみなえし》・燕子花《かきつばた》・菖蒲《あやめ》・撫子《なでしこ》・藤袴《ふじばかま》）が恋愛を成就させようと艶男に迫る。中でも燕子花が猛烈な恋心と押しの強さで迫り、とうとう艶男の寝殿で公然と寝起きするようになった。

艶男は七日間、言霊を宣り上げると、不思議なことに燕子花の体は人身に生まれ変わった。艶男と燕子花の二人はこっそり竜宮島から脱け出し、水火土《しおつち》の神の舟で水上山へ帰った。

水上山では艶男と麗子《うららか》が失踪し、あちこち探し回っていたが、約一ヶ月後に艶男が妻（燕子花）を連れて帰ってきたので、父母をはじめ国津神たちは大いに喜んだ。

第一六～二三章　国津神と竜神族の御子が生まれる

竜宮島から去った艶男《あでやか》の後を追い、白萩・白菊・女郎花《おみなえし》の三人は元の竜体に還元した。それから玉耶湖《たまやこ》に飛び込み、泳いで水上山《みなかみやま》へ向かった。

いったん竜体に還った竜神は容易に人面を保つことはできなくなる。そのため大井川の岸の「藤の丘」という森に忍び棲むことにした。

海津見姫《わだつみひめ》の神は竜宮島の竜神たちに、「人の姿になるまで言霊《ことたま》を宣《の》り上げよ」と言って、天《あま》の数歌《かずうた》を教える。竜神たちは昼夜となく天の数歌を宣り続けると、約一年後には人身に生まれ変わった。

水上山では艶男が帰ってきてから、国津神たちの生活が楽になり、泰平の世を謳歌《おうか》していた。燕子花《かきつばた》は産屋《うぶや》で男の子を産んだ。

艶男は御子の顔を見るため、産屋の戸の外からそっと見ると、燕子花が太刀膚《たちはだ》の竜体に姿を戻して御子（竜彦《たつひこ》）を抱いている。艶男はその姿に驚いて逃げ出した。燕子花は竜体を夫に見られた恥ずかしさで、大井ケ淵に飛びこんだ。

艶男は突然の妻の死に驚き悲しんだ。妻が死んだ大井ケ淵が恋しく、舟を浮かべて妻を偲んだ。すると藤の丘に棲む白萩・白菊・女郎花《おみなえし》が、艶男への恨み言《ごと》を歌う声が聞こえてくる。水煙が立ち昇り、人面竜身《にんめんりゅうしん》の燕子花が水中から現れた。暴風が吹き荒《すさ》み、荒波が猛《たけ》り、舟は沈んで艶男は死んでしまった。

それより数日間、地震や雷鳴、暴風雨が止まず、平穏だった水上山の聖場は阿鼻叫喚《あびきょうかん》の場と化した。大井ケ淵では四頭の竜神が艶男を奪おうと、互いに眼を怒らし格闘を続けた。

そこへ天から御樋代神《みひしろがみ》の朝霧《あさぎり》比女の神が水上山の山頂に降臨した。葭原《よしはら》の国土《くに》を治めるために降《くだ》ったのだ。

朝霧比女の神は「このような惨状になったのは、国津神の艶男が、獣《けもの》である竜神の妻を持ったからである」と戒めた。天の数歌を宣り上げると、天災地妖《ちよう》は収まった。

「酋長の山神彦は引退し、四天王の一人・巌ケ根《いわね》に政治を任せよ。御子（竜彦）が成長したら、政治を御子に返せ」と教示して、朝霧比女の神は高光山《たかみつやま》へ去った。

高光山より東側は「土阿《とあ》の国」、西側は「予讃《よさ》の国」、葭原の国土は総称して「貴《うづ》の二名《ふたな》島《じま》」と名付けられた。

第八〇巻　予讃《よさ》の国の水奔鬼《すいほんき》の物語

○葭原《よしはら》の国土《くに》の「予讃の国」を舞台に、冬男《ふゆお》・秋男《あきお》の兄弟が、水奔鬼を相手に戦う。

○最後に朝香《あさか》比女の神が上陸し、御樋代神《みひしろがみ》の朝霧《あさぎり》比女の神に燧石《ひうち》を与える。

序文――左右対称となる「君が代」の韻律《いんりつ》

序文に「君が代の韻律」と題する表が掲載されている。「母音が点線を中心に左右対称になっており、皇国日本の厳正中立な精神を表徴している」と出口王仁三郎は解説している。

第一～六章　冬男《ふゆお》は忍《しのぶ》ケ丘で「笑い婆《ばば》」に殺される

水上山《みなかみやま》の国館《くにやかた》の執政・巌《いわ》ケ根《ね》は、朝霧《あさぎり》比女の神の命令で「予讃《よさ》の国」（葭原《よしはら》の国土《くに》の中心に聳《そび》える高光山《たかみつやま》を境に、西半分の地域）の開拓をするため焦慮《しょうりょ》（あせっていらだつこと）していた。葭原の国土は地上一面が葭草《よしぐさ》に覆われ、その間に水奔草《すいほんそう》という毒草が生えていた。またイヂチという爬虫《はちゅう》族が危害を与えるので、国津神たちはこの原野に住むことができなかった。

ki mi
ga yo wa
ti yo ni ya ti yo ni
sa za
re
i si
no
i wa o to na ri
te
ko ke no
mu su
ma
de

序文に掲載されている「君が代の韻律」

巌ケ根は荒れ地を開拓するため、四人の息子のうち四男の冬男に国土調査を命じた。冬男は高光山に登って地勢を視察するため、ただ一人で高光山へ向かった。忍ケ丘《しのぶ》という低い丘に、水奔草の毒で死んだ水奔鬼《すいほんき》という幽霊の集団が住む集落があった。

「笑い婆」という名の婆に出されたお茶を冬男は飲み干すが、それは水奔草の毒茶で、冬男は死んでしまった。冬男の精霊は、以前に毒茶で殺された二人の家臣や三人の乙女たちと一緒に笑い婆を成敗しようとする。しかし笑い婆の妹の「譏り婆《そしばば》」が現れて、姉を連れて逃げてしまった。

里人たちは二人の婆がいなくなったことを喜んだ。冬男たちはこの忍ケ丘の霊界の里で生活することになった。水上山の執政所では、巌《いわ》ケ根が冬男の消息がわからないため会議を開き、三男の秋男《あきお》に冬男の捜索を命じた。秋男は四人の従者を伴い、高光山に向かった。

第七～一五章　秋男《あきお》も火炎山《かえんざん》で殺される

秋男一行の五人は譏《そし》り婆《ばば》に出会うが、秋男の言霊《ことたま》に打たれて譏り婆は退散した。一行は火炎山へ進む。ここは譏り婆の本拠地で、笑い婆もここで霊身《れいしん》の傷を癒していた。

秋男はこの火山の火で国内の葭草《よしぐさ》や水奔草《すいほんそう》を焼き払おうと思って、ここに来たのだ。ところが譏り婆の罠にかかり、秋男一行の五人は落とし穴に落ちて死んでしまう。しかし五人の精霊が、山頂を目指して登った。

火炎山の火口の周囲には、虎・熊・獅子・大蛇《おろち》などの猛獣毒蛇《どくじゃ》が棲息し、火種《ひだね》を盗まれないように守っていた。もしこの火種を奪われ、大原野に放たれたら、猛獣毒蛇は焼け死んで全滅してしまうからだ。

彼らの手下である笑い婆と譏り婆が山頂に登ってきた。秋男一行の言霊に打たれ、逃げてきたのだ。笑い婆と譏り婆は、猛獣たちに助けを求める。

猛獣たちは秋男一行の登頂を食い止めるため、風雨雷鳴を起こした。しかし登頂を目指す秋男が言霊を宣《の》ると、風雨雷鳴はピタリと止まり、空が晴れ渡った。

山頂から降り落ちる大岩石の雨をくぐり抜け、秋男一行は山頂に到着した。火口の火種を取ろうとするが、猛獣たちが襲いかかり、秋男一行の五人は火口に投げ落とされた。猛烈な火に焼かれ、白骨となって空高く上がり、再び山に落下した。

第一六～二三章　火炎山《かえんざん》が爆発して火の湖《うみ》となる

火炎山は大爆発を起こした。高い山は跡形もなくなり、一帯約百余里は大きな湖と化した。その中央にある小さな島に秋男《あきお》一行は救われた。この湖を「火の湖」、島を「秋男《あきお》島《じま》」と呼ぶ。

高光山《たかみつやま》の朝霧《あさぎり》比女の神は、火炎山が大爆発したことを知り、二柱の神（朝空男《あさぞらお》の神・国生《くにうみ》男《お》の神）を予讃《よさ》の国に派遣した。二神は天《あま》の鳥船《とりふね》に乗り、忍《しのぶ》ケ丘に降《くだ》った。

約一里先まで湖が迫っており、生き残った猛獣毒蛇・イヂチ等が忍ケ丘に上がってくる。二神と冬男《ふゆお》たちが言霊《ことたま》を宣《の》り上げると、猛獣毒蛇たちは上がってこなくなった。

水上山《みなかみやま》の巌《いわ》ケ根は、冬男も秋男も戻ってこないため、長男・春男と二男・夏男に調査を命じた。二人は数多の従者を引き連れて火炎山の方面へ向かった。

火の湖の秋男島に、水奔鬼《すいほんき》の笑い婆《ばば》たちが棲処《すみか》にしようと攻め込んできた。そこへ天の鳥船が舞い降りて、朝空男の神・国生男の神をはじめ、冬男一行が現れた。

春男・夏男の一行も天の鳥船に乗っていた。朝空男の神と国生男の神の二神が天《あま》の数歌《かずうた》を奏上すると、水奔鬼たちは命からがら逃げ去り、ついに力尽きて火の湖の熱湯に陥って全滅した。

精霊になっている秋男はこの島の主《ぬし》となり、やはり精霊の冬男は忍ケ丘に戻った。肉体のある春男と夏男は水上山に帰り、父に状況を報告した。

二神は高光山に帰り、朝霧比女の神に復命した。朝空男の神は、火炎山が湖となりこの国から火種がなくなったことを憂慮する。

舟で万里《まで》の海を渡ってきた朝香比女《あさかひめ》の神が、葭原《よしはら》の国土《くに》に到着した。

朝香比女の神は朝霧比女の神に燧石《ひうち》を贈った。朝霧比女の神は喜び、原野に火を放った。すると、たちまち火の海となり、葭草や水奔草は焼き払われた。

朝香比女の神一行は再び舟に乗り、西方《にしかた》の国土《くに》へ向け出発した。

第八一巻　伊佐子《いさご》の島の物語

○伊佐子の島の「サールの国」と「イドムの国」の物語。サールがイドムを侵略するが、サールの王家が滅びてイドムは解放され、サールでも政治の改革が行われる。

第一～六章　イドムの国がサールの国に侵略される

万里《まで》の海に「伊佐子《いさご》の島」という大きな島があった。中央に大栄《おおさか》山脈が横たわり、その南には「イドムの国」、北には「サールの国」があった。両国は互いに相手国を占領しようと、数十年にわたり戦争を続けていた。

大栄山脈の南面（イドム側）中腹にある「真珠湖《しんじゅこ》」には人面魚身《にんめんぎょしん》の人魚が住んでいた。家屋を建て、国津神と同じような生活をしていた。

人魚の涙は真珠の玉となり、内服すると身体が光を放ち、美人の子が生まれる。イドムの国津神たちはこの人魚を捕まえ涙を採ることを業としていた。そのためイドムの国津神は美男美女ばかりだった。

サールの国のエールス王は、自国の醜き種族を改良するため、真珠湖を占領しようと考えた。そこで大栄山脈を越えてイドムの国に進軍した。

イドム軍は負け、アヅミ王はイドム城から敗走した。南方の月光山《つきみつやま》に立て籠もって国の再興を図る。アヅミ王は天地の恵みに感謝することを怠っていたことを反省し、山頂に神殿を建てて主《ス》の大神を奉斎《ほうさい》した。

一方、イドム城を占領したサールの国のエールス王は、神を畏《おそ》れず歓楽に耽っていた。左守《さもり》チクターが王を主の大神だと称えるが、右守《うもり》ナーリスは主の大神になぞらえるとは畏れ多いと戒める。王は憤然として、ナーリスを国へ帰してしまった。

第七～一〇章　侵略者は滅び、イドムは解放される

エールス王の妃サックス姫は、左守《さもり》チクターと深い恋仲になっていた。岩壁の上の絶景地で月見の宴を催したとき、サックス姫はエールス王を崖の上から突き落として殺してしまう。

女王となったサックス姫は、真珠湖の人魚を捕まえるため、左守や騎士《ナイト》たちを従え、舟に乗り湖に出た。人魚たちは団結して戦い、岩石を投げ落とす。舟は沈没し、サックス女王や左守らは死んだ。以後、人魚を捕まえようとする者はいなくなり、人魚の群れは栄えた。

女王や左守が死んだため、軍師エーマンがイドムの国に駐留するサール軍を指揮することになった。

イドムの国津神たちは、今まで侵略者エールス王の暴政に苦しんでいた。エールス王たちが帰幽したことを知ると、町々村々より愛国の志士が奮起して、あちこちに維新の声が湧き立った。群集がイドム城に攻め寄せる。

軍師エーマンはその光景を見て、高殿《たかどの》から川に身投げして自殺した。

第一一～一七章　ニセの王妃がサールの国を乗っ取る

サールの本国では、太子エームスが木田山城《きたやまじょう》で父・エールス王の留守を守っていた。

イドムの国から送られてきた捕虜の中に、三人の美人がいた。アヅミ王の王女チンリウ姫と、乳母のアララギと、アララギの娘センリウである。

エームスはチンリウ姫に一目惚れした。チンリウ姫は敵国の王妃になんてなるものかと求愛を拒否する。しかし拒否したままだとアララギとセンリウが処刑される可能性があった。チンリウ姫は、二人の生命を救うために仕方なく結婚を承諾した。

ところがアララギは、チンリウ姫と容姿が似ている自分の娘センリウを、チンリウ姫と入れ替える。にせチンリウ姫（センリウ）はエームス王と結婚して王妃となり、にせセンリウ（チンリウ姫）は花瓶を割った罪人だとして遠島《えんとう》の刑に処せられた。

チンリウ姫が流された島に大きな亀（琴平別神《ことひらわけのかみ》）が現れ、チンリウ姫を背に乗せてイドムの国の真砂《まさご》ケ浜に送り届けた。そこはアヅミ王たちの亡命先である月光山《つきみつやま》の麓であった。

第一八〜二〇章　ニセの国王・王妃がいなくなり、サールの国が改革される

にせチンリウ姫（センリウ）は、セームスという美男子と恋に落ちた。セームスは城内の池に棲む蠑螈《いもり》の精だった。

セームスはエームス王を殺して、自分が王になりすます。こうして木田山城にはニセの王とニセの王妃が住むことになり、国政は日に月に乱れ衰えていった。

イドムの国から右守《うもり》ナーリスが木田山城に帰城した。ナーリスは、乳母に過ぎないアララギが木田山城の実権を握っていることに抗議し、辞職して城を去った。

そこへ、王の侍臣の夕月《ゆうづき》が愛国団体の隊長となり、数多の暴徒を率いて城に攻め込んできた。夕月は王妃がニセ者だと気づいたのである。にせエームス王はにせチンリウ姫を小脇に抱えて池に飛び込み消え失せた。アララギは夕月の矢に当たり死んだ。

いったん城を出たナーリスは帰城し、ナーリスを中心に国政を立て直すことになった。そこへ、イドムの国からサール軍が逃げ帰ってきた。エールス王をはじめ高官はすべて死んだと報告を受け、ナーリスや夕月たち一同は茫然とする。

他国を奪い取ろうとしたので王家は亡びることになったのだと、ナーリスや夕月たち一同は反省した。一同は木田山城に主の神を祀り、正しい政治を行わせ給えと祈願をした。

霊界物語で甦った建国の精神――言向《ことむ》け和《やわ》す

飯塚弘明

霊界物語のテーマは「言向け和す」

私は本書の「まえがき」に、霊界物語はＩＴ時代の神典だと書いた。ＩＴ技術を駆使することで全八十三冊という長大な物語の全貌《ぜんぼう》を把握できるようになったのであり、そういう意味で、霊界物語は現代のために書かれた書物であると考えている。

それ以外にもう一つ、霊界物語が今の時代にマッチした書物だと感じていることがある。それは霊界物語のテーマの「言向け和す」だ。

「言向け和す」はもともと古事記に出てくる古い大和《やまと》言葉だ（日本書紀には出ていない）。広辞苑で調べると、「言向け和す」そのものは載っていないが、二つの言葉に分かれて載っている。

○言趣《ことむ》く・言向《ことむ》く…ことばで説いて従わせる。転じて、平定する。

○和《やわ》す…①やわらかにする。②やわらげる。平穏にする。

つまり「言向け和す」とは「言葉で説いて人の心を和らげる」というような意味になる。

古事記の原文（漢文）を調べると、「言向和」だけではなく、「言趣和」という漢字も使われている。その省略形である「言向」「言趣」もある。また、「言向和平」や「言向平和」という表記もある。

つまり「和《やわ》す」は「和平《やわ》す」であり、「平和《やわ》す」なのだ。平和（名詞）の動詞形が「和す」と言ってもいいかも知れない。平和にするという意味だ。実際に古事記では、戦乱を平定するという文脈で使われている。

天孫降臨の際に、天照大神《あまてらすおおみかみ》が天孫に荒ぶる（荒立つの意）国津神を言向け和せと命じた……という形で「言向け和す」が使われているのだ。

現在、地球の平和は軍事力や経済力によって成り立っている。言うことを聞かない国にはまず経済制裁を加え、それでも聞かない場合には軍事力を行使する。要するに力で脅迫して言うことを聞かせるのである。

強制されれば誰でも反発し、争いとなる。そうではなく、言葉で説いて人の心を和《なご》ませて和合せよというのが「言向け和す」だ。

くだけた表現をするなら、ぶん殴って子分にするのではなく、仲良くなって友達になろうというのである。

この「言向け和す」が霊界物語のテーマであると私は考えている。だが、著者の出口王仁三郎本人が「霊界物語のテーマは○○だ」と言及しているわけではないので別の見方もできるだろう。

しかし私は「言向け和す」に注目した。それは「言向け和す」は日本建国の精神だと王仁三郎が唱えていたからだ。

言向け和して世界を統一する

皇祖・天照大神は孫の邇邇芸命《ににぎ》に地上に降臨して統治することを命じた。そのとき、地上の荒ぶる神々を言向け和して平定せよと命じた。邇邇芸命が降臨し（天孫降臨）、その曾《ひ》孫《まご》の神武天皇によって建国されたのが日本である。

天照大神の「言向け和せ」という神勅は歴代天皇が継承しており、現在までに統一された地域が日本だ。この先も世界を言向け和して統一していかねばならない。日本はそういう使命を持った国なのである。

「言向け和す」は日本建国の精神なのだ——というのが王仁三郎の主張だ。だが、古事記にはっきりとそのように書いてあるわけではない。王仁三郎の宗教的解釈が含まれているのはご了承いただきたい。

王仁三郎の言葉を引用してみよう（原文は旧仮名遣いだが新仮名遣いに改めた。またルビは総ルビだが必要最小限だけルビを付けた。注は筆者が加えた）。

「日本天皇の世界を統一経綸《けいりん》遊ばすのは、外国の大国主系《おおくにぬし》の主権者のように、侵略したり、植民地を拵《こし》らえたりなさるのではない。天照大神の神勅《しんちょく》は言向け和すのである。徳をもって世界を導くのである。武力や威圧や法律の力では、とうてい真の平和を招来することは出来ぬのであります。また各国土には国土相応の国魂《くにたま》があるから、支那は支那の国魂、朝鮮は朝鮮、英国は英国、露国は露国、所生《しょせい》の国魂がこれを統御（注）し、大統御《だいとうぎょ》（注）は地球上唯一の我が天津日嗣《あまつひつぎ》天皇が遊ばすのが天照大神の万古不易《ばんこふえき》の御精神であります」

（『神霊界』大正八年八月一日号「随筆」）

「大日本天津日嗣天皇の世界統一は侵略に非《あら》ず、征伐に非ず、植民政策に非ず、唯一の済世安民《さいせいあんみん》（注）の至誠に出づるものにして、言向和平《ことむけやわす》なり」（『神霊界』大正七年一〇月一日号「世界の経綸」）

「私は日本建国の大精神を天下に明らかにし、万世一系の皇室の尊厳無比なることをあまねく天下に示し、かつ日本の建国の精神は征伐に非ず、侵略に非ず、善言美詞《ぜんげんびし》の言霊をもって万国の民を神の大道《だいどう》に言向け和すにあることを固く信じます」（霊界物語入蒙記第六章「出征の辞」）

（注）

統御……統《す》べ治めること。

大統御……各国の国魂をすべて統轄して治めること。

済世安民《さいせいあんみん》……人々を救い、人心を安定させること。

このように、世界を言向け和して統一するのが、皇祖の神勅であり、天皇の経綸であり、日本建国の大精神だというのだ。

日本建国の精神が甦る

出口王仁三郎は「言向け和すが日本建国の精神だ」と言うのだが、しかしそんなことを王仁三郎以外の人が言っていることを今まで聞いたことがない。私は王仁三郎以前に、先人が「言向け和す」についてどのように論じているのか調べてみた。平成二四年（二〇一二年）のことだ。

国立国会図書館には日本で今日までに出版されたあらゆる書籍・雑誌が所蔵されている。そこで調べてみて驚いた。「言向け和す」について書かれた文献がほとんどなかったのだ。古事記に「言向け和す」という言葉がどのように使われているかという文献学的・史学的な論文ならいくつかある。また、神道系やスピリチュアル系の本の中で「言向け和す」について言及されているものが何冊も見つかった。しかし国語辞典的な意味で使っている場合がほとんどだ。

言向け和すとはどういうことなのか、どうしたら人を言向け和すことができるのか、そういう現実に役立つことが知りたいのだが、期待する本は一つもなかった。

王仁三郎が「言向け和すは日本建国の精神だ」と力説するのとは裏腹に、世間一般では

「言向け和す」をそれほど重視してはいないのだ。忘れ去られてしまった感さえある。

——いや、だからこそ王仁三郎は力説したのではないのか？

先の引用文に「日本の建国の精神は征伐に非《あら》ず、侵略に非ず」と書いてあったが、当時の日本は、まさにその「征伐」や「侵略」をやっていたのである。世界には帝国主義の嵐が吹き荒れ、日本も欧米に負けじとばかりに武力で周辺諸国を制圧していったのだ。

そんな日本の姿を見て、王仁三郎は「これは本当の日本ではない！　本当の日本精神は『言向け和す』なんだ！」と悲痛な叫びを上げたのではないのか？

そして生まれた本が、「言向け和す」をテーマにした霊界物語なのではないのか？　帝国主義の全盛期に、王仁三郎が日本建国の精神を甦らせた——と言えるのではないか。

ことの真偽はわからない。単なる私の推測に過ぎない。

いずれにせよ今日まで、霊界物語も「言向け和す」も、世間からあまり相手にされずに時が過ぎた。

しかしＩＴ技術の進歩によって、霊界物語の全貌を知ることができる時代が到来した。やがて霊界物語への人々の関心が高まれば、きっと「言向け和す」も注目されるだろうと私は信じている。

平成二五年（二〇一三年）に『超訳霊界物語　～出口王仁三郎の「世界を言向け和す」指南書』という本を上梓させていただいた（太陽出版）。これは私なりに霊界物語の中の「言向け和す」を探究したことをまとめた本だ。「言向け和す」に興味のある方はぜひお読みいただきたい。

コラム

王仁三郎周辺の人物——岡本天明、岡村祥三、矢野祐太郎

黒川柚月

◎岡本天明

大本が買収して宣教に利用した大正日日新聞社には、若手の信徒が奉仕者として詰めていた。その中に、大国以都雄《おおくにいつお》、高見元男《もとお》（のちの出口日出麿《ひでまる》）等に交じり、岡本信之《のぶゆき》（天明）もいた。

大勢の信徒の中で、王仁三郎と初対面の岡本天明をめがけて、王仁三郎が自己の好物であるぼた餅を投げて寄こしたので、天明は大変驚いた。私が直接うかがった中でも、四国新浜出身の粂野孝子《くめのたかこ》が奉仕者として、熊野館で初対面の折に、王仁三郎はやはり薩摩芋を眼の前に投げて寄こしたという。物を投げて寄こすなど、横柄な態度と思われるが、何かを試していたのだろうか。

大阪・梅田の大正日日新聞社で、王仁三郎から鎮魂帰神法などを直接指導されたのは、彼らが最後ではなかったか、と思われる。大正日日新聞の若手奉仕者は、金沢で発刊された北《ほっ》

國《こく》新聞の記者として北陸に派遣された。

大本東京進出に際して、出口日出麿に乞われ、名古屋から岡本天明も上京して人類愛善新聞社に入った。そんな背景もあり、岡本天明は昭和十九年（一九四四年）から鳩森八幡神社の留守神主を拝命している。同じく昭和十九年一月一日付で、鳩森八幡神社社務所内に、天明の主宰する片歌《かたうた》（五七七調歌で、古代に歌の掛け合いに多用されたが中世以降廃れていたのが、江戸期に復興された）の結社、「すめら歌社《うたしゃ》　東京千駄谷事務所」が開かれた。千駄谷事務所長に岡本天明が就任している。

当時のすめら歌社の同人に、矢島家から代々木八幡の平岩家に養子に入った平岩満雄《みつお》、準同人の一人に南由紀《ゆき》が名を連ねている（『月刊すめら歌』昭和十九年三月号）。

「大君のまけのまにまに征きし君はも」南由紀（『月刊すめら歌』昭和十九年四月号）

この歌は「天皇の勅を受けて出征する弟へ」の手向けで、昭和十八年（一九四三年）十月二十一日に学徒出陣した弟を想った歌だ。

南由紀は、矢島家の娘・由紀子で、他家に嫁入りしていたが、離縁となり実家に戻っていた。岡本天明は、鳩森八幡神社で南由紀子を神主（霊媒《れいばい》）にして、鎮魂帰神法を行い、霊界の情報を得ていた。

昭和二十年（一九四五年）五月二十五日の空襲で、鳩森八幡神社は被災し全焼、留守家族は焼死するが、戦後天明は南由紀子の慰霊祭をしている。

◎**岡村祥三《しょうぞう》**

大本の若手信徒の一人だった岡村祥三は、「青年座談会」に名が出てくる。画家でバレエ演出家でもあった。

岡村祥三は、出口王仁三郎から芸名として有栖川祥三《うずがわてるみつ》の名を付けてもらい、（大本事件後も）部屋に王仁三郎直筆の有栖川祥三と書かれた大きな表札を飾っていた。

王仁三郎はなぜ不思議な芸名を与えたのか。それは岡村祥三の中で、王仁三郎の「実父」であると信じた有栖川宮熾仁《ありすがわのみやたるひと》親王と、生母の上田ヨネの二人の御魂《みたま》が宿るという、なんとも不可思議な王仁三郎のサトシがあった。

現世において独身で亡くなった男女を、あの世で結婚させる儀礼が中国道教や山形県の民俗風習にあるが、そんな思慮だろうか。

祥三の母、岡村考《こう》は夫を早く亡くし、指圧師として生計を立てた。植芝盛平と懇意にしており、昭和十五年（一九四〇年）から茨城県岩間に疎開する昭和十七年まで、東京・新大久保から若松町の植芝道場へ羽織袴《はかま》姿で毎日通い治療した。植芝道場には、大山という女性秘書がいて、国士の内田良平もよく顔を出していたという。

岡村考は出口日出麿と交流が深く、岡村家縁故の人たちが、小田秀人《ひでと》の主宰した心霊研究団体の「菊花《きくか》会」の同人に多く名を連ねている。岡村考は昭和神聖会運動にも、坤生会《こんせいかい》（大本婦人会）の制服を着て前橋の防空展に参加した。

岡村考は出口日出麿や息子・祥三の紹介で、後に岡本天明と懇意になり、前橋に住む妹、桜井政《まさ》に岡本天明を紹介した。岡村祥三は母より早く、昭和二十四年（一九四九年）に京都府亀岡で亡くなるが、有栖川宮熾仁と上田ヨネの因縁を知る人物が、こっそり上田家の墓地の一角に祥三の遺骨を埋めたという。

◎矢野祐太郎

私は縁あって矢野家のご遺族である青砥代矢子《あおとよしこ》、矢野凱也《よしなり》両氏にインタビューして、矢野祐太郎に関する新しい情報をいくつか発掘した。同時に、ご遺族の抱く矢野祐太郎・シン夫婦に対する畏敬の念の強さに驚かされた。

昔、軍人は民衆から尊敬されたが、矢野祐太郎は日常の振る舞いから威厳があったのだろう。家庭人としては祐太郎自ら家庭教師を務め、息子の勉強を教えたという。よくある神懸かり特有の性格破綻などは感じられなかった。

綾部時代の矢野家

大本に入信した矢野祐太郎は、京都府何鹿《いかるが》郡綾部町上野台の農業試験場前の通りに家を構えた。この一帯には元は綾部藩主・九鬼《くき》家居館と武家屋敷があった。

矢野家の跡は長く空き地だったので見分けがついたが、十数年ほど前に新しい家が建った。南隣地所は友清歓真《ともきよよしさね》（神道天行居《しんどうてんこうきょ》の創設者、初代宗主）の家跡だった。

上野台は綾部藩武家屋敷地で、奥行きが広い間取りだったが、矢野祐太郎は出口王仁三郎を迎えて密談するために、わざわざ離れを造ったという熱の入れようだった。そんな情熱も、出口直の三女である福島久《ひさ》（『霊界物語』の高姫のモデル）に矢野が接近し、大正十三年、王仁三郎の入蒙に算段して大陸工作をした結果、多大な借金を教団が背負ったのは矢野の口利きのせいだと、一部から批判が上がった。矢野祐太郎はそのことで不信感を持ち、王仁三郎との仲は冷えていった。

大正十四年（一九二五年）『大本瑞祥《ずいしょう》会報』の大本役員一覧の「協賛」に、矢野祐太郎の名が挙がっている。つまり、信徒をやめたわけでなく、昭和四年（一九二九年）まで綾部に一家は残っていた。

『霊界物語』二十一巻、高春山《たかはるやま》の天《あめ》の森に祭られる竜神である肝川《きもかわ》の八大龍王の神霊は、大阪の福島久の大門正道《だいもんまさみち》教会に祀られていた。昭和四年、その神霊が、矢野シンに憑依して綾部の矢野家の神前に鎮まった。その頃、綾部の五六七《みろく》（弥勒）殿で二代教主・出口澄《すみ》と矢野シンが共に神懸かりしながら、取っ組み合いの大げんかを始めた。

しまいに女相撲取りのような澄が、シンに馬乗りになり殴りつけていた。一緒に居合わせた息子の矢野凱也は、二人の神懸かった勢いが恐ろしくてブルブル震えが止まらなかった。出口澄はシンに懸かった霊を鎮めようとしていたようだと述懐された。

澄は肝川龍神の発動を抑えようとしていたのだろう。

昭和四年（一九二九年）、綾部から神戸六甲の魚崎《うおざき》（兵庫県神戸市）に転居した矢野祐太郎が、翌昭和五年に上京して四谷南町、信濃町駅の東に転居した。矢野祐太郎は上京すると、シンと共に毎朝、明治神宮まで歩いて参拝した。明治神宮に参拝するルートは、神宮外苑から鳩森八幡神社の前を通り、今の千駄ヶ谷大通り商店街を通り、明治神宮代々木口まで歩いた。

矢野祐太郎の上京先が信濃町（四谷南町）だったというのは、今の創価学会本部の辺りにあった岩下家一《かいち》子爵家の関係ではないのかと矢野凱也は推測していた。「大本年表」では、岩下子爵は大正六年（一九一七年）に参綾《さんりょう》（当時大本で使われた用語で、綾部に参ること）しており、矢野祐太郎の参綾と同時期だった。

岩下家一は薩摩の軍人の家系に生まれ、洋行してホテル経営のノウハウを学んだ。大学時代ヨットマンだったそうで、神奈川県逗子《ずし》のなぎさホテルの創業者であった。

岩下家一には謎めいた雰囲気があったが、大本信徒だった経歴は知られていないようだ。岩下家一の名は、矢野の主宰した「神政龍神会」の資料にも登場する。戦後も矢野家と交流が続き、神戸でレストランを経営したので、矢野家のご遺族である青砥代矢子《よしこ》や矢野凱也も何度か店を訪れた。

大正八年（一九一九年）に、出口王仁三郎は鎌倉の矢野家に滞在後、上京して当時池袋在住だった岩下家一家を訪ねている。その後、千駄ヶ谷の山田春三《しゅんぞう》家に滞在している（『神霊界「随筆」』）。

昭和十九年（一九四四年）八月、千駄ヶ谷近くの集まりの席で、矢野シンが鳩森八幡神社に参拝して「八大龍王しばしこの森に鎮まる」と神懸かった。その後、留守神主の岡本天明と会った。

この話を知って、以前からの疑問だったのだが、戦前は、不特定の会合には憲兵の監視がキツい時代だったはずである。事実、同十九年、矢野シンの同志、加世田哲彦《かせだてつひこ》らが第二次神政龍神会事件で検挙されているから、なおさらだ。どうやって追及を免れたのか。会合の席を華族の岩下家一の自宅に設けたなら、憲兵もそう簡単には手が出せない聖域だったからではないか。

昭和十九年八月、信濃町の岩下家で会合した矢野シンが、鳩森八幡神社で岡本天明と再会したのは、おそらく偶然ではないだろう。矢野シンも天明の主宰する「すめら歌社」に関わりがあったから、天明が留守神主として神社にいることは知っていたはずだ。

ここに戦時中に活動を開始した大本系の神業団体「天之日津久神奉賛会《あまのひつくのかみほうさんかい》」の形が作られていく。

矢野祐太郎の妹、長谷川君江の手記を見せてもらったことがある。それでわかったのは矢野祐太郎は独身時代から引越し魔だったのか、明治期から転居を繰り返していたという事実だ。

明治末年には千駄ヶ谷にも住んだ時期があった。千駄ヶ谷といっても、現在の南新宿のJR東京総合病院（旧鉄道病院）辺りで、新海誠監督の新作『天気の子』の冒頭に病室のシーンがあるが、その病院は実はJR東京総合病院がモデルとなっている。

⊙神の発現——出口王仁三郎が「天祥地瑞」に託したもの

久米晶文

⊙神そのものとしての「天祥地瑞」

のちに世界救世教、真光《まひかり》（崇教《すうきょう》真光・世界真光文明教団）、⊙《まこと》の家、ワールドメイトなど大本系宗教団体において崇拝対象となる⊙《す》の神（⊙神・ス神・スの大神）は、『霊界物語』において出口王仁三郎によって意識的かつ霊的に定位（時空的に自他を位置づけること）された神である。さらにいえば、『霊界物語』において「⊙」への言及は口述早期からみられるが、その神としての活動や属性について語られるのは「天祥《てんしょう》地瑞《ちずい》」（第73〜81巻）からである。

王仁三郎が長大な『霊界物語』において、なぜ「天祥地瑞」まで⊙の神を登場させなかったのか、あるいは⊙の神が「天祥地瑞」で語られていることがなにを意味しているのかについては、いまひとつ明確にされているとはいいがたい。本稿では、⊙の神が王仁三郎のなかでいかにして霊的に熟成されてきたのかを、江戸期にまでさかのぼり日本的霊性の系譜をたどることによって明らかにし、さらには⊙の神と王仁三郎が近代日本に突き付けたオルタナティヴ（代替的）な文化の可能性について論じてみることにしよう。

よく知られていることだが、「天祥地瑞」は「幽の幽」の世界であるとされる。これは、われわれの生きる「現界」（現実の世界）の根拠として語られ明らかにされたのが『霊界物語』という「幽」の世界であり、その「幽」のさらなる根拠として「幽の幽」なる世界、すなわち「天祥地瑞」が位置づけられていると考えていいだろう。教学的には、幽の幽・幽の顕・顕の幽・顕の顕といった細分化がなされているのだが、ここではひとつの思考の冒険として、あえて現界、幽の世界（『霊界物語』）、幽の幽の世界（「天祥地瑞」）という三つのシェーマ（思索上の図式）にしぼり込んで議論をすすめていく。

　大本には「合わせ鏡」という思想がある。あの世とこの世、神界と現界、幽界と顕界は合わせ鏡のように一つながりに一貫しているという考え方である（顕幽《けんゆう》一貫・顕幽一致という）。これは大本では、現界はすべて霊界の移写《いしゃ》（写し・投影）であり、霊界で起こったことは必ず現界でも起こるという、きわめてラジカルな信仰に結実していくことになる。

　では、どうラジカルなのか。あらかじめ私見の範囲ではと断っておくが、日本思想史では、平田篤胤《あつたね》までは現界と幽界はそれぞれの界がおのおのところを占め、ある意味で安定を保っていた。確かに、現界での生きざま次第で幽界での処遇に影響があったり、死後幽界におもむいた者がひそやかに現界の子孫を見守るといった両界の交流はあるのだが、この二つの界がズルズルにつながっているということはない。まさに、二つの界はおのおのがそのところをえて、相接《そうせつ》しながらも、相対的な独立は保っていたのである。

　ところが大本では、いや王仁三郎においては、両界のあいだに区分はない。区分がなくなるとどうなるのか。両界がつつぬけ状態なのだから、**霊界で起こったことは必ず現界で**

も起こる、ということになる。

『霊界物語』ではお筆先を受けるかたちで霊界の真相と変革のさまが語られ、それと同期《シンクロ》して現界の立替《たてかえ》立直し、見直し聞《きき》直し、宣《のり》直し（ともに変革・革命の大本的表現）が叫ばれた。大本と王仁三郎が近代日本において高唱（声高《こわだか》に主張すること）した現界変革のエネルギー源は霊界にこそあり、このような思想を可能にしたのは顕幽一貫・顕幽一致という世界観であった。これが大本という宗教のラジカルな本質である。

さきほどの三つのシェーマにもどる。まず、現界は『霊界物語』で描かれた幽の世界の移写として存在する。『霊界物語』で語られたできごとは、ある種の雛形《ひながた》としてつねに現界に還流し、それは信者たちの信のありようを決定づけている。

一方、「天祥地瑞」で語られる幽の幽の世界は、たやすく触れてはならないものとして特別あつかいされることが多い。だが、顕幽一貫・顕幽一致である以上、幽の幽の世界は『霊界物語』という幽の世界にも、現界にも、その霊妙なる自らの世界のありようをたえず移写させ続けていると考えるべきであろう。つまり、**現界は『霊界物語』で語られる幽の世界の移写物であるとともに、「天祥地瑞」で語られる幽の幽の世界の移写物でもある**のである。現界とは二重の規定を受けた世界であるといっていい。このような位置づけの「天祥地瑞」に、⊙の神は登場する。

「天祥地瑞」では宇宙の創生が語られる。発端部分に耳を傾けてみよう。天も地もなく、宇宙すらない時代、大《だい》虚《こ》空中《くうちゅう》に一点の、《ほち》があらわれる。この、は次第に拡大して円形を成し、その円形から湯気よりも、煙よりも、霧よりも微細な神明の気が放射された。その気は円形の圏（〇）を描き、、を包み込み、ここにはじめて⊙の言霊（スの言霊）が生まれた。この⊙の活動が⊙神（主神・主の神）であり、天之峯火夫《あまのみねひお》の神とも、大国常立神言《おおくにとこたちのみこと》ともいう。

⊙の神は自らの本質である活動力により、上下左右に拡がり、その極限においてウの言霊があらわれ、ウの活動力により宇迦須美《うがすみ》の神が生まれた。ウは上に上ってアとなり、下に下ってオとなり、霊の素と物質の素を発生させ、さらに活動を続けてタ、カ、ア、マ、ハ、ラの言霊が生まれ、高天原（タカアマハラ・紫微圏層《しびけんそう》）がかたちづくられていく。

ここまででわかることは、「天祥地瑞」では、⊙の神の発現は宇宙の発生であり、同時に言語（言霊）の発生でもあるととらえられていることである。**⊙の神は、宇宙そのものであり、言語そのものでもある**ということなのだ。また、⊙の神は活動力がその本質であり、自己展開しつつ神を生みなし、宇宙と言語をつくり上げているということにも注目すべきであろう。

「天祥地瑞」はなぜ詩歌形式で叙述されているか

「天祥地瑞」では、⊙の神の自己実現した姿ともいうべき七十五声（五十音に濁音半濁音を加えた七十五音）の言霊《ことたま》について繰り返し議論が行われる。それらはもはやたんなる言霊論ではなく、宇宙に、あるいは世界に散らばった⊙の神の分身をひとつひとつ丹念に拾い集め、その属性を確かめていこうとする作業にも似ている。

このような「天祥地瑞」に登場する⊙の神、宇宙、言霊は、幽の世界である『霊界物語』の中にも、われわれが生き死にする現界にも、つつぬけのかたちで移写されている。**われわれはいついかなる時も⊙の神とともにあり、⊙の神に満たされ、宇宙と一体であり、言霊に囲繞《いにょう》されて生きている**のである。顕幽一貫・顕幽一致という世界観にゆるぎのない限り、このことに疑う余地はない。

「天祥地瑞」というと秘教的な言霊論に目を奪われがちだが、物語の本流は高天原ができあがったのちの国造り（国生み神生み）にある。⊙の神の命を受けてその任に当たったのが太元顕津男《おおもとあきつお》の神（瑞《みず》の御霊《みたま》の大神、王仁三郎のこと）で、高天原を経廻《へめぐ》り、自ら歌を詠《えい》じつつ国生み神生みを行った。つき従う神々に歌もて讃美され、その情景も多くの場合長歌で語られている。そもそも『霊界物語』には短歌、長歌など詩歌形式の表現が多くみられるのだが、「天祥地瑞」は他の巻と比するとその割合は群を抜いており、歌のみで終始する章も数多くある。

じつは、「天祥地瑞」がなぜ詩歌形式で叙述されているのかということについての議論はほとんどなされていない。王仁三郎が和歌好きだったから、という程度の理解にとどまるのならば、それはあまりにも浅薄である。

もう一度くりかえす。「天祥地瑞」では⊙の神の登場が語られている。⊙の神は、宇宙そのものであり、言語そのものでもあることはすでに述べた。ではこの言語とはなにか。

日本語である。⊙の神の分身としての七十五声の日本語である。「天祥地瑞」の多くが、神の分身である日本語の七十五声を駆使した歌で記されているということなのである。

　さらに疑問は起こる。なぜ詩歌なのかという疑問である。少々荒っぽい議論になるが、そもそも散文は目に見えるものを直接的に表現するのに適し、かたや詩歌は目にみえないもの、恋情や情愛、心のありようなどを表現するのに優《まさ》っているといえよう。目にみえないものといえば、日本においては、詩歌が託宣や歌占《うたうら》などのように目にはみえない神のことばを表現伝達してきたこともよく知られていよう。詩歌は、神と人をつなぐツール（道具）だったのである。

「天祥地瑞」は「幽の幽」なる神々の世界を語っている。「幽の幽」は、かそけくもかそけき、ほとんど目にはみえないという意味合いである。神々の世界は基本人間の目にはみえないのである。このみえない世界を的確にいいあらわせるのは歌しかない。王仁三郎が「天祥地瑞」を歌物語という特殊な形式でつづった理由はここにあるのであろう。

　さらにいうならば、王仁三郎にとって歌はたんに神と人をつなぐツールだけにとどまることはなかった。なぜなら、歌の言語である日本語はそのひとことひとことがすべて⊙の神の分身だからである。**神々の世界を歌で語りあげた「天祥地瑞」は、その存在自体が⊙の神のあらわれである**といっても過言ではない。「天祥地瑞」は襟《えり》を正して読まないといけないという理由があるとすれば、それは「天祥地瑞」が神そのものであり、語の正確な意味での「神典」だからなのである。

上述してきたように、「天祥地瑞」はどの頁をひもといても⊙の神、宇宙、言霊があふれでてくるような構想のもと語られている。「篇」名に込められている「天の祥《しょう》」が「地の瑞《ずい》」となるという暗示もそのことと無縁ではないように思われるのだが、それについての詮索はあとにまわす。ここでは王仁三郎シンパとしてはいささか忸怩《じくじ》たらざるを得ない問題について指摘しておこう。それは**⊙の神、宇宙、言霊が王仁三郎独自の発明物ではないという点である。**

大本批判の急先鋒をつとめた中村古峡《こきょう》の「言霊学盗用説」を俟《ま》つまでもなく、王仁三郎自身が言霊学は山口志道《しどう》の『水穂伝《みずほのつたえ》』、中村孝道《こうどう》、大石凝真素美《おおいしごりますみ》から学んだとその著作に記しているし、第二次大本事件（注）の裁判でも「言霊学は杉庵《すぎあん》と云ふ人と中村と云ふ人の言霊学をやりました」と告白している（杉庵は山口志道のこと）。

事実、中村古峡がその矛先を向けた『大本言霊学』を筆頭に、大正七年の『神霊界』誌に掲載された「言霊の大要」、同年同誌で連載のはじまった「言霊学」、同年『神霊界』誌の特集「大八洲号《おおやしま》」の「皇典釈義」などは、いずれもが山口志道、中村孝道、大石凝真素美らの所説のモザイク的著作であり、それらの多くは「天祥地瑞」の言霊論にも引き継がれている。

筆者はこれをもって中村古峡のように王仁三郎を盗用者と断ずるつもりは毛頭ないし、王仁三郎シンパの方々にもこの事実を決して引け目に感じることのないようにと強くいっておきたい。問題は、先人の所説を引用したことではなく、それらの所説がいかに霊的に昇華されているか、いかに霊的にアッセンブリ（構成ユニット化）されているかということなのである。言葉を変えていうならば、知識教養が霊的な認識にまで到達する瞬間をこそ見届けるべきなのである。

たとえば、王仁三郎と同時代人に酒井勝軍《かつとき》という人物がいた。酒井は若きころよりつちかってきたキリスト教的な教養を霊的な認識にまで止揚《しよう》し、日本オカルト界の開拓者となったことで知られている。立場はいささかちがうが、王仁三郎が山口志道、中村孝道、大石凝真素美ら先人の所説をいかに昇華止揚させていったのか、その知的格闘のあとをたどってみることに大向こう（通《つう》の読者諸氏）から異論がでることはまずないはずである。

汎神論と汎言霊論を限りなく融合させた山口志道

まずは山口志道からはじめよう。志道は、その主著『水穂伝』において、スの神の「⊙」の形象の原型ともいうべき姿、すなわち「⊙」を提示したことがなによりも特筆されるべきであろう。狭義では言霊学者、広義では国学者といっていい志道は、長年にわたって家伝の「布斗《ふと》麻邇御霊《まにのみたま》」図の意味を解き明かさんとしてきたが、な

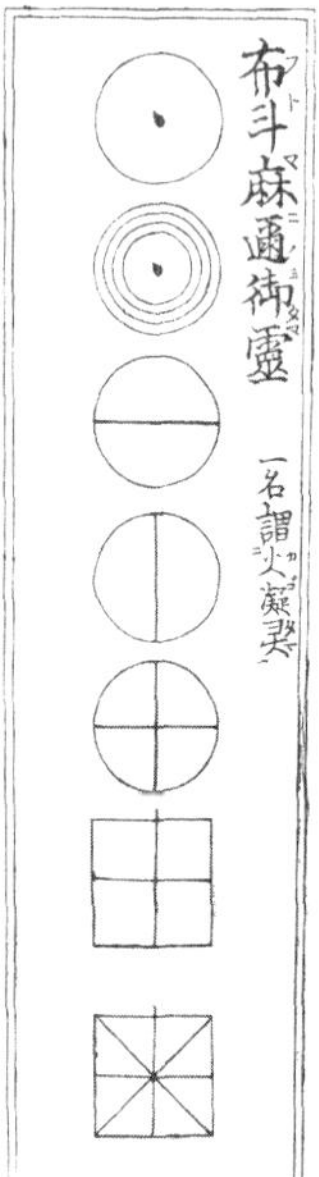

「布斗麻邇御霊」図

かなか果たすことができなかった。そこで荷田訓之《かだのりゆき》から伝えられた「稲荷古伝《いなりこでん》」図によってようやく古言と古伝に隠された秘密に迫ることができたという。

「布斗麻邇」は占いで用いる雄鹿《おじか》の肩骨《かたぼね》や亀の甲にあらわれた線（町形《まちかた》）をさしている。山口家には、それを描いた図が七枚、「御霊」として伝えられてきたというのである。鹿《しか》占《うら》にしろ亀占《かめうら》にしろ、神の意志を問うものであって、それに対する答えを神は線あるいは図形で示したのである。いわば聖なる図形、ヤントラに近いものであるといっていいだろう。

一見するとなんの意味もなさない「稲荷古伝」図は、伏見稲荷大社に秘蔵されていたものとされる。よくみるとこれは、「布斗麻邇御霊」図が分解された一種の「部品」（部分）であることがわかる。神授された聖なる図形の欠片《かけら》断片が「稲荷古伝」図なのである。

神の意志は常人がおしはかろうとしてもなかなか理解におよぶものではない。それは神の姿をみようとする試みにも近い。「布斗麻邇御霊」図や「稲荷古伝」図の不可解さも、それが異世界、神の世界からもたらされた異形のものであったからにほかなるまい。それではこの異形の聖なる図形に山口志道はなにを見たというのだろうか。

山口志道は自らが到達した学問を「神代学《じんだいがく》」と称している。神代とは神々が活動した時代をさし、もっと具体的にいうと『古事記』『日本書紀』に記された神々のさまざまな事跡やその意味を解き明かすことが志道の「神代学」であった。志道は「布斗麻邇御霊」図に神代の神々がヴィヴィッドに活動し日本の国土がダイナミックに生みだされていくさまを幻視し、「稲荷古伝」図にその活動を可能にしたエネルギーの源をみいだしたのである。「布斗麻邇御霊」図の最初の図形である⊙は天之御中主神《あめのみなかぬしのかみ》、◎は高御産巣日神《たかみむすびのかみ》と神産巣《かみむす》日神《びのかみ》、⊖は伊邪那岐神《いざなぎのかみ》、⦶は伊邪那美神《いざなみのかみ》、⊕は伊予二名島《いよのふたなのしま》、田は筑紫島《つくしのしま》、⊠は大八島国《おおやしまぐに》（日本国）を象徴する図形とされる。このようなとらえ方は、志道以前には絶えてなかった、象徴図形による『古事記』の神秘的解釈である。神の意志のあらわれである「布斗麻邇御霊」図によって、神々の活動の記された「神典」がとらえられたということになろう。神自身が神代の秘跡を語った、といってもいい。

⊙から⊠にいたる神々の誕生と国土の創成は、図形をならべただけではスタティック

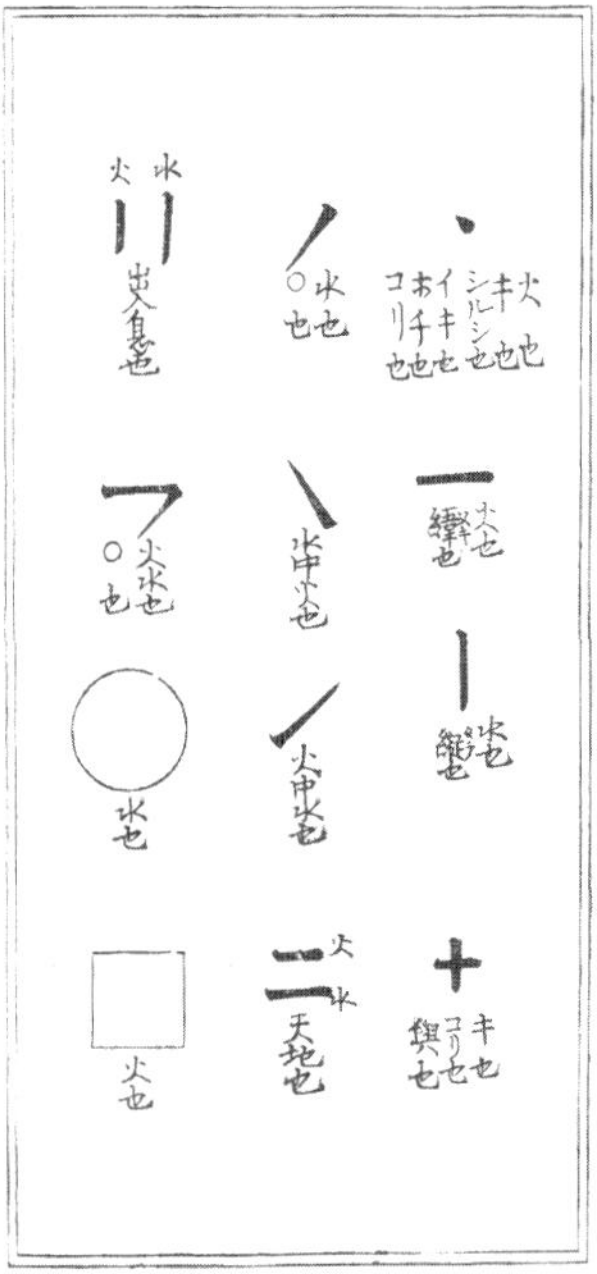

「稲荷古伝」図

（静的）なものであってなんら動きをもたない。この静的な図形に動きを付与したのが「稲荷古伝」図である。「布斗麻邇御霊」図すなわち神の意志の断片欠片《かけら》である「稲荷古伝」図の個々の「部品」は、神の分身であって、活

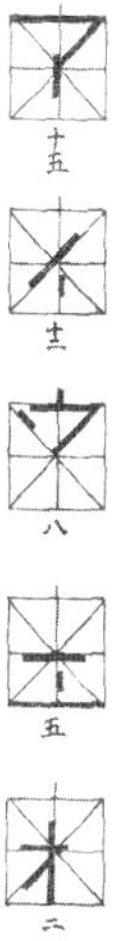

大八島国の形象の中に片仮名の形を表した図

動性をその本質としている。たとえば、めぐる、動く、からむ、むすぶ、くむといったように、「部品」自らが自力で運動し、「部品」同士くみあいからみあい、⊙から⊠にいたるのである。ここに神が自己自身において自己を展開している姿をみたとしても必ずしも間違いではない。

国土の創成には、「五《い》十《つ》連《ら》十行《じゅうぎょう》」（五十音）という日本語の発生が付随している。付随しているというよりも、国土の創成は同時に日本語の誕生でもあったといっておくべきであろう。

伊邪那岐神と伊邪那美神が国造りをはじめると、、《ホチ》と「ホ」の言霊があらわれ（その御霊の形象は⊙）、以下順次「オ」「ヲ」……と言霊が自力で生成してゆき、最後に「マ」の言霊が発生する。⊙である天之御中主神を起点に五十音が展開されるのである。さらに、⊠の大八島国の形象のなかには片仮名の形があらわれてくる。片仮名の形は、「稲荷古伝」図の個々の「部品」によって構成されている。ここでもまた神の分身が姿をあらわしていることになる。

山口志道についてはまだまだ語らねばならないことが多いのだが、本稿での最大の関心事である⊙の神との関連でいえば、やはり「布斗麻邇御霊」図の最初の図形である⊙について詳しくみていくべきであろう。前にも述べたように⊙は天之御中主神の御霊《みたま》である。、は、天地が創成される以前、なにもない虚空《こくう》の真ん中に潜勢《せんせい》していた、《キ》であるという。「キ」とは、いまだきざしをあらわしてはいないが、なにかとてつもないエネルギーを秘めたものをさしている。この、が、〇（天）のなかにそのきざしをあらわにする。これが⊙、すなわち天之御中主神であり、天地が生まれでた姿である。

　天之御中主神は『古事記』では最初に登場する神であり、造化三神《ぞうかさんしん》のうちの一柱《ひとはしら》であって、万物を産み成す根元神である。天之御中主神が自己展開しつつ大八島国（日本国）を創出して天地を完成させたことについては先述しておいた。

　このような根元的な神の形象である⊙は、人間にも備わっている。すなわち〇は母の子宮であり、、は父の一滴（精子）であって、〇と、がくみあいからみあうこと（男女の交接）によって⊙の形象が創出され、人間ができあがるのである。

　さらに、人間だけではなく万物も〇と、のくみあいからみあいによって生まれでると山口志道はいう。〇と、はいうまでもなく「稲荷古伝」図の「部品」であり、神の分身である。神は自らを細分化することによって、万物のなかに宿りたもうたことになろう。

　人間にも万物にも⊙の形象、すなわち神が宿っている。万物は神そのものであり、神と天地は一体のものであるという汎神論《はんしんろん》である。さらに、〇と、がくみあいからみあった⊙から五十音が生まれて天地に満ち、その形をみせるために、「稲荷古伝」図の「部品」すなわち神の分身が大八島国（日本国）を象徴する図形上に配置されることによって片仮名が出現した。これは、五十音は神そのものであり、五十音と天地は一体であるといういわば「汎言霊論《はん》」である。

むろん、五十音はその音も形も神に由来しているのだから強引に汎神論といってしまっていいのかもしれない。だが、志道の見いだした⊙は、密合《みつごう》された汎神論と汎言霊論のあわいをつかず離れず、なおかつお互いにあい補い合いながら、天地のあいだに遍満《へんまん》しているように思われる。

出口王仁三郎の⊙は、このような山口志道の⊙にインスパイア（霊的に感化）されて成立してはいないだろうか。王仁三郎が志道の言霊説から影響を受けたとして、その言霊の個々の定義を引きつつ行う議論にはほとんど意味がない。言霊の根源にはなにがあるのか、それを見きわめることこそが喫緊《きっきん》の課題なのである。

無自覚なまま「ス」を媒介した中村孝道

中村孝道といえば、妹の宇能《うの》が出口王仁三郎の祖母であったことが一つ話のように語られているが、はっきりいって血族云々は霊学の世界とはなんの関係もない。霊統とは、霊的な叡智《えいち》や事柄の継承関係にのみ限定されるべきであって、親だからどうの子だからどうのとばかりいっていては、どこやらの新宗教の二の舞になってしまうことはまず間違いあるまい。

また、孝道についてはもうひとつ疑義がある。巷間《こうかん》、孝道はス声《せい》に注目して、それを後述する「言霊真洲鏡《ことだまますかがみ》」の中心に置いたという言説が散見されるが、これはほんとうであろうか。管見《かんけん》のおよぶ範囲では、孝道がス声をとくに讃美《さんび》称揚《しょうよう》したり、ス声を中心とした形而上学や神学を構築したという事実はないのである。贔屓《ひいき》の引き倒しにならず、また流布《るふ》している情報に惑わされることなく、主著である『言霊聞書《ことだまききがき》』と『言霊或問《ことだまわくもん》』に拠《よ》りつつ孝道の言霊説を検討してみることにしよう。

中村孝道は、言霊の道は、遠くは天地《あめつち》の始まりとともにあり、近くは個々人の口のなかにあると説く。人はだれもが七十五声を発することができ、その声ごとに義理（意味）が備わっており、それを名づけて言霊とよんでいる。一声一声に霊が備わっているため、二声、三声、四声、五声と組み連ねていくと、「千万《ちよろづ》」の名前となり詞《ことば》となり、世界の物事や出来事をいいつくすことができ、世界のすべての道理を説き聞かせることができるのである。

このような言霊の働きを教えてくれるのが「言霊真洲鏡」という表である。孝

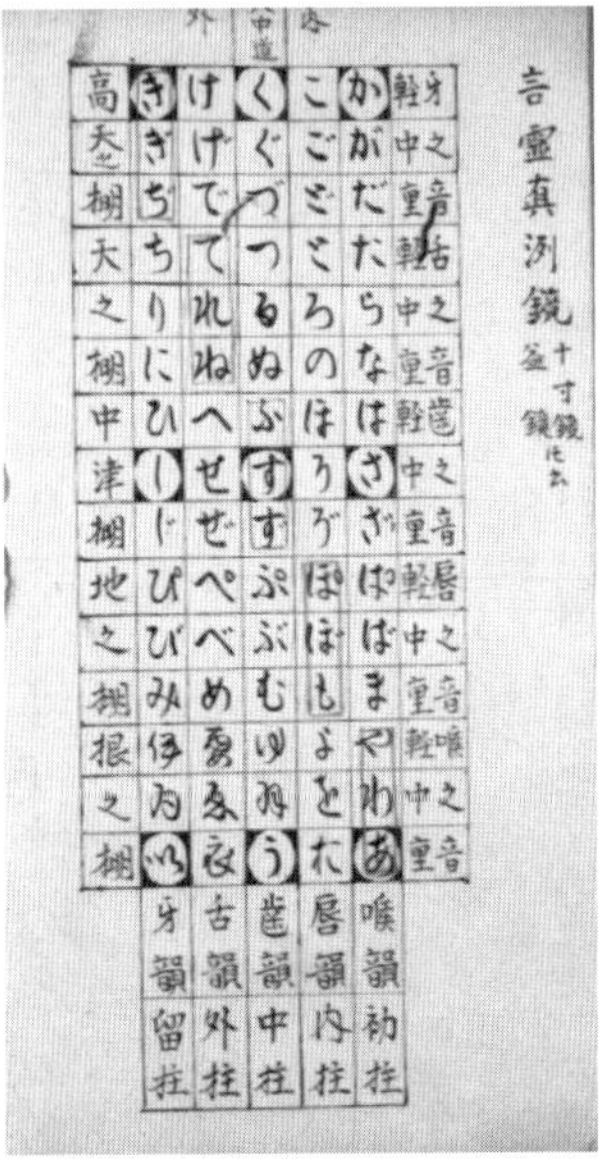

「言霊真洲鏡」（『言霊聞書』中村孝道著より。早稲田大学図書館所蔵）

道は「言霊真洲鏡」を次のように説明している。表を見ながら耳を傾けてみよう。

「言霊真洲鏡」は人の声の鏡である。そもそも声には、音と韻の区別があり、声の起こる所を音といい、声の納め所を韻という。音には軽・中・重の位《くらい》（位置もしくは地位）があって三音となり、韻には高低があって五韻となる。この音と韻が結びあって七十五声となるのである。

さらに、音は十五声ずつ集めて横に置いて五棚《たな》に区分され、韻は十五声ずつ連なって竪《たて》に続いて五柱となる。この五棚、五柱、竪、横は互いに通じ合い、一面の鏡となる。これを「言霊真洲鏡」というのである。「言霊真洲鏡」のうちには、「天地の間の事、悉《ことごと》く備《そなわ》らずといふ事なし」というのだから、「言霊真洲鏡」は人の声の鏡であると同時に天地の鏡でもあるということになろう。

ここで留意したいのは、中村孝道は「言霊真洲鏡」が天地のあいだの事物事柄をことごとく写しだしているとはいっているが、天地のあいだにス声を中心とした階層秩序（ヒエラルキー）があるなどとは一切発言していないという点である。そもそも宇宙（天地）には階層構造はあっても階層秩序といったものはない。孝道のいわんとするところは、「言霊真洲鏡」は、調和を保った統一体としての宇宙の諧調《かいちょう》（宇宙のハーモニー）を写しだしているということなのであろう。そこには、ス声を中心とするといった発想はそもそも存在しないのである。

それは、孝道が己自身の学問の閲歴《えつれき》を語ったくだりからもうかがえよう。言霊の教えはあなたが発明したものですかという質問に対し、孝道は次のように答えている。言霊の教えは、私の若かりしころ、京都遊学中に日向国《ひゅうがのくに》（現在の宮崎県）の老人から伝授されたものである。しかし、その学問は体系的とはいえず、不完全なものであった。そこで私は寝食を忘れて琢磨《たくま》し、ようやくここにいたったのである。なかには私自身が発明したものもあるが、教えの条理（基本の筋道）についてはまったく臆見《おくけん》を加えていない。

このことから、中村孝道の言霊学（「言霊真洲鏡」の説）が彼自身の創意工夫によるものではないことをおさえておこう。あるいは『国書解題』のいうように、日向国の老人から三河国（現在の愛知県東半部）崇福寺《そうふくじ》の僧・大周《たいしゅう》に伝えられた所説を孝道が受け継ぎ、または京都の医師・野山千秋《のやませんしゅう》が祖父野山元成《げんせい》から伝授されたところを孝道が引き継いだのかもしれぬ。つまり「言霊真洲鏡」図も、それにかかわる言説も、だれか先人から伝えられたものなのである。孝道がス声を中心に云々といった臆説を披歴《ひれき》することはまずなかったといっていいだろう。孝道はあくまでも「言霊真洲鏡」の説の伝播《でんぱ》者・敷衍《ふえん》者でしかなかったのである。

それにしても「言霊真洲鏡」はどのようにみればいいのだろうか。孝道の説くところにしたがって、ひとつだけ例をとってみよう。

「きみ」という言葉がある。君主などをさす「君」である。「き」の声は、「言霊真洲鏡」の高天《たかま》之《の》棚《たな》の最も高いところに位置する声で、限り極まるという言霊である。これは天の「活霊《かつれい》」であって、万物を発生させる根本を教えている声である。したがって、万物のなかでも特に高く生《お》い立つものを「木」といい、また高い位の極まりにあって人々を撫育《ぶいく》（大事に育てること）する人を「きみ（君・公・王）」というのである。

この「き」を「ぎ」と濁ると、その声もその義（意味）も一段低くなる。重いものは、「言霊真洲鏡」にみられるように必ず下に降る。ここから天降《あまくだ》ります神の御名に用いるのである。伊弉諾尊の「ぎ」の声、瓊瓊杵尊《ににぎのみこと》の「ぎ」の声がこれにあたる。「み」という声は、「言霊真洲鏡」の地之棚《ちのたな》の留《とど》まりにある。納まり、留まるという言霊である。これは地の「活霊」であって、土が変化して万物のかたちとなったことを教える声である。万物のかたちとなったものという意味で、身を「み」といい、肉を「み」といい、実を「み」というのである。これをもって「きみ」の二声は天地の「活霊」であることを知るべきである。

「言霊真洲鏡」の説の伝播者・敷衍者であった中村孝道は、表を見つめながら、「きみ」にみられるような一種連想ゲーム的な感覚で言霊解《かい》に耽《ふけ》ったことであろう。そこには、もともと先行説そのものにス声を意識的に表の中心におくという発想がなかったはずだし、また孝道自身もス声がどこに位置していようと、そんなことは問題意識の外だったはずである。孝道は先人から七十五声「言霊真洲鏡」の説を受け継ぎ、まことに赤子《あかご》のごとき無自覚さで後人へと媒介したのである。

出口王仁三郎は孝道の所説を、「言霊学の中興の祖中村孝道の言霊学は一言一義に近いもので覚えやすい」、「言霊学においても杉庵《すぎあん》思軒《しけん》（山口志道）の水穂伝よりは、中村孝道氏の真寸鏡《ますかがみ》（言霊真洲鏡）の説が後に生れただけ進歩の跡が見えておる」と評しているが、これは血族の言霊学者への控えめな賛辞だったものと思われる。ちなみに王仁三郎の孝道への評言に、ス声の発見者であるといった文言はまったくみられない。

ス声が七十五声の「言霊真洲鏡」の表の中央に位置することが見いだされ、表が宇宙の諧調を表現するものから宇宙の階層構造を表現するものへとステップアップするには、つぎなる担い手を俟《ま》つしかなかったのである。

宇宙創成神話から「言語」を解き放った大石凝真素美

大石凝真素美の⊙については二つの方向から入ってみよう。中村孝道の七十五声の「言霊真洲鏡」の説について検討したので、それを受けるかたちで、まず言霊プロパー（固有）の問題から取りあげてみる。

掲げたのは大石凝真素美の『大日本言霊』の巻頭におさめられた「真素美《ますみ》の鏡」図である。タイトルに自らの名前である「真素美」を付した（あるいはこの図から自らの名前をつけたのかもしれぬ）ところに自意識の強さがあらわれている。この図が、「言霊真洲鏡」の言語学的に細やかな諸規定を割愛したり改変することによって成立していることは明白である。

大石凝真素美は中村孝道の門人であった祖父・望月幸智《もちづきこうち》から言霊学を学んだといわれている。その詳細は不明であるが、ともかく孝道の言霊説の強い影響下にあったことだけは確かである。『大日本言霊』は、「真素美の鏡」図の一音一音を六角切子玉《ろっかくきりこだま》図上に展開する

「真素美の鏡」図（『大日本言霊』大石凝真素美より）

という組み立てがなされているのだが、それについては後述することにしよう。

ところで、真素美自身の口から「真素美の鏡」図の中心は「す」であるという直接的な説明がなされているわけでもなく、「す」の発見の経緯が手柄顔に語られているわけでもない。だが、『大日本言霊』の巻頭の論《ろん》に、この宇宙ははじまりのとき超微細な〓《す》というものに満ちていたと説かれ、『天地茁及《てんちはえぬ》貫きの極典《きょくてん》』では、この〓は「ス」であり、⊙であって、それ自体に七十五声の性霊（言霊）を全備《ぜんび》しているとされているところからみて、真素美が「真素美の鏡」図の中心を「す」ととらえていたことは間違いないだろう。

問題の⊙の図形だが、これは〓声を発するさいの息の形象であると真素美はいう。○は口《くち》であり、•は口のなかに息が集中したかたちをあらわしている。また、○は天球であり、•は地球である。つまり、⊙は宇宙の形象であって、同時にこれは宇宙を創造した天御中主神の形象でもあるのである。かくして人、宇宙、神は一貫し、ここにおいてはじめて宇宙の階層構造が生まれる。神なき「言霊真洲鏡」が、宇宙の階層構造ではなく宇宙の諧調をあらわしていたといったのはこの謂《い》いである。

「真素美の鏡」図の中心は「す」であり、⨀であり、天御中主神である。さらに、神である⨀は七十五声の言霊を備えもっているのだから、図の「す」の周辺に間配《まくば》られたもろもろの声たちは、それぞれ置かれた位置によって階層性を帯びてくることになる。宇宙は七十五声に満ちているのだが、天御中主神である「す」を中心とする階層構造のもと整然と調和が保たれているのである。

もちろん「真素美の鏡」図だけでも言霊宇宙、いいかえれば天御中主宇宙を象徴的に語ることはできる。それがいい古されてしまっている曼荼羅《まんだら》という表現である。「真素美の鏡」図は、「す」を中心とした曼荼羅、⨀を中心とした曼荼羅、天御中主神を中心とした曼荼羅といえばぎりぎりのところでイメージは可能かもしれない。だが、天御中主神そのものでもある宇宙に満ち満ちている七十五声となると、壮大すぎて平面的な曼荼羅ではその全貌はつかみにくい。

この宇宙に満ち満ちている七十五声をとらえようとしたのが六角切子玉である。六角切子玉は宇宙や地球の展開図であり、本来は円満な球体であるが、方角が分かりやすいように廉目《かどめ》を立てて六角としたのである。大石凝真素美は、六角切子玉は至大天球や地球（宇宙）、すなわち天御中主神の神霊をおさめる器（御樋代《みひしろ》）であるといっている。

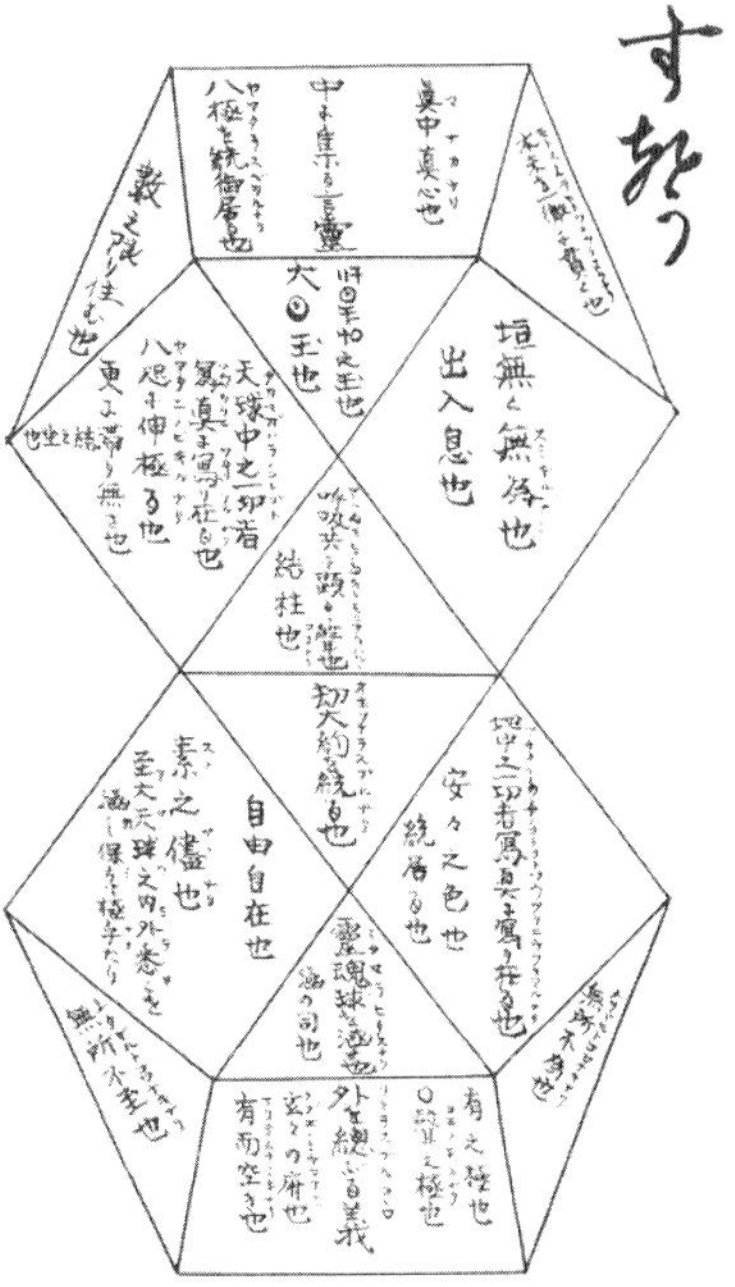

六角切子玉図の「す声」図（『大日本言霊』大石凝真素美より）

『大日本言霊』は「真素美の鏡」図に続き、七十五枚の六角切子玉図を掲げている。「真素美の鏡」図の七十五声の言霊の特質を、一声ごとに、六角切子玉図上の十干十二支《じっかんじゅうにし》東西南北の方角に場所を定めて配置し、それが七十五枚集積されることによって、宇宙に七十五声の言霊が満ちあふれていること、またその総体こそが天御中主神であることを示さんとしたのである。

⊙は七十五声の言霊を全備しているといったが、これを逆にいえば七十五声は⊙のあらわれであるということもできる。「真素美の鏡」図の七十五声と六角切子玉図のもろもろの言霊群は、そのひとつひとつが、その総体が、⊙のあらわれなのである。どうしても曼荼羅という言葉にこだわりたいというのならば、**真素美は、「真素美の鏡」図という平面**

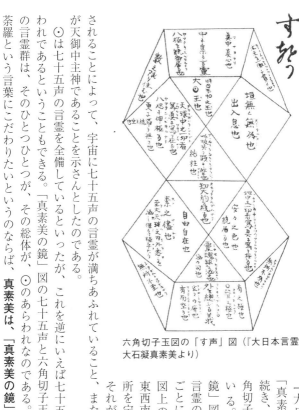

曼荼羅と六角切子玉図という立体曼荼羅によって、神と言霊と宇宙を荘厳《しょうごん》した（おごそかに飾りあげた）というべきだろう。

⊙は宇宙そのものであり、神そのものであり、言語そのものでもある、というところまでたどり着いたわけだが、「真素美の鏡」図にしても六角切子玉図にしても、それはあくまでも「図」でしかなく、静的なものである。大石凝真素美の言霊論は、出口王仁三郎や山口志道のそれにあったような動的な要素、運動性を欠いているのである。

王仁三郎や志道においては、宇宙もしくは世界の創成という根源的なダイナミズムに言語の発生が連動していた。真素美の言霊論がほんとうに静的なものであるかどうか、彼の宇宙発生論と言語との関係について検討してみなければなるまい。

大石凝真素美は宇宙の発生をつぎのように説いている。この宇宙が成立する以前、ごく微細な神霊分子が満ちており、この神霊分子はすべての存在へと質的に変化する潜勢力を秘めていた。それを藕《す》ともよび、「ス」ともよび、⊙《す》ともよんだ。この⊙には七十五声の言霊が備わっていることは何度も述べてきたが、それはいまだ潜勢的なものであって、外部に声として発せられたものではない。⊙の神霊分子が内在させている力によって、天が生まれ、地球が生まれ、天御中主神以下諸神が生まれ、大八島国（日本国）が生まれ、その果てに人間（日本人）が誕生する。

この世界に登場した人間は、七十五声の言霊を備えて宇宙に遍満《へんまん》している⊙と霊的にむすびあう（産霊《むすび》あう）ことによって、皇《すべらぎ》のス声を中心に、ごく低いア声からごく高いキ声までの七十五声を獲得でき、朗らかに声を発することができるのだと真素美はいう。また、人間と⊙が霊的にむすびあい、はじめに喉に響いてア声をだし、つぎに唇に響いてオ声をだし、そのつぎに口内いっぱいに響いてウ声をだし、つぎに舌に響いてヱ声をだし、最後に歯に響いてイ声をだすとも語っている。潜勢していた七十五声の言霊がはじめて外部にあらわれでた瞬間である。

　大石凝真素美にとって、七十五声の言霊は⊙として潜勢的に、アプリオリ（先天的）に宇宙に遍満してはいるが、それがあらわれでるためには人間の身体性の媒介が必要だったのである。つまり、言語は人間側に託され、宇宙創成という始源とも、それが有しているダイナミズムとも切り離されてしまったということになろう。

　だが、一歩引いて考えてみると、人間は言

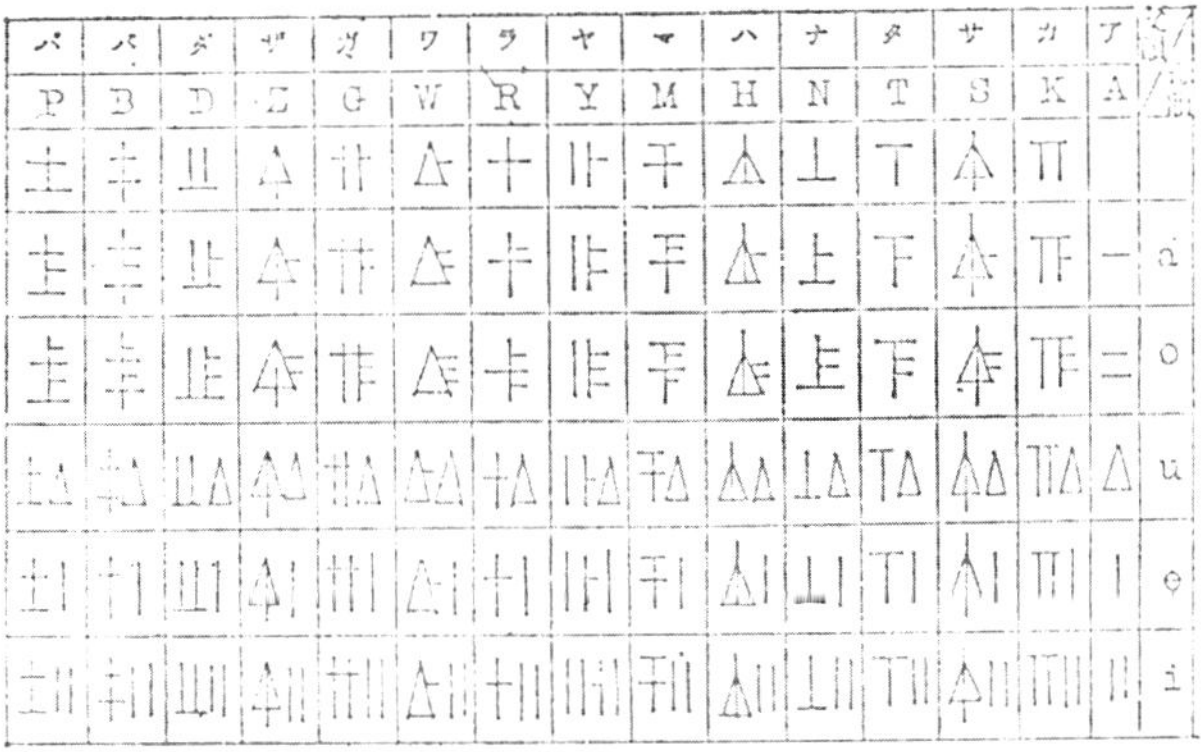

水茎文字（『地球ロマン復刊５号（総特集＝神字学大全）』より）。中村孝道伝とする説は疑問。また神代文字とする説にも疑義あり。

語を発せんとするという霊的な行為によって、⊙の遍満した宇宙創成以前の最根元にいつでもアクセスできるようになったともとらえられよう。「真素美の鏡」図や六角切子玉図を静的なものといっておいたが、図の深奥には、「神々霊々浩々湛々《しんしんれいれいこうこうたんたん》」たる⊙に満ち満ちた光景がひろがっており、それは存外静謐《せいひつ》なものであったのかもしれぬ。ここまでの深読みが許されるとすれば、大石凝真素美という人物は、はかりがたいほどの深さを秘めもった霊学者だったのかもしれない。

大石凝真素美の到達した言語と人間の関係性を象徴的に語っているのが水茎文字《みずぐきもじ》伝承である。水茎文字とは、明治十一～十二年頃、真素美が大和巡遊の旅の帰途、琵琶湖の沖の島（沖島）付近で目撃した、湖面に波紋としてあらわれでた文字をさしている。出口王仁三郎も高熊山修業（明治三十一年）前後に、真素美とともに琵琶湖におもむき水茎文字を実見し、神界の使命をになうものだけが見ることのできる文字だと語っていたとされる。

前述したように、大石凝真素美にしたがえば、文字すなわち七十五声の言霊は、宇宙に、世界に、自然界に、われわれが生きる現界に遍満している。遍満してはいるが、ぼーっと生きている人間（常人）はそれに気づくことはない。霊性のそなわった人間が見たとき、文字や言霊は宇宙や自然のなかからはじめてたちあらわれてくるのである。水茎文字伝承は、真素美の言霊論の帰趨《きすう》をみごとに裏書きしてくれているといっていいだろう。

それはともかく、大石凝真素美は言霊論において霊的人間を発見し、そのかわりに言語と宇宙創成神話の密合を放棄したのである。

「天祥地瑞」から現界へと移写されたもの

いささか大胆に整理すると、出口王仁三郎は大石凝真素美の⊙の宇宙発生論を摂《と》り、言語と宇宙創成神話の密合については山口志道の⊙論を摂った。かくして両者は霊的に融合され、「天祥地瑞」において⊙の神が発現したのである。「天祥地瑞」での⊙の神の発現は、宇宙の発生であり、言語（言霊）の発生でもあった。⊙の神は宇宙そのものであり、言語そのものでもあったのである。

くりかえしになるが、「天祥地瑞」という神々の世界のできごとは、ひとことひとことが⊙の神のあらわれである七十五声の日本語で歌物語として語られている。「天祥地瑞」はその存在そのものが⊙の神のあらわれといっていいこともすでに述べた。ところで、「天祥地瑞」という「篇」名は、「天の祥が地の瑞となる」（祥も瑞も吉兆の意味）と読める。素直にとらえれば、神々のあらわれ、神々そのものである歌物語という「祥」なる世界が、地すなわち現界に「瑞」なる移写をおよぼすといっていると解釈していいだろう。

ではいったいなにが現界に移写されるというのだろうか。それは歌である。出口王仁三郎の歌である。王仁三郎が旺盛な歌作者であったことはよく知られている。『霊界物語』にも多くの歌が収められているし、「天祥地瑞」は歌物語である。また、宣伝歌など教学的な歌もあれば、一般的な詠歌もあまたある。歌集があり、歌日記があり、歌誌への寄稿もあれば歌碑の建立も行った。膨大な数の歌が詠まれているはずだが、その全貌は明らかにされているとはいいがたい。

なぜ王仁三郎はこのように歌を詠み続けたのか。それは歌の言葉である七十五声が⊙の神そのものであったからである。王仁三郎は若いころから歌を詠んでいたが、言霊学の研鑽にはげんでいた大正期にはすでに、七十五声が⊙の神のあらわれであるという確信をもっていたはずだ。それは、前述した大正七年の「皇典釈義」で、レトリックは拙《つたな》いものの、「⊙を発足点として宇宙間に充実する道（音声語訓語法等が宇宙を経綸造営するものこれ即ち神の道也）を研窮《けんきゅう》（＝研究）するが言霊学也」と述べているところからもうかがえよう。このような思索の裏づけのもと、大正昭和と歌を詠み続け、その極北において「天祥地瑞」という歌物語が誕生したのである。

出口王仁三郎は現界であるこの日本を歌でおおい尽くそうとした。大仰にいえば、七十五声の歌によって、⊙の神の分身である歌によって、近代日本を乗っ取ろうとしたのである。歌による革命、歌による変革、歌による立替立直し、歌による見直し聞直し、歌による宣直しなどというと鼻白《はなじろ》む人もいるかもしれないが、これは案外まとはずれないいぐさではない。

王仁三郎が生きた時代（現在もそう変わりはないのだが）、歌の世界のひとつのメルクマール（指標）は旧派の歌人たちが実権をにぎっていた歌会始であった。むろん頂点に君臨するのは天皇である。ここから全国に短歌結社が展開し、「みやび」に象徴されるさまざまな文化価値が発信されていったと考えてよい。

「みやび」といったが、これは王朝的なそれではなく、近代天皇制に都合のよい「みやび」である。これについての詳論は差しひかえるが、そこで使われた言語が近代になってすでにイデオロギー化しつつあった五十音であった。現界では、五十音によって近代的「みやび」が詠われ、それが内包する文化価値は、天皇を頂点にいただくヒエラルキー構造によって維持されている日本国のすみずみにまで浸透していたのである。

このような日本近代にもの申したのが出口王仁三郎である。王仁三郎は、⊙の神のあらわれである七十五声の日本語で歌を詠じ、そこに大本的価値をそっとしのばせていた。大本的価値とは、不断の立替立直しと見果てぬ夢としての水晶の世（みろくの世）の実現である。日本国が七十五声の歌で大本色に染めあがり、日本国が⊙の神の御樋代（⊙の神の神体をおさめる器）となったとき、近代天皇制の文化に代替しうる新しい文化が産声をあげることだろう。⊙神《すしん》の国がこの地上にその姿をあらわすのである。

余談になるが、言語によって平和的に変革を達せんとする王仁三郎の「言向《ことむ》け和《やわ》す」という思想も、七十五声の日本語が⊙の神のあらわれであるという絶対的な確信あってのものだったのであろう。「かくいえばかくなる」という言霊信仰がもっとも先鋭化したすがたをとったといっていい。これをふまえるならば、歌による立替立直しも決して世迷言《よまいごと》ではないのである。

「天祥地瑞」の、詠歌しつつ国生み神生みの旅路をたどる太元顕津男の神の姿を、現界で歌碑建立のために日本国中を経廻る王仁三郎に重ね合わせたとしても、それは決して誤りではない。なぜなら、王仁三郎は「天祥地瑞」からの移写に忠実にしたがい、歌を詠じつつ現界を生きたからである。

⊙の神の意味を知り、「天祥地瑞」の真の意味を知り、歌を詠ずることの意味を知ったとき、大本人士ならびにそのシンパの諸氏は歌を歌わなければなるまい。王仁三郎に続け。歌の場にこそ⊙の神は発現するのだから。

(注)第二次大本事件

日本の国家権力による大本への弾圧事件。大正十年(一九二一)の第一次大本事件と、昭和十年(一九三五)の第二次大本事件があり、第二次大本事件で大本は壊滅的打撃をこうむった。

コラム

『霊界物語』口述の黙示

黒川柚月

◎松雲閣と龍神道

出口王仁三郎が生み出した渾身《こんしん》の神典『霊界物語』は、大正十年(一九二一年)十月十八日(旧九月十八日)から口述が開始された。口述の始まる十日前の旧九月八日、王仁三郎の眼前に霊身の出口直開祖が出現し、早く『霊界物語』を世に出すように催促を受けていた。

『霊界物語』第一巻「霊主体従 子の巻」の序には、「大正十年十月廿日 午後一時 於松雲閣 瑞月 出口王仁三郎誌」と書かれている。この日付は、また、大本の至聖所《しせいじょ》である本宮山上の天《てん》の御三体《ごさんたい》の神が降臨して鎮まる御神殿を、官憲が破壊する行為がまさに始まろうとする、その日、その時間だった（御神殿は完成からまだ三ヶ月しか経っていなかった）。

この破壊行為は、明治初年に出された「勝手に神社を建ててはならない」とする法令を曲解して適用され、実行された。

京都府綾部の本宮山がなぜ大本の聖地とされたか。元は本宮山上に熊野新宮神社が鎮座しており（熊野本宮・新宮の二座が鎮座したという説や、本宮山南東の中腹に鎮座したという伝承もあり）、九鬼《くき》家が綾部に入封された折に本宮山麓に陣屋《じんや》（明治以降、綾部小学校、現在は大本の長生殿が鎮座）を建てたので、北側に神社を降ろしたと伝わる。

出口王仁三郎は「本宮山はもと本居山と書きホンゴ山と称へられて居た。そして豊受大神様を御祭り申上《もうしあげ》てあつたのであるが、それが後世比沼の真奈井にお移りになつたのである」（『月鏡』）と書いている。

『霊界物語』の口述が始まった松雲閣は、本宮山の麓、和知川《わちがわ》沿いの並松《なんまつ》にあり、中野岩太の別荘だった。岩太の父・中野武営《ぶえい》は高松（香川県）出身の東京商工会議所の会頭も務めた実業界の大物である。中野岩太は上流階級との縁から、後に柳原白蓮を綾部に匿《かくま》った。

ではなぜ、そのような神殿破壊開始の時間帯を『霊界物語』の序文日付に織り込んだのか。

神殿は神が鎮座する対象であるから、物質的な建築物である神殿は法令で破壊することができても、神殿に奉斎される神の御威綾《みいづ》（威光・威力）は、神典『霊界物語』の中に生き続けていくという王仁三郎の決意のメッセージだったのだろう。

本宮山と松雲閣には、まだ不思議な話がある。昭和二年（一九二七年）、本宮山の頂上から龍が松雲閣の裏を降りて和知川に水を飲みに通るので、本宮山の頂上から松雲閣の裏まで龍神道という苔《こけ》で葺《ふ》いた道が通された。そこは竹が生えないよう、戦後まで整備されていた。

私が見に行った時は、もう誰も手を掛けないので、龍神道の苔は消えていたが痕跡はまだ残っていた。

◎数運に示される黙示

大本では、お筆先に「八日立《ようか》ち」と示されるように、重要な出修《しゅっしゅう》（神事のこと）に対しては、旧暦の八日から事始めがされた。出口直らの若狭湾沖の男島《おしま》（冠島）開きが明治三十二年（一八九九年）旧六月八日、女島《めしま》（沓島《くつじま》）開きは旧七月八日、京都府綾部から言霊神軍の出発が大正八年（一九一九年）旧八月八日だったのはその例だ。

大本に起きる出来事は、偶然の邂逅《かいこう》もあれば、用意周到になされた日付を含んでいることもある。私は不思議な暗合《あんごう》は大本の史実の中にあると長く思っていた。

『霊界物語』五十七巻の口述は鳥取県の皆生《かいけ》温泉でされたのだが、ある日、移動から口述が始まるまでの不自然な間が気になった。五十六巻の口述は、大正十二年（一九二三年）三月十七日（旧二月一日）で終了している（於　綾部竜宮館）。五十七巻の口述は、大正十一年旧二月八日から三日間である（於　皆生温泉浜屋旅館）。

皆生温泉は、明治時代に漁師が海中に温泉が湧くのを発見して開掘された。戦前から歓楽地として大いににぎわいを見せた。出口王仁三郎の滞在時も、はじめは旅館の芸者のかき鳴らす三味線の音がうるさくてかなわないと記している。

ちなみに王仁三郎が湯治《とうじ》のために滞在した浜屋旅館は、後年、地所を半分海潮館《かいちょうかん》に売却しているが、屋号を変えて夜見《よみ》の島として営業していた（現在閉業）。王仁三郎の残した色紙や、王仁三郎が使用したという長火鉢が残されていたのを実見した。

男島（冠島、右）と女島（沓島）

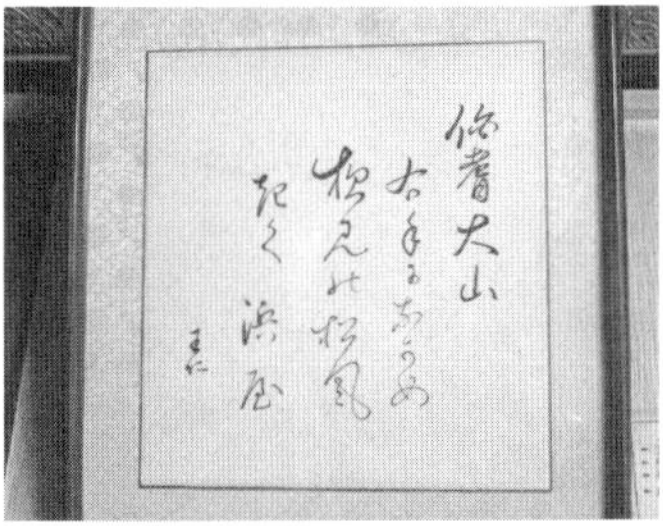

王仁三郎が残した色紙

王仁三郎の皆生温泉での滞在は、『霊界物語』五十七巻から六十巻の口述までで、内容はフサの国テルモン山の神館からイヅミの国アズモス山を舞台にした物語になっている。中でも五十八巻、テルモン湖の猩々《しょうじょう》島《じま》で、イヅミの国のスマの里バーチが三年前、この島に漂流して猩々《しょうじょう》姫《ひめ》と夫婦生活を営んでいたという筋書きは、『霊界物語』の中でも異彩を放つエピソードだ。この話自体は、当時の講談本から着想を得たようだ。

猩々とは、赤い顔をした想像上の妖怪のような獣《けもの》だが、この筋書きは、元は沖縄の「熊《くま》女房」という民話に由来する。沖縄本島北部ヤンバルの村芝居の題材だという。沖縄には熊は

王仁三郎が使用したとされる長火鉢

猩猩（和漢三才図会より）

生息しないのに、熊と結婚する題材なのはシベリアから朝鮮の檀君《だんくん》神話（天孫の檀君桓雄《かんゆう》が熊から人間に変化した女性と婚姻して、その子・王検《おうけん》（ワングム）が古朝鮮を開き、その始祖になったという「三国遺事」が伝える建国神話）につながる伝承である。王仁三郎は朝鮮の檀君と素戔嗚尊は同一神だとした。

六十巻では、イヅミの国のアヅモス山の天王の森の新神殿でバーチル夫妻が神主となる。タクシャカ龍王の解放と宝珠の出現があり、大地主バーチルの改心から小作人へ農地解放が行われる。ところで私有財産撤廃は、王仁三郎の統監《とうかん》した昭和神聖会運動のスローガンの一つだった。

物語中のイヅミは出雲のことで、アズモス山は吾妻（東＝東京）の山、中国の五岳の一つ東方の聖地、皇帝が封禅の儀式をする泰山《たいざん》と、伯耆大山《ほうきだいせん》を掛けている。

伯耆大山は泰山だと出口王仁三郎は談話を残している（「新月の影」）。皆生温泉で口述された『霊界物語』五十九巻序で、ハルナの大黒主が、伯耆大山に逃げてヤマタノオロチとして跋扈《ばっこ》してスサノオに退治されたと、未完の『霊界物語』の完結が黙示されている。『霊界物語』の口述地と、口述内容がリンクしていたのだ。

出口王仁三郎は出雲に建てた八雲《やくも》山歌碑（スサノオが八雲立つの和歌を歌った八雲山頂上にある）と赤山《あかやま》歌碑（第二次大本事件で王仁三郎が検挙された島根別院にあった）を伯耆大山に向けて建碑している。

皆生温泉が伯耆大山を遥拝する地である（出口王仁三郎は、聖地とは登拝するものでないとし

八雲山から見た伯耆大山

赤山歌碑

て遥拝した。故に戦前の大本信徒は富士山に登らなかった。王仁三郎はまた鳴門海峡にも「最後にゆく」と述べて、あえて訪れなかった)。皆生温泉そのものが大山の火山活動の産物である。

◎『霊界物語』の口述場所の黙示

『霊界物語口述年表』(窪田英治編)を参照すると、出口王仁三郎の『霊界物語』の口述場所を一覧できる。『霊界物語』は、ほとんどが大本の聖地である京都の綾部と亀岡で口述されており、口述初期に鳥取の岩井温泉、中盤期に伊豆の湯ヶ島温泉湯本館で湯治しながら口述されている。

大正十三年（一九二四年）の王仁三郎入蒙の影響で、『霊界物語』口述も中断され、再開後、鳥取県の皆生温泉に逗留している。特別編『入蒙記』と『霊界物語』六十四巻下は、大正十四年八月に丹後由良《ゆら》（現・京都府宮津《みやづ》市）の秋田別館で口述された。『天祥地瑞』を除けば、七十二巻の口述をもっていったん『霊界物語』口述は終了している。

掬翠荘（2019年撮影）

出口王仁三郎は『霊界物語』七十二巻口述（当初の予定では七十四巻になるはずだった）のために、大正十五年六月二十八日から七月二日まで、日本三景の一つである天橋立《あまのはしだて》の「なかや旅館」別館の「掬翠荘《きくすいそう》」に滞在した。『霊界物語』七十二巻序文の日付は、大正十五年七月一日となっている。

当時の機関紙『真如《しんにょ》能《の》光《ひかり》』掲載「聖師様天橋立御清遊《ごせいゆう》記」の随行記を読むと、七月一日の午後五時半に物語口述が完成し、午後七時二十五分、モーターボートに一行十五名を乗せ宮津湾口から冠島・沓島を遥拝《ようはい》して、天橋立の白《はく》砂青松《しゃせいしょう》を賞して帰館するとある。

ずいぶん無茶なスケジュールをこなしているが、たとえ夜間でも冠島・沓島を遥拝するのに意義があったと思われる。この時期は近畿地方は午後七時過ぎまで明るいが、七時二十五分では日も暮れてしまい遠く島影も見えなかったろう。旧暦では二十二日だから未だ月明かりも出てない。

当時の様子を王仁三郎の『歌日記』（毎日の出来事を和歌で筆記した日記）から見てみよう。

七月二日

籠《こ》の宮に詣でんとして船に乗り
　浪かきわけて府中に進みぬ
（大意・籠《この》神社に参ろうとして船に乗り、波をかき分けて府中〔地区〕に進んだ）

籠の宮に幣《ぬさ》たてまつり太祝詞《ふとのりと》
　信徒《まめひと》と共に宣《の》り上《あ》げてけり
（大意・籠神社に御幣を祀り、太祝詞を信徒と共に詠んだ）

宮司禰《ね》宜《ぎ》主典《しゅてん》に逢ひて神社《かんなび》の
　深き由緒を教えられたり
（大意・宮司に会って神社の深遠な由緒を教えられた）

青松の長く連なる天橋を
　写して清き丹波《（ママ）》一の宮

（大意・青松の長く連なる天橋立を写す丹波一の宮［籠神社］）

神奈備《かんなび》の宝物あまた拝観し
　心を遠き神代に馳せたり

（大意・神を祀る場所の宝物を拝観し、心は神代に馳せた）

佐理卿《さりきょう》や小野の道風《どうふう》の筆に成る
　宮の勅願拝むも畏《かし》こし

（大意・藤原佐理や小野道風の書いた勅願を畏こまって拝む）

宮司《みやづかさ》宮の由来を参拝者
　一同に向ひ細《こま》やかに解けり

（大意・宮司が神社の由来を参拝者一同に細かく解説してくれる）

吾知友岸本禰宜に送られて
　成相名所笠松を攀《よ》ぢぬ

（大意・知り合いの岸本禰宜に送られて、成相寺の笠松も身をよじっている）

山籠を二艇《てう》並べて
　峠に立ちて股覗きしぬ

（大意・粗末な駕籠を二つ並べて、峠に立って股から覗く）

股覗き天のはし立眺むれば
　蜃気楼かと怪しまれける

（大意・股を覗き天橋立を眺めれば、蜃気楼かと怪しく思う）

（『真如能光』第二六号、「歌日記」（五）、大意は引用者［黒川］による）

大正十五年（一九二六年）七月二日、王仁三郎は、天の橋立を望む丹後一宮・籠《この》神社（京都府宮津市府中［大垣］）に参拝した。

元伊勢・籠神社参拝は、『霊界物語』口述達成の御礼参拝の意味合いがあったのだろう。王仁三郎は気をよくしたか、成相寺《なりあいじ》の傘松《かさまつ》から天橋立の股覗《またのぞ》きをしている。

籠神社では、当時の海部《あまべ》家八十代宮司・海部武富《たけとみ》と面談した。

六月二十八日、丹後に到着当初は、「自動車の若《も》し天橋《てんけふ》が渡れなば　籠神社《こもりじんじゃ》に詣《まう》でんものを」と詠み、籠神社の籠を〝こもり〟と詠んでいるが、戦前、籠神社は一般には籠《こもり》神社と呼ばれていた。海部宮司から籠の訓は、〝この〟が正しいと聞いたのだろう、後の和歌では籠《こ》の宮《みや》と詠っている。

「吾知友《わがちゆう》岸本禰宜」と歌っているので、籠神社には、元から王仁三郎の知り合い（おそらく京都の「皇典考究所」で神官免許を取った時の同期の関係だろう）が神官として在籍していたようだ。

『霊界物語』第一巻が、大正十年十月二十日、本宮山の神殿が破壊される最中、松雲閣で口述が始まってから、七十二巻の口述が天橋立で大正十五年七月一日に終了した。その夜、冠島・沓島を遥拝したのは、初めと終わりの関係で円環している。

王仁三郎は、大正十五年六月二十八日から七月一日を経綸上の特異点として『霊界物語』

の中に封じたのだ。

出口王仁三郎の仕組んだ経綸は、大本教団という型を外れてはるか彼方《かなた》に及んでいる。神の経綸が円環するのは、『日月神示』（自動書記により岡本天明に下ろされた神示）では、昭和十九年六月二十八日から七月一日を、富士と鳴門の経綸の特異日としているからだ。

昭和五十四年七月一日に、丹後在住の小長谷《おばせ》修聖《しゅうせい》氏が若狭湾沖の冠島・沓島の間にある岩礁・中津神岩《なかつかみいわ》に上陸して、中津神岩を開く神業を納められた。そのこととはるか時空を超えてつながっているのだ。

しかし今回の『霊界物語』からは話題が外れるので、興味のある方は拙著『［日月神示］夜明けの御用 岡本天明伝』（ヒカルランド刊、改定版準備中）を参照してほしい。

主な登場人物

飯塚弘明

本書に登場した人物のうち、複数の巻に登場する重要人物を中心にリストを作ってみた。
名前の末尾に付く「～神」や「～尊」「～命」は代表的なものにした。
「↓」は名前が変わることを意味する。「初」は初登場する巻。

第一～一二巻

国常立尊《くにとこたちのみこと》↓国治立命《くにはるたちのみこと》（仮名）↓野立彦《のだちひこ》命…国祖《こくそ》。地上霊界の主宰神。隠退後に野立彦と名を変えた（初・一）。

豊雲野尊《とよくもぬの》↓豊国姫命《とよくにひめ》（仮名）↓野立姫命…国祖の妻神。隠退後に野立姫と名を変えた（初・一）。

稚姫君命《わかひめぎみ》↓稚桜姫命《わかざくらひめ》（仮名）…竜宮城の主神《スしん》。国祖の息吹《いぶき》から生まれた（初・一）。

大国常立大神…国祖が大宇宙を守護するときの名。宇宙の大元霊《だいげんれい》（初・一）

神素盞鳴大神《かむすさのお》…大海原（地上現界）の主宰神（初・一）

大八洲彦命《おおやしまひこ》…初代の天使長（初・一）

美山彦《みやまひこ》↓言霊別命《ことたまわけ》…大八洲彦命が最も信頼する部下。棒振彦に名を騙られたので言霊別と改名（初・二）。

竹熊《たけくま》↓棒振彦《ぼうふりひこ》↓美山彦《みやまひこ》（詐称）…死海で死んだ後、棒振彦として再生し、美山彦の名を騙る（初・一）。

木花姫《このはなひめ》命…天教山《てんきょうざん》に鎮まる神霊（初・一）

盤古大神《ばんこだいじん》・塩長彦《しおながひこ》→盤古神王《ばんこしんのう》…太陽界から中国の北方に降臨した（初・二）。

大自在天《だいじざいてん》・大国彦《おおくにひこ》→常世神王《とこよしんのう》…天王星から地上に降臨した（初・二）。

八王大神《やつおうだいじん》・常世彦《とこよひこ》…盤古大神の水火《いき》から生まれた神。盤古大神の番頭神（初・二）

常世姫…常世彦の妻。稚姫君命の第三女（初・二）

大道別《おおみちわけ》→道彦…モスコーの侍従長。道彦と名を変えて常世会議に潜入する（初・三）。

日《ひ》の出神《でのかみ》…道彦の荒魂・奇魂。陸上の守護（初・四）。

琴平別神《ことひらわけのかみ》…道彦の和魂・幸魂。海上の守護。大きな亀に化身する（初・四）。

鬼武彦《おにたけひこ》…大江山《たいこうざん》の守神。白狐を使う神。部下の白狐に旭《あさひ》、月日《つきひ》、高倉《たかくら》がいる（初・四）。

高月彦《たかつきひこ》→常世彦（襲名）→ウラル彦…常世彦夫婦の息子。ウラル教を創始する（初・四）。

初花姫《はつはなひめ》→常世姫（襲名）→ウラル姫…常世彦夫婦の娘（初・四）

北光神《きたてるのかみ》→天《あめ》の目一《まひと》つの神…三五教《あなないきょう》の宣伝使。第三六巻では「無住居士《むじゅうこじ》」という名で出る（初・六）。

祝姫《はふりひめ》…三五教の宣伝使。蚊取別と結婚するが、第一一巻で離縁してイホの酋長・夏山彦と結婚（初・七）。

蚊取別《かとりわけ》…大自在天の部下だったが、第七巻で三五教の宣伝使になり、祝姫と結婚（初・三）。

桃上彦《ももがみひこ》→正鹿山津見《まさかやまづみ》…五代目の天使長。第八巻でウヅの国の守護職になる（初・三）。

醜国別《しこくにわけ》→淤縢山津見《おどやまづみ》…大自在天・大国彦の宰相。第八巻で三五教の宣伝使になる（初・四）。

猿世彦《さるよひこ》→狭依彦《さよりひこ》…常世城《とこよじょう》の重神。第八巻で三五教の宣伝使になる（初・二）。

松竹梅《まつたけうめ》の宣伝使…松代姫《まつよひめ》、竹野姫《たけのひめ》、梅《うめ》ケ香姫《かひめ》の三人。正鹿山津見の娘（初・八）

月雪花《つきゆきはな》の宣伝使…秋月姫《あきづきひめ》、深雪姫《みゆきひめ》、橘姫《たちばなひめ》の三人。間《はざま》の国の春山彦の娘（初・九）

第一三〜三六巻

日《ひ》の出別《でわけ》命…日の出神の分霊（初・一三）

半ダース宣伝使…岩彦、梅彦、音彦、亀彦、駒彦、鷹彦の六人。ウラル教の宣伝使だったが、日の出別命に出会って三五教《あなないきょう》の宣伝使となる（初・一三）。

弥次彦→安彦、与太彦→国彦…三五教の宣伝使（初・一三）

勝彦→道彦…三五教の宣伝使（初・一四）

鬼雲彦《おにくもひこ》、鬼雲姫…バラモン教の大棟梁《だいとうりょう》とその妻（初・一五）

八人乙女《やたりおとめ》…神素盞嗚《かむすさのお》大神の娘（養女）。次の八人（初・一五）。＝愛子姫、幾代姫、五十子《いそこ》姫、梅子姫、英子《ひでこ》姫、菊子姫、君子《きみこ》姫、末子《すえこ》姫

その侍女…鬼雲彦に仕えていたが八人乙女に感化され三五教に入る。次の八人（初・一五）。＝浅子姫、岩子《いわこ》姫、今子《いまこ》姫、宇豆《うづ》姫、悦子《よしこ》姫、岸子《きしこ》姫、清子《きよこ》姫、捨子《すてこ》姫

高姫、黒姫…ウラナイ教の教祖と副教祖。第一九巻で三五教の宣伝使になる（初・一五）。

高山彦…黒姫の夫（初・一五）

蠑螈別《いもりわけ》、魔我彦《まがひこ》…高姫の部下（初・一五、一六）

言依別《ことよりわけ》命…錦《にしき》の宮の教主。言霊別《ことたまわけ》の分霊（初・一五）

国武彦《くにたけひこ》…国祖の分霊（初・一五）

秋山彦…由良《ゆら》の港の国司（初・一六）

青彦→若彦→国玉別《くにたまわけ》…高姫の弟子だったが、後に三五教の宣伝使になる。お節と結婚（初・一六）。

お節《せつ》→玉能姫《たまのひめ》…丹波村の平助・お楢《なら》夫婦の孫娘。三五教の宣伝使になり、青彦と結婚（初・一六）。

鬼熊別《おにくまわけ》、蜈蚣姫《むかでひめ》…バラモン教の鬼雲彦の左守《さもり》とその妻（初・一七）

小糸姫《こいとひめ》→黄竜姫《おうりようひめ》…鬼熊別・蜈蚣姫夫婦の娘。竜宮島の女王になる（初・二三）。

紫姫《むらさきひめ》…三五教の宣伝使（初・一七）

松姫…高城山《たかしろやま》のウラナイ教の教主だったが、第一九巻で三五教の宣伝使になる（初・一八）。

竜若《たつわか》→竜国別《たつくにわけ》…高城山の松姫に仕えていたが、後に三五教の宣伝使になる。鷹依姫の息子（初・一九）

宗彦《むねひこ》→国依別《くによりわけ》…バラモン教の修験者だったが、三五教の宣伝使になる（初・二〇）。

鷹依姫《たかよりひめ》…高春山《たかはるやま》のアルプス教の教主。後に三五教の宣伝使になる（初・二一）。

杢助《もくすけ》…三五教の宣伝使。錦の宮の総務。後にイソ館《やかた》に転勤（初・二一）。

お初（初稚姫《はつわかひめ》）…杢助の娘（初・二一）

東助《とうすけ》…淡路島の洲本《すもと》の酋長。錦の宮の総務。後にイソ館に転勤。高姫の若い頃の夫（初・二三）

常楠《つねくす》…紀の国の木山の里の住民。琉球に渡り守護神となる（初・二三）。

カールス王…台湾島の国王（第二八巻のみ）

真道彦命《まみちひこ》、日楯《ひたて》、月鉾《つきほこ》…台湾島の三五教の教主と、二人の息子（第二八巻のみ）

サガレン王（国別彦《くにわけひこ》）…シロの島の国王。バラモン教の教祖・大国別《おおくにわけ》の息子（第三六巻のみ）

竜雲《りゅううん》…ウラル教の神司《かむつかさ》。後に三五教の宣伝使になる（初・三六）。

第三九〜七二巻

（三五教の言霊隊）

黄金姫《おうごんひめ》、清照姫《きよてるひめ》（旧名・蜈蚣姫《むかでひめ》、小糸姫《こいとひめ》）

照国別《てるくにわけ》（旧名・梅彦）［弟子］梅公↓梅公別《うめこうわけ》、照公《てるこう》、国公《くにこう》

玉国別《たまくにわけ》（旧名・音彦）［弟子］道公↓三千彦《みちひこ》、伊太公《いたこう》↓伊太彦、純公《すみこう》↓真純彦《ますみひこ》

治国別《はるくにわけ》（旧名・亀彦）［弟子］万公《まんこう》、晴公《はるこう》↓道晴別《みちはるわけ》、五三公《いそこう》

初稚姫《はつわかひめ》、猛犬スマート

（バラモン軍）

大黒主《おおくろぬし》（旧名・鬼雲彦《おにくもひこ》）…バラモン教の大教主

鬼春別《おにはるわけ》↓治道居士《ちどうこじ》…幹部。左守《さもり》。イソ館《やかた》の三五教《あなないきょう》を成敗するため出陣。第五五巻で比丘《びく》となる（初・四〇）。

大足別《おおだるわけ》…幹部。カルマタ国のウラル教を成敗するため出陣（初・三九）。

ランチ、片彦…鬼春別の部将（初・四〇）

久米彦《くめひこ》↓道貫居士《どうかんこじ》…鬼春別の部将。第五五巻で比丘となる（初・三九）。

ガリヤ、ケース…ランチの副官（初・四八）

スパール↓素道居士《そどうこじ》…鬼春別の副官。第五五巻で比丘となる（初・五三）。

エミシ↓求道居士《きゅうどうこじ》…久米彦の副官。第五五巻で比丘となる（初・五三）。

松姫…高城山《たかしろやま》の元・教主（第一八巻）。小北山《こぎたやま》の教主になりウラナイ教を三五教に祭り替える。

マツ公（松公）↓松彦…バラモン軍の片彦の元・秘書。治国別《はるくにわけ》の弟。松姫の夫（初・四三）

タツ公（竜公）↓竜彦…片彦の元・秘書。治国別の弟子となる。松姫の弟（初・四三）

お千代…松彦・松姫夫婦の娘（初・四五）

珍彦《うずひこ》、静子《しずこ》、楓《かえで》…晴公の両親と妹。第四九巻で祠の森の神殿の神司《かむつかさ》となる（初・四四）。

妖幻坊《ようげんぼう》（妖幻坊の杢助《もくすけ》）…兇党界の兇霊。獅子・虎両性の妖怪。杢助（イソ館の総務）の姿に化けている（初・五〇）。

高姫（千草《ちぐさ》の高姫）…第五二巻で帰幽し、中有界《ちゅううかい》の生活を経た後、第七〇巻で千草姫の肉体に入って甦る。

蠑螈別《いもりわけ》、魔我彦《まがひこ》…小北山《こぎたやま》のウラナイ教の教主と副教主。高姫の元・部下。

お寅、お菊…小北山の幹部とその娘（初・四四）

デビス姫…テルモン山《ざん》の神館《かむやかた》の司・小国別《おくにわけ》の長女。三千彦と結婚。三五教の宣伝使になる（初・五六）。

ワックス…テルモン山の神館の家令の息子。悪酔怪《あくすいかい》の怪長（初・五六）

バーチル…イヅミの国のスマの里の里庄《りしょう》。猩々島《しょうじょうじま》に漂流した（初・五八）。

ブラヴーダ姫…テルの里の里庄の娘。伊太彦と結婚。三五教の宣伝使になる（初・六二）。

ヨリコ姫…トルマン国《ごく》のタライの村のサンヨの長女。オーラ山《さん》の山賊の女帝（初・六六）

花香姫《はなかひめ》…サンヨの次女（初・六六）

シーゴー…オーラ山の山賊（初・六六）

玄真坊《げんしんぼう》…オーラ山の山賊（初・六六）

ジャンク…タライの村の里庄。義勇軍を率いて城へ向かう（初・六六）。

ダリヤ姫…スガの港の長者アリスの娘（初・六七）

千草姫《ちぐさひめ》…トルマン国の王妃。帰幽した後、その肉体に高姫の精霊が宿る（初・七〇）。

第六四巻上下

ブラバーサ…ルートバハーの宣伝使

マグダラのマリヤ…アメリカンコロニーのメンバー

スバッフォード…アメリカンコロニーの執事

バハーウラー…バハイ教の宣伝使

お寅（虎嶋寅子《とらしまとらこ》）、お花、守宮別《やもりわけ》…ユラリ教（ウラナイ教）の教主と信者

第七三〜八一巻

天之道立《あめのみちたつ》の神…天極紫微宮《てんきょくしびきゅう》の神司《かむつかさ》（初・七三）

太元顕津男《おおもとあきつお》の神…高地秀《たかちほ》の宮の神司。国土《くに》生み神生みの神業《みわざ》に旅立つ（初・七三）。

高野《たかの》比女《ひめ》の神…顕津男の神の正妃（初・七三）

朝香《あさか》比女の神…高地秀の宮に坐《ま》す八柱《やはしら》の御樋代神《みひしろがみ》の一柱。顕津男の神の後を追って旅立つ（初・七三）。

生代《いくよ》比女の神…真鶴山《まなづるやま》の御魂として生まれた神（初・七四）

玉野《たまの》比女の神…真鶴の国の御樋代神（初・七四）

田族《たから》比女の神…万里《まで》の島の御樋代神（初・七七）
葦原《あしはら》比女の神…グロスの島（葦原の国土《くに》）の御樋代神（初・七八）
朝霧《あさぎり》比女の神…葭原《よしはら》の国土《くに》の御樋代神（初・七九）

文芸社文庫

あらすじで読む霊界物語

二〇一九年十二月十五日　初版第一刷発行

著　者　飯塚弘明・窪田高明・久米晶文・黒川柚月
発行者　瓜谷綱延
発行所　株式会社　文芸社
〒一六〇－〇〇二二
東京都新宿区新宿一－一〇－一
電話　〇三－五三六九－三〇六〇（代表）
〇三－五三六九－二二九九（販売）
印刷所　図書印刷株式会社
装幀者　三村淳

ISBN978-4-286-20956-2